루터의 발자취를 따라가는 여행

비텐베르크: 성 교회의 "논제의 문"

루터의 발자취를 따라가는 여행

하인츠 슈타데 · 토마스 A. 자이델 지음
박진권 옮김

하랄트 벤첼-오르프의
사진들이 포함된 루터 명소 50곳 여행

북코리아

CONTENTS

CONTENTS

루터의 발자취를 따라가는 여행…

이 책『루터의 발자취를 따라가는 여행』은 관광 안내서이자 종교 안내서다. 하인츠 슈타데는 종교개혁이 일어났던 숨겨지거나 잃어버린 흔적들 또는 그런 확실한 장소들과 사실들을 찾아가면서 그때그때의 루터 장소들과 루터 풍경 그리고 종교개혁에 관한 의미가 주는 활기 넘치는 인상과 가장 최근의 인상을 제공해준다. 하인츠 슈타데는 이미 프리드리히 실러, 요한 제바스티안 바흐와 성 엘리자베트에 관해 이 책과 유사한 여행기들을 발표하여 두각을 나타낸 바 있다. 이 책에서 서술하는 내용들은 초대이며 동시에 여행일정표다. 이 책은 여행을 떠나도록 유혹하고, 현지에 도착하는 독자에게 현장에서 복잡하지 않게 찾아보고, 좋은 정보를 찾도록 도움을 줄 것이다. 그러므로 루터의 주무대인 튀링겐 주, 작센안할트 주와 작센 주 그리고 더 나아가 아우구스부르크에서부터 보름스를 경유하여 로마까지 이르는 지리와 역사가 결합된 여행이 가능할 것이다.

이 여행에 대한 몇 가지 설명은 간략한 신학 · 종교서적들을 통해 대조되거나 보완될 것이다. 이 "축소판"의 저자는 루터 신학자이며 역사가인 토마스 A. 자이델이다. 그래서 카메라의 렌즈를 줌 시킬 때처럼 폭넓은 관찰 분야에서부터 시작하여 점점 단일지점에 이르기까지 이런 방법으로 지적 · 종교적으로 초점을 맞추어 관찰하는 것이 가능하다. 이러한 묵상은 두드러진 루터 인용문구나 특별한 주제에 초점을 맞출 수도 있다. 그래서 이 안내서는 일종의 가상적이며 신학적 · 철학적인 여행 – 마르틴 루터의 머리와 마음속으로 들어가는 여행 – 을 제시할 예정이다.

하랄트 벤첼-오르프의 사진들은 사진작가의 정확한 시선과 예술적인 전문성만 보여주는 것이 아니다. 그의 사진들은 "루터의 세계"와 독일의 루터 성상聖像으로부터 떠올리게 되는 놀라운 것과 잘 알려진 것, 작은 것과 큰 것, 평화로운 것과 격동적인 것을 마음에 그리게 함으로써 본문을 동반하고 논평해준다.

마르틴 루터 인생의 연대기적 순서는 연대표에서 읽을 수 있다. 여기에서 여러 종교개혁 현장과 루터가 여행 다닌 빈도 또한 살펴볼 수 있다. 각 장의 순서는 주요 장소들에 따른 알파벳순이다. 이 순서 다음에는 지리적으로 가까이 놓여 있는 루터와 연관된 다른 장소들이 분류되어 있다. 또한 역사적인 개요도와 색인을 이용하여 이 특이한 안내서를 이용하기에 편리하게 해준다.

2007년도 독일어-영어판 "루터의 매일기도서" 다음으로 이 여행서『루터의 발자취를 따라가는 여행』은 국제 마르틴 루터 재단이 비텐베르크의 바르트부르크 출판사와 함께 두 번째로 공동 출판한 책이다. 루터 여행(사단법인 "종교개혁지" 유럽 관광협회)은 이 프로젝트에 전폭적인 지원을 해주었다. 중부독일 관광 이니셔티브 사단법인 '루터에게 가는 길(Wege zu Luther e.V.)'이 이 책 제작에 도움을 주었고, 이 책을 보급하는 일에도 도움을 줄 것이다.

국제 마르틴 루터 재단에 따르면 '마르틴 루터'라는 이름은 독일에서뿐만 아니라 전 세계적으로도 신학적 · 정치적인 직감력, 사색과 행동, 고도의 종교적 기교뿐만 아니라 사회적 책임을 위한 준비를 상징하고 그것을 감행할 용기를 상징한다. 루터의 개혁적 충동은 오늘도 사회와 경제 분야에서 삶에 유용한 활력을 공급해줄 수 있다. 그의 인생과 작품은 흥미롭고 서스펜스가 넘칠 뿐만 아니라, 선동적이며 자극적이었고 현재도 그렇다.

만약 이 여행서가 "21세기의 영적 오리엔테이션에 중요한 추진력"을 주고자 하는 우리 재단의 주요 관심을 증진시킨다면, 그리고 만약 루터에게 가는 여행자들이 그 여정에서 '세상에 대한 열린 마음'과 '하나님에 대한 신뢰'라는 놀랍고도 쾌활한 두 가지 소리를 들을 수 있다면, 이 책은 그 의미와 목적을 충족한 셈이 될 것이다.

국제 마르틴 루터 재단 대표이사　미하엘 J. 이나커

재단 후견인회 대표　알렉산터 폰 비츠레벤

"우리는 아직 실재해야 할 존재가 아니지만, 그런 존재로 생성되어가는 중이다 …"

삶은 여행 중임을 의미한다. 그리스도인인 마르틴 루터에게 이 여행은 수평적인 것과 수직적인 것이라는 두 가지 관점으로 여겨진다. 수평적인 것은 이 땅, 즉 지상의 우리의 인생행로에서 유년부터 성년이 될 때까지 여행 중인 것을 의미한다. 우리의 시선은 시행과 착오라는 끊임없는 과정에, 우리 일상의 사적인 국면과 직업적인 국면을 특징짓는 부단한 실천에 맞춰진다. 그는 우리에게 성경적 지혜에 근거한 삶의 가장 유용한 결실로서 완벽에 도달하려고 너무 열망해서는 안 되고, 목표를 달성하기에는 인간적인 부족함이 있다는 사실, 결코 완벽하지 않고 항상 불완전하다는 우리의 조건을 중요한 사실로 이해하고 동의해야 한다고 충고한다. 루터는 교육가이자 사제로서 빌립보서(3:13)에서 채택한 사도 바울의 인생사적인 통찰에 기초한 해석에서 다음과 같이 분명히 주장하기 때문이다.

"신앙인에게 자기가 구하고 있던 것을 이미 찾았고, 그러므로 이제 더 이상 찾아야 할 필요가 없다고 생각하는 것보다 더 해로운 것은 없다. 그렇기 때문에 많은 사람들이 뒤로 넘어지고, 안전과 게으름에 우쭐대다가 시들해지고 무미건조해진다. […] 현세의 삶은 경건이 아니라 경건해지는 것이며, 건강이 아니라 건강해지는 것이고, 존재가 아니라 생성되는 것이다. 안식이 아니라 실천이다. 우리는 아직 실재해야 할 존재가 아니지만, 그런 존재로 생성되어가는 중이다."

삶은 여행 중임을 의미한다. 하지만 이는 단순히 수평적, 세속적, 삶의 지리학적 움직임만을 의미하고 의도하는 것뿐만 아니라, 물질세계의 표층구조를 초월하여 수평적 차원으로 들어가는 활력도 포함한다. 바로 이러한 활력이 중요한 요점이다. 신학자이자 신비주의자인 루터는 우리 마음에 하늘을 향한 동경을 일깨워주려고 한다. 이유는 이렇다.

“그리스도인은 자신이 되고자 원하는 것이 이미 되었다기보다는 되는 과정 속에서 살아간다. […] 우리는 천국을 향하여 질주한다. 하지만 우리는 아직 천국에 와 있지 않다. 그리고 자기가 이미 천국에 와 있다고 상상하지만, 결코 천국에 다다르지 못한 사람이 있다. 반대로 천국을 향하여 질주하고 천국으로 들어가려고 애쓰는 사람은 이미 천국에 와 있는 상태다.”

삶은 여행 중임을 의미한다. 개신교 찬송가가 노래하듯이 그리스도인은 아직 “이 세상에 있지만, 이미 천국에 와 있다.”고집 세고 까다로운 이 사람이 평생 동안 질곡이 많고, 바람직하고, 평가받을 만한 학습과정에 몰두하는 것은 영웅숭배나 성인 찾기일 수 없고 그래서도 안 된다. 모순적이게도 우리는 바로 이 종교개혁자에게 “가톨릭”, 이른바 세계를 포용하는 기독교의 인상적인 모습도 발견할 수 있다. 루터와 함께 여행하고 루터에게 여행가는 것은 단순히 동료 그리스도인(루터)의 단서를 찾는 것이라는 의미다. 그리고 동료 그리스도인의 흔적을 따르는 것은 동의하기도 하고 거절하기도 하는 것이며, 의심하고 확신하기도 한다는 의미다. 그러니 하나님께 가는 길에 있기를 바란다.

‘하나님(Gott獨)’은 딱딱하게 들리는 단어다. 그리스도인마다 각자 하나님을 받아들이기를 호소하는 낱말이다. 하나님은 형언할 수 없는 것을 나타내기 위해 모든 종교와 언어에 맴돌고 통용되는 암호다. 하나님은 사람들이 자꾸 되풀이하여 헛되이 찾고, 언제든지 가장 놀라운 방법, 즉 생명의 원천으로서, 하늘과 땅을 포괄하는 놀라운 기적으로서, 또는 존재하는 모든 것에서 울려 퍼지는 소리로서 발견되는 분이시다.

마르틴 루터가 열망하는 기본적인 원동력은 하나님께 더 가까이 가는 것이었다. 이것이 기독교적 실존 형식에 대한 기본적인 동기부여이고 항상 그러할 것이다. 그러므로 신학과 철학에 근거하는 이러한 자극을 진심어린 초대로써 이용하고 권장해야 함이 마땅한 일이다. 이 책은 관광을 목적으로 하는 사람과 종교적인 차원을 추구하는 사람들을 수평적 방향과 수직적 방향으로 이끄는 여행안내서가 될 것이다.

알텐부르크^{Altenburg} 차이츠^{Zeitz}

옛 군주의 수도였던 알텐부르크에서는 석조에 새겨진 증거들로 천 년의 역사를 알아챌 수 있다. 이 역사는 바르바로사 황제, 마르틴 루터^{Martin Luther} 또는 요한 제바스티안 바흐 같은 이름들과 결합되어 있다. 수많은 탑들, 그 가운데 이 도시의 상징이 된 "붉은 탑들"이 시내 중심지에서부터 하늘을 향해 기지개를 펴고 있다. 니콜라이 구역에 우뚝 솟아 있어 시선을 끄는 니콜라이 탑^{Nikolaiturm}에서부터 구시가지의 중심이 펼쳐진다. 이 지역은 여러 시대에 걸쳐 계속 폐쇄된 채 보존되어온 중심지다. 중세의 이 도시를 걸어 다니면 거의 모든 시대의 대표 건축물들과 양식들이 방문객을 안내한다. 교회들과 더불어 르네상스 양식의 시청, 호화로운 조형미술 소장품들을 간직한 린데나우 박물관, 자연사박물관이나 극장은 경탄을 금치 못할 지경이다. 원래 100여 년 전에 사각 형태의 건물 안에 안뜰을 둔 중정형^{中庭形} 건물구조로 설계된 오늘날의 지방행정청을 방문하는 사람은 건축학의 보석인 이 건축물이 지닌 신 르네상스 양식의 웅장한 아름다움에 도취해서 이리저리 걸어 다닐 것이다. 이 도시 언덕 위의 바위에 왕관처럼 우뚝 솟아 있는 성이 첫눈에 시선을 사로잡는다. 바로 이 성에 있는 교회에서 마르틴 루터가 설교했다. 매우 넓은 궁전 경내는 400년 된 거대한 궁전 공원으로 펼쳐진다. 궁전과 그 주변 환경은 550년쯤 전에 발생한 극적인 "왕자 빼앗기"에 대한 배경을 제공한다. 두 소년 에른스트(훗날 작센 선제후)와 알브레히트(훗날 작센 대공)는 쿤츠 폰 카우풍겐 기사와 그의 공범자들에 의해 납치됐다. 이 기사는 어느 전쟁에서 겪은 부당함에 대한 보상을 요구했지만 선제후는 그에게 보상을 거절했다. 하지만 그 기사의 납치 시도는 실패하여 소년들은 무사히 돌아왔고 카우풍겐의 주모자는 공개적으로 교수형을 당했다. 성 안뜰에서 매년 개최되는 여름 페스티벌은 이 사건을 재연하고 있다. 성의 박물관에는 공예품, 병기, 종교 예술품, 농민 문화재 그리

알텐부르크: 성

고 태고사와 고대사에 대한 방대한 소장품들이 비치되어 있다. '스카트[Skat]'라고 불리는 인기 있는 독일 카드놀이의 역사뿐 아니라 알텐부르크의 스카트 카드 종이생산 전통 또한 전시되고 있다.

마르틴 루터는 10여 차례 이상 동[東]튀링겐 도시에 다녀간 적이 있었는데, 때에 따라서는 여행의 중간 정거장으로 들렀고, 때로는 직접적인 목적지라는 동기에서 이 도시를 다녀갔다. 루터는 대부분 선제후의 비서관이자 게오르겐 수도원의 참사회원이며, 훗날 알텐부르크의 궁정 주임사제 겸 교구감독이 된 친구 게오르크 슈팔라틴의 집에 묵었다. 이 신부는 운터 뎀 슐로스 1번지[Unter dem Schloss Nr.1]에 살았는데, 그 집이 있던 자리가 아마도 현재의 시립극장 터일 것이다. 마르틴 루터는 성채교회[Schlosskirche], 성 바르톨로메이[St. Bartolomäi] 교구교회 및 오늘날 브뤼더키르헤[Brüderkirche(형제교회)]의 옛 건물에서 설교했다. 어쩌면 루터에게 가장 중요한 알텐부르크 체류는 1519년 1월 초 선제후의 지시에 따른 일이었을 것이다. 루터가 그곳에 머무르게 된 동기는 우리가 오늘날 그렇게 불러야 할지도 모르겠는데, 의중을 떠보기 위한 대화 때문이었다. 작센 왕궁 주재 교황의 전권대사 겸 훗날 마인츠와 마이센 주교좌성당 참사회 신부였던 카를 폰 밀티츠는 루터가 자신의 논제에 대한 견해를 계속해서 주장하고 있는지 알아내야 했다. 루터는 이미 아우구스부르크에서 열린 제국의회에서 카예탄 추기경에 맞서서 자신의 입장을 포기하지 않았던 터였다.

마르틴 루터는 1545년 자신의 전집을 편찬할 때 작성한 서문에서 교황청 궁정장관 밀티츠가 얼마나 다양한 방법으로 시도했는지를 서술하고 있다. "내가 다시 교황과 화해하도록 … 그는 내 귀에 대고 자신의 마음속 의향을 부지중에 드러냈다. '오 마르틴, 난 자네가 고루한 노신학자, 혼잣말만 하는 세상에 어두운 유약한 사람이라고 생각했네. 그렇지만 난 지금 자네가 아직도 한창 나이이고 원기왕성하다고 보네! 내게 2만 5천 명의 무장 군인이 있더라도 자네를 로마로 데려갈 용기를 내지 않을 것이네.'" 사람들이 실제로 루터와 로마 교황의 지위에 대해 무엇을 생각하고 있는지 루터와 만나기 전에 이미 사람들에게 알려준 밀티츠는 다음과 같이 시인했다. "내가 교황님의 입장을 두둔하는 한 사람을 찾아낼 때마다 자네 편에 서서 교황님에게 대항하는 사람은 셋이나 있었지." 종교개혁의 역사에 있어서 결코 사소하지 않은 대화를 나눈 직후, 루터는 자신의 군주인 프리드리히 선제후에게 두 가지 항목에 대해 협의했다고 "공손하게" 알려주었다. "첫째, 양측 간에 전반적 휴전이 발생해야 하고, 양측 모두에게 이 문제에 대해 계속해서 설교하고, 쓰고, 심지어 말하는 것을 금지해야 한다고 합니다." 그리고 다른 한편으로 논란이 많은 사안을 조사하여 어떤 항목들이 "잘못되었고, 제가 취소해야 할 것들은 무엇인지 표시하기 위해 한 명의 주교가 임명될 것이라고 합니다. 그러고 나서 제가 오류에 대해 알게 된다면, 저는 그와 똑같은 오류를 기꺼이 취소해야 할 것이며 신성로마교회의 권위와 명예를 약화시키지 말아야 하고 그러지 않기를 바라야 한다는 것입니다." 하지만 밀티츠는 많은 것을 달성하지 못했다. "그 밖에도" 루터는 이미 언급한 머리말에서 그 만남을 균형 있게 다뤘다. 밀티츠는 "보잘것없는 자로 간주되었고, 마찬가지로 그의 계획은 시시한 일로 여겨졌다." 그들이 바랐던 입막음 협정은 별로 관심을 끌지 못했다. 바로 같은 해에 라이프치히의 플라이센부르크^{Pleißenburg}에서 엑크와 카를슈타트 사이에 논쟁이 일어났는데, 이 논쟁은 루터 대 엑크의 직접적인 설전^{舌戰}에서 절정에 다다랐다.

* * * * *

붉은 탑들^{Rote Spitzen} 종교개혁 초기, 즉 마르틴 루터가 여러 번 알텐부르크에 체류하고 있었을 때, 이 도시에는 50여 개의 교회, 수도원 그리고 예배당이 있었다. 가장 큰 기관은 12세기에 건축된 베르크클로스터 수도원인데, 1543년에 운영이 중단되었고, 1588년 화재로 계속해서 파괴되었다. 전설에 따르면, 바르바로사 황제의 수염에 영감을 받아 붉은 첨탑으로 익히 알려진 벽돌로 지어진 두 탑은 "Unserer lieben Frauen St. Marien(우리의 사랑하는 성 마리아)" 아우구스틴 성당참사회 재단의 매력적인 유물이다. 건축자는 1172년에 이 수도원의 낙성식을 거행한 프리드리히 1세^{Friedrich I}였다. 마르틴 루터는 이 수도원을 보았다. 어쩌면 그는 그 수도원에서 가끔 묵기도 했을 것이다.

* * * * *

성채교회^{Schlosskirche}**가 부속된 성**^城 가파르게 경사진 바위에 우뚝 솟은 다지^{多肢}형 건축 집단을 정확히 특징짓기 위해서는 17호의 지번들이 할당되어야 할 필요가 있다. 건축 역사는 이곳에 성채가 있었던 서기 800년까지 거슬러 올라간다. 12세기에 알텐부르크 성주들의 성은 바로 이 성으로부터 나왔다. 아래의 서쪽 성 지역에는 1132년에 처음으로 문헌에 기록된 왕궁이 있었던 것으로 추정된다. 지금까지의 고고학 발굴은 중세와 근세 초기의 몇몇 건축 단계들을 밝혀냈음을 명시했다. 12세기나 13세기에서 유래한 것으로 보이는 건물 관리인의 탑^{Hausmannsturm}은 풍경이 좋은 정원 쪽으로 펼쳐지는 큰 성의 경내 안쪽과 경계를 형성하고 있다. 시내에서 성 쪽으로 이어지는 짧지만 가파른 길에서 과거의 주교구 성당이자 성채교회였던 성 게오르크^{St. Georg} 교회가 벌써 눈에 띈다. 이 건축물은 15세기 중엽에 옛 예배당을 대신하여 지어지기 시작했다. 여러 번의 증축 또는 개축이 이어졌다. 건축 단계들 중 하나는 1868년 성에서 발생한 화재로 소실되었다. 그 결과로 시계가 있는 박공벽이 세워졌고, 서쪽 박공벽은 바뀌었으며, 창문 장식과 건축 장식도 새것으로 교체되었다.

알텐부르크: 성채교회로 가는 오르막길

성단소와 1980년에 발굴된 벽화들 그리고 몇 안 되는 스펙터클한 작품들은 루터가 여기서 설교한 시대에서 유래한 것들이다. 화려한 전경도全景圖가 장식된 파이프오르간은 이 지역의 오르간 제작 명장인 하인리히 고트프리트 트로스트가 제작한 것이다. 바흐도 대단히 높게 평가한 이 악기는 예배와 음악회 때마다 규칙적으로 울려 퍼졌다. 1595년에 만들기 시작하여 1645년 이후에 완성된 설교단은 호화롭게 장식되어 있다. 마르틴 루터가 이 교회에서 설교했다는 사실을 설교단에 장식된 부조가 기념하고 있는데, 그 부조는 성경의 인물들과 나란히 이 종교개혁자를 표현하고 있다.

1994년에 성 건물단지의 한 건물 안에 다시 자리 잡게 된 튀링겐 주 국가문서보관소는 독립시설이 되었다. 원래의 문서보관소는 1743년에 알텐부르크 에르네스틴계의 주택 및 궁전 관리청에 대한 정부문서보관소로 설립되었다. 수세기 동안의 변화무쌍한 역사는 공간들, 관할시설들과 심지어 소장한 자료들에도 변화를 가져왔다. 종교개혁시대의 증거자료들도 여기에 보관되어 있다.

＊ ＊ ＊ ＊ ＊

성聖 바르톨로메이 시교회 Die Stadtkirche St. Bartholomäi 건축물은 후기 고딕 건축 양식인 삼랑식 홀교회의 건축 기법으로, 아마도 1428년경에 지어지기 시작한 것 같다. 이 교회는 고고학적으로 입증되고, 처음으로 자료로 언급된 이전 건축물을 대신하여 1215년에 새로 건립되었다. 개혁주의자이며 루터의 친구였던 게오르크 슈팔라틴은 1515년부터 여러 번 개축된 이 교회의 신부였으며 이곳에 매장되었다. 설교단 바로 옆 제단에 새겨져 있는 흰색 대리석판 한 장이 그런 사실을 기념하고 있다. 제단과 신도석 사이의 벽에 걸려 있는 청동 기념명판은 슈팔라틴의 영향에 대한 상세한 회고이며, 동시에 종교개혁 시기에 유래한 기념비다. 수십 년 동안 행방을 알 수 없었던 이 기념명판에 라틴어로 적혀 있던 성경구절은 아마도 멜란히톤의 펜에서 나온 것 같다. 이 기념명판의 절정은 1545년이라는 연도, G. S.라는 철자와 슈팔라틴의 문장紋章을 나타낸 것이다. 루터는 이 교회에서 여러 번 설교했으며, 친구이자 추종자인 벤첼 링크(1483~1547)의 결혼식 주례를 섰던 1523년 4월에도 설교를 했다. 결혼식이 끝난 뒤 슈팔라틴은 링크에게 목사직을 위임받았다. 결혼파티에는 멜란히톤, 부겐하겐 그리고 크라나흐가 참석했으며, 결혼식이 끝난 다음에 행렬을 지어 그 도시의 중앙시장을 가로질러 즐겁게 위쪽으로 옮겨갔다고 한다.

* * * * *

형제교회 Die Brüderkirche 중앙시장 위쪽 끝부분에 있고, 구시가지의 광경을 가장 잘 드러내고 있는 이 교회는 1902년부터 1905년까지 적벽돌로 건축되었다. 이 교회는 이전의 고딕식 건축물, 프란체스코회 형제 수도사들 또는 소수파 형제 수도사들의 수도원교회에서 그 이름을 얻었다. 시장 쪽을 향하고 있는 이 교회의 정면에서는 마르틴 루터의 실물 크기의 조각상, 그리고 슈팔라틴과 링크의 약간 작은 초상 조소를 볼 수 있다. 또한 다채로운 유리창들은 복원기간 동안에 완벽하게 덧붙여진 실내장식의 일부를 이루고 있고, 그중 한 유리창은 루터와 요한 제바스티안 바흐, 파울 게르하르트를 하나로 모아 묘사하고 있다.

차이츠 Zeitz

"차이츠는 다른 장소들에 비해 루터의 자손과 현세의 후손들을 거의 단독으로 소유하고 있고, 자체적으로 보호할 특권을 지니고 있다." 다비트 리히터는 1733년 "루터학 계보"에서 이렇게 주장했다. 그래서 이것은 오늘날 루터의 흔적을 찾는 이에게 다름 아니라 그사이 14세대가 지난 후 이곳에서 종교개혁자를 뒤따르는 행적들을 만날 수 있다는 사실만을 전달한다(라네슈트라세 8번지 "루터의 집" 앞에 루터 장미로 장식된 기념현판). 그들 중 한 사람인 프리드리히 마르틴 루터는 1688년 에어푸르트에서 태어나 1742년 차이츠에서 사망했는데, 오랫동안 이 도시의 시장이었으며, 수많은 명소에서 알 수 있듯이 차이츠의 천 년 역사에 직접 기여한 사람이었다. 슬라브인의 정착지에서 생겨나 바이스 엘스터 Weiße Elster(흰 엘스터) 강에서 확대된 이 도시는 문헌상으로는 967년에 처음으로 언급되었다. 이 도시는 19세기 중엽부터 유모차와 피아노 생산으로 범지역적인 경제적 중요성을 획득했다. 오늘날 메서슈미테슈트라세 22번지에는 1888년까지 요한 제바스티안 바흐의 두 번째 부인인 안나 막달레나의 생가가 있었다. 500년이나 된 시청 건물의 52m에 달하는 탑에 서 있으면 "로만틱 가도^{Straße der Romantik}"에 연결된 이 도시를 면밀히 살펴볼 수 있다. 날씨가 좋으면 시야는 가까운 도시인 라이프치히의 전승기념탑까지 다다른다.

주교들이 거의 600년 이상 이곳에서 거주했다. 종교개혁 이념은 차이츠의 수도원 지역에서 막대한 지지를 받았지만, 다른 어떤 곳보다도 이곳에서 상당히 파괴적인 논쟁을 야기했다. 마르틴 루터의 절친한 친구인 니콜라우스 폰 암스도르프(1483~1565)는 나움부르크-차이츠 교구에서 첫 번째 개혁주의 주교가 되었다. 루터는 그를 1542년 1월 20일 나움부르크 성당에서 장엄하게 사제로 서품했으며, 암스도르프는 이틀 후 차이츠의 대성당에 주교로 부임했다. 암스도르프는 세계적으로도 최초의 개혁주의 주교였다. 마르틴 루터는 이 친구를 여러 번 방문했다. 루터가 설교와 관련하여 차이츠에 체류한 것은 1544년과 1545년으로 기록되어 있다.

1548년 7월 28일은 그가 차이츠를 방문한 마지막 여름이었는데, 루터는 비텐베르크에 있는 아내 케테에게 실망과 우울한 마음으로 적은 편지를 보냈다. 연로해져서 더 이상 여행을 좋아하지 않게 된 루터는 비텐베르크 대학생들의 타락한 행실에 불만을 품었고, 나움부르크에서는 성직자들 사이의 논쟁을 중재하려고 했다. 다음의 편지 구절에서 참조할 수 있는 것처럼 그는 언제까지라도 차이츠에 머무르기를 진지하게 고려했다.

"나는 차이츠를 너무나 좋아해서 다시는 비텐베르크로 돌아갈 필요가 없을 정도였소. 난 더 이상 그곳에 있고 싶지 않을 정도로 마음이 식어버렸소. 나는 또한 당신이 정원과 경작지, 가옥과 대지를 다 팔아버리기를 바랐소. 게다가 나는 또한 자비로운 주님께 큰 집을 다시 헌납하기를 바랐소. … 어쩌면 비텐베르크와 그 통치권은 여자들과 처녀들의 가슴과 엉덩이를 발가벗기기 시작한 다음에는 거지춤이나 악마의 춤에 휩싸이게 될 것이오. 그런데 이제 그곳에는 그들에게 벌을 주고 제지하는 사람이 아무도 없소. 그런 행동으로 하나님의 말씀이 비웃음을 당하고 있소. 즉시 거기 소돔에서 떠나시오!"

* * * * *

성당과 재단도서관이 있는 모리츠부르크 성 Schloss Moritzburg 암스도르프가 거주했고 루터 역시 여러 번 머물렀던 엘스터아우에 지역 산비탈에 세워진 주교성은 30년전쟁 중에 파괴되었다. 추측건대 그 자리에 작센 차이츠 공국의 왕들이 1657년과 1678년 사이에 모리츠부르크 성을 건축하도록 했을 것이다. 그들의 영향으로 오토 왕조식의 지하묘실이 있는 대성당 역시 성채교회로 개축되었다. 바로크 양식의 이 교회는 일부 주거용 건물로 사용하도록 균형이 맞춰졌다. 건물 내부에 더 이상 바로크 양식의 장식들과 제후의 좌석들이 없다면, 관람객은 대략 루터 시대에 있던 대성당의 그림을 떠올리게 될 것이다.

　이 개혁주의자는 여기서 암스도르프 주교의 취임식을 맞이하여 설교했다. 현재 지역 가톨릭 교구가 사용하는 대성당 회랑의 한쪽 벽에는 다른 여러 대리석 판석들 옆에 마르틴 루터의 손자 요한 에른스트(1637년 사망)의 묘석도

차이츠: 성 미하엘 교회

나란히 세워져 있는데, 간신히 읽을 수 있을 정도의 비문이 그의 묘라는 것을 전해주고 있다.

모리츠부르크의 정문 관리실에는 중요한 차이츠 재단 도서관이 있다. 그 도서관에는 150권 이상의 중세 필사본과 500권 이상의 근세 필사본, 350개의 증서, 450개의 진본 및 약 2만 권 정도의 책이 소장되어 있다. 그 가운데 특별판으로 된 마르틴 루터와 필립 멜란히톤의 논문들과 작품들이 있다. 여기에는 "루터계 도서관"이 자리를 차지하고 있다. 이 도서관은 루터 후손들의 가족협의에 따라 명명된 것이다.

* * * * *

프란체스코회 교회^{Franziskanerkirche}　1542년 1월 22일 오후에 마르틴 루터는 13세기에 유래한 수도원교회에서 여러 명의 가톨릭 성직자들이 출석한 가운데 설교했는데, 이 교회는 중부독일에서 가장 큰 홀교회 중의 하나로 여겨진다. 차이츠의 시민은 실내공간이 마지막 자리까지 차 있었기 때문에 최소한 내부에서 무슨 일이 일어나는지 들여다보기 위해서라도 소방용 사다리들을 끌고 와야 했다고 한다. 루터의 설교는 "하나님의 위대한 권세와 말씀의 힘"이라는 제목이 적혀 있었다. 1970년대부터 예전의 수도원교회는 더 이상 교회로 사용되지 않고 있지만, 문의하면 견학이 가능하다.

* * * * *

성 미하엘 교회^{Die Kirche St. Michael}　1154년 처음으로 문헌에 언급된 후기 고딕식이지만, 핵심적으로는 로마네스크 양식이다. 수세기에 걸쳐 다각적으로 변한 이 교회는 이 도시에서 가장 볼만한 건축물에 속한다. 마르틴 루터의 여러 후손이 차이처 오버슈타트^{Zeitzer Oberstadt}의 가장 오래된 이 교회에서 세례를 받았거나 결혼식을 올렸다. 1882년 이 교회의 성구보관실에서는 1517년에 만들어진 루터 반박문의 인쇄본 한 점이 발견되었다. 이에 대해서는 세계적으로도 몇 안 되는 사본만이 있을 뿐이다. 종교개혁시대에 나온 이 진품의 사본을 이 교회에서 볼 수 있다.

활기 넘치는 교회 앞 광장에는 사암으로 만든 실물 크기의 기둥 하나가 구동독 시절의 용감한 목사였던 오스카 브뤼제비츠에게 헌정되어 있는데, 그는 1976년 8월 18일 이곳에서 분신자살했다.

아우구스부르크 ^{Augusburg}

현재의 아우구스부르크 시는 레히 강변 지역에 자리 잡고 있는데, 여기는 로마인이 2천여 년 전에 알프스 산맥을 넘어온 이후 처음으로 정착한 곳이다. 날씨가 좋을 때면 알프스가 외견상 매우 가까이 다가와 있어서 태곳적부터 여행자들이 아우구스부르크를 왜 "이탈리아로 가는 독일의 관문"이라고 언급했는지 충분히 이해할 수 있다. 기원전 15년에 건립된 이 도시는 바이에른 주에서 가장 오래된 도시이며, 독일에서 트리어 다음으로 두 번째로 가장 오래된 도시다. 르네상스 양식과 로코코 양식의 화려한 건축술로 각인된 역사의 중심인 이 도시를 방문하는 데는 많은 이유가 있다. 이곳에서 직장가인職匠歌人의 전통을 추적해볼 수 있다. 이름이 잘 알려진 대략 250명의 명사 가운데 요한 슈프렝(1524~1601)이 가장 유명하다. 아우구스부르크에서 "모차르트의 고향도시"를 발견할 수 있다. 여하튼 유명한 음악가의 조상들이 1643년부터 이곳에서 살았다. 아마데우스의 아버지 레오폴트는 1719년 현재의 "모차르트의 집"(현 기념장소)에서 태어났다. 기술 애호가들은 박물관에서 루돌프 디젤(1858~1913)의 생애와 영향, 그리고 그의 이름을 따서 지은 엔진의 역사를 탐색하기 위해 아우구스부르크로 오게 될 것이다. 문학 및 연극 애호가들은 세계적으로 유명한 아우구스부르크 인형극장인 "인형상자" 공연에 참석하기 위해 또는 지역 연대기 기록자인 베르톨트 브레히트가 이전에 이름을 붙였던 것 같이 "도시의 검은 양"의 출생 장소인 브레히트의 집을 방문하기 위해 이 도시를 찾는다. 그사이에 이 도시는 그의 명예를 위해 이 박물관을 세워 문학상을 제정했고, 브레히트(1898~1956)는 여러 시작품 속에서 자신의 고향도시를 회상했다. 그는 1948년부터 죽을 때까지 살았던 베를린에서 아래와 같은 구절을 썼다. "내 필기대에 서서 / 난 창문을 통해 정원에 있는 노간주나무를 보고 있다 / 그리고 그 안에 빨갛고 검은 것이 있음을 깨닫는다 / 그러다 갑자기 노간주나무를 기억한다 / 아우구스부르크에서 보낸 내 유년을."

아우구스부르크: 대성당

　　그러나 무엇보다 도처에서 아우구스부르크로 여행 오는 이유는 중세 신성로마제국의 역사뿐 아니라 재정財政의 역사와 교회사도 여기서 쓰였기 때문이다. 더구나 아우구스부르크를 유럽의 재정 중심지가 되게 한 푸거Fugger와 벨저Welser 가문 같은 대부호 상인들이 있었고, 심지어 로마의 교황들도 이 도시 덕분에 큰 이득을 얻었다. 아우구스부르크에서 빈번히 개최된 제국의회를 중심으로 행해진 성대한 축하행사들은 도시의 궁전들과 은행가들의 토스카나 풍 느낌이 드는 저택 안뜰에서 진행되었다. 마르틴 루터는 1510년부터 1511년까지 계속된 로마 여행 도중에 처음으로 이 도시를 보았다. 그때 그는 아우구스티누스회 수도사들의 집에 머물렀다. 오늘날에도 성 십자가 교회들Heilig-Kreuz-Kirchen은 그 수도사들의 집을 기념하고 있다. 마르틴 루터는 1518년 10월 위풍당당한 푸거가의 도시궁전에서 한 해 전에 비텐베르크에서 공포한 자기의 논제들을 취소하라는 요구를 받았다. 루터는 1545년에 "독일인은 그렇게 중요한 사건의 귀추에 면밀히 주의를 기울이면서 기다리고 있었다. 이전에 어떤 추기경도 그리고 이떤 신학자도 감히 건드리려고 하지 않았던 일이다. 왜냐하면 그들은 로마 협잡꾼들의 막대한 착취, 조롱거리가 될 만한 게임과 끝없는 속임수들을 참아내느라 피로해졌기 때문이다. 이것이 나로 하여금 어떤 일이 있어도 사람들 사이에 퍼져 있는 분위기를 지지하게 만들었다"고 그때의 상황을 회상했다. 그는 취소하지 않았다. 가톨릭 교회를 개혁하고자 하는 루터의 노력으로 아우구스부르크는 첫 번째 전환점이 되었다. 종교개혁의 발생사는 본질적으로 이곳에 깊은 뿌리를 두고 있다. "아우구스부르크 신앙고백"(1530년)이라고 불리는 신앙고백서는 전적으로 필립 멜란히톤 혼자서 작성한 것이다. 1555년의 "아우구스부르크 종교화해"는 그 도시를 다시금 유럽 전역을 통해 종교개혁의 각광을 받도록 옮겨놓았다.

　　루터는 원래 의도한 바와 달리 로마가 아닌 아우구스부르크가 8월 7일에 루터를 지목한 교황청의 소환 장소로 선택된 것에 대해 당당한 군주의 영향과 외교적 전략 덕분이라고 여겼다. 1518년 9월 16일 에어푸르트의 아우구스티누스회 수도원 원장인 요한 랑에게 보낸 어느 편지를 보면 소환일 4주 전까지도 아직 심문 장소가 확정되지 않았다는 사실을 추측할 수 있다. "전하게서 카예탄 대사를 설득하여 제 사건을 독일에서 심리하도록 해달라고 로마 교황청에 보낼 서신을 작성하도록 하셨다고 제게 편지로 알려주셨습니다. 그러므로 저는 그동안 기다리기만 하면 된다는 것이었습니다. 그래서 저는 이것이 어떤 비난을 야기하지 않기를 바라고 있습니다. 제가 많은 사람들, 너무나도 많은 사람들을 불쾌하게 한 것 같다는 사실을 저는 인정하지 않을 수 없습니다." 다른 사람들은 그가 9월 26일 비텐베르크에서부터 발걸음을 내디뎠던 아우구스부르크로 가는 중에 그의 기분이 어떨지 걱정했다. 그는 바이센펠스, 바이마르, 코부르크를 거쳐 뉘른베르크에 다다랐다. 이곳에서 비텐베르크에 있는 자기 친구들에게 보낸 편지에서 그는 여정 중에 사람들을 만났다고 알려주었다. "그들은 내 사건을 별로 신뢰하지 못해서 심지어 아우구스부르크로 가지 말라고 요구하기 시작했네. 그렇지만 난 확고부동하게 결심했네. 하나님의 뜻이 이뤄질지어다! 아우구스부르크에서도, 하나님의 대적자들 가운데서도 예수 그리스도께서 통치하신다네."

루터는 10월 7일 "극심한 위장장애로 피곤에 지치고 기진맥진해진 채" 아우구스부르크에 도착했다. 어느 정도 회복할 때까지 그는 "덕망 있는 교황 특사"와 잇달아 총 세 번의 만남 가운데 첫 번째 만남이 시작될 때까지 5일을 기다려야 했다. 루터가 카예탄 특사와 연루되어 이번 여행을 준비할 때, 슈팔라틴은 그에게 "만약 군주와 내가 잘못 생각한 게 아니라면", 교황대사는 그에게 그다지 편견이 없고 "황제 그리고 신성로마제국의 최고위층들 앞에서 자네에게 대항해서 그렇게 나쁜 짓을 꾸밀 것 같지는 않네"라고 알려주었다. 하지만 그들이 잘못 생각한 것이었다. 카예탄은 "움푹 들어간 눈을 가진 형제에게" 그리고 "머릿속에 이상한 생각을 품고 있는 사람에게" 심지어 "부드럽고 아버지 같은 대우"를 약속했다. 하지만 루터는 실제로 10월 14일 사건 처리 과정과 관련하여 슈팔라틴에게 보낸 어느 편지에서 "그는 순수하고, 완전하고, 유연한 힘을 가지고 모든 일을 해낸다"고 보고한다. 그는 논쟁하는 대신에 끊임없이 같은 말만 되풀이한다는 것이다. "취소하라. 너의 오류를 인정하라.

아우구스부르크: 루터의 방이 보이는 광경

네가 그것을 원하든 원하지 않든 간에 교황님께서 그것을 원하시는 것이지 다른 어떤 것을 원하시는 게 아니다." 같은 날 비텐베르크의 카를슈타트에게 보낸 편지에서 쓰고 있듯이 카예탄에 대한 그의 판단은 확고했다. "그가 어쩌면 탁월한 토마스설 신봉자일지도 모르지만, 알려지지 않은 교활하고 이해할 수 없는 신학자이거나 그리스도인일 거야. 그래서 그는 하프를 연주해보려고 시도하는 나귀처럼 이 사건을 조정하고, 이해하고, 판단하는 데 숙련되어 있어." 루터가 단순히 떠나버림으로써 일방적 심문이 된 최종 논쟁은 돌연 끝났다. 카예탄은 분노하여 그에게 소리쳤다. "꽁무니를 빼라. 네가 취소할 때까지 다시는 내 앞에 나타나지 말라!" 막후에서는 계속해서 서로 이야기를 나눴고, 서면으로 서로 의견을 주고받았지만 헛일이었다. 루터가 이미 자기의 논쟁 상대에게 알려준 것처럼 카예탄은 "교회에 헌신적이고 순종적인 아들에게 어울릴 만한 것은 아무것도 남겨두어서는 안 된다"고 확신하고는 1518년 10월 21일 밤에 그 도시를 떠났다. 루터는 체포되는 것을 두려워한 게 틀림없기 때문에 도시 성벽의 북쪽 문을 통해 은밀히 출발하지 않으면 안 되었다. 이 문은 그를 위해서만 열려 있었다. 그래서 그때부터 그 출구에는 "저 아래로^{Da hinab}!"라는 표식이 붙어 있다. "첫째 날 그는 아우구스부르크에서 몬하임으로 왔다. 그는 빨리 걷기를 힘들어하는 노쇠한 말을 타고 있었다. 그는 긴 바지를 입지 않고, 그냥 반바지를 입고 있었다. 그는 칼이나 다른 어떤 형태의 방어용 무기도 지니고 있지 않았고, 말을 몰 때 쓰는 박차도 갖고 있지 않았다. 하지만 이러한 불리한 조건에도 불구하고 그는 비텐베르크까지 왔다"고 나중에 루터의 탁상담화에 참여한 한 사람이 기록했다.

* * * * *

성 안나 교회 Die Kirche St. Anna 1518년 10월, 마르틴 루터는 성 안나 교회 근처의 카르멜 교단 수도원에서 묵고 있었다. 이 교회와 수도원 탄생의 기원은 13세기까지 거슬러 올라간다. 동쪽 성단소의 옛 성구보관실과 내벽 토대는 현재까지도 잘 보존되어 있다. 그런데 루터가 카르멜 교단 수도사들에게 갔고, 자신이 속한 수도회의 형제들과 함께 머무르지 않았다는 사실은 아우구스티누스회 수도회에서 루터를 응대했을 것이라고 추측해보건대 수도원 원장인 요한 프로쉬와 관련이 있다. 루터는 에어푸르트와 비텐베르크에서 보낸 학창시절 중에 그와 동기생으로 만나게 되었다. 1983년에 "루터의 계단 방Luther-Stiege"으로 불리는 옛 수도원 방에서 개원한 박물관은 마르틴 루터의 체류뿐만 아니라 종교개혁과 관련하여 이 도시에서 일어난 다른 사건들을 상기시킨다. 마르틴 루터는 현재 박물관으로 이어지는 이 계단을 사용했을 것이다. 1525년부터 개신교회가 된 성 안나 교회는 순례자들이 즐겨 찾아다니던 "금세공 예배당Goldschmiedekapelle"(1425년 건축)과 1509년부터 1512년까지 건축한 "푸거 예배당Fugger-Kapelle"을 포함하고 있다. 특히 두 예배당은 예술적인 장소 그 이상의 가치를 지닌다. 푸거가※의 지하묘실은 알브레히트 뒤러의 설계에 따라 지은 것이다. 전문가들에 따르면, 이 예배당은 한스 다우허(1486~1538)가 조각한 이탈리아 르네상스 양식이 두드러진 '그리스도의 주검을 애도하는 사람들'로 인해 다른 독일 건축물보다는 이탈리아 르네상스에 더 가깝다고들 한다. 그 당시 이 도시에서 가장 부유한 가톨릭 시민이 개신교 성 안나 교회에서 마지막 안식처를 찾았다는 사실은 "아우구스부르크 대등권"이 교회사 연대기에 받아들여진 관용의 영향이라고 할 수 있다. 1635년과 30년전쟁이 끝난 1648년 사이에 – 그 대등권은 효력을 상실했다 – 아우구스부르크의 모든 개신교 예배는 성 안나 신학교의 뜰에서 행해졌다.

＊ ＊ ＊ ＊ ＊

울리히 교회들 Die Ulruichskirchen 막시밀리안슈트라세의 남쪽 끝자락에 있는 울리히 교회들은 아우구스부르크 대등권에 대한 설득력 있는 증거다. 이 도시의 가장 중요한 종교 건축물인 대성당과 더불어 가톨릭 울리히 교회에는 세 명의 교구 후원자가 영면해 있다. 가톨릭 대성당과 인접해 있는 옛 사제관은 1526년 개신교도들에게 양도되어 교구교회가 되었다.

<u>"프론호프Fronhof(안뜰)"</u>에 있는 마리엔 성당Marien Dom 11세기의 거대한 탑들을 부속물로 지니고 있는 이 교회의 본건물은 그 핵심부의 기원이 9세기까지 거슬러 올라간다. 내부 장식 또한 1140년경에 지어진 "예언자들의 창"을 내포하고 있는데, 이 창들은 세계에서 가장 오래 보존된 인간 형상이 그려진 연속 스테인드글라스들이다. 게다가 이 교회에서 가장 중요한 특징은 대* 한스 홀바인의 판화 네 점이다. 1518년 10월 22일, 프로쉬 원장은 같은 생각을 품고 있는 동료와 함께 카예탄과 교황 앞으로 보내는 합법성이 입증된 루터의 항소문을 대성당 출입구에 걸어놓았다. 이미 아우구스부르크를 떠난 루터는 매우 상세히 작성한 항소문에서 다음과 같은 주장을 펼쳤다. "잘못된 정보를 얻으신 교황 성하께. … 만약 저에게 반박할 수 있는 어떤 것이라도 갖고 계시다면, 제게 법적 구속력이 있는 증거를 제시해주실 것을 간곡히, 더 간곡히 그리고 가장 간곡하게 간청 드립니다."

대성당 부근에는 "프론호프" 지역이라고 불리는 옛 궁전부지가 있다. 1530년 6월 25일에는 황제 카를 5세와 제국의 군주들이 입회한 가운데 그 궁전의 대연회장에서 "아우구스부르크 신앙고백Augusburger Konfession" 조인식이 개최되었다(기념명판). 멜란히톤이 작성한 이 문서는 루터의 종교개혁 지지자들과 구교도들 사이의 양해를 목표로 한 것이었다. 제국 추방명령을 받은 마르틴 루터는 코부르크의 성에 머물면서 그 과정을 따를 뿐이었다. 황제는 루터의 아우구스부르크 신앙고백서를 받아들이지 않았다. 그 대신에 황제는 보름스 칙령의 타당성을 인준했다. 그다음 해에 루터파 군주들은 슈말칼덴 동맹을 결성했다.

* * * * *

푸거 도시궁전Der Fugger-Stadtpalast 막시밀리안슈트라세 36~38번지를 포함하는 복합건물의 외벽에 걸려 있는 기념명판은 1518년 10월 이 도시궁전 벽 뒤에서 교황의 전권대사인 카예탄과 비텐베르크 대학의 교수인 마르틴 루터 사이에 어려운 "협상"이 있었음을 언급하고 있다. 토스카나풍으로 추측되는 "다멘호프Damenhof(여성의 마당)"를 포함하고 있는 궁전이 시청, 계속 이어지는 호화로운 건축물들과 세 개의 분수와 나란히 "카이저마일Kaisermeile(황제의 거리)"에 위치해 있어서 "화려한 제국도시"를 방문하는 사람들은 "근동의 호화스러움"(괴테)을 즉시 느낄 수 있다. 가난한 수도사 루터는 이 궁전의 화려함을 보고 깜짝 놀랐다. 루터는 교황들과 될 수 있는 대로 좋게 협력하고, 자신이 그토록 강력하게 반발한 면죄부 판매로 돈을 모은 교황과 함께 재산을 축적하는 푸거 가문을 당연히 비호할 수 없었다. "왕들과 황제들을 팔아 그렇게 단기간에 엄청나게 부자가 될 수 있다는 것이 어떻게 경건하고 옳은 일이 될 수 있단 말인가?"라고 마르틴 루터는 의아해했다. 루터는 카예탄이 심문하여 변질시킨 학문 논쟁에 임할 때 이미 확고한 결심을 했다. 그는 비텐베르크에 있는 멜란히톤에게 다음과 같이 편지를 썼다. "내가 옳다고 가르쳐온 것을 취소하느니 차라리 몰락하고 싶네. 지식과 학문에 대해 포악스럽고 어리석은 바로 이 적대자들 때

아우구스부르크: 막시밀리안슈트라세의 푸거-도시궁전의 파사드

문에 가장 순수한 학문적 열정이 몰락하게 될지도 모른다네."

포이팅거의 집 Das Peutinger-Haus 게오르크 슈팔라틴은 루터로부터 받은 편지에서 다음과 같은 언질을 받았다. "어제(1518년 10월 9일) 나는 콘라트 포이팅거 박사의 집에서 저녁 식사를 했네. 그분이 견줄 수 없는 열정으로 내 일을 위해 얼마나 애써주는지 그 사람에 대해서는 자네가 나보다도 더 잘 알잖나. 그리고 다른 의원들도 거의 이와 같은 일을 할 수 없네."

인문주의자이자 외교관이며 막시밀리안 황제의 절친한 친구인 콘라트 포이팅거(1465~1547)는 1497년부터 아우구스부르크 시의 서기관을 지냈다. 그는 로마와의 단절을 일으키지 않는 한 종교개혁에 대해 열린 마음을 갖고 있었다. 그는 루터에게 불화의 원인에 대해 어느 정도 준비하고 있으라고 조언했다. 포이팅거의 주택(기념명판)은 그의 이름을 딴 도로 11번지의 집이다.

"세상에 하나님을 고백해야 할 작은 무리"

콘페시오 아우구스타나Confessio Augustana(CA), 즉 아우구스부르크 신앙고백 Augusburger Bekenntnis은 필립 멜란히톤의 책임으로 집필된 신학적·외교적 문건이다. 그가 아우구스부르크 제국의회(1530)에서 낭독함으로써 독일이 두 개의 종교 정치적, "신앙적" 진영으로 분열되는 것을 막을 마지막 가능성이 열린 것을 의미한다. 하지만 이것은 유감스럽게도 성공하지 못했다. 콘페시오 아우구스타나(CA)의 28개 조항은 그 이후부터 성경과 초대교회의 신앙고백 문서들과 함께 종교개혁에 대한 신앙고백 문서의 핵심을 이뤘다. 비록 그 조항들이 19세기나 20세기 때만큼 더이상 강력하지는 않았을지라도 이 세상의 프로테스탄트 교회들을 신학적으로 자각하게 만들었다. 이 조항들은 모든 개신교 찬송가 끝부분에 인쇄되어 있다. 역사적으로 최근의 이 신앙고백 문건은 "바르멘 종교회의의 신학선언"(1934) 같은 최근의 다른 신앙고백서들과 더불어, 예를 들어 마땅히 나치 독재에 맞섰던 교회적 저항과 정치적 저항이라는 용감한 증거로 여겨진다. 그렇지만 그것이 전부가 아니다. 개개 그리스도인의 정직한 신앙고백, 그리고 사도시대 이후로 교회 구성원들의 공동 신앙고백과 똑같이 개인적인 신앙 토대에 대해 자유롭게 증언하는 것은 불가분 근본적으로 전체 그리스도교인의 그리스도교 정신에 속한다는 사실을 되풀이하여 강조하지 않으면 안 된다. 마르틴 루터는 이것을 분명히 고수하고 있다.

> "하나님께서는 당신의 교회를 유지하기를 원하신다. 모든 이가 그리스도를 저버린다 하더라도. 그들이 황제이든, 왕이든, 교황이든, 주교들이든, 이 땅의 권세자들과 학식이 많은 자들일지라도 하나님께서는 성령과 하나님을 세상에 고백해야 할 작은 무리를 가까이 두시기 원하신다."

언젠가 자신의 삶 가운데서 큰 목소리로든 작은 목소리로든 이러한 신앙고백을 명확히 표현하거나 말한 사람들은 자기 찾기 식의 이런 행위가 겸손과 용기 두 가지를 모두 요구한다는 것을 두려움이나 기쁨과 희망에 차서 알게 될 것이다. 이것은 그렇게 함으로써 자기가 소수의 위치에 있다는 것을 갑자기 깨달을지도 모를 일이 일어날 수

있기 때문만이 아니다. 그렇지만 이러한 경험은 무엇보다도 매우 인상적이다. 신앙고백
은 고백하는 사람을 변화시킨다. 그것은 종교적 용어로 말해서 고백한 자들을 자신의 이
기심으로부터 조금 떨어뜨림과 동시에 시공의 한계를 넘어 그리스도께 가까이, 육신이
되신 하나님의 유일하신 형상과 본체에 가까이 옮겨가게 해준다.

이러한 정신적 인접 경험에 대해 인식할 수 있는 한 가지 특징은 삶의 역경 속에
서도 자신에게 고통을 덜어주시는 마음의 즐거운 평정심을 확실히 느끼는 것이다. 심
한 우울증에 낯설지 않았던 루터는 마침내 그러한 즐거운 평정심을 얻게 되었다. 이러
한 경험에서 루터는 다른 사람들에 의해 오래전부터 비난받았던 사람들에게도 적극적
으로 자신의 신앙을 고백할 수 있었다.

"예수 그리스도와 관련이 있는 제자들과 다른 사람들이 신앙을 고백하려
고도 하지 않고, 믿으려 하지도 않고, 심지어 두려움으로 주님을 부정하고 화를
내며 주님에게서 달아나려고 한다면, 범죄자와 살인자는 이 예수 그리스도를
고백하기 위해, 그분에 대해 전해주기 위해, 그리고 자신들이 그분에 대해 무엇
을 생각하고 그분 안에서 어떻게 위로를 받아야 할지 다른 사람들에게 가르쳐
주기 위해 앞으로 나와야 한다. 왜냐하면 그분, 전능하신 하나님께서는 그리스
도를 고백하는 사람들을 도외시하고 그리스도를 그대로 내버려두시지 않을 것
이기 때문이다."

만약에 고백하는 남자나 여자가 자신의 목숨을 걸고 신앙고백을 하고 그것을 확
실하게 확인할 때, 고백하는 자는 순교자가 되고, 피의 증인이 된다. 물론 기독교의 순
교자들을 종교적·광신적 극단주의에 빠져서 자살하고, 다른 사람들을 잔혹하게 살해
하는 소위 잘못된 현재 "순교자들"과 어떤 경우든 혼동해서는 안 된다. 폭력을 행하는
게 아니라, 심각한 경우에 폭력을 감내하는 것이 기독교 순교정신의 본질적인 표식이
다. 수많은 기독교인은 그렇게 하려고 시도하지 않았는데도 이러한 방법으로 "그리스
도처럼" 되었고, 죽었다가 부활하신 그리스도의 형상과 모습으로 변화되었다.

20세기의 개신교 순교자 한 사람은 위대한 명성을 얻었지만, 아직까지도 틀림없
이 완고하고 영감을 얻는 루터 신학자로는 거의 평가받지 못하고 있다. 디트리히 본회

퍼는 형장으로 끌려가는 도중에 같은 고통을 당하던 동료인 영국의 첩보 장교 페인 베스트에게 이렇게 말했다. "이것이 끝이다. 이것은 내게 삶의 시작이다."

본회퍼가 죽음에 직면하여 그러한 삶의 고백을 위해 그토록 명랑하고 진지하게 태연함을 묘사할 수 있었던 원천은 근본적으로 하나님에 대한 믿음 안에서 찾을 수 있다. 그는 히틀러 암살계획이 실패한 다음날인 1944년 7월 21일 감옥에서 친구 에버하르트 베트게에게 편지를 썼다. 그 편지에서 본회퍼는 의심할 바 없이 "하나님의 영을 가져야 하고 세상 앞에서 그것을 고백해야 하는" 그 "작은 무리"에 속했고 현재도 속해 있음을 명백히 표현하고 있다.

"만약에 스스로 무엇인가 행하는 것을 완전히 포기했다면, 그것이 성인이든, 회개한 죄인이든, 아니면 성직자(이른바 성직자다운 모습!)이든, 의로운 자이든 불의한 자이든, 병든 자이든 건강한 자이든 간에 나는 전자를 '현세적인 삶'이라고 부르고, 후자를 '책무, 의심, 성공과 실패, 경험, 당혹감에 가득 차 살아가는 삶'이라고 부른다. 그러면 완전히 하나님의 팔에 안기게 되고, 이 세상에서 더 이상 자신의 고난이 아니라 하나님의 고난을 겪게 되며, 겟세마네 동산에서 그리스도와 함께 깨어 있게 된다. 그래서 나는 이것이 믿음이라고, 이것이 변화Metanoia라고 생각한다. 그래야 사람들은 인간, 즉 그리스도인이 된다."

바트 프랑켄하우젠 Bad Frankenhausen
알슈테트 Allstedt
헬트룽엔 Heldrungen

북 튀링겐의 소도시를 찾는 방문객에게 키프호이저 산악지역의 남쪽 경사지에 있는 목가적 경치에서 멀리서부터 현저히 두드러지는 원통형 구조물이 시야에 들어온다. 이 건축구조물을 아름답다고 생각하거나 그렇지 않다고 생각할 수도 있다. 물론 그 내부, 즉 역사적인 마魔의 산에 있는 예술체험은 방문객을 납득시킨다. 옛날 제국도시의 윗부분에 자리한 기능 본위의 구조물은 라이프치히의 예술가 베르너 튀브케(1929~2004)가 창작한 기념비적인 그림인 「독일의 초기 시민혁명」을 소장하고 있는데, 이 파노라마 작품은 현대 예술사에서 가장 큰 프로젝트 중 하나로 여겨진다. 시대를 초월한 보편적인 요구에서 역사적으로 중요한 세계극장theatrum mundi이 관람객에게 원형홀 모양으로 펼쳐진다. 튀브케는 인간실존의 근본문제들, 인간가치의 보존과 그 항구적인 생존 위협을 주제로 다룬다. 14m×123m 크기의 기념 그림은 1525년 독일 농민전쟁 당시의 마지막 대전투를 회상시킨다. 그리고 박물관이 위치한 언덕은 전투가 치러진 실제 격전지여서 "전투 고지"라는 이름을 달고 있다. 기념 그림에 등장하는 총 3천여 명의 사람들 가운데는 생생하게 묘사된 전면부에서 마르틴 루터와 토마스 뮌처의 모습도 볼 수 있다. 토마스 뮌처(1490년경~1525)는 스톨베르크에서 태어나 튀링겐 농민 봉기의 주모자가 되었다. 특히 그는 츠비카우, 알슈테트와 뮐하우젠에서 목사로 활동한 급진적 설교자이자 "종말예언자"였다. 루터의 옛 친구인 뮌처는 "하나님을 믿지 않는 자들에게 맞선 하나님의 종"으로서 세속권력에 대항하여 비타협적인 전투에 나서도록 부름을 받았다. 그는 선택된 자들 가운데 하나님 나라를 건설하기 위해 가난한 평민 신분의 남자로 부름을 받았고, 그 일을 하도록 수많은 추종자를 얻을 수 있었다. 반란자들은 그들이 예정한 대로 "12개항" 중에서 무엇보다도

베르너 튀브케, 「독일의 초기 시민혁명」 기념 그림(단면)

자유로운 사제선출을 요구했다. 그 밖에도 십일조 의무의 폐지, 자유로운 사냥, 자유로운 숲 사용권, 부역과 세금면제를 요구했다. 이미 남부독일에서 첫 번째 반란이 일어나기 시작했을 때 루터가 분명하게 피력했음에도 불구하고 세속권력은 여전히 민중의 의지를 무시했다. 마찬가지로 중부독일을 통해 설교여행 중일 때에도 농부들에게 폭동과 그 결과에 대해 경고한 루터는 청중에게 거의 무시당했다. 예를 들어 노르트하우젠에서는 이미 거의 분쟁에 휩싸였다. 루터는 "그럼 좋다. 뮌처를 본 사람은 그가 가장 극악하게 분노에 차 있는 악마의 화신을 보았다고 말해도 된다"며 그의 정신적 적대자에 대해 확신했다. 뮌처가 이끄는 농민 무리는 단합하여 행동하는 군주의 군대들을 어떤 방법으로도 이겨낼 수 없었다. 1525년 5월 15일 튀링겐의 농민부대는 압도적으로 괴멸되었다. 루터의 동서인 요한 뤼엘 폰 아이스레벤은 "튀링겐과 백작령(만스펠트)이 이 모든 것을 견뎌내기까지 얼마나 오랜 세월이 걸릴까 하고 염려했던 대로 농민은 벌을 받을 것입니다. … 여기서는 오직 약탈과 살육만이

바트프랑켄하우젠: 파노라마 박물관을 배경으로 한 도시 전망

시도될 뿐입니다"라고 농민의 입장에서 6천 명의 사상자를 낸 전투가 끝난 후의 상황을 묘사했다. 비텐베르크의 루터에게 보낸 뤼엘의 편지는 계속해서 다음과 같이 전했다. "그리고 대부분의 시민이 프랑켄하우젠에서 죽었고, 아직 살아남은 자들 중 일부는 포로가 되었으며, 나머지 많은 사람은 그 도시에 사는 여자들의 요청으로 그들에게 되돌아가게 되었습니다." 루터는 5월 30일 자 답장에서 이에 대해 어떤 동정도 나타내지 않았다. "여물, 무거운 짐과 채찍은 나귀에게 마땅한 것이고, 농민에게는 타작마당의 짚이 마땅한 것입니다. 그들은 하나님의 말씀을 듣지 않고 포악합니다. 그렇기 때문에 그들은 채찍질을 당해야 마땅하고, 소총이 발사되는 소리를 들어야 합니다. 그것이 그들에게 마땅히 일어나야 합니다. 우리는 그들이 복종하도록 그들을 위해 기도해야 합니다. 그러나 그렇지 않다면, 그들을 불쌍히 여기는 것은 소용없습니다. 그들 중에서 소총이 발사되는 소리가 일어나도록 그냥 내버려두십시오. 그렇지 않으면 그들은 수천 번이라도 분노에 싸여 계속해서 이렇게 행할 것입니다." 루터는 1533년 초에 있었던 탁상담화들 중 한 담화에서 농민의 죽음에 대한 책임을 인정했다. "설교자들이 가장 나쁜 살해자들입니다. 왜냐하면 그들은 세속권력이 자신들의 직무를 마음대로 지배하고 해를 끼치는 사람들에게 벌을 내리기로 결심하도록 그들에게 충고하기 때문입니다. 나는 반란이 일어났을 때 모든 농민을 학살했습니다. 그들의 모든 피가 내 목에 묻어 있습니다. 그러나 난 그것을 우리 주님께 전가했습니다. 내게 이런 말을 하라고 명령하신 분이 그분이십니다."

전장戰場 고지의 아래쪽에 널리 퍼져 있는 작은 도시 바트 프랑켄하우젠은 수많은 대형화재를 당했기 때문에 종교개혁과 농민전쟁에 대한 극히 일부 흔적만을 보여줄 뿐이다. 고지대의 초원 칭케슈트라세에 있는 도시 성곽들의 다섯 개 문은 19세기에 새롭게 칠해졌다. 유적에 설치된 기념명판이 이곳에 토마스 뮌처가 체포될 때까지 은거한 집이 세워져 있었음을 상세히 알려준다. 그는 여기서 출발해 처음에는 헬트룽엔으로, 그러고 나서는 뮐하우젠으로 보내졌다. 1215년 프리드리히 폰 바이히링겐이 세운 시트회 수녀원은 마리아 교회와 더불어 1525년 농민전쟁 동안에 무너졌고 계속해서 파괴되었다. 나머지 잔해는 아직도 클로스터슈트라세Klosterstraße(수도원 도로)에 위치한 김나지움 주변에서 볼 수 있다. 슈바르츠부르크-루돌슈타트 요새의 옛 성에는 지역 박물관이 자리 잡고 있다. 이 박물관은 종교사를 묘사하고 있지만, 독일 농민전쟁 동안에 발생한 지역적인 사건들도 다루고 있다.

알슈테트Allstedt

루터의 옛 동맹자이자 훗날의 적대자였던 토마스 뮌처는 1524년 7월 13일에 행한 자신의 설교에 "선지자 다니엘서 제2장 강론, 하나님 말씀의 종, 토마스 뮌처를 통해 작센의 고위 대공들과 제후들을 모시고 알슈테트 성에서 전함"이라는 제목을 붙였다. 이 설교는 "제후들에게 알리는 설교"로서 역사에 기록되었고, 아마도 독일에서 고위층이 그때까지 들어야 했던 설교 중 가장 대담한 설교로 여겨진다. 제후들에 대한 설교 본문의 영향에 관해서는 알려진 기록들이 없다. 옛 제국의 왕이 거주하던 자리에 지어진 알슈테트 성은 키프호이저와 하르츠Harz 남부 지역에서 멀지 않은 "황금빛 목초지"의 동쪽 언저리 산등성이에 우뚝 솟아 있다. "제후들에게 알리는 설교"가 행해졌을 가능성이

알슈테트: 성

가장 큰 장소인 제후의 산장이 부속된 성채예배당은 영화관이나 텔레비전에서 보여준 다양한 영화를 다각적으로 상영하는 장소로 이용되어왔다. 이 예배당은 현재도 결혼식과 음악회 용도로 사용되고 있고, 뮌처-루터 시대의 역사적 장면을 재현하는 용도로 사용되고 있다. "로만틱 가도"에 위치한 성城건물단지에 있는 박물관은 내부 개조공사가 진행될 예정이다. 알슈테트는 제후계급이 이용한 의사소통망의 한 부분이었다. 아우구스부르크, 슈파이어와 보름스 제국의회로 가는 경로는 이 도시를 거쳤다. 그렇기 때문에 마르틴 루터가 알슈테트를 여러 차례 통과했을 가능성이 매우 크다.

토마스 뮌처는 1775년에 건축된 성 요한 시교회Stadtkirche St. Johannes의 이전 건물에서 1523년과 1524년에 설교자로 임시 재직했다(교회의 기념명판에 기록됨). 1524년, 이 도시와 그 주변에서 온 뮌처 지지자들이 이 도시의 시청 지하실에서 뮌처의 교리를 따르는 "선민"을 보호하고 방어하기 위해 설립된 "기독교인 동맹"에 이름을 기입했다. 훗날 루터는 "상세한 설교는 아무 소용이 없다. 성령이 필요하기 때문이다. 하나님께서 먼저 사람과 사람의 목소리로 말씀하시지 않으신다면, 아무도 기독교인이 될 수 없다. 인간은 자기와 이야기하려고 하지 않는 신은 어떤 신이든 배제해버린다. … 이 교리는 신성함을 증거로 할 뿐이었다. 그만큼 뮌처는 구술된 언어의 권위를 과소평가한다"고 토마스 뮌처가 주장했다고 회상했다. 루터의 지시로 유스투스 요나스와 요한 랑이 뮌처와 벌인 두 번의 논쟁이 아무런 성과를 도출해내지 못한 채 끝나자, 루터는 1524년 7월 18일 공작에게 이 "광신자"를 작센 제후국에서 추방할 것을 요구했다. 1524년 8월 1일 바이마르에서 에르네스틴계의 귀족들 앞에서 있었던 심문에서 이들은 뮌처에게 동맹을 해산하고 그 이후 세속적인 일에 관여하지 말 것을 요구했다. "알슈테트의 정신"은 여전히 그의 "신비적 교리"를 유지하고 있지만, 뮌처는 자신에게 직면한 위험을 분명히 감지하고 있었다. 1524년 8월 7일 밤, 뮌처는 자기의 "일과 연관된 사건" 때문에 알슈테트를 떠났다.

헬트룽엔 Heldrungen

　키프호이저 지방에 속하는 이 작은 도시에는 중부유럽의 요새 건축 양식으로 지어진 중요한 기념물이 있다. 두 개의 방어시설 벽에 의해 거대한 해자를 두르고 있는 성은 프랑켄하우젠에서부터 크베어푸르트로 이어지는 교역로를 확보하기 위해 건축되었다. 1525년 농민봉기가 일어난 동안 이 시설은 요새를 차지하고 있던 만스펠트의 영주들과 다른 귀족들에게 중요한 요새 역할을 했다. 1815년에 깎아 만든 남쪽 건물동棟의 탑에 걸린 명판은 다음과 같이 공표하고 있다. "농민의 지도자 토마스 뮌처가 1525년 5월 7일부터 23일까지 헬트룽엔 성에 감금되어 있었다." 그는 바트 프랑켄하우젠에서 체포된 다음 이곳으로 이송되었다. 그는 고문을 당했고, 결국 뮐하우젠으로 호송되었으며, 그곳에서 5월 27일 사형에 처해졌다. 루터는 그 후 몇 년이 지나서 "뮌처는 공포에 몸서리치면서 죽었는데, 그러는 동안 그는 황급히 성경을 움켜잡고는 이 책에 포함되어 있는 모든 것을 믿지만 그것으로는 충분치 않다고 주장했다"고 보고했다.

헬트룽엔: 해자로 둘러싸인 성

"그는 야만스럽고 악한 짐승들에게
족쇄와 사슬을 풀어줄지도 모른다…"

루터는 1525년의 농민봉기에 대한 논쟁에서 사람들이 '반反근본주의'라고 말할 수도 있는 태도를 나타냈다. 한편으로 이것은 이른바 '어부 아내들의 반란'이 발생하여 루터가 에어푸르트의 젊은 대학생으로서 경악스럽게 경험한 "민중의 분노"에 직면했을 때 그에게 나타났던 깊이 뿌리내린 공포로까지 거슬러 올라갈 수 있다. 다른 한편으로 그가 1520년에 세 편의 자유기고문("독일 민족의 기독교 재산에 대해 기독교 귀족에게 보내는 공개서한", "교회의 바벨론 포로에 대하여", "기독교인의 자유에 대하여")에서 처음 인상적으로 작성한 그의 성숙한 신학적 확신은 기독교 메시지의 근본주의적인 해석이나 어떤 과격한 변형을 허용하지 않는다.

이른바 "광신자"와의 근본적인 차이가 바로 여기에 있다. 비록 루터가 제후들의 냉정함과 부당함에 대해 날카롭게 비판하고 농부들의 요구가 정당하다는 것을 전적으로 인정하지만, 그는 반란과 폭력을 거부한다.

"통치자들이 악하고 부당하다는 것은 함께 폭동을 일으키고 반란을 일으키는 것에 대한 변명이 되지 않는다."

그는 수그러들 줄 모르는 엄격함을 고수하면서 한편으로는 국가의 권력질서를 비판하지만, 아직도 그들 자신의 "성전聖戰"을 위해 승리하기를 원하는 토마스 뮌처를 둘러싼 "광신자들", 즉 유토피아주의자들의 입장에 대항했다. 루터는 세상의 모든 부당함과 고통을 제거하려는 폭력으로써 "하나님 나라"가 도래하도록 해야 한다는 이러한 부류의 독실한 신앙심이 넘치는 것을 수상하게 여겼다. 그는 그들이 그렇게 하는 것은 복음을 도구화하는 것이며 세속적인 치유계획을 위해 "그 의미를 전환시키는 것이다"라고 그들의 눈앞에서 경고했다. 그는 자신이 생각한 대로 세상이 혼란에 빠지지 않도록 하기 위해 제후들을 고무하여 "살기등등하고 도적질하는 농민의 무리에 맞서서" 군사적 조처를 취하게 했다. 이로 인해 수천 명의 반란자들이 저항하다가 목숨을 잃었다.

"누군가 이제 복음에 따라 세상을 통치하고 모든 세속권력과 무력을 폐지하고 새로운 것을 건네주고자 한다면, 모든 사람이 세례를 받아 기독교인이 될지도 모른다. 그들 중에는 복음에 의해 법과 칼이 금지되기를 원하는 사람들도 있을 것이다. 이 같은 사람은 실제로 무엇을 해야 할 것인가? 그는 야만스럽고 악한 짐승들에게 족쇄와 사슬을 풀어줄지도 모른다. 그러면 그는 눈물을 흘리며 우리 모두를 찢고 물어뜯을 것이며, 그렇게 함과 동시에 자신들이 멋지고 온순하고 믿을 만한 짐승들이라고 새롭게 규정할 것이다. […] 악마는 그렇게 그리스도의 이름으로 복음의 평화를 오용하게 될 것이다."

무자비함과 공격성에 있어서 루터의 태도는 때때로 견디기 어려울 수도 있다. 그럼에도 불구하고 인간에 대한 그의 회의적인 시각은 정치 분야나 교회의 공적인 사명에 대해 과도한 부담을 주지도 않고 개개 인간의 양심에도 중압감을 주지 않는 정치적 윤리를 가능하게 해준다. 그렇지만 루터는 정의나 평화에 대한 동경과 창조를 경외하는 마음에 대한 동경을 포기하지 않고, 분별하는 요령을 연습하는 냉철한 현실을 가르쳐준다.

"그렇기 때문에 하나님은 두 개의 왕국을 정해주셨다. 성령님을 통해 기독교인과 경건한 사람들을 만들어내는 그리스도의 통치를 받는 영적 왕국, 그리고 비기독교인과 악마로부터 우리를 막아주는 세속 왕국이다."

하나님에 대한 믿음과 세상에 대한 책임, 영적인 권세와 실제적인 이성은 이러한 방법으로 개개인과 공동체의 안녕을 위해 효력을 발휘할 수 있다.

파노라마 박물관이 있는 고지 전투장

코부르크 Coburg
존네베르크 Sonneberg

1346년경 카타리나 폰 헤네베르크-슐로이징겐이 마이센의 엄격왕인 변경백 프리드리히 3세와 결혼하고 "코부르크 영지"를 결혼 지참금으로 가져왔다. 그러자 처음에는 "코부르크 보호" 조처가 1353년부터 베틴Wettin 가문의 통치 지역에 속했다가, 1918년까지 그곳에 남아 있게 된 가문의 반목을 야기했다. 1564년 1월 12일 요한 카지미르는 군주인 요한 프리드리히 2세와 그의 아내 엘리자베트의 네 자녀 중 한 명으로 고타에서 태어났다. 한스 카젤은 어머니가 자신의 자식에게 이름을 지어준 데서 알 수 있는 것처럼 이미 세 살의 나이에 아버지를 여의었다. 후견 기간이 다 끝나고 영지領地도 분할된 다음에 상속왕자인 카지미르는 작센-코부르크 가문을 세웠다. 그사이 형 요한 에른스트는 작센-아이제나흐 왕조를 세웠다. 22세의 왕자가 코부르크 섭정을 위임받았을 당시, 두 개의 건축물이 3천 명의 주민을 헤아리는 이 도시를 압도했다. 먼저 이츠 강 계곡 위에 자리 잡은 원추형 산꼭대기에 우뚝 솟아 있어 "프랑켄의 왕관"이라는 이름으로 명시된 코부르크 요새Veste Coburg이고, 두 번째는 옛 수도원이 있던 자리에 세워진 비교적 최근의 도시 관저인 에렌부르크 성Schloss Ehrenburg이다. 카지미르가 사망하자 이 도시의 건축적, 지적 그리고 문화적인 특성은 완전히 바뀌었다. 코부르크는 당시에 "작은 드레스덴"이라는 품격 높은 명성을 얻었다. 오늘날 코부르크의 역사적인 시내 중심부에 매료되어 골목길을 돌아다니는 사람은 "평화는 육성하고, 불화는 먹어치운다"는 정치적 사안에 있어서 평화로운 타협 능력을 갖춘 한 남자의 영향을 기념하는 유물들을 만나게 된다. 이것이 고타의 모토였던 것처럼 이 모토는 코부르크 성의 웅장한 정문에서도 볼 수 있다. 코부르크의 중세시대 외곽인 케첸토어Ketschentor(케첸 문) 앞에 놓여 있는 기념비는 이 도시에 대한 지식이 없는 방문객이 프랑켄의 역사적 핵심에 도달하기 전에 역사적 관점에 따라 이 도시가 왕궁 소재지로서 주민에게 어떤 중요성이 있었는지 알게 해준다. "1995년, 코부르크는 75년 전부터 바이에른의 자유국가에 속해왔다"는 글귀가 어린아이 키 정도의 표석에 새겨져 있다. 옛날 "튀링겐" 작센-코부르크-고타 공국의 주민은 국민투표에서 1920년부터 효력이 발생하는 바이에른 귀속에 찬성표를 던졌다.

* * * * *

베스테 코부르크^{Veste Coburg} 거대한 성벽과 탑들을 지닌 베스테 코부르크는 멀리서부터 코부르크를 찾는 방문객을 맞이하는 첫 번째 건축물이다. 고타 근처의 집레벤^{Siebleben}에 살았고, 코부르크의 공작 에른스트 2세(1818~1893)와 친했던 작가 구스타프 프라이타크는 기념비적인 문학작품인 『잉고^{Ingo}』라는 책에서 자기가 여러 번 방문한 요새를 "이디스부르크^{Idisburg}"라고 설정했다. 같은 세기에 작센-코부르크 및 고타의 공작들은 옛 요새에 세계적 명성이 있는 예술 소장품관을 세웠다. 동판으로 된 방 옆에는 베니스풍의 유리제품과 바로

코부르크: 요새

코부르크 요새: 루터의 방

크 양식의 유리제품 등의 수집품들뿐만 아니라, 16세기와 17세기의 무기고가 있는 역사적 무기 수집품 방이 나란히 있다. 세상에서 가장 오래되었지만 아직도 작동 능력이 있는 두 대의 마차, 바로크 양식의 썰매들, 그리고 중요한 고대 독일의 그림들과 중세 후기의 조각품들을 소장하고 있는 것이 또 다른 귀중품들이다. 그러나 방문객은 요새 성벽 안에서 예술품들뿐 아니라 기록문서들과도 마주치게 되고, 얼마 전부터는 거의 6개월간 지속된 마르틴 루터의 체류(1530년 4월부터 10월까지)와 주로 종교개혁을 묘사하는 초현대적 미디어 상

46

영이 하이라이트가 되었다.

1530년 성^聖 금요일인 4월 15일 작센의 선제후 강건왕 요한이 코부르크를 방문했다. 그는 아우구스부르크에서 소집된 제국의회에 가는 중이었다. 그곳에서 필립 멜란히톤 주도로 작성된 개신교의 신앙고백서(훗날 "아우구스부르크 신앙고백서"라고 불리게 됨)를 논의하고 – 그것이 바람이었다 – 수용하기로 예정되어 있었다. 그 대신에 가톨릭 교도들과 개신교도들 사이에 적절한 분열이 일어났다. 선제후가 파송한 비텐베르크 대표단의 수행원 중에는 마르틴 루터도 있었다. 그렇지만 교황에 의한 추방과 황제의 주목을 받고 있던 그는 안전을 이유로 작센 선제후령의 남쪽 끝에서 여행이 끝나고 말았다. 그는 일단 이 도시에서 며칠간 머물렀다. 그는 이미 몇 년 전에 두 번이나 이 도시를 방문한 적이 있었다. 선제후가 계속해서 여행을 떠나기 전인 4월 23일에서 24일로 이어지는 밤에 루터는 은밀히 그 도시를 거쳐 이 요새로 호송되었다. 그곳에서 루터는 조교 바이트 디트리히와 조카 키리아쿠스 카우프만과 함께 숙박했다. 루터가 여기서도 수염을 길러 거의 10년 전 바르트부르크 성에 왔을 때의 모습처럼 보이도록 강제로 머물게 했기 때문만이 아니다. 마르틴 루터는 계속 익명으로 살았고, 그가 쓴 여러 통의 편지에서는 머물고 있는 곳을 암호로 표시했으며, 고독과 혹독한 시련을 겪었다. 5월, 그는 유스투스 요나스에게 편지를 썼다. "요즘 악마의 감찰을 받았네. 사탄이 나를 방에서 끌어내어 나더러 사람들 사이로 걸어가라고 강요할 정도로 사탄은 승승장구했지." 그는 요새에 머물고 있는 동안에 아버지가 돌아가셨다는 소식을 알게 되었다. 다른 한편으로 그는 "까마귀 왕국", "황야" 또는 "사막"에 머물고 있는 것이 즐거웠다. 멜란히톤이 세상 끝에서 경험한 것처럼 그에게는 부족한 것이 아무것도 없었다. 그는 여전히 "양손에 이 성의 모든 방문을 열 수 있는 열쇠들"을 갖고 있었다. 그는 선제후의 방에서 식사를 했다. 루터와 그의 손님들이 이 요새에서 수개월 이상 머무는 동안 대략 1,200ℓ(18 양동이)의 와인을 마신 것으로 가늠된다.

실제로 그에게 부족한 것은 말을 타고 이틀이면 닿을 수 있는 아우구스부르크의 제국의회에 참석하는 자신을 밀어주는 후원자들과 직접 만나지 못하는 일이었다. 전령들은 매일 서신을 가지고 이리저리 오갔다. 6월 29일 아우구스부르크에 있는 멜란히톤에게 보낸 여러 통의 "위로 서신들과 충고 서신들" 중의 한 편지에서 루터는 "마치 내가 자네들이 염원하는 것이 무엇인지 모르는 것처럼, 또는 마치 내가 여기에서 넉넉하게 살고 있고 자네들이 걱정하는 것은 아무것도 관여하지 않을 것처럼! … 나는 밤낮으로 이 문제에 몰두해 있고, 나는 늘 이것을 생각하고 있네. 찬성할 것인지 반대할 것인지를 헤아리면서 이리저리 숙고하고 있고, 모든 원고를 조사하고 있네. 그런데 우리의

이 가르침에 들어 있는 내 확신은 계속
해서 점점 더 커지고 있네. 그래서 하나
님 뜻이라면, 난 더 이상 조금도 간과하
지 않을 것이라는 데 점점 더 몰입하게
된다네. 무슨 일이 있더라도 말이네"라
고 썼다. 그는 반복해서 자기 친구들에게
발신자 자신이 "초대받지 않고 부름을
받지 않았더라도 간절히 아우구스부르
크로 가고 싶다"는 사실을 알려주었다.
이제 늙어가는 마르틴 루터는 자신의 은

헤드비히 잔Hedwigbecher

둔과 고독을 생산적으로 이용하는 방법을 알고 있었다. 더 이상 멈출 수 없는
종교개혁을 공고히 하고 제대로 된 모습을 형성할 필요가 있었다. 코부르크
요새에서 그가 작성한 서신들 – 200여 통이 넘는데, 그중 105통의 편지는 현
재까지도 잘 보존되어 있다 – 은 26개의 교회정책 서한들과 같은 증거자료가
되고 있다. 이 서신들 가운데 가장 중요한 텍스트는 다음과 같다. "아우구스부
르크 제국의회에 모인 기독교인에 대한 경고", "번역에 대한 공개서한" 및 "코
부르크 시편".

　　코부르크 요새가 루터 시대에 어떻게 보였는가는 무엇보다도 대* 루카
스 크라나흐Lucas Cranach d.Ä에 의해 창작된 여러 가지 회화 작품들과 인용문들에
서 읽어낼 수 있다. 선제후의 궁정화가 크라나흐는 짧은 기간 동안 이 요새에
서 활동했다. 그러나 그가 창작한 벽화들은 더 이상 존재하지 않는다. 현재도
멀리서 볼 수 있는 "푸른 탑Blauer Turm"은 1230년대에서 유래된 것이며, 전체 건
축물들 중에서 가장 오래된 건축물에 속한다. 이 요새의 현재 외양은 본질적
으로 1500년과 1838년 사이에 행해진 건물 개조에 근거한다. 20세기 초에 베
를린의 건축가인 보도 에프하르트에 의해 이뤄진 개조 작업은 건물 전체의 외
부 인상을 바라볼 때 다시 한 번 대단히 급진적인 변화였다. 침실, 연구실 그리
고 "비밀리에 만든" 화장실을 갖춘 루터의 숙소는 북쪽으로 향한 "돌로 된 침

실들"의 2층에 있고 "군주의 건물"을 지나가야 도달할 수 있었다. 개조할 때 방 배치가 바뀌었기 때문에 "루터의 방"에 있던 원래 가구들은 거의 보존된 것이 없다. 조각품들이 달려 있는 문틀과 장식판이 붙은 문들만이 거의 완전한 원형 상태를 유지하고 있을 뿐이다. 루터가 체류하기 1년 전에 행해진 코부르크 영지에 대한 교회 검열은 "코부르크 성의 교회들"이라고 불리는 교구교회와 "우리의 성모마리아^{Unserer Lieben Frau}" 교회를 언급한 것이다. 몇 세대에 걸쳐 "루터 예배당^{Lutherkapelle}"이라는 명칭으로 불리던 이 교회는 20세기 초까지만 해도 현재의 모습을 갖추지 못하다가 옛날의 요새교회를 대체하게 되었다. 아직 요새에서 체류하기 전에 시내에서 지내던 때 루터는 성^聖 모리즈 시교회에서 전체적으로 일곱 번 설교를 했다. 공작의 묘지로도 사용된 이 교회에서 에른스트 리첼이 만든 루터 흉상들 가운데 하나는 이 사실을 기념하고 있다.

존네베르크 Sonneberg

튀링겐의 도시 존네베르크는 코부르크에서 멀지 않은 곳에 있다. 19세기 중엽부터 이 도시는 루터에게 관심 있는 사람들에게도 인기 있는 목적지가 되었다. '루터하우스벡'이라고 불리는 거리에는 매우 인상적인 통나무집이 있는데, 어느 토착 상인이 1874년에 취득하여 (존네베르크 근교의) 유덴바흐에 있는 당시의 원래 장소에서부터 현재의 장소로 옮겨놓았다. 그는 '루터 축제'라는 맥락에서 그때부터 이 집을 "루터하우스^{Lutherhaus}"라고 이름을 붙였고, 이 집을 여관으로 사용하도록 일반 대중에게 위임했다. "루터하우스"라는 표시는 물론 루터가 1518년과 1530년에 유덴바흐를 여행하던 중에 머물렀던 여관과 연관이 있을 것이라는 잘못된 추측에 기인한 것이다. 실제로 루터는 "추 덴 드라이 크로넨(3왕관으로 가는 길)"이라는 여관에서 묵었다. "루터하우스"는 결코 여관이었던 적이 없다. 게다가 연륜연대학적 연구는 블록하우스가 1552년과 1555년 사이에, 그러니까 루터가 사망한 몇 년 후에야 비로소 지어졌다는 사실을 밝히고 있다.

드레스덴Dresden

대략 500만 명의 주민을 헤아리는 작센 자유국의 수도를 세계적으로 유명한 문화 중심지로 자세히 소개하는 것은 어쩌면 쓸데없는 일인지도 모른다. 국왕의 처소가 있는 이 도시의 문화적 전통은 15세기 알베르틴 가문의 통치와 더불어 시작되어 단지 몇 번 중단된 것을 제외하고는 수백 년 이상 현대까지 (1918년까지) 계속 이어져왔다. 바로크 도시 드레스덴은 유럽 전역에서 미술, 건축, 음악, 연극 그리고 무용의 탁월한 중심지라는 명성을 얻었다. 괴테는 실러가 이 도시를 알아보려고 방문하기 훨씬 전에 당시 약 4만 명이 거주하는 드레스덴을 누차 즐겨 방문했고, 이 도시를 '독일의 로마'라고 평가했다. 그는 아들 아우구스트에게 다음과 같이 조언했다. "드레스덴에 가게 되면 될 수 있는 한 눈을 크게 뜨고 주변을 성급히 돌아다니지 말아라. 네가 돌아가고 싶다고 해서 즉시 돌아와서는 안 된다. 너는 그곳에서 즐길 만한 것들을 많이 얻어내야 한다. … 너는 드레스덴 주변의 아름다운 자연을 즐겨야 하고 드레스덴에서는 다른 어떤 곳, 즉 참된 예술의 고향에서보다 더 가까이에서 모든 종류의 예술작품들을 보고 만끽해야 한다."

약 3만 5천 명을 희생시킨 1945년 2월에 벌어진 영국과 미국 전투기들에 의해 자행된 보복 폭격은 군사적으로 중요하지 않은 이 도시를 심각할 정도로 파괴하여 여기서 태어난 작가 에른스트 캐스트너는 너무 놀란 나머지 다음과 같이 요약했다. "더 이상 드레스덴이라는 도시는 존재하지 않는다." 폭격이 일어난 동안 이 도시의 로슈비츠 시구에서 머물렀던 노령의 극작가 게르하르트 하우프트만은 다음과 같은 확언을 남겼다. "눈물을 흘릴 능력을 상실한 사람은 누구든 드레스덴의 붕괴를 볼 때 그럴 능력을 다시 찾을 것이다." 호프교회Hofkirche를 포함한 성Schloss, 십자가교회Kreuzkirche, 프라우엔 교회Frauenkirche, 츠빙거Zwinger 궁전, 젬퍼 오페라극장Semperoper, 브륄 테라스Brühlsche Terasse에 있는 예술 소장품들과 예술아카데미 같이 세계적인 명성이 있는 건축물들뿐 아니라 여러

드레스덴: 다시 건축된 프라우엔키르헤

궁전과 엘베 강 다리들이 초토화되었다. 도시의 모습을 각인시키는 건축물들 중 몇몇은 이미 전쟁 직후, 그리고 이후 몇십 년 동안 복구되었지만 유명한 성은 아직도 복구공사 중에 있다. 프라우엔키르헤Frauenkirche(성모교회)는 거의 반세기 동안 붕괴된 채 남아 있다가 그 앞에 있는 마르틴 루터 동상과 함께 다시 헌당되었다.

자료에 의하면 마르틴 루터의 드레스덴 방문은 두 번이었다. 1516년 5월 초 드레스덴 구시가지의 아우구스티누스회 수도원 시찰이 그 근거였다. 바로 첫날 루터는 드레스덴에서부터 마인츠의 수도원장인 요한 베르켄에게 낙심한 어느 형제에 대해 염려를 표현하는 편지 한 통을 보냈다. "제가 악의적인 소문을 들은 바에 의하면 우리 드레스덴 수도원 출신의 제 형제 게오르크 바움가르트너가 … 어떤 충동적인 동기와 매우 부끄러운 상황에서 신부님 곁에 머물고 있다고 합니다." 루터는 "잃어버린 양"이 드레스덴이나 비텐베르크로 돌아오기 바란다고 간청했다. "만약 그가 오기만 하면, 저는 양팔을 벌려 그를 받아들일 겁니다. 그는 겁먹을 필요가 없습니다. 저는 모욕이라도 감수할 겁니다." 마르틴 루터의 두 번째이자 마지막 방문은 1518년 7월 25일 자로 기록되어 있다. 비텐베르크의 반박문은 이 시점에 알베르틴 가문의 게오르크 폰 작센 공(수염공)이 종교개혁과 관련된 모든 견해에 반대하는 적대자로서 거처하던 드레스덴에서조차 이미 격렬한 논쟁을 야기했고 더 많은 논쟁을 불러일으켰다. 인문주의자 히로니무스 엠세르(1478~1527)는 작센 왕궁의 비서 겸 사제 자격으로 이 비텐베르크인을 초대하여 성채예배당에서 설교하게 했고, 그런 다음에는 작은 사적인 영역 ― 그 자리에는 여러 사람들 가운데 요한 랑도 있었다 ― 에서 이제 매우 거센 빛을 발하고 있는 종교개혁에 대해 논의하도록 했다. 루터의 설교 내용은 "공작이 많은 금을 주겠다"고 진술하도록 꾀어내는 것이라고 공작에게 보고되어 결국 설교는 행해지지 않았다. 루터가 드레스덴을 떠나고 난 며칠 후 요한 슈타우피츠에게 쓴 편지는 비텐베르크에서의 이 설교를 언급한 것임에도 불구하고 그곳의 열띤 분위기를 예감케 한다. "비록 많은 법조인과 신학자들이 (파문에 대한) 이 설교에 극도로 동의하고 있다고 해도 큰 두려움을 일으키는 감시자들이 내게 적대적인 이 선동가들을 자극하려고 어찌나 애쓰고 있는지 참으로 놀라운 일이네. 그들은 내 말을 가로채고 나서는 내 말을 원한에 가득 찬 원고로 편집했네. … 그러고는 내 이름을 이상하게 중상모략하는 내용을 포함한 기사들을 널리 퍼뜨리고 있네. … 드레스덴에서는 고소장을 내 얼굴에 직접 던지기도 했다네. 사람들이 얼마나 교활하게 내 동정을 살피는지, 그리고 내가 사방으로부터 뾰족한 창끝으로 얼마나 공격을 당했는지 보게나." 드레스덴에서 루터의 설교를 들은 직후에 엠세르조차 가혹한 대적자가 되어 그에게 반대하는 반박문을 작성했다.

＊ ＊ ＊ ＊ ＊

루터 동상이 있는 성모교회^{Frauenkirche} 1943년 에르츠 산악지역에서 태어나 오래전부터 드레스덴에서 살고 있는, 국제적으로 명망 있는 트럼펫 연주자이자 지휘자인 루트비히 귀틀러 교수는 1989년 정치적 변혁이 일어난 후 그 도시의 대부분 사람들이 매우 다른 것을 마음에 두고 있는 것과 달리 한 가지 꿈을 갖고 있었다. "오늘 드레스덴을 방문하여 이 도시에 감탄하는 사람이면 누구나 무엇보다도 먼저 대성당^{Kathedrale}, 성^{Schloss}, 츠빙거, 젬퍼오퍼, 뷔륄세테라세 같은 장엄한 건물들이 있는 드레스덴을 생각한다. … 그러나 프라우엔키르헤뿐만 아니라 그 옛날 이곳에서부터 출발하는 모든 도로는 드레스덴을 전형적인 자유시민 도시로 구체화하고 있다. 그렇게 중요한 가톨릭 교회와 그렇게 웅장한 개신교 교회가 이렇게 가까이 나란히 있는 것을 보는 것은 유럽에서도 거의 유일한 일이다. 이 개신교 교회는 반드시 재건되어야 한다!" 연합군 공격 45주년 기념일인 1990년 2월 13일 교회 재건축 시민단체가 설립되었다. 1993년 1월 고고학적인 잔해 분류작업이 시작되었고, 1994년 5월 27일 프라우엔키르헤의 재건축을 위한 상징적인 초석 다지기 작업이 이뤄졌다. 2005년 10월 30일에는 축성식을 거행함으로써 재건축 최종단계가 완료되었다.

엘베 강 도시의 전형적인 상징인 프라우엔키르헤는 약 천 년의 역사를 자랑한다. 이미 이 교회보다 앞서 있던 여러 건물이 성모에게 헌정되어 '프라우엔키르헤'라는 명칭을 얻었다. 게오르게 배르가 설계한 석조로 된 둥근 천장이 있는 교회 건축을 위해 1726년 8월에 초석이 놓였다. 교회건축을 위해 선정된 장소는 교회묘지 바로 옆, 옛날 후기 고딕 양식의 교회가 있던 정확한 지점 가까이에 위치해 있다. 이 교회는 건축이 진행되던 도중인 1734년에 축성되었다. 9년이 지난 후에야 건축이 완성되었고, 프라우엔키르헤가 "아래서부터 저 위까지 마치 단 하나의 석재만으로 지어진" 것처럼 보여야 한다는 설계자의 목표가 실현되었다. 이 교회는 1945년 2월 13일과 14일에 걸쳐 억수같이 투하된 야간 폭격을 이겨냈지만, 그 후 폭풍처럼 번진 대형화재로 인해 완전히 소실되었다. 최소한 교회의 석조 골격만큼은 불을 이겨냈을 것이라고 분명히 희망할 수 있었던 2월 15일 오전, 프라우엔키르헤는 붕괴되고 말았다. 남은 것이라고는 하늘로 치솟은 폐허가 된 잔해들, 수천 제곱미터에 달하는 돌들과 교회 앞에 있는 아돌프 폰 돈도르프가 제작하여 1885년에 제막식을 거행한 마르틴 루터 동상뿐이었다. 그사이에 심지어 잔해 철거에 관한 문제들이 논의되었는데, 1966년에 이 도시는 그런 무시무시한 사건에 대한 경고의 표시로 폐허를 유지하기로 결정했다.

세계적으로 관심을 불러일으킨 이 바로크 양식의 교회를 재건축함으로써 시민 도시인 드레스덴 중심부는 개신교 교회건물의 상징으로 간주되고 있는 새로운 건물을 되찾았다. 이 교회의 디자인은 건축학적으로 개신교 신앙과 전례식에 대한 해석을 반영하고 있다. 거의 정사각형 대지에 볼트식 회랑들과 왕관 모양의 둥근 천장을 갖추고 있는 중앙건물은 하나님이 그 백성 가운데 임재하고 계신다는 개신교 신앙 관점과 일치한다. 설교와 찬송을 강조하는 개신교 예배는 중앙 공간에 성도들이 한데 모일 것을 요구하며, 제단 공간을 폐지하고, 제단과 성단소 그리고 오르간을 하나의 성단제단으로 통합할 것을 요구한다. 교회 내부로 더 밝은 빛이 들어오도록 하기 위해 형형색색의 더 밝은 스테인드글라스 창들을 설치했다. 그처럼 거대한 중앙 홀을 갖추고 있는 건물들은 세속적인 바로크 건축 양식에서는 이미 널리 보급된 일이었다. 다른 한편으로 그 시점까지 이러한 종류의 개신교 교회들은 극히 일부에 지나지 않았다.

루트비히 귀틀러가 생각한 것들 중 일부, 즉 붕괴된 박공을 있는 그대로 남겨둬야 한다는 생각은 충족되지 않았다. 그렇지만 화재로 그을린 원래의 건축 재료들을 계속해서 사용함으로써 파괴의 운명은 오랜 시간 동안 그 흔적을 알릴 수 있게끔 남아 있을 것이다. 동시에 둥근 천장에 대각선으로 교차하면서 멀리 밝은 빛을 발산하는 구조는 적개심을 극복한 증거일 뿐만 아니라 마르틴 루터의 정신에 나타나는 희망과 화해의 표시이기도 하다.

* * * * *

제후들의 행렬^{Fürstenzug}이 있는 성^{Schloss} "제후들의 행렬"이 그려져 있는 성의 성곽시설이었다가 점점 확대되어 옛 국왕이 거처하던 이 성의 기원은 12세기까지 거슬러 올라간다. 1485년부터는 베틴 가문의 영주들이 일시적으로 거주하던 성에서 베틴 가문의 알베르틴계가 영구적으로 거주하는 성으로 발전했다. 1530년부터 1535년까지의 기간에 르네상스 양식의 건축술은 그때까지의 엘브토어^{Elbtor(엘베 강 문)}를 '게오르겐바우^{Georgenbau}'로 개조함으로써 드레스덴에 깊이 파고들었다. 1547년부터 모리츠 폰 작센 공의 후원 아래 웅대한 르네상스 성으로 변모시킨 개축은 이 도시의 백미가 되었다. 물론 새로운 종류의 직사각형 구조는 마르틴 루터가 1518년 여름에 설교했던 예배당도 희생시켰다. 새로운 성채예배당은 그 장소를 북쪽 측랑의 서쪽 부분으로 통합했다. 전문가들은 '게오르겐바우'의 정문을 "독일 전체 르네상스 중에서 가장 고귀한 구조의 작품"이라고 칭찬을 아끼지 않고 있다. 1945년 2월에 자행된 폭격 기간 중 이 성은 완전히 소실되었다. 지난 세기의 마지막 몇 년까지만 해도 이 성의 재건축이 시작되지 않았는데, 다시 계속해서 재건축 공사가 진행되어 2014년에는 완전히 복구될 예정이다(현재는 이미 완공되어 아름다움을 드러내고 있음). 그래서 "아름다운 문^{Schönes Tor}"으로 알려졌지만, 일시적으로 볼 수 없었던 그 정문은 이제 다시 구경할 수 있다. 왕들이 거처한 성에서는 유럽에서 가장 풍부한 보물의 방들 중 하나를 포함하고 있는, 세계적 명성을 얻고 있는 그뤼네 게뷜베^{Grüne Gewölbe(녹색 궁륭)}가 위풍당당한 이 건물의 일부를 차지하고 있다. 2006년에 다시 문을 연 역사적인 그뤼네 게뵐베는 아홉 개의 전시실과 루터의 작은 방이 전시되고 있는 하나의 볼트형 입구로 이뤄져 있다. 여기에는 1539년에 만든 은도금 된 마르틴 루터의 잔뿐만 아니라 그의 인장반지도 전시되어 있다.

베틴 왕가는 가문의 800주년 기념행사에 즈음하여 35명 전체 변경백들, 선제후들 그리고 가문에 속한 왕들이 "제후들의 행렬"이라는 그림 형식으로 보이기를 희망했다. 빌헬름 발터는 긴 골목길^{Langen Gang}(아우구스투스슈트라세Augustusstaße)의 뒷벽에 이러한 위임사항을 이행했다. 그러나 몇 년 후 그 그림은 이미 손상을 입어 1907년 마이센의 도자기 생산자에게 총 2만 4천 장의 도기 타일을 주문해야 했다. 그것은 불행 중 다행이었다. 왜냐하면 이러한 방식으로 인해 1945년 2월에 있었던 드레스덴 파괴가 감행되는 동안 "제후들의 행렬"은 아무런 손상을 입지 않고 폭풍처럼 번지는 불을 견뎌냈기 때문이다.

"어두운 교회들과 밝은 마음들…"

루터의 종교개혁을 통한 교회의 쇄신은 교회 공간에 특징적 신학을 가져오지는 못했지만, 교회 공간에 대한 이해와 교회 공간의 모습을 두드러지게 변화시켰다. 중세 수도원 생활의 개선과 비교할 때 중대한 차이가 나타난다. 단순하고 웅대한 로마네스크 양식의 교회들을 포함한 클루니와 히르사우의 베네딕트회 수도회 개혁 또는 개혁된 베네딕트회 수도회의 교회와 시토 수도회의 교회는 수도회를 개혁할 때 종교적 혁신이 예배의식의 쇄신, 사역의 쇄신 그리고 무엇보다 종교행위에 적합한 건축학적인 설계와 관련되어 있다는 사실을 보여준다. 감정과 형식, 기도와 건물은 하나의 공생을 형성하는데, 그 공생이 주는 미학과 확신의 힘은 현재까지 그 무엇에도 뒤지지 않는다.

성도들의 공동체와 회합으로서의 교회, 그리고 건축학적인 모습 안에서 예수 그리스도와 성도 공동체를 상징하는 건물로서의 교회가 서로 밀접하게 결속되어 있다. 아래 영역에 작은 창문들이 있고 상층의 윗부분에는 더 큰 창문들이 있는 로마네스크 양식의 예배 공간은 어느 정도 부드럽고 신비스러운 빛을 자아낸다. 거의 완벽에 가까운 균형과 율동 형식을 갖추고 있는 둥근 직사각형 형태들은 인공적인 조화라는 인상을 준다. 모든 것이 집중, 묵상, 침묵, 기도, 명상을 하도록 정해져 있고, 하나님을 찾고 하나님을 찬양하는 찬송을 부르는 방향으로 맞춰져 있다. 이것은 전적으로 교부 성 아우구스티누스가 말한 그대로 "찬송하는 자마다 두 번 기도하라"를 의미한다.

우리는 옛 아우구스티누스회 수도사였던 마르틴 루터의 경우에 교회 공간이 전체적으로 영적 중요성을 얼마나 가질 수 있는지, 그리고 "교화적이며" 심금을 울리는 효과를 얼마나 가질 수 있는지에 대해서는 별로 반영하지 못했다고 생각한다.

"그렇기 때문에 다음과 같은 독일 속담은 사실이다. '어두운 교회와 밝은 마음'. 왜냐하면 아브라함에게는 하나님의 말씀과 정직한 종복들이 함께 거하는 게 가능했던 그런 교회가 있었기 때문이다. 반면 우리 시대에는 그 안에 있는 마음이 어둡거나 훨씬 더 눈이 멀어 있는 밝은 교회를 보고 있다."

물론 이렇게 관찰해보면 루터의 경우에는 교회 공간의 재편성이나 개조에 대한 추가적인 신학적 고려사항이 없다는 것이 사실이다. 오히려 수도원 생활과 갈등을 겪고 얻어낸 루터의 각성은 설교를 강조하는 것과 관련된 공간의 도구화뿐만 아니라, 공간의 비신성화라는 의미에서 중요한 "탈공간화"를 초래했다.

"그러니까 교회를 장식하거나 성스럽게 만드는 것은 석재블록들과 웅장한 건물들도 아니고, 금과 은도 아닌 하나님의 말씀과 순수한 교훈이나 설교다. 왜냐하면 사람들에게 하나님의 선하심을 찬양하고 드러내며, 그들이 하나님을 신뢰하고 곤궁할 때 하나님께 부르짖도록 마음을 격려하여 용기가 솟아오르게 하는 곳, 비록 그곳이 단지 어두운 궁지, 민둥산이거나 황무지의 나무라고 할지라도 바로 거기에 분명히 하나님의 장엄한 성전이 있기 때문이다."

예배의 "외적 형식"과 형식화에 대한 루터 자신의 경험뿐 아니라, 라틴어라는 외국어 예배에 대한 난해함이 의심할 여지없이 그렇게 하기로 하는 데 결정적 역할을 했다. 이것은 마술 견습생들이면 누구라도 라틴어 미사의 핵심어인 *hoc est corpus meum*(이것은 내 몸이다)"를 "호커스 포커스Hocus pocus"라는 구어체로 익살스럽게 오용할 수 있었다는 이야기로 설명된다. 이 라틴어 "호커스 포커스"는 수도원 생활에 비판적이었던 수도사 마르틴 루터에게 구어, 해석, "[…] 순수한 교훈이나 설교"에 철저히 집중함으로써만 극복할 수 있는 것처럼 여겨졌다.

최초의 "루터파 교회건물", 즉 토르가우의 성예배당이 분명히 보여주듯이 그 공간은 이제 설교단 쪽을 향하고 있다.

물론 제단의 배치는 근본적으로 루터의 신학관에서 나온 두 번째 결론을 가리킨다. 예배와 성찬과 거리가 먼 구원의 중보자였던 "사제의 배제"와 "모든 세례 받은 자들의 제사장(만인 대제사장)"을 "제정"한 것.

"왜냐하면 세례, 복음 그리고 신앙고백만이 우리를 성스럽게 하며 그리스도인이 되게 하기 때문이다. 교황이나 주교가 기름부음을 받았고, 삭발을 하고, 서임을 받고, 축성하고, 평신도와 구별된 옷을 입는다는 것은 위선자나 얼간이를 만드는 것일지는 모르지만, 그것이 결코 그리스도인이나 성직자를 만

드는 것은 아니다. 그러므로 우리 모두는 세례를 통해 제사장으로 임명받게 된
다. […]"

　　이 "성도의 공동체"("신조Credo '나는 믿는다'", 즉 사도신경에서 그렇게 불리는 것처럼), 성직
자들로 구성된 이 성도의 무리가 제단 주위에, 즉 "주님의 식탁" 둘레에, 그리고 "말씀"
주위에, 설교자 주위에 모인다. "목사"(20세기 중반부터는 "여목사들"도 덧붙여진다)인 이 사람
은 종교적 관점에서 자기의 형제자매들보다 결코 우위에 있지 않다. 목사는 교회의 지
도자이며 교회의 "정식 청빙"을 받아 예배의식을 집행하는 중심인물이다.

드레스덴 프라우엔키르헤(성모마리아 교회) 평면도, 게오르게 베르(George Bähr) 설계, 무명의 설계자, 1728~1729,
Deutsche Fotothek

　　글자 뜻대로 아름다운 드레스덴 '프라우엔키르헤'의 재건으로 우리는 건축학적
증거를 갖는다. 이 증거는 (거의 유일하고 인상적인 방법으로) 개인의 신앙, 교회 공동체,

성례전의 순서 그리고 사제나 목사의 역할에 대한 루터파의 재정의再定義를 반영하고 있다. 이러한 신학적 재정의는 해방에 대한 노력과 독일 시민층의 높은 자의식과 상호 보강하면서 의견 일치를 보았고, 아직도 계속 그렇게 하고 있다. 이미 루터 시대 때 그리고 물론 작센왕 아우구스트 강건왕August des Stärken이 가톨릭으로 개종했을 때도 그랬다. 마르틴 루터가 이미 토르가우 성채예배당의 헌당예배 설교 때 개신교 교회건축의 핵심 원칙이라고 이름 붙인 것은 그 외형이 이스탄불(동로마제국의 옛 수도였던 콘스탄티노플)에 있는 장엄한 하기아 소피아Hagia Sophia 성당과 로마의 베드로 성당을 연상케 하고, 동시에 정말로 "루터파 방식으로" 이런 성당들과 대조를 이루는 바로 이 돔 건축물이라고 여겨진다.

"이 집은 사랑의 주님께서 거룩하신 말씀으로 우리에게 말씀하시고, 이번에는 우리가 기도하고 찬송가를 부름으로써 주님께 말하는 것을 제외하고는 그 안에서 아무것도 일어나지 않는다는 방식을 지향해야 한다."

아이제나흐^{Eisenach}와 바르트부르크 성 ^{Die Bartburg}
뫼라^{Möhra}
루터그룬트 ^{Luthergrund}
바트 헤르스펠트^{Bad Hersfeld}

튀링겐 숲의 북서쪽 귀퉁이, 네세 강과 회르젤 강이 합류하는 곳에 생겨난 이 도시는 그 시작을 1,100년경으로 기록하고, 현재 주민 수는 약 5만 명이다. 이 도시를 에워싸고 있는 낙엽수림으로 왕관 모양을 한 산 풍경 가운데 가장 큰 매력은 1,000여 년 전에 세워진 바르트부르크 성이다. 이 성은 중세 전성시대 세속 문화의 중심으로서 유네스코 세계문화유산 목록에 등재되어 있다. 아이제나흐 높은 곳에 솟아 있는 이 성과 도시 자체는 독일어, 독일문화 그리고 독일음악의 발전에 수많은 영감의 원천이 되어왔다. 이 성에 거주한 튀링겐의 영주와 젊은 나이에 죽자마자 성인으로 일컬어진 헝가리의 공주이자 튀링겐 여*영주 엘리자베트는 바르트부르크 성의 초기 발전에 배경이된다. 마르틴 루터의 1년이 채 안 되는 바르트부르크 성 "강제 체류"는 현재까지도 계속해서 관심의 초점이 되고 있다. 정도의 차이는 있지만 자신들의 일생이 이 도시나 성과 다소 오랫동안 또는 긴밀하게 관계된 유명한 사람들 가운데는 다음과 같은 사람들이 있다. 아이제나흐에서 탄생한 요한 제바스티안 바흐, 아이제나흐에서 몇 년 동안 악장으로 활동하며 작곡한 게오르크 필립 텔레만, 이 지역을 공적 업무로 자주 방문하여 그 당시 이미 붕괴된 바르트부르크 성을 안전하게 구조할 것을 촉구한 요한 볼프강 폰 괴테, 여러 차례 아이제나흐와 바르트부르크 성에서 머물렀고 이곳에서 "탄호이저" 제1장에 대한 영감을 얻은 리하르트 바그너.

"내 모든 인맥관계는 구체적으로 말해 거의 아이제나흐에서 형성된 것이다. 그래서 그곳에 있는 그들이 나를 잘 알고 있고 … 내가 거기서 4년 동안 학문에 몰두했기에 나를 존경한다. 다른 어떤 도시도 나를 더 잘 알지는 못한다.” 열일곱 살이 된 마르틴 루터가 자신을 위해 만스펠트와 마그데부르크에 이어 세 번째 학업도시인 아이제나흐를 떠나 대학도시 에어푸르트로 방향을 바꾼 20년 후에, 정확히 말해 보름스 제국의회에서 추방이 공포된 이 개혁주의자가 바르트부르크 성에서 안전하게 체재하기 1년쯤 전에 게오르크 슈팔라틴에게 보낸 어느 편지에서 “사랑하는 도시 아이제나흐”를 회상한다. 그가 이 도시를 종교의 집산지이자 성직자의 둥지로 느낀다는 사실은 다음과 같은 사실과 일치했다. 루터 시대에는 약 3천 명의 주민 가운데 대략 열 명 중 한 사람은 성직자였다. 게다가 수도원, 예배당 그리고 교회시설들이 도시의 모습을 압도했다. 큰 종들과 작은 종들이 거의 온 종일 땡그랑땡그랑 울려 퍼졌다. 그렇지만 이 도시의 경제적 번영은 이미 끝나고 말았다.

재능이 있는 아들 마르틴에게 마그데부르크에서 학업을 중단케 하고 아이제나흐에서 계속해서 교육시켜보라며 그 당시 만스펠트에서 살고 있던 부모의 마음을 움직인 사람들은 이 도시에 살고 있는 친척들이었던 것 같다. 게다가 성 게오르크 라틴어학교는 평판이 좋았다. 마르틴 루터가 외부에서 온 유일한 학생은 아니었다. 추측건대 아이제나흐 출신의 어머니 마가레테(결혼 전 성은 린데만Lindemann)와 그녀의 남편 한스의 친척들은 그 사내아이를 즉시 자기들의 집에 받아들일 수 없었거나 그럴 생각이 없었던 것 같다. 그 이유는 무엇보다 마르틴 루터가 그런 경우에 대비해서 학교 건물에 마련해놓은 방에서 하숙을 했기 때문이다. 존경받는 사업가이자 그 도시의 ‘시장’이었던 하인리히 샬베의 가족이 그를 집에 받아주었을 때는 루터가 아마도 2학년을 마치고 났을 때부터였을 것이다. 그들의 아들 카스파와 마르틴 루터는 학교 친구였을 뿐만 아니라, 마르틴은 카스파의 공부를 돌봐주는 것과 비슷한 책임도 맡고 있었다. 샬베 가족은 프란체스코회 수도원에 두둑하게 기부를 했으며, 이 기부로 그들의 이름을 딴 육성위원회(일종의 후원회)를 설립하기도 했다. 마르틴 루터는 훗날 어느 편지에서 “나를 많이 돌봐주신 훌륭하신 남자분들”이 속해 있는 이 육성위원회의 호의에 감사해하면서 이처럼 회상했다. 프란체스코회 수도원은 이곳에서 잠시 활약한 성 엘리자베트의 유산을 보호하는 기관으로 잘 알려졌다. 또한 이 수도원의 수사들과 만났던 일은 젊은 루터가 나중에 수도원에 들어가는 데 결정적인 영향을 주었을지도 모른다. 그가 "종교개혁의 예언자", 즉 게오르겐키르헤Georgenkirche(게오르겐 교회)에서 기념비를 헌정한, 그 당시에 닫혀 있던 아이제나흐 출신의 맨발의 수도사 요한 힐텐(1440~1502년경)에 대해 어느 정도 처음으로 들은 것도 이 수도원을 통해서였다. 마르틴 루터는 아이제나흐 학창시절의 마지막 기간 동안 어머니와 친척인 코타 씨 집에서 묵었다. 샬베 가족과 코타 가족은 사돈지간이었고, 두 집안이 부유했기 때문에 그들은 각기 집 한 채씩만 소유한 것이 아니다. 그렇지만 루터 광장Lutherplatz 앞에 위치한 루터의 집으로 잘 알려진 코타 가족의 건물은 십중팔구 진짜 루터 기념 건축물이라고 여겨도 괜찮다.

마르틴 루터가 다녔던 학교 건물은 성 게오르크 교회 남쪽에 자리 잡고 있다. 이미 루터가 떠나고 난 후인 1507년에 선제후 프리드리히 현명왕에 의해 새로운 관저가 건축됨으로써 이 학교는 터를 내주고 다른 곳으로 옮겨가야 했다. 1542년의 어느 편지를 보면 알 수 있듯이 1544년부터 이 학교는 마르틴 루터의 후원을 받아 예전의 도미니크회 수도원(오늘날의 설교자 교회 앞에 위치한 마르틴 루터 김나지움) 당시에는 비어 있던 한쪽 측랑에 항구적인 거처를 두고 있다. 다른 교회 학교들과 수도원 학교들처럼 성 게오르크 라틴어 학교도 상급 학년에서는 문법, 수사학, 논리학, 음악을 가르쳤다. 루터는 만스펠트, 마그데부르크와 아이제나흐에서 분명히 각기 다른 교육 방식을 경험했다. 그는 설교와 소논문 그리고 편지들에서 세간에 널리 행해지는 주입식 교육방법, 암기식 학습뿐 아니라 유일한 교육도구로서 매를 도입하는 것과 다른 어떤 방식의 체벌 조처에도 강력히 반대했다. 루터는 이러한 학교들을 "몽둥이질과 떨림과 비탄이 너무 많아" 거의 아무것도 배운 게 없는 지옥과 연옥이라고 언급했다. 그는 "잔혹한 방법으로 우수한 기질을 가진 많은 학생들을 엉망으로 만든 터무니없는 교장들"을 크게 책망했다. 다른 한편으로 그는 아이제나흐에서 자신을 가르친 교사들의 이름을 열거하면서 그분들에 대한 감사를 명쾌하게 표현했다. 역사학자들 가운데 아직도 논란이 되고 있는 교장 요한 트레보니우스는 고무적이고 재미있는 교육 방법으로 유명했고, 의심할 여지없이 이러한 교사들에 대한 루터의 긍정적인 태도에 영향을 주었다. 교장에 대한 당시의 뚜렷한 기억이 사실이든 아니든 간에 그것은 족히 언급할 만하다. 기억에 따르면 트레보니우스 교장이 교실에 들어올 때면, 그는 언제나 납작한 모자를 벗고서 학생들에게 인사했다. 그는 왜 이런 이상한 의식을 행하느냐는 질문을 받았을 때, 학생들 중에는 "하나님께서 시장, 재상, 학식이 많은 박사나 왕의 대리인으로 만드실" 많은 사람이 분명히 앉아 있을지도 모릅니다"라고 대답했다고 한다. 그렇지만 루터가 그의 옛날 아이제나흐 시절의 교사였던 비간트 굴데나프가 사회적 궁핍에 빠졌을 때, 그를 도와주기 원했다는 것이 문서로 입증되었다. 그렇지만 그의 옛 스승이 이미 죽고 난 후에야 돈이 배달되었다.

대학교에서 학업을 계속할 의도를 갖고 있던 루터에게는 무엇보다도 라틴어에 대한 지식을 완전 정복하는 것이 중요했다. 음악교육은 예배와 예배의식뿐만 아니라, 학생들에게도 의무적인 학생 성가대원으로서 이집 저집 옮겨 다니며 노래 부르는 성가대 활동에도 상당히 중요했다. 이와 관련한 아이제나흐에서의 음악훈련과 경험은 마르틴 루터가 나중에 교회음악, 특히 찬송가에 대해 철저히 통찰할 수 있었던 원인이 되었을 것이다. 이 분야에서 그에게 매우 중요한 것은 1524년의 "찬송가집^{Geistliches Gesangbüchlein}" 서문에서 읽을 수 있다. "그러므로 나는 초판에 잘 해보기 위해, 그리고 이런 방법으로 거룩한 복음을 … 널리 전파하고 더 오랫동안 보급시키기에 적합한 사람들에게 영감을 주기 위해 다른 몇 사람과 함께 몇 개의 찬송가를 편찬했다." 마침내 그에게 중요한 것은 아래와 같은 내용이었다. "청소년들은 말할 것도 없이 좋은 음악과 좋은 예술 활동으로 마땅히 육성되어야 하고 반드시 그런 교육을 받아야 합니다. 그들은 연가와 육감적인 노래 대신에 건전한 것을 배워야 합니다."

1501년 4월 말에 마르틴 루터는 아이제나흐에서 에어푸르트로 이사했고, 그곳 대학교에 등록했다. 비텐베르크에서부터 시작한 여행은 나중에 그를 아이제나흐로도 이끌었다. 루터는 그곳에 머물면서 성 게오르크 교회에서 여러 차례 설교했다. 그는 1521년 5월 4일부터 대략 300일 동안 이 도시 가까이 높이 솟은 바르트부르크 성에서 살았다. 38세의 개혁주의자를 이단으로 몰아 추방령을 내린 보름스 제국의회에서 돌아오는 도중, 그는 슈타인바흐와 알텐슈타인 사이에 있는 계곡에서 제후의 지시로 은밀히 매복한 자들에게 기습을 당하여 보호받기 위해 이 성으로 보내졌다. 바르트부르크 성 고위관리인 한스 폰 베를렙쉬(1490년경~1533)를 포함한 루터의 몇몇 친구들처럼 그 자신도 사전에 그 사실을 알고 있었다. 폰 베를렙쉬는 여러 가지 직무 가운데 마르틴 루터가 "융커 외르크(지주귀족 외르크)"로 위장하고서 "새의 나라에 있는 성 저 높은" 은밀한 장소에 머무는 동안 자기 가족, 친구들 그리고 심지어 적대자들과도 서신 왕래를 하도록 보살펴주었다. 그는 바르트부르크 성에서 지낸 고독한 기간 동안 신약성경을 번역함으로써 민족 언어를 표준 독일어로 규정하는 위대한 업적을 이뤄냈다. "난 이제야 번역이란 것이 무엇인지, 그리고 번역을 하면 자기의 이름을 공개적으로 알릴 수도 있을 텐데 왜 아무도 지금까지 번역을 시도하지 않았는지 이해한다"고 루터는 비텐베르크로 보낸 어느 편지에서 그 상황을 요약했고, 동시에 그때까지 착수하지 않은 구약성경 번역은 어떤 경우라도 비텐베르크의 동료들의 협력 없이는 "시도할" 수 없는 일이라고 시인했다. 루터는 때때로 성을 내려와 아이제나흐 시내로 가서 그곳에 있는 프란체스코회 수도사들을 찾아가기도 했고, 그 도시와 성 주위를 답사하기도 했다. 그는 적어도 한 번 기사들과 사냥하는 데 참가한 적이 있었다. 크라나흐가 그린 "융커 외르크" 초상화를 볼 수 있는 것은 루터가 익명으로 비텐베르크에 며칠간 지속해서 체류한 덕택이다. 루터는 1522년 3월 1일에 최종적으로 제후의 동의도 받지 않은 채 바르트부르크 성을 떠났다. 비텐베르크가 다른 어떤 때보다도 더 시급하게 그를 필요로 했다.

* * * * *

게오르겐 교회 Die Georgenkirche   시장광장에서 단연 돋보이는 게오르겐 교회는 실내에 들어서면 이 교회에서만 일어나는 유일한 느낌을 전달해준다. 마르틴 루터가 설교하던 제단 아래에 서 있으면, 요한 제바스티안 바흐의 세례반^般을 보게 될 것이다. 제단에 있는 십자가 책형 조각들은 1500년경에 튀링겐-프랑켄 조각 작업장들에서 만들어진 것으로 십중팔구는 독일 역사, 정신사 그리고 음악사에서 빛나는 두 위인을 연결시키는 것으로 볼 수 있다. 라틴어 학교 학생인 루터뿐만 아니라, 요한 제바스티안 바흐라는 이름의 그 사람도 이 제단 앞에서 거행된 성찬식에 참석했음에 틀림없을 것이다. 또한 그 두 사람은 이 교회에서 찬송을 불렀다.

영주 루트비히 4세와 헝가리 왕녀 엘리자베트가 1221년에 결혼식을 올린 게오르겐키르헤의 현재 건물은 대부분 이후 세기에 지어진 작품이다. 그럼에도 불구하고 당시 튀링겐 군주들의 혈족은 특별히 이 교회에 출석하고 있었다. 루도빙 가문 수도원이 폐쇄됨에 따라 라인하르츠브룬 수도원이 시작된 튀링겐을 통한 긴 여정이 끝난 후에 이른바 영주들의 비석들은 1952년에야 비로소 성 게오르겐 시교회의 성단소에 있는 현재의 위치에 놓이게 되었다. 이곳에는 마지막 호엔슈타우펜 왕가의 용맹왕 프리드리히의 유골이 유리그릇에 담겨 보존되고 있다. 두 개의 비석은 루터와 연결될 수 있는 사람들을 기념한다. 니콜라우스 폰 암스도르프(1483~1565)는 비텐베르크에 있는 루터와 합류했는데, 예를 들면 라이프치히에서의 논쟁과 보름스의 제국의회에 불려가는 여행 중에는 그의 전우이자 동반자가 되었다. 그는 마그데부르크를 개혁했고, 개인적으로는 1542년 루터에 의해 차이츠-나움부르크의 개신교 주교로 취임했다. 암스도르프는 슈말칼덴 전투의 결과로 5년 후에 다시

아이제나흐: 성 게오르크 교회

이 직위를 상실했다. 토르가우에서 태어난 루터의 평생 친구인 암스도르프를 위한 마지막 휴식 장소는 교구 총감독 메니우스의 집에 거주했던 아이제나흐였다. 커다란 기념현판이 위에서 언급한 요하네스 힐텐 수도사에게 헌정되었다. "그는 개신교를 받아들이는 신앙고백을 했기 때문에, 그리고 교황의 종교에 반박했기 때문에 1496년 그의 형제들에 의해 감옥에 투옥되었다가 그 안에서 생을 마감했다." 돌에 새겨져 읽을 수 있는 힐텐의 두 가지 예언 중 하나는 다음과 같은 내용이다. "너희 수도사들을 날카롭게 공격할 한 영웅이 나타날 것이다. 너희는 그에게 대항하여 감히 어떤 말도 할 수 없을 것이다." (아이제나흐에서 학교에 다닌 시기에 이미 그것에 대해 들었던 루터는 나중에 비텐베르크에 거처하고 있을 때 힐텐에 대한 정보를 수집했다.) 공작 요한 에른스트 1세의 미망인 크리스티나 폰 헤센이 17세기 중반에 이 기념명판을 설치했다. 이 교회 제단 공간에 있는 두 개의 종교개혁 그림 역시 루터를 언급하고 있다. 이 그림들은 황제 카를 5세에게 아우구스부르크 신앙고백서를 이양하는 모습을 보여주고 있고, 작센 선제후 가문에서 거행하는 두 가지 각기 다른 모습의 마르틴 루터와 얀 후스에 의한 성찬식(빵과 포도주) 분배 모습을 나타내고 있다.

한때 궁정교회로 이용된 이 교회에서 어쩌면 어린 요한 제바스티안 바흐가 처음으로 파이프오르간 건조를 목격했을 것이다. 요한 크리스토프 바흐가 오르간 연주자로 재임할 때인 1696년부터 오어트루프 출신의 게오르크 크리스토프 슈테르칭(약 1666년경~1717)이 새로운 오르간을 설치하기 시작했다. 이 오르간은 1707년 여름에 봉헌되었다. 오르간 제작을 계획할 때와 준비할 때 열 살 된 바흐가 종종 현장 주위에 있었을 것이라고 받아들여도 무방할 것이다. 이 악기 자체는 남아 있지 않지만, 오르간 전면은 아직도 온전하게 보존되어 있다. 작센 출신의 위대한 오르간 제작자의 조카인 안드레아스 질버만은 그 오르간을 다음과 같이 묘사했다. "그 표면을 이렇게 묘사할 수 있다. 화려한 효과와 더불어 흰색 바탕을 두고 있고, 부분적으로 잿빛 대리석으로 덮여 있으며, 그 중간은 금도금으로 장식되어 있다." 바흐 가문의 구성원들은 전통적으로 132년간 중단하지 않고서 게오르겐키르헤의 파이프오르간을 연주해왔다. 1980년대부터 포츠담의 슈케 오르간 제작회사가 제작한 오르간은 전통적으로 이어져온 원래의 오르간 전면부 뒤에 안 보이게 설치되었다. 파이프오르간 이외에 교회 전체가 19세기와 20세기의 전환기에 급격한 건축적 변화를 경험했다. 그것에 대해 가장 잘 보여주는 외적인 표시가 바로 교회의 북서쪽 부분에 있는 20세기 초에 건립된 62m 높이의 탑이다.

* * * * *

니콜라이 교회Nikoleikirche와 루터 기념상 성 니콜라이 문Nikoleitor[카를플라츠 Karlplatz(카를 광장)] 앞에 서 있으면 중세시대 아이제나흐의 도시 풍경을 제대로 경험할 수 있다. 유일하게 보존된 이 문은 루터 시대에 아이제나흐를 에워싼 성벽을 지나 가장 동쪽에 있는 출입구였다. 성 게오르게 문Georgentor 근처에 위치한 헬그레펜호프Hellgrevenhof는 당시 이 도시의 가장 서쪽에 위치한 장소였다. 19세기까지만 해도 남쪽으로는 프라우엔플란Frauenplan이, 그리고 북쪽으로는 극장 광장Theaterplatz이 견고하게 남아 있던 중세 도시 아이제나흐의 경계를 표시하고 있다. 이 도시 출입구의 전면에 돌로 된 사자 한 마리와 긴 수염을 기른 한 남자(루트비히 수염왕)를 가리키는 니콜라이 문은 1890년과 1915년 이래 각각 두 개의 통로를 놓아 확장되었다. 여러 발의 포탄 공격을 받아 음향 구멍이 난 팔각형 형태의 교회 탑은 성 니콜라이 문의 탑과 함께 아이제나흐의 건축 이미지를 특징짓는 위상을 보여준다.

　루터는 아이제나흐를 경유하는 여행을 할 때마다 이 문을 통과했다. 또한 1525년 4월 "성상파괴" 기간에 아이제나흐의 수도사들과 수녀들이 이 도시에서 추방될 때 지나간 문이기도 하다.

　루터의 먼 친척뻘인 콘라트 후터는 니콜라이 교회의 관리인이었다. 이 사람은 어린 루터와 매우 가까웠던 게 틀림없다. 그 이유는 루터가 아이제나흐의 신학교 보좌신부 요하네스 브라운에게 에어푸르트 대성당에서 집전하는 자신의 신임 사제 첫 미사에 참석해달라고 보낸 초대장에서도 추론할 수 있다. "여행 동반자에 대해 만약 신부님께서 다른 어떤 사람도 데려오시기를 원치 않으신다면, 제 친척 콘라트를 데려오십시오. … 그가 가정사 때문에 시간이 있고 틈을 낼 수 있다는 전제에서 말입니다." (루터는 그 외에도 같은 편지에서 아이제나흐와 에어푸르트 사이에 있는 약 $60km$의 거리를 "그렇게 먼 여행에서 내포된 고난"에 대해 언급했다. 그래서 그는 자기가 초대한 사람들에게 "폐를 끼칠 것"을 원치 않는다는 사실에 대해 썼다.) 여러 번 개축된 니콜라이 교회는 먼저 영주 루트비히 3세의 친척 중 한 사람이 운영하는 베네딕트회 수녀원에 소속되어 있었다. 이 교회의 인상적인 내부 모습은 바르트부르크 성을 똑같이 모방한 것이다. 바르트부르크 성의 대형 홀에 있는 아치형 볼트의 매혹적인 장식에서 볼 수 있는 것처럼 이 교회 신도석의 독특한 모습은 각기 여섯 개씩 대칭을 이루는 아치형

아이제나흐: 루터의 집

볼트들을 만들고 있고, 지지대와 기둥들은 기둥머리를 왕관 모양으로 형성하고 있다. 교회 건축업자들이 바르트부르크 성과 같은 건축가와 석공들을 이용했을 것이라고 추측할 수도 있다. 니콜라이 문과 니콜라이 교회에서 몇 미터 떨어진 거리의 대리석 받침대 위에 청동으로 된 루터 기념상이 서 있다. 아돌프 폰 돈도르프가 만든 "한 손에 성경을 들고 있는 루터" 입상立像은 "루터가 바르트부르크 성에 도착한 것을 기념하는 날" 그 모습을 드러냈다. 실물 크기보다 더 큰 부조는 아이제나흐와 바르트부르크 성에서 보낸 루터의 생활을 본뜬 장면을 묘사하고 있다.

* * * * *

옛 도미니크회 수도원　　아이제나흐 주민과 방문객은 슐로스베르크Schlossberg 앞에 있는 옛 수도원 복합건물이 튀링겐 박물관이나 루터학교로 바뀐 것을 익히 알고 있다. 1240년경에 축성된 수도원교회는 튀링겐 주의 첫 번째 "엘리자베트 교회"로 여겨진다. 전설에 따르면 성 엘리자베트의 시동생인 콘라트 영주와 하인리히 라스페 영주가 형이 사망한 후에 형수를 심하게 괴롭힌 일을 후회하여 이 수도원을 건립했다고 한다. 하인리히 라스페는 수도원과 교회가 아직 건축 중인데도 이 시설을 이용하도록 도미니칸 수도사들에게 넘겨주었고 매우 풍족한 자금도 대주었다. 하인리히 라스페는 속죄의 표시로 사후에 이 교회 출입구 밑에 자기의 심장을 묻어달라는 소망이 훈령으로 처리되기를 원했다. 그렇지만 고고학자들은 오늘날까지도 이 소망이 실현되었음을 확인할 구체적 근거들을 발견해내지 못했다. 1525년 수도원 습격사건 때 파괴되었다가 1899년부터 박물관으로 이용되고 있는 도미니크 수도원교회는 현재 종교와 관련한 중세의 조각상들을 소장하여 전시하고 있다. 옛 수도원 박공벽에는 19세기에 만든 루터 조각상도 있다. 이 조각상과 한 개의 기념명판은 루터가 이 건물, 즉 김나지움에 다녔다는 사실을 암시한다. 이 학교는 수십여 년 전부터 그의 이름을 따서 '루터 김나지움'이라고 불린다. 그렇지만 그가 다니던 때의 학교명인 "게오르겐 학교"는 성 게오르크 시교회 뒤편 부지에 위치해 있었다. 다른 한편으로 어린 요한 제바스티안 바흐가 이 건물에서 수업을 받았다는 것은 분명한 사실이다.

* * * * *

루터의 집^{Lutherhaus} 아이제나흐의 역사적인 중심지에서 가장 두드러지고, 또 한 가지 아름다운 시민의 집들 가운데 한 채는 수세대 전부터 루터의 집이라고 굳어진 루터플라츠^{Lutherplatz(루터 광장)} 8번지에 있는 건물이다. 석조 토대 위에 우뚝 솟은 목골가옥은 짐작건대 원래의 집터 주위에 지어진 두 채의 건물을 기초로 1480년경에 여러 개의 방과 몇 개 층을 어느 정도 짜 맞춰 만들어진 것이다. 이 집의 북쪽 면에는 15세기 때로 기록된 부활을 주제로 한 부조^{浮彫} 작품이 붙어 있다. 이 집 지하의 터널식 원통형 저장고에는 아이제나흐에서 가장 오래된 양조장이 있었다. 집주인들은 양조면허를 갖고 있었고, 정해진 기간 동안에는 맥주를 양조하고 소매하는 것이 허락되어 있었다. 맥주저장을 위한 전제조건은 지하저장고를 소유하는 것이었다. 이 집은 1898년에 여관으로 바뀌었는데, 현재 낭만을 음미할 수 있는 안마당은 여관보다 1년 전에 만들어진 것이다. 이 집은 제2차 세계대전이 끝날 즈음에 심하게 파손되었다가 전쟁이 종식된 후 신속히 복원되었다. 이 집은 튀링겐 주 개신교 루터 교회의 계획에 따라 1956년부터 마르틴 루터가 아이제나흐와 바르트부르크 성에 거처한 것을 기념하는 박물관으로 이용되고 있다. 여기서 볼 수 있는 1872년 페르디난트 파우벨이 창작한 한 점의 유화는 이 집을 이용하자고 제안한 아이디어의 배경을 밝히고 있다. 이 그림은 "코타 부인 앞에 서 있는 찬양자 루터"를 보여준다. 라우테(현악기)를 연주할 수 있었던 루터가 찬송 부르기에도 재능이 있었다는 사실은 그가 그렇게 함으로써 적은 부수입이라도 얻을 수 있었기 때문만은 아니었을지도 모른다. 어쨌든 그는 훗날 어떤 설교에서 자기가 사람들의 문 앞에서(그리고 정말 가끔 그들의 집안에서도) 노래 부른 것을 잘한 일로 평가하는 게 마땅하다고 인정했다. "나는 또한 그런 빵조각을 매우 좋아하는 녀석이었습니다. … 나중에 저의 친애하는 아버지께서 에어푸르트 상급학교에 갈 수 있도록 인자하고 성실하게 돌봐주셨는데도 나는 이집 저집 앞에서, 특히 아이제나흐에서는 사람들이 기증하는 빵을 받았습니다." 1500년경 루터의 집을 포함한 전체 주택단지는 영향력이 큰 귀족 코타 가문의 소유가 되었다. 그들은 아직 학생인 마르틴 루터를 받아들였다. 루터는 여기에서 아이제나흐의 부유한 시민과 존경받는 성직자들과 친밀하게 교류하면서 마리엔 재단의 보좌신부인 요하네스 브라운과도 만난 게 분명하다. 그들이 평생 유지하기로 한 우정은 이곳 아이제나흐에서 시작된 일이었다. 루터는 자신이 에어푸르트에서 첫 미사를 집전해야 했던 당시(1507년) 진심으로 감사해하면서, 노래 동아리를 지도하고 게오르겐 학교에서 노래를 가르치기도 했던 브라운을 회상했다. 그래서 루터는 자기 자신에게 중요한 행사에 아이제나흐의 보좌신부를 초대했을 때 "제가 신부님 곁에 짧은 기간 머물 때뿐만 아니라 다른 여러 가지 행사 때에도 저에게 기꺼이 베풀어주신 신부님의 환대를 더 풍족하게 배우고 싶기 때문에 (신부님을 초대합니다)"라고 표현했다.

1898년에 개업한 "루터의 지하술집Lutherkeller"의 주인이 손님들에게 "루터의 골방들Lutherstuben"이라고 표현하며 보여준 루터의 집에 있는 두 개의 방은 이 박물관 관람코스에 포함되어 있다. 또한 새로운 아이디어들, 최첨단 기술과 현대적인 디자인이 "루터, 인간 그리고 그의 시대", "루터, 성경 박사", "루터의 메시지" 그리고 "루터, 교회의 선생, 민족의 교육자" 같은 전시에 대한 주요 주제를 관람객에게 더해주고 있다. (현재 새로운 상설전시가 계획되어 2017년 종교개혁 500주년 기념행사 전에 문을 열기로 되어 있다.) 이 집은 연구 도서관을 포함해 독일 전체에서 유일한 목사관-문서보관소뿐만 아니라 특별히 마련된 책방에서 쉬면서 책을 구경하고 싶어 하는 관람객을 초대하는 "성경카페Bibel-Café"도 제공하고 있다.

* * * * *

바르트부르크 성 Wartburg 마이닝겐 궁내도서관 사서이자 작가인 루트비히 베히슈타인(1801~1860)은 천 년 이상 된 바르트부르크 성을 튀링겐 역사에서 가장 중요한 핵심이며, 전설의 녹색 담쟁이덩굴이 성벽과 바위 모서리와 동굴의 절벽을 빙 둘러 달라붙어 있는 것과 같이 거의 전설에 덮여 있고, 동시에 읽을 내용이 풍부한 책처럼 이 성의 역사를 그림 장식으로 밝게 증명하고 설명해준다고 생각했다. 200년도 채 지나지 않은 1999년 12월, 아이제나흐 위쪽에 높이 솟아 주위 모든 방향에서 뚜렷하게 볼 수 있는 이 건축물은 독일 최초의 성으로 유네스코 세계문화유산 목록에 등재되었다. 공식 증서를 인용하자면, 이 성은 "중부유럽 봉건시대의 탁월한 기념물"이다. 중세시대의 원형들 중 일부분만이 보존되었음에도 불구하고 등재된 이유는 이 성의 윤곽과 외부가 주로 19세기에 복구된 덕택이다. 복구를 통해 바르트부르크 성의 군사력과 군주의 통치력은 빛나는 전성기를 맞이하게 되었다. 아이제나흐 남쪽에 우뚝 솟아 있는 이 성은 중세 전성기 내내 운문과 연가(민네장Minnesang)의 중심이었다. 이 성은 성녀 엘리자베트의 거주지이자 활동장소가 되었고, 독일대학생학우회의 바르트부르크 축제가 독일 자유민주주의 국가의 아침이 밝아오는 것을 목격했다고 하지만, 이 성은 "루터의 성"으로 알려졌다.

이 성은 확실한 근거가 있는 루터의 골방 때문에 이미 16세기부터 기념될 만한 용모를 갖췄고, 독일이 민족국가로 새로운 출발을 시작하던 시기에는 완전히 독일인의 낭만적인 성지순례 장소로 발전했다. 작센-바이마르-아이제나흐의 카를 알렉산더 대공은 이 성의 중요성을 깨달으면서 그때까지 가시덤불 속에 방치된 채 점점 더 폐허화되고 있는 가문의 거처를 대대적으로 복원하여 새로운 형태를 갖추게 함으로써 이 성을 국가 기념건축물의 지위로 끌어올렸다. 그는 이 프로젝트를 기센대학교의 건축학 교수이자 중세시대 성곽 전문가인 후고 폰 리트겐에게 맡겼다. 게오르크 데히오(1850~1932)가 학문에 기반을 둔 현대식 유적보호에 공헌하기도 전에 폰 리트겐 교수는 원래의 건물 본체를 보존하기 위해 초인적 직감력으로 자신의 능력을 입증했고, 이미 오래전에 잃어버린 것을 복원하기 위해 창조적인 상상력을 발휘했다.

현재까지 바르트부르크 성에 살았던 가장 인기 있는 거주자는 마르틴 루터였다. 루터는 보름스에서 비텐베르크로 돌아가는 도중 슈타인바흐 근처 마

아이제나흐: 서쪽에서 바라본 바르트부르크 성

을에서 위장 납치를 당한 다음 날인 1521년 5월 4일 밤에 여러 기사의 호위를 받으며 안전 보호를 보장하는 작센 선제후의 바르트부르크 성에 도착했다. 교황의 추방령과 그것이 선포되기에 앞서 발표된 "보름스 칙령"은 교회의 개혁을 위해 분투하던 마르틴 루터에게 사람들이 지어준 이름인 "비텐베르크 나이팅게일"의 생명에 위협이 되었다. "나는 가까스로 이 편지를 보낼 수 있게 되었네. 내가 있는 곳이 어떤 방법으로든 알려질 것 같아서 사람들은 몹시 염려하고 있네. 그렇기 때문에 자네들도 그것을 걱정하고 있는 것이지. 이 모든 일이 하나님의 영광을 위해 일어나는 것이라고 믿고 있는 한 친구들이나 적들이 나를 은밀히 보호하고 있는 것인지 아무도 모른다고 제발 보장해주게. 그리고 이것에 대해 아무에게도 말하지 말게! 암스도르프 자네를 제외하고는 누구라도 내가 어디 있는지 알 필요는 없네. 그들은 내가 아직 살아있다는 것만 알면 돼"라고 "감금된 자"는 성에 도착한 첫 번째 주에 비텐베르크의 멜란히톤에게 이같이 편지를 썼다. 개혁자 주변은 고요해졌다. 루터가 그릇된 정보를 보냈을 때, 그들이 이 놀라운 비밀을 지켜준 것이 이러한 상황에 도움이 된 것이다. 루터는 서신왕래를 하면서 예를 들어 "새들의 지방", "공기 지역", "황야"와 "암자" 또는 "파트모스의 섬" 같은 주소를 알려주었다. 로마의 어떤 고위 성직자는 마인츠의 대주교에게 "우리가 계획한 그대로 루터를 제거했습니다"라고 편지를 썼다. 그렇지만 그는 다음과 같이 안심시키는 문장을 덧붙이기도 했다. "하지만 만약 우리가 등잔을 밝게 켜고 그를 찾아내어 다시 소환하지 않는다면, 우리는 거의 목숨을 지탱하지 못하게 될 거라고 추측할 정도로 사람들이 너무나 격앙되어 있습니다." 분명히 자세한 내막을 알지 못하는 알브레히트 뒤러는 일기장에서 "그가 아직 살아있는 것인가, 아니면 사람들이 그를 살해했을까?"라고 궁금해했다. 루터는 아직 살아있었다. 때때로 그가 육체적인 큰 고통, 극악무도한 공격, 도주자라는 죄책감, "밖에서" 일어난 불안한 일들을 부분적으로 편지로만 추적하고 설명할 수 있을 뿐이라는 무기력감을 겪었을지라도 말이다.

그는 길게 자란 머리카락, 수염 그리고 칼을 차고 있었으며 다른 사람들이 알아보기 힘들게 "융커 외르크"라는 가명으로 신분을 감추고 1521년 12월에 위험을 무릅쓰고 며칠 일정으로 비텐베르크로 갔다. 다시 성으로 돌아온 다음에 그는 엘베 강변의 그 도시로 돌아가 거기서 계속 머물 계획을 세웠다. "내게 숙소를 마련해주게. (신약성경) 번역이 나를 자네들에게 돌아가라고 재촉하기 때문일세. … 그렇지만 나는 가능하다면 숨어 있기를 바라네. 그동안 나는 내가 중단한 곳에서부터 계속할 것이네." 멜란히톤은 무엇보다 이에 대해 잘 알고 있었다. "계속한다"는 것은 신약성경의 번역을 의미한다. 그러니까 루터가 비텐베르크에서 돌아온 때부터 시작해서 최종적으로 바르트부르크 성을 떠날 때까지 루터의 방에서 "번역하면서" 보낸 그 유명한 10주나 11주간의 기간을 뜻한다. 그 외에도 에어푸르트의 아우구스티누스회 수도원 형제이며 설교자이자 루터의 친구인 요하네스 랑이 이 일에 적극적이었다. 그는

아이제나흐: 바르트부르크 성에 있는 루터의 방

일을 속행하기 위해 바르트부르크 성에서부터 그를 격려했다. "모든 도시에 고유의 번역가가 있으면 좋을 텐데. 그리고 이 책이 모든 이의 혀에, 모든 이의 손과 눈에, 귀와 마음에 놓여 있으면 좋을 텐데!" 그리고 성에서 암스도르프에게 편지를 쓸 때도 마찬가지로 성경번역에 대한 주제에 관해 소신을 밝혔다. "… 자네들의 도움을 얻어 그리스도인이 읽어야 할 가치가 있는 번역이 되도록 (구약성경) 전체를 처음부터 번역하고 싶네. 왜냐하면 나는 사람들이 라틴어 버전(불가타 성경Vulgata)을 가지고 있는 것보다 훨씬 더 좋은 번역본을 독일에 제공하기를 바라고 있기 때문이네." 바르트부르크 성의 작은 방에서 시작한 번역은 복음서 저자 마태의 날인 9월 11일에 마무리되었다. 2절판 총 222페이지의 완성된 원고는 꼼꼼한 검열과 상당한 노고로 인쇄되었다. 같은 달에 시작된 라이프치히 가을 박람회에 즈음하여 "가을성경" 제1판(3천 부)이 출판될 수 있었다. 이 책은 1522년에만 재판을 12번 간행했을 정도로 베스트셀러가 되었다.

바르트부르크 성에서 가장 잘 알려진 루터의 방은 앞쪽 성 안마당의 목골가옥, 즉 관리인 숙소에 있다. 세계적으로 루터의 방으로 유명한 이 방은

"루터 감금" 시절에도 그랬던 것처럼 원래대로 보존되어 있다. 물론 그 안에 있는 상자 모양의 책상은 루터가 앉아서 작업하던 것과 똑같은 것은 아니다. 본래의 책상은 기념물을 찾아다니는 사람들에 의해 계획적으로 파괴되었다. 루터는 아마 1817년부터 현재의 자리에 있는 책상 앞에 앉아 있었을 것이다. 뫼라에 거주하고 있는 루터 가족의 후손들은 루터 시대의 가구를 바르트부르크 성에 넘겨준 루터가 바로 이 책상 앞에서 뫼라에서 살던 조부모를 만났던 것을 언급했다. 그것이 사실이라는 느낌이 발을 없는 받침으로도 사용할 수 있는 고래의 등뼈를 에워싸고 있기 때문이다. 이것은 1669년 가장 오래된 바르트부르크 물품목록에서 언급되었다. 이 책상이 이미 루터의 생애 중에 십중팔구 이 성에 있었기 때문에 이것은 여러 미심쩍은 루터 유물과 달리 평상시의 그 자리에 보존된 것이다.

성에 내재하고 있는 루터식 전통 및 일반적인 인문주의 전통과 결부하여 바르트부르크 성은 현재 세계문화의 활기 넘치는 음악의 중심으로 입증되고 있다. 주로 음악회를 위한 장소로 사용되는 독특한 로마네스크 양식의 대연회장 외에도 바르트부르크 성에는 8세기에 유래한 수많은 보물을 소장한 박물관이 있다. 13세기와 14세기, 르네상스와 종교개혁 시기뿐 아니라 역사주의가 이 박물관의 핵심 주제다. 마르틴 루터가 바르트부르크 성에 머문 것을 기념하기 위해 (그리고 더 나아가서) 이 성은 500주년 기념행사 때까지 일련의 행사들과 특별전시회를 선보일 것인데, 행사의 절정은 "(내 주는) 강한 성[Ein feste Burg]"이라는 제목의 2017년 튀링겐 주 전시회가 될 것이다.

"그렇게 성 엘리자베트는 우리에게 모범이 되었다…"

루터 도시와 바흐의 도시 아이제나흐 위쪽에 위치한 인상적인 성은 독일의 모든 상징적인 장소들 중에서 "가장 독일적인" 장소들 중 하나로 여겨진다. 이 "강한 성"은 자체에 보호하고 있는 마르틴 루터에게 가장 잘 알려진 그의 노래들 중 하나를 만들도록 고무했다. "내 주는 강한 성이요, 방패와 창검이로다…"라는 가사는 개신교의 찬송가가 되었다. 바르크부르크-루터-성경이라는 세 개의 주제가 이 성의 역사에서 불가분하게 강조되어왔다.

이와 동시에 또 다른 바르트부르크 거주자이자 기독교 역사에서 마찬가지로 중요한 상징인물이 약간 뒤로 밀려났다. 튀링겐의 성녀 엘리자베트 또한 두 사람의 모든 차이에도 불구하고 개혁주의자처럼 그녀의 생애와 역사적 전통에 있어서 강력한 "복음의 증인"이다. 중세 전성기의 이 신앙의 증인은 루터에게 기독교 통치행위의 기준이었다. 루터는 1530년에 행한 어떤 설교에서 자기의 동시대인들에게 이 귀족의 모범적인 행동을 분명하게 칭찬했다.

> "그러나 만약 성녀 엘리자베트에 대해 이미 책에서 읽어 알고 있는 것처럼 어떤 영주나 어떤 영주 부인이 병원으로 가서 가난한 자들에게 헌신하고, 그들의 발을 씻어준다면, 오! 이것은 훌륭한 일이 될 겁니다."

무엇이 엘리자베트와 루터를 나누고, 무엇이 그들을 연결시키는 것일까? 헝가리의 왕녀이자 튀링겐의 영주가 행한 성인다운 이야기를 잘 알고 있는 루터는 그녀의 세상 포기와 자선 참여라는 극단적 행동을 "공로로 의를 행함"이라고 의심했을 것이라고 사람들은 추측할지도 모른다. 이것은 모든 형식의 "자기성화"에 대해 루터가 단호하고 때때로 과도한 회의론을 폈던 것을 두고 한 말이다. 루터는 경건한 훈련이나 선행을 통해 "하나님의 뜻에 맞는다"고 증명하는 것을 소용없거나 심지어 "하나님을 부인하는" 것이라고 간주했다.

동시에 그는 중세의 신앙에서 널리 퍼져 있던 성인숭배를 거부했다. 물론 (오늘날의 개신교 실체와 달리) 성인 기념을 철저히 배제하는 것은 결코 종교개혁자의 의도가 아니었다. 오히려 개신교 신자들은 1530년의 아우구스부르크 신앙고백서(CA, 제21장)에 따라 다음과 같이 해야 한다.

> "[…] 만약 우리가 성인들이 어떻게 은총을 입었고, 또한 신앙을 통해 그들이 어떻게 도움을 얻었는지를 보게 된다면, 우리는 우리의 믿음을 강화하기 위해 성인들을 기념해야 한다. 그 외에도 그들의 선한 행위에 나타난 본보기를 따라야 한다."

우리는 루터가 바르트부르크 성에서 집중적으로 작업하고 지적활동을 벌인 여러 달 동안 이미 300여 년 전에 그 성에 살았던 거주자에게 사상적으로 그리고 영성에 있어서 더 가까워졌는지 여부를 알지 못한다. 그는 이미 1516년에 그녀의 삶의 모범적인 특성에 대해 강조했다. 그해가 흐르는 과정에서 독일 신비주의자 요하네스 타울러(약 1300~1361)와 관련을 갖게 되었다. 그는 타울러의 설교를 곰곰이 생각하면서 엘리자베트에게 주목할 만한 다리를 놓았다.

> "육체의 달콤함을 근절시켜야 할 뿐만 아니라 공언, 호감, 위로 같은 정신의 즐거움 그리고 일단의 선한 사람들도 포기해야 한다. 그래서 성녀 엘리자베트는 다른 생각을 하고 있는 우리에게 모범이 되었다."

그러므로 모든 "행위의 行爲義에 대한 회의론"에도 불구하고 이런 기독교의 신비주의적·영적 급진성은 아우구스티누스회 수도사에게 알려지지 않은 것도 아니고 완전히 성미에 맞지 않는 것도 아닌 것처럼 보였다. 독실하고 자비로운 신비주의자였던 엘리자베트와 비슷하게 경건하고 자비로운 루터는 하나님과 인간에게 이르는 길이 자신의 자아Ego를 줄이고 변화를 요구한다는 사실을 알았고 경험했다. "솔라 피데", 즉 "오직 믿음으로"는 종교개혁자의 계속적인 외침이었다. 루터와 엘리자베트 두 사람은 그리스도의 기도, 즉 '주기도문'의 당부를 받아들였다. 살든지 죽든지 "뜻이 이루어지이다"를 마음에 새겼다. 두 사람은 이 구절에서 넘치는 기쁨과 정신의 평정을 얻었는데, 이것은 삶의 힘겨운 단계에서조차 분명해졌고 오늘날까지 감탄과 놀라움을 불러일으키고 있다. 그래서 다른 사람들이 그들의 본보기를 즐거운 마음으로 따라 하기를 바랐다. 도덕적이거나 윤리적인 노력이 아니라, 자비로운 신비주의가 행위로 옮겨진 것이다. 이런 행위는 모든 차이에도 불구하고 복음에 대한 튀링겐의 이 두 증인을 연결시켰고 오늘도 연결시키고 있다.

다. 그래서 다른 사람들이 그들의 본보기를 즐거운 마음으로 따라 하기를 바랐다. 도덕적이거나 윤리적인 노력이 아니라, 자비로운 신비주의가 행위로 옮겨진 것이다. 이런 행위는 모든 차이에도 불구하고 복음에 대한 튀링겐의 이 두 증인을 연결시켰고 오늘도 연결시키고 있다.

바르트부르크 권역에 속하면서 튀링겐 숲과 포어더레 뢴 사이에 작고 아담하게 자리 잡고 있는 이 지역사회는 종교개혁자 마르틴 루터 가족 계보의 본고장이다. 1300년부터 루더Luder 또는 뤼더Lüder라는 이름의 주민이 그곳에 살았다는 증거 문서가 있다. 현재도 이 아담하고 작은 마을에 살고 있는 약 650명의 주민 가운데 몇몇 사람은 루터Luther라는 이름을 갖고 있다. 상속받을 것이 아무것도 없다고 생각한 종교개혁자의 부모 한스 루터와 그의 젊은 부인 마가레테(결혼 전 성은 린데만)는 구리채광으로 번영 중이던 만스펠트 지역에서 행운을 찾아내고 새로운 고향을 발견하기 위해 1483년에 그 고장을 떠났다. 1531년의 뫼라 조세장부에는 루터 가문 네 명의 이름이 보인다. 클라인-하인츠, 그로스-하인츠, 아담 그리고 엔트레스. 이들 모두 마르틴 루터의 아버지 형제들 중 한 명인 작은 한스의 후손들이다. 마르틴 루터는 사촌들 중의 한 명인 이 사람을 위해 1527년 6월 16일 비텐베르크에서 선제후 현명왕 요한에게

뫼라: 교회 쪽을 바라보는 루터 동상

청원서를 보냈다. 그것은 아이제나흐 인근의 어떤 농장과 관련된 것이었다. 루터는 "이전에 자신을 도와준" 친척에 대한 의무감을 느꼈다. "저는 그 사람을 탓할 수 없습니다. 그는 정직하게 노동하여 자기 자신과 자식들을 부양하려고 애쓰고 있고, 헛되이 뭔가 얻으려고 갈망하는 게 아니라 이 농장을 위해 책임질 수 있는 것을 기꺼이 행할 것입니다. 그리고 그렇게 하는 것이 선제후 폐하의 마음에 드신다면, 그는 한층 더 열심히 일할 것입니다."

마르틴 루터가 자기 부모님이 살고 있던 장소를 자주 방문했다고 추측할 수 있다. 특히 그가 뢰라에서 그리 멀지 않은 아이제나흐에서 학교에 다니던 몇 해 동안에 그랬을 가능성이 있다. 마르틴 루터가 이단죄로 고발당한 보름스 의회에서 돌아오다가 뢰라에서 머물렀다는 사실을 분명히 밝혀주는 문서가 있다. 비텐베르크로 가던 여정 중 예정에 없이 이렇게 머문 것은 분명히 몇 시간 후에 발생한 루터를 "납치"하여 바르트부르크 성으로 데려가기로 한 계획의 일부였다. 루터의 수행원들 중 일부가 발터스하우젠-고타 방향으로 계속 가던 중에 세 명만 친척들에게 갔기 때문에 나중에 슈타인바흐와 알텐슈타인 근처에서 발생한 가짜 납치 사건의 증인 숫자가 축소되었다. 루터는 보리수나무가 가장 높이 솟아 있는 교회(당시에는 예배당에 불과했음) 앞 광장에서 수많은 군중이 몰려든 가운데 설교했다. 그렇지만 그 설교 내용에 대해 전해진 것은 아무것도 없다. 훗날 그의 탁상담화들 중 한 담화에서 청중은 직접 신앙고백 식으로 언급한 루터의 사회적 혈통에 대해 어느 정도 이해하게 되었다. "나는 농부의 아들입니다. 증조부, 조부, 아버지는 부유한 농부들이셨습니다. 저는 사실 … 관리자, 시장 그리고 그 외에 사람들이 그렇게 부르는 마을 이장, 다른 사람들을 담당하는 가장 높은 일꾼이 되어야 했는지도 모릅니다." 그런데 "제 아버지께서 만스펠트로 이사하고 광부가 되셨기 때문에 일이 예상과 달라졌습니다."

* * * * *

루터 광장 Lutherplatz 마이닝엔 궁정 조각가 페르디난트 뮐러의 디자인에 따라 만들어져 1861년 6월 25일 군악대의 종소리와 음악이 연주되는 가운데 봉헌식이 거행된 루터 동상은 목골구조로 가장자리를 이어붙인 정사각형 광장을 두드러지게 한다. 나중에 기념물협회의 대표로 임명된 마이닝엔 궁정 사서이자 동화와 전설 수집가인 루트비히 베히슈타인이 이 계획의 첫 번째 발기인이었다. 이 동상 건립을 위해 처음으로 기부한 사람들 중 한 사람은 작가 프리드리히 실러의 여동생인 마이닝엔 궁중 관리의 부인 크리스토피네 라인발트였다. 왕자 게오르크(훗날 소위 말해서 작센-마이닝엔 연극 공작Theaterherzog)가 참석한 가운데 동상 제막식이 거행되었지만, 베히슈타인은 뉘른베르크 작업장에서 동상에 청동 주물을 부었던 야콥 다니엘 부르크슈미트가 그랬던 것과 마찬가지로 제막식에 참석할 수 있을 정도로 오래 살지는 못했다. 이 동상은 손에 성경책을 들고 있는 루터를 보여주고, 받침대에 있는 부조들은 루터의 생애 동안에 일어난 사건들을 언급하고 있다. 95개의 논제 게시, "체포"와 바르트부르크 성 체류. 받침대 네 모서리에는 네 명의 복음서 저자들인 마태, 마가, 누가 그리고 요한이 서 있다. 루터 동상이 아직도 서 있는 것은 본토박이 여관 주인 하인리히 호프만 덕택이다. 그는 뜻을 같이하는 관료들과 연합하여 제2차 세계대전 중인 1942년에 이미 직무상 결정된 동상 파괴 건을 풍부한 기지로 막아냈다.

루터플라츠 1번지Lutherplatz Nr. 1의 3층짜리 건물은 루터 가족의 집으로 여겨진다. 이 집은 1618년 이전에 있던 하부구조 위에 지은 것이다(현재 이 집의 일부는 별장으로 사용되고 있다). 오르막길에 있는 개신교 교구교회Pfarrkirche까지의 거리는 루터 광장에서 그리 멀지 않다.

＊ ＊ ＊ ＊ ＊

교구교회 Die Pfarrkirche 성단 탑이 있는 교회는 루터가 보았던 이전 예배당을 증축하여 1560년경 지어진 것이다. 이후 수세기에 걸쳐 증축과 개축이 이어졌다. 양각 무늬가 새겨진 성례전 촛대를 포함하여 이전 예배당에서 그대로 가져온 제단의 돌로 만든 테이블판이 보존되어 있다. 하인리히 헤르만이 첫 번째 개신교 목사로서 1533년부터 여기서 활동했다. 1907년 이 교회의 내부는 완전히 보수되었다. 그때부터 베를린 근교 루켄발데 출신의 루터 박사^{Dr.} ^{Luther}가 기부한 컬러 스테인드글라스 창들로 성단소를 아름답게 장식했다. 특히 이 스테인드글라스 창들은 마르틴 루터와 그의 친구이자 전우인 필립 멜란히톤을 보여주고 있다.

* * * * *

루터의 길^{Der Lutherweg} 도보로 약 13*km* 길이의 산책길은 방문객을 뫼라로부터 루터가 "납치"된 곳, 즉 슈타인바흐/알텐슈타인 근처의 루터그룬트^{Luthergrund}로 이끈다. 아름다운 자연과 조망이 좋은 장소들이 더없이 조용히 멀리 이어지는 길에서 산책자와 동행한다. 공원과 알텐슈타인 성^{Schloss Altenstein}은 이 길을 따라가다가 보게 되는 명소 중 일부다.

루터그룬트

슈타인바흐/알텐슈타인 근교의 보름스 제국의회에서 이단으로 선포된 마르틴 루터는 일정 기간 동안 대중의 눈에 띄지 않게 숨어 있을 필요가 있었다. 그것은 종교개혁자를 박해와 화형에 처해질 가능성으로부터 보호하고, 그러기를 원하는 소수의 후원자들에 의해 결정된 일이다. 마르틴 루터는 이 사건이 발생한 이후 20년이 지난 1540년 여름, 보름스에서 비텐베르크로 돌아가던 중에 1521년 5월 4일 오늘날 '루터그룬트'라고 일컫는 슈타인바흐와 알텐슈타인 근처에서 발생한 일을 어느 정도 상세히 묘사했다.

비텐베르크의 "검은 수도원"의 저녁 식사에 모인 손님들은 "황당무계한 이야기"보다 훨씬 더 무의미할지도 모를 이야기를 들었다. "아이제나흐 근처 숲에서 루터와 동행한 암스도르프가 우리에게 다가오고 있는 네 명의 기사를 보았습니다. 이것이 바로 내가 그에게 위험하다고 경고한 후 그가 왜 마차를 떠났는지에 대한 이유입니다. 그들은 화살로 마부를 위협했습니다. 그는 즉시 루터를 마차에 태우고 있다고 고백했습니다. 그렇기 때문에 그들이 욕설을 퍼

알텐슈타인과 슈타인바흐 사이에 있는 루터 기념비

부으면서 나를 마차에서 낚아챈 겁니다. 암스도르프는 완전히 딴전을 피우며 외쳤습니다. '아, 이게 무슨 야만스런 행위냐! 그러나 우린 이제 네놈들의 힘에 장악당하고 말았구나!' 이 말은 마부를 속이기 위한 것이었습니다. 그래서 나는 마차에서 끌려 내려와 어떤 말을 타게 되었습니다." 선제후도 이미 뻔히 알면서 준비된 이 가짜 납치 사건에 대한 이후의 이야기를 연대기학자들과 역사 기록자들의 다양한 버전으로 장식된 작품에서 읽을 수 있다. "납치자들"은 분명히 있을지도 모를 추격자들 때문에 발자국을 지우려고 시도했을 것이다. "가까이 다가오는 기사들" 중에는 현지 사정을 매우 잘 알고 있는 기사 부르크하르트 훈트 폰 벵크하임이 있었기 때문에 바르트부르크로 가는 여정은 아무 문제없이 무사히 진행되었다고 추측할 수 있다. 알텐슈타인 성은 1492년부터 그의 가족 소유가 되었다. 어쨌든 비텐베르크의 저녁 식탁에 모인 루터의 청중은 뫼라에서 행한 설교에서부터 시작된 이 파란만장한 날의 이야기가 자정 무렵이 되어 그가 바르트부르크 성의 도개교를 건넌 이야기를 한 다음에야 끝이 났다는 사실을 알게 되었다.

작센-마이닝겐의 공작 베른하르트 2세가 주문하여 고타^{Gotha} 사암으로 만든 약 8m 높이의 동상은 1857년부터 렌슈타익에서 그리 멀지 않고 알텐슈타인과 슈타인바흐 사이의 일부 숲에 위치한 "납치" 장소를 표시하고 있다. 이미 예전에 하나의 돌을 매달아 고정시켜놓은 "루터 샘물^{Lutherquelle}"로 잘 알려진 샘이 이 부근에서 졸졸 솟아나고 있다. 그 옆에는 이전에 있었던 원래의 너도밤나무가 1841년에 대폭풍으로 부러지고 난 다음 한 그루의 거대한 "루터의 너도밤나무"가 심어졌다. 너도밤나무의 남은 조각들은 현대식 마케팅 원칙에 따라 20세기 초까지 시장에서 팔리고 있었다. 이것들은 심지어 독일 밖에서도 판매되었다. 수익금은 총 200굴덴이라는 엄청난 액수의 "루터의 너도밤나무 자금"으로 유입되었다. 공작의 포고령에 따라 자금은 재능 있는 어린이들에게 줄 성경책을 구입하는 데 사용되었다.

"납치"를 기념하는 장소가 된 거대한 숲의 빈터는 특히 도보여행에 적합한 루터의 길이 끝나는 종점이기도 하다. 이정표가 잘 설치된 도보여행길은 뫼라에서부터 시작하여 여러 위치의 아름다운 풍경을 지나가고, 일부는 조망이 훌륭한 거대한 장소를 지나간다. "뢴 계곡을 가장 잘 조망할 수 있는 악마의 다리Täufelsbrücke"를 포함한 알텐슈타인 공원과 성의 전체적 조화는 약 13km 길이의 루터의 길에서 무조건 추천할 만한 볼거리다.

바트 헤르스펠트Bad Hersfeld

1990년 재통일 이후 독일의 녹색 중심부에 다시 놓이게 된 바트 헤르스펠트는 2011년에 도시건설 1,275주년 기념행사를 거행할 수 있었다. 그해 5월 1일은 마르틴 루터가 이 수도원교회 – 오늘날 세계적으로 가장 크게 손상된 로마네스크 양식 교회 – 에서 설교한 지 490년이 되는 해였다. 확증할 수 있는 실제 장소에서 거행된 대대적인 성경 봉독 행사와 더불어 사람들은 당시의 사건을 기념할 수 있었다.

"헤르스펠트 수도원장께서 얼마나 우호적으로 우리를 맞아주셨는지 자네는 상상할 수 없을 걸세"라고 마르틴 루터는 1521년 5월 14일 바르트부르크에서 절친한 친구이자 동지인 슈팔라틴에게 편지를 썼다. "그분은 우리를 맞이하도록 자신의 궁내관과 관리인을 1마일 정도 앞서 우리에게 보내주셨고, 그러고 나서 성 근처에 다다랐을 때 우리를 직접 영접하시고는 시내까지 동행해주셨네. 우리가 성문 안에 다다르자 시의회 의원들이 우리를 환영해주었네." 4월 30일, 마르틴 루터는 돌아오는 길에 보름스 제국의회로부터 프리트베르크와 그륀베르크를 거쳐 헤르스펠트로 왔다. 루터는 많은 사람이 추측한 것과 달리 제국의회에서 자신의 신조를 철회하지 않았다. 루터가 출발한 후 1521년 5월 8일 황제가 서명한 "보름스 칙령"은 루터의 신조와 연관된 어떤 형태의 문헌들이라도 배포되는 것을 금지시켰고, 그 책자들을 즉시 소각하라고 지시했다. 루터를 붙잡을 수 있는 사람은 누구든지 그를 로마로 넘겨야 했다. 법률의 보호 밖에 놓인 루터에게 숙소를 제공하는 사람은 누구든지 칙령대로 공범으로 간주되었다. 도착한 다음 날 마르틴 루터는 헤르스펠트 수도원장의 부탁을 받고 오전 5시에 수도원교회에서 설교를 해야 했다. "그들이

나에게 언제든 여행 중에 설교하는 것을 금지했기 때문에 만약 제국의 관료들이 이것을 수행원에 대한 위반이라고 해석하게 된다면, 수도원장이 모든 권리를 상실하게 될지도 모른다는 이유를 들어 반대했지만 소용이 없었다." 그렇지만 그는 하나님의 말씀이 침묵당하는 것에 동의하지 않았기 때문에 특별히 초대된 신도들 앞에서 설교했다. 수도원장의 "융숭한 접대를 받았다." 소수의 일행이 이 사람에 의해 나중에 도시 밖 숲에 다다를 때까지 전송을 받으면서 헤르스펠트의 궁내관을 동행하고서 아이제나흐 방향으로 떠났다. 이들은 수도원장이 "우리 모두를 한 번 더 접대해준" 베라 강변의 베르카에 잠깐 들렀다.

* * * * *

옛 수도원 지난 60여 년 전부터 바트 헤르스펠트 축제의 무대로 사용되어온 인상적인 수도원 유적은 736년부터 현재까지 기독교 선교의 역사를 반영하고 있다. 1038년부터 옛 헤르스펠트 수도원을 개축한 현재의 수도원교회에는 그보다 앞서 지어진 세 개의 건축물이 있었다. 1761년 2월 7년전쟁 때 프랑스 군대들이 이 예배당에 불을 질렀다. 하루 종일 계속된 큰 화재에서 남겨진 것은 시간이 경과하면서 점차 건축 자재용 채석장이나 다른 세속적 목

바트헤르스펠트: 폐허가 된 수도원

적으로 이용되었다. 18세기에 와서야 비로소 사람들은 그러한 유산의 가치를 인식하게 되었고 위대한 과거의 하찮은 석조들을 보호하고 다시 손질하기 시작했다. 그래서 폐허에도 불구하고 오늘날에도 수도원의 잔해 속에서 로마네스크 건축양식의 힘찬 언어를 읽어낼 수 있다. 카타리네 탑 이외에 수도원 건물들 중에서 남쪽 익랑翼廊 연결부에 있는 로마네스크 양식으로 지어진 정사각형 수도원의 동쪽 회랑만이 지금까지 남아 있다. 오늘날 이 건물에는 박물관이 들어서 있다. 12세기에 옛 수도원 부지의 동쪽에 세워진 카타리네 탑에는 1038년에 주물을 부어 만든 룰루의 종Lullusglocke이 걸려 있는데, 이 종은 독일에서 가장 오래된 청동 주물종으로 여겨진다.

* * * * *

아이히호프 성Das Schloss Eichhof 해자로 에워싸인 고딕식 요새에 지어진 이 성은 16세기에 수도원장들을 위한 여름 별궁으로 건축되었다. 거대한 정방형 성곽, 르네상스 양식의 볼트, 목골구조의 다층 가옥뿐 아니라 목재로 된 호화로운 건물 내부 장식들은 그때부터 계속해서 변하고 있는 사암으로 만든 건축물을 특징짓고 있다. 성의 출입구 부분에 있는 형형색색의 무기들은 농부들의 주인이던 수도원장 루트비히 5세(1571~1588)를 기념하고 있다.

현재 관리 건물로 사용되고 있는 성에서 마르틴 루터가 밤새 머물렀는지 아니면 수도원에서 머물렀는지는 아직까지 명확하게 설명되지 않고 있다. 이미 처음에 인용한 마르틴 루터의 편지를 보면 수도원장의 손님이 "그의 방에서" 묵었을 뿐이라고 한다.

"모든 이의 혀에서 오직 이 성경책만이…"

(특히) 19세기의 신앙고백 논쟁에서 종이 형태인 교황의 성경책이 프로테스탄트 교도들에게 던져졌다. 프로테스탄트 교도들은 흔히 성경책을 종이 형태의 교황으로 여기고 있다는 비난에 직면했다. 이 비난이 완전히 틀린 것은 아니다. 많은 개신교도는 이 비난을 과거와 오늘날까지도 비판으로 받아들이기보다는 오히려 칭찬으로 받아들이고 있다. 그들은 언제나 지적한다. 그들은 언제나 마르틴 루터의 경우 확고한 자부심으로 교황의 권위와 교황의 전례가 아니라 성경 말씀 자체가 본질적 원리이며, 그의 모든 생각의 신학적 중심을 형성하고 있다고 지적한다. 개신교적 자부심이 반가톨릭적 오만으로 급변하지 않도록 하기 위해 개신교적 자부심은 당연히 가톨릭적인 신학으로 여겨졌고 아직도 그렇게 여겨진다는 사실을 지적할 필요가 있다. 물론 예를 들어 로마교황청이 개혁을 꺼렸고 충격적으로 부패했기 때문에 실패한 교황의 특사 니콜라우스 폰 쿠에스(1401~1464)의 시도같이 "루터 이전에" 이미 몇몇 개혁 시도들이 있었다.

루터는 현존하고 있는 교황과 교회의 비판을 받아들였고, 급진적으로 그것들과 첨예하게 대립했다. 교황은 "적그리스도"였으며, (원하든 원치 않던 간에) "신앙이 없는 권세들"의 화신이었다. 그래서 루터는 교황을 그런 존재로 여겨 신학적·종교적 의사소통을 거의 차단했다. 루터와 그의 모든 동행자와 후원자에게 교황은 황제와 "불경스러운 동맹"을 맺고 있고 "복음" 선포를 방해하는 것이 매우 분명해졌다.

그렇기 때문에 성경, 즉 "성스러운 경전"은 인간의 이성과 관련하여 교회와 교회의 종교적 근본 형식이라는 제도를 세우기 위한 유일한 범주로써 신속하고 단호하게 설정되고 평가되어야 했다. "솔라 스크립투라Sola Scriptura", 즉 "오직 성경만으로"는 종교개혁의 핵심 슬로건 중 하나였다.

그러므로 루터가 이 "책 중의 책"을 원어, 즉 그리스어(신약성경의 경우)와 히브리어(구약성경의 경우) 내지는 중세시대에 사용된 두 가지 성경의 라틴어 번역본인 불가타Vulgata 본에서 독일어로 번역하는 것만이 논리에 맞는 일이었다.

> "모든 도시마다 고유의 번역자들이 있고 이 책만이 모든 사람의 혀에, 손에, 눈에 그리고 마음에 있으면 좋을 텐데!"

그는 성경책을 읽을 수 있는 모든 독일인이 성경 습득 "전체 과정"에 참여할 수 있도록 1521년 바르트부르크 성에서 타의에 의해 인질로 보낸 수개월의 시간을 (먼저) 신약성경을 번역하는 데 집중적이며 성공적으로 이용했다. 모든 그리스도인은 자기의 출신과 상관없이 그리고 지금까지 귀족들과 학자들, 사제들과 수도사들이나 수녀들이 우선권을 갖고 있었던 것과 달리 직접 "하나님의 말씀"으로 이야기할 수 있어야 했다. 루터는 이 "말씀"(그리스어로는 "로고스Logos"), 이 "영원한, 하나님의 논리"가 은밀한 방법일뿐 아니라 종종 명백한 방법으로 성경 문구에 "혼합되어" 있다고 철저하게 확신했다.

"성경을 배우고 싶은 사람은 그것을 이해해야 한다. […] 왜냐하면 인간의 말이 아니라 하나님의 말씀, 지극히 높으신 분의 말씀을 읽기 때문이다. 그분은 당신께서 하신 말씀에 열심히 주의를 기울이고 그 말씀을 명심하는 제자들을 원하신다. 하나님께서 마땅히 말씀하신 것처럼 제후들의 편지가 조심성 있게 언급되고 바보 취급을 당하지 않도록 하기 위해서는 그것을 세 번 읽어야 마땅하다. 하나님의 편지들, 다시 말해 성경을 얼마나 많이 읽어야 하는가? 세 번, 네 번, 열 번, 백 번, 천 번 그리고 수천 번 읽어야 한다. 하나님께서는 은밀히 그리고 위엄 있게 말씀하시기 때문이다. 실제로 하나님은 영원한 지혜 자체이시기 때문이다."

유태인의 "자매" 종교에 나타난 성경에 대한 감각적 · 육체적 관계라는 의미에서 루터는 날마다 성경 "흡수"하기에 초대한다.

"이것을 행하는 사람은 성경을 떠나 더 박식한 사람이 되고 더 선한 사람이 될 것이다. 이것을 행하지 않는 사람은 아무것도 배우지 못할 것이다. 사실 그는 더 사악해질 것이다. 순박한 짐승들은 되새김질을 하기 때문이다. 그러나 되새김질이란 하나님의 말씀을 매우 진지하게 받아들이고, 마음에 새기고, 하나님의 말씀에서 사랑과 의욕을 찾는다는 것이고, 그 말씀을 열심히 관찰하고 그 말씀을 굳건하게 붙잡는다는 뜻이다."

루터가 자기의 성경 번역은 읽을 수 있어야 하고, 쉽게 이해할 수 있어야 한다는데 큰 관심을 기울인 이유는 성경구절들 자체의 "목표 그룹 정의"를 내리기 위함이었다. 성탄절 이야기에 나오는 천사(누가복음 2장 10절)가 다음과 같이 말한 경우와 같다. "보라, 내가 온 백성에게 미칠 큰 기쁨의 소식을 너희에게 전하노라." 성공적인 번역을 위해서는 "백성의 입을 바라보는 것"이 필수적이다. 이러한 이유에서 루터는 문자 독일어를 선택하지 않고 자연스러운 구어체 독일어를 선택했다. 현재까지도 이 텍스트의 언어의 힘과 시적인 표현력은 필적할 수 없다.

동시에 "루터의 독일어"를 사용해서 당대의 독일어권에 있었던 언어장벽들을 뚜렷하게 극복할 수 있었다. 루터가 필립 멜란히톤과 함께 완성한 첫 번째 성경 완역판은 1534년에 출판되자마자 완전한 베스트셀러가 되었다. 경제와 과학, 예술과 문화, 상거래에 대한 광범위한 결과와 더불어 고지 독일어의 토대가 놓이게 되었다. 요하네스 구텐베르크에 의해 혁명이 일어난 책 인쇄기술이 금속활자들과 인쇄기의 발명과 더불어 거의 모든 사회 분야와 교회 분야에 대한 이러한 혁신적 추진력을 발휘하기 위한 기술의 토대를 형성했다.

루터 성경은 16세기부터 여러 차례 수정되었다. 이 성경은 아직도 개역 "취리히 성경"과 나란히 세계적으로 개신교 교회의 공식적인 성경이며 수많은 다른 언어로 변역하기 위한 토대가 되었다. 현재 표준 독일어 루터 성경 버전은 "1984년 개정판 성경 원문"인데, 2017년 비텐베르크 반박문 게시 500주년에 즈음하여 다른 개정판이 나올 예정이다.

루터 도시 아이스레벤 Lutherstadt Eisleben
쥐서 제-운터리스도르프 Süßer See-Unterrißdorf 와
제부르크 Seeburg

94년에 처음으로 문헌상에서 언급된 아이스레벤은 1946년부터 공식적인 '루터 도시'라는 별칭을 얻고 있으나, 이 종교개혁자를 기념하는 기념 장소들은 1996년 "유네스코 세계문화유산" 목록에 등재되었다. 마르틴 루터는 어느 탁상담화에서 "나는 그곳에서 왔습니다"라고 말했다. 그런 다음 그는 튀링겐의 뫼라에서부터 아이스레벤을 거쳐 만스펠트로 이사한 부모의 여정을 묘사했고, 이것을 자신의 이력에 결합시켰다. 루터의 가족은 만스펠트 성과 아이스레벤의 거주지에서 번갈아가며 머물고 있던 만스펠트의 백작들과 그럭저럭 긴밀한 관계를 맺고 있었다. 마르틴 루터는 생애의 마지막 몇 주 동안 "어색하고 내 취향과 사고방식에 완전히 낯설고 내 나이에 완전히 불편한" 느낌이 드는 이들 백작과 만났던 방식에 대해 언급했다.

15세기와 16세기에 만스펠트 지역에서 전성기를 누리던 광업은 튀링겐에서부터 아이스레벤, 만스펠트 지역으로 이주해온 루터 가족의 생활에도 굉장한 영향을 주었다. 15세기경에 번영한 광업 때문에 필요해진 이주지(노이슈타트Neustadt)를 도시성곽 밖에 건설하는 일은 당연히 만스펠트 백작들 사이에 분쟁을 야기했다. 마르틴 루터는 그가 사망한 1546년 겨울에 분쟁을 중재하도록 호출받았다. 2월 1일, 루터는 비텐베르크에 머물고 있는 멜란히톤에게 다음과 같은 내용을 알려주었다. "오늘 우리는 하나님의 은혜 덕분에 첨예한 분쟁으로 실제 고슴도치보다 훨씬 더 까칠한 고슴도치를 죽였다네. 노이슈타트 문제 말일세." 닷새 후 지금까지 달성한 모든 것을 다시 불확실하게 만드는 비보가 날아들었다. 루터는 같은 편지에서 다음과 같이 계속해서 써 내려갔다. "우리가 노이슈타트의 운명에 말려들기 시작한 지도 열흘쯤 되네. 그들이 모든 음절에 독을 넣지 않았나 하는 의심이 생겨 상호 불신하는 분위기가 팽

아이스레벤: 루터 동상과 성 페트리 파울리 교회가 있는 시장

배해 있네. 만약 이것이 법률가들이 꾸며놓은 일이라면, 어떤 법률가는 그들 모두가 어떻게 보일런지에 대해 자부심을 느낄 필요는 없을 것이네." 그리고 루터는 이미 다음과 같이 곰곰이 생각하고 있었다. "나는 분노가 나서 마차에 기름을 바르려고 했네. 그러나 내 조국의 비애가 나를 급습하고 있네." 그래서 결국 이것이 그를 떠나지 못하게 방해했다. 그때까지 서로 대화를 나누지 않던 겝하르트 백작과 알브레히트 백작 형제뿐 아니라 "이제 법률가가 된" 루터는 2월 17일 마침내 협의서에 서명했다. (물론 평화협정은 단지 짧은 성과로 태어난 것이다.) 이미 2월 14일 비텐베르크에 있는 아내 "케테"에게 편지를 쓴 것처럼 그는 긍정적인 결과를 확신하면서 "별일이 없으면 이번 주에 집으로 돌아가기를" 기대했다. 이 편지에는 "협정을 이뤄낸 것을 진심으로 기뻐"한 "알브레히트 백작 부인께서 내게 하사해주신 송어들"을 함께 보낸다는 내용이 첨부되어 있었다. 단 며칠 후 그가 출생한 도시에서 죽음이 그를 급습하게 될 것이라는 징후는 전혀 없었다. 실상은 정반대였다. 비록 그가 "군주처럼" "먹고 마시고" 교섭자로서 "상당히 능숙하게 그리고 사실 너무 멋지게…" 교섭해왔음에도 불구하고 루터의 고통스러운 만성 결석 증상은 한 번도 재발한 적이 없었다. "끼니마다 시의회는 내게 1ℓ의 라인팔 와인을 공급해주었소." 그는 때때로 동료들과 이 와인을 마셨다. 그렇지만 물론 그가 "마르티누스^{Martinus} 박사가 쫓겨났다"는 소문을 눈치 채지 못한 것은 아니었다. "라이프치히와 마그데부르크에서 말하고 있는 것이 이것이오. 아는 체하는 사람들이 그런 말을 꾸며낸 것이오. 그러나 맘대로 불쑥 말하게 내버려두시오. 우리는 하나님께서 행하실 일을 보게 될 것이오"라는 말로 그는 비텐베르크에 있는 아내를 안심시켰다.

　1547년부터 1553년까지 안드레아스 교회의 설교자였고 1572년 이후 "만스펠트 연대기"를 작성한 키리아쿠스 슈팡엔베르크(1528~1604)에 따르면 만스펠트 백작령은 "만스펠트, 아이스레벤 그리고 보른슈테트 시만 합병했고 다음과 같은 특징들을 경계로 두었다. 비퍼 강, 장어하우젠 숲, 오스터하우젠 근교의 린홀츠 그리고 게잘체너 제(소금호수)의 하젠고브." 오늘날의 측량사들은 만스펠트 지역과 더불어 "오랜 세월 동안 만스펠트 산악지역과 만스펠트 호수지역으로 나뉘었던 그 영지를 표시한다. 아이스레벤은 백작령의 옛 중심지였고, 헤트슈테트는 훗날의 중심지였다." 근대의 피라미드 같은 풍경 탓에 우뚝 솟아 있는 채굴더미들은 여행자들에게 만스펠트 지방이 거의 8세기 동안 계속되고 있는 구리광석 채광 전통을 갖고 있다는 사실을 알려준다. 장어하우젠-아이스레벤 국도를 따라가면, 빔멜부르거 언덕에서 오른쪽에 삼림으로 둘러싸인 볼페로데로 들어가게 된다. 그러면 관광객은 들판과 목초지 너머로 펼쳐지는 광경을 가로막는 작은 언덕들을 보게 되는데, 이 언덕들은 마치 버섯들이 땅에서 솟아나는 것처럼 보인다. 현지 광산을 관리했던 첫 번째 지주로 불리던 나피안과 노이케는 여기에서 구리광석을 채석하고 제련했을 수 있다. 당시에 이곳은 아직 노천광산이었다. 근대 시대에 사용한 광산 운반탑의 바퀴들은 새로운 밀레니엄 초기부터 현재까지 멈춰 있다. 그렇지만 만스펠트 지역의 채광산업을 상징하는 아이스레벤 중앙로에 서 있는 "마르틴 동지 Kamerad Martin"의 돌 조각상이 사람들뿐만 아니라 풍경마저도 두드러지게 만드는 이 전통을 상기시키는 유일한 특징은 아니다. 이와 똑같은 전통은 다채롭고

아이스레벤: 루터의 생가

유명한 축제들과 행렬들뿐만 아니라 건물들과 가옥의 문장들에서도 분명히 알 수 있다.

마르틴 루터가 아이스레벤에서 태어났고 여기서 생을 마감했다는 사실은 단순히 우연만은 아니었다. 이 사실은 루터가 사망하고 나서 이미 몇 년 지나지 않아 현지에서 시작된 기념비 숭배에 아무런 영향을 주지 않았다. 더욱이 비텐베르크에 거주하던 루터는 교회감독관으로서, 설교자로서 그리고 새로운 학교의 설립자로서 예를 들어 필립 멜란히톤과 함께 새로운 교육과정을 도입하기 위해 이 지역을 여러 번 방문했다. 여러 문헌이 1515년, 1516년 그리고 1524년, 농민전쟁의 해인 1525년뿐 아니라, 1545년과 1546년에 그가 이곳에서 머물렀음을 입증하고 있다. 루터와 연관된 모든 장소 가운데 "베들레헴"과 "예루살렘"으로 여겨지는 루터 도시 아이스레벤에서 1790년 아이스레벤 김나지움 1학년에 입학한 작가 노발리스가 "청소년기의 가장 행복한 나날들 중 며칠"을 여기에서 지냈고, 리하르트 바그너가 1821년과 1822년에 유년 시절의 몇 달을 여기서 보냈다는 사실을 추가적으로 높게 평가할 수 있다.

* * * * *

루터의 생가 Geburtshaus Luthers 루터의 어머니가 멜란히톤에게 허물없이 말한 것처럼 루터슈트라세 15번지에 위치한 현재의 집에서, 뫼라에서 아이제나흐로 이사 온 한스와 마가레테 루터 부부에게 1483년 11월 10일 "밤 11시가 지나서" 사내아이가 태어났다. 이 아이는 그 다음날 바로 인접해 있는 성 페트리 파울리 교회에서 마르틴이라는 이름으로 세례를 받았다. 이 집은 1689년도에 화재를 당했으나 1층은 크게 해를 입지 않고 남아 있다가 아이스레벤 시에 의해 개축되었다. 이 집의 역사적인 출입구 위에는 "Gottes Wort ist Luther's Lehre, darum vergeht sie nimmermehr(하나님의 말씀이 루터의 가르침이다. 그렇기 때문에 그의 가르침은 결코 사라지지 않을 것이다)"라는 격언을 틀에 끼워넣은 사암 조각이 설치되어 있다. 이것은 그중에서도 루터와 그 가족의 문장, 즉 유명한 장미를 보여준다. 출입구를 장식하는 조각품은 이 집을 박물관으로 이용하도록 한 그해, 즉 1693년부터 만들어지기 시작한 것이다. 비록 이 집이 그 후 지난 3세기 동안에 되풀이하여 기념물 보호관리를 받고 수작업으로 수리를 받아왔음에도 불구하고, 이 집은 분명히 지난 세기 말부터 긴급히 개축되어야 했다. 게다가 오래전부터 이 박물관은 시류에 맞는 요구에 대처할 그런 시설로 증축되지 않았다. 증·개축된 루터의 생가는 2007년부터 역사적인 것과 새로운 것을 멋지게 결합시키는 복합건축물로서 매력적인 인상을 주고 있다. 이전 면적보다 3배 이상 커진 전시면적은 전체 건물을 한눈에 보아도 알 수 있듯이 대규모다. 1층 공간은 분할하지 않고 그대로 남아 있다. 거실 공간은 넓은 현관홀로 연결되어 있고, 마당 쪽으로는 작은 방 하나와 벽에 붙은 화덕 위로 굴뚝이 설치된 부엌이 있다. 단순하지만 효과적으로 개조된 루터 시대의 거실은 장인^{匠人}이 그 시대의 연장들을 이용해서 세공한 중세시대의 가구로 고풍스런 인상을 주고 있다. 새로운 상설전시는 "나는 여기 태생이다 – 마르틴 루터와 아이스레벤"이라는 제목을 달고 있다. 250여 점의 전시물이 종교개혁자의 출생, 아버지의 광부활동, 경건 그리고 중세의 영성뿐 아니라 루터의 세례에 대해 이야기하고 있다.

* * * * *

성 페트리 파울리 교회^{St. Petri-Pauli Kirche} 1913년에 이 교회의 탑 정면에 붙여놓은 명판은 다음과 같은 정보를 알려준다. "마르틴 루터 박사가 1483년 성 마르틴^{St. Martin}의 날에 이 교회의 탑 예배당에서 세례를 받았다." 중간 크기의 후기 고딕식 홀교회는 생가 가까이에 위치해 있고, "뵈제 지벤" 개울에 의해 생가와 나뉘져 있다. 작은 교회묘지에 세워진 이 교회는 루터 시대에 약 3천 명의 주민을 헤아리던 도시의 동남쪽에 위치해 있다.

성 페트리 파울리 교회의 종들은 건물이 구조적으로 손상되었기 때문에 수년간 타종이 금지되었다가 2008년부터 다시 종을 울릴 수 있게 되었다. 더 이상 미룰 수 없게 되었기 때문에 교회 탑이 개량되었고, 교회의 종소리도 가장 잘 들리는 최고 상태로 원상 복구될 수 있었다.

이 종소리는 작센안할트에서 가장 빼어난 교회 종소리 중 하나가 되었을 뿐만 아니라, 동시에 독일어권에서도 가장 훌륭한 후기 고딕식 시교회 종소리 가운데 하나로 간주된다. 흔치 않게 거대하고 묵직한 저음을 내는 세 개의 종을 파벨 뫼스가 1499년과 1509년 사이에 제작하였다. 교회의 건축은 1447년에 시작되었다. 1474년까지 5층짜리 정사각형 모양의 서쪽 탑이 건물의 첫 부분으로 완성되었다. 수평 단면을 특징으로 하는 각 층은 포문같이 작은 창문들을 열어놓고 있다. 종탑 층에만 넓고 뾰족한 아치형 구멍이 뚫려 있을 뿐이다. 육중한 뚜껑과 들창이 달려 있는 팔각형 모양의 서쪽 탑 구조는 1560년부터 1566년까지의 시기에 얹힌 것이다. 1486년과 1513년 사이에는 급경사진 거대한 박공지붕이 덮인 후기 고딕 양식의 삼랑식 할렌키르헤(홀교회)가 건축되었다. 별 모양의 볼트들이 교회 내부의 성단소와 신도석을 덮어씌우고 있고, 양쪽 측랑들에는 두 개의 대각선 연결 리브(뼈대)에 의해 구획된 여러 볼트망[편]들이 덧대어 있다. 구동독 시절에는 루터에게 경의를 표한다는 테두리 안에서 1976년부터 1982년까지 교회 내부가 수리될 수 있었고, 비교적 양호한 상태를 유지했음에도 불구하고 외부는 불행히도 그대로 놔두고 있었다. 좌우로 문이 활짝 열린 형태의 후기 고딕 양식의 제단은 이 교회에서 가장 주목할 만한 가치가 있는 비품이다. 제단에는 또한 오랫동안 분실된 루터의 세례를 기념하는 세례반이 있다. 여러 차례 복원 작업을 한 결과, 제단의 녹청은 대대적으로 제거되었다. 이 교회의 탑 예배당은 우리를 아이스레벤에서 가장 유명한 어린이의 세례를 기념하는 장소로 초대한다.

* * * * *

박물관 **"루터가 임종한 집**_Luthers Sterbehaus_**"** 마르틴 루터는 죽기 전에 "내가 거의 생기를 잃어갈 때조차 … 내게 정당한 평온이 허락되기를 바랐던 사람으로서 나는 늙고, 힘없고, 지치고, 춥고 이제는 심지어 거의 눈이 먼 채 그대들에게 편지를 쓰고 있습니다. 그러나 … 나는 이제 마땅히 쓰고, 말하고, 협의하고 행동해야 할 것들로 비난받고 있습니다"라고 아우구스티누스회 수도원 원장이자 자기가 돌보는 어린이 중 한 아이의 대부인 야콥 프롭스트에게 불평했다. 반드시 해결해야 할 일 중 하나는 토지와 소유를 둘러싸고 일어난 책임 공방에 대해 여러 만스펠트 진영 백작들 사이에 얽힌 몹시 복잡한 분쟁을 끝내는 일이었다. "중재자" 루터는 어린이의 학교교육 문제와 성직 수임 때문에 백작들 사이에서도 인기가 있었다. 임종할 때 루터의 침대 곁에 서 있던 할레 출신의 친구 유스투스 요나스 박사가 자손에게 전한 말에 따르면, 루터는 1546년 2월 18일 이른 아침 시간에 그에게 다음과 같이 말했다고 한다. "… 난 내가 태어나고 세례를 받은 여기 아이스레벤에 계속 머무르게 될 거라고 생각하네." 그가 임종하는 마지막 시간에 의사들과 하인들 외에 루터의 아들들인 파울과 마르틴, 몇 명의 친구들과 최근에 마르틴 루터에 의해 화해한 만스펠트 백작들과 그들의 부인들과 이미 "데드 마스크"를 준비해놓은 "두 화가"가 모두 루터의 임종에 함께했다. 1726년부터 루터가 사망한 집으로 잘 알려진, 그러니까 안드레아 교회 맞은편 안드레아 교회 광장 7번지의 후기 고딕 양식 건물에 붙어 있는 "명판"만이 루터의 죽음을 기념하고 있다. 그러나 루터가 이 집에서 사망한 것이 아니라, 현재 호텔 "그라펜 폰 만스펠트"(마르크트 56번지)가 위치하고 있는 대지에 있던 어느 집에서 사망했다는 사실이 몇 년 전에 확실히 밝혀졌다. 위에서 언급한 연대기 작성가인 슈팡엔베르크는 루터가 사망하고 난 지 30년 만에 "드라흐슈테텐이라는 박사가 일찍이 소유했던 브루넨 백작의 집이 시장광장 위쪽에 위치해 있었고 그 박사의 부유한 처남인 틸레 링크에 의해 지어졌다. 또한 1546년도에 이 집에서 마르티누스 루터 박사가 영원히 잠들었다"고 기록했다. 약 150년 후에 간행된 연대기는 그 대신에 안드레아 교회 광장 앞에 있는 집을 사망 장소라고 규정하고 위치를 기록했다. 심각하게 잘못 예측한 원인은 연대기 기록자가 루터의 가족관계를 부정확하게 조사한 데 있었다. 그렇지만 이 연대기 기록자의 잘못된 위치 선정에 근거하여 19세기에 교회사 및 종교사를 서술하는 주역들에 의해 루터가 사망한 집이 안드레아 교회 광장 앞에 있다는 전통이 굳어졌다. 그 결과 그 집은 1840년부터 기념물로 기록되었고, 1862년에는 프로이센 왕국이 이 집을 사들인

후 즉시 개축하고 전통적인 사료의 도움을 얻어 가구를 배치했다. 또한 2010
년에는 미래 세대를 위해 루터의 죽음과 역사적으로 연관된 기념 장소를 보존
하기 위해 이 건물은 근본적으로 개조되기 시작했다. 2012년 초에 개조가 완
료되어 안드레아 교회 광장 앞에 새로이 단장한 이 집은 "박물관 루터가 사망
한 집Museum Luthers Sterbehaus"으로 다시 문을 열었다. 루터의 관을 덮은 원래의 휘장
때문에 지금까지 있었던 가장 중요한 전시물들 가운데 하나를 다시 볼 수 있
게 되었다.

* * * * *

성 안드레이스 교회Die Kirche St. Andreas 높은 종탑들과 두 개의 서쪽 탑을 지닌
안드레이스 교회는 도시의 중앙교회로서 시장광장을 지배하고 있다. 이전 건
물의 로마네스크식 잔해와 초기 고딕식 잔해가 포함되어 있음에도 불구하고
서쪽에 있는 삼랑식 예배당은 15세기에 새로 지은 건축물이다. 여러 개의 입
구와 1540년으로 연도가 기입된 하나의 묘비명이 건물의 전면을 장식하고 있
다. 받침 기둥 중 하나에 교회 수호성인의 모습이 새겨져 있는 것을 발견할 수
있다. 아마도 채광으로 인해 발생한 침하작용 때문에 건축물이 계속해서 위험
에 처한 것 같다. 특히 한 개의 화려한 묘비, 인상적인 제단, 성도석의 기둥들
에 새겨진 다양한 조각상들, 그리고 루터와 멜란히톤의 흉상들로 장식된 교회
내부는 세월이 지나면서 다각적으로 변했다. 16세기 초에 채색한 목재로 만든
설교단은 근본적으로 변하지 않은 채 관리되고 있다. 마르틴 루터는 이 설교
단에서 여러 번 설교했는데, 1546년 2월 16일에 그는 마지막 설교를 하기 위
해 이 설교단에 올랐다. 어느 목격자의 보고에 의하면 루터는 설교를 끝까지
하지 못하고 "나는 너무 쇠약합니다. 이것으로 그만두기로 합시다"라고 설명
하고는 설교를 중단해야 했고, 사람들이 "슈바벤풍의 흰색의 새 가운을 입혀
서 주석으로 만든 관에 눕힐 때까지 그의 시신을 작은 방에 있는 볏짚 침대에
눕혀놓았다"고 한다. 고인은 주석으로 만든 관에 입관되어 1546년 2월 19일
마지막 임종한 집에서부터 성 안드레이스 교회로 옮겨져 주민은 그와 작별할

수 있었다. 루터를 아이스레벤에 매장하고자 한 만스펠트 백작의 바람은 충족되지 않았다. 시신은 2월 20일 선제후의 명령에 따라 아이스레벤에서 할레를 경유하여 비텐베르크로 운구되었다.

성 안드레아스 교회 바로 옆에는 1601년에 건축된 건물이 있는데, 루터가 충고한 결과로 생긴 성 니콜라이^{St. Nikolai} 학교와 성 안드레아스^{St. Andreas} 학교의 합병에 따라 설립된 바로 그 김나지움이 이 건물로 이전했다(기념명판). 이 학교 맞은편에는 1547년부터 1553년까지 신학자이자 연대기 기록자인 키리아쿠스 슈팡엔베르크가 살았다(기념명판).

* * * * *

성 안나 교회^{Die Kirche St. Annen}/**옛 아우구스틴 수도원**^{Augustinerkloster} 언덕에 세워져 있는 성 안나 교회와 옛 아우구스티누스회 수도원 복합건물로 이어지는 여러 계단을 올라야 하는 고생은 해볼 만한 가치가 있다. 실제로 내부가 놀라운 것들로 가득 차 있는 역사적인 이 건물에 들어가기 전에 루터의 흔적을 찾아온 이에게는 아이스레벤과 할레 방향의 주변 지역을 조망할 수 있는 대단히 아름다운 경치가 펼쳐진다. 복합건물로 들어가는 입구 앞에 있는 기념명판은 성 안나 교회가 만스펠트 백작령 중에서 최초의 개신교 교구교회였으며, 이 교회가 1515년부터 아이스레벤 근교에 광부들의 정착지로 세워진 노이슈타트의 채광 지역사회를 주로 목사관 주재로 관장했다는 사실을 알려준다. 그리고 이 명판은 1514년부터 1516년까지 세워진 아우구스티누스회 은둔 수도자 수도원이 1523년 2월부터 단행된 개혁의 결과로 다시 해체되었음을 알려준다. 교회와 수도원이 거의 설립되자마자 아우구스티누스회의 지역 담당 교구 목사인 마르틴 루터는 1516년에 아마도 교회나 수도원의 축성^{祝聖}과 관련한 시찰을 하러 여행을 떠났다. 그는 이 시찰을 마친 다음에 이곳으로 누차 돌아오곤 했다. 몇 년 전에는 뜻밖의 발견으로 유명해진 할레에서 온 고고학자들은 옛 수도원의 동쪽 측면에 있는 건물의 횡렬 박공(합각지붕)들이 수도원 건축 당시에 나온 것임을 학문적으로 입증할 수 있었다. 할레 문화재보호청의 확인에 따르면, 슬레이트 지붕 밖으로 뻗쳐 나와 있는 다섯 개의 목골구조의 방들은 "알프스 북쪽에서 유례없이 잘 보존된 루터 시대의 수도사의 방들"이다. 수도사 마르틴 루터가 수도원에 머물던 동안 이 방들 중 한 방에서 직접 묵었는지는 입증되지 않았지만, 그랬을 것으로 추측할 수는 있다. 마침내 전통적인 역사를 지닌 수도원과 수도사의 방들을 관람하는 것이 가능할 것이라고 한다.

아이스레벤: 옛 아우구스티누스회 수도원/성 안나 교회

　　　밖에서는 거의 볼 수 없는 성 안나 교회로 이어지는 정문은 방문객이 볼 수 있게 열려 있다. 목재로 된 격자 천장이 있는 넓은 신도석에는 유럽 어느 곳에서도 그와 같은 것을 찾아볼 수 없는 보물이 방문객을 기다리고 있다. 1585년에 뮌스터에서 온 한스 톤 우텐드룹이 만든 "석조 그림성경"이 그것이다. 29개의 사암으로 만든 부조판들이 구약성경의 핵심 주제들을 설명하고 있다. 흥미로운 전시품들 외에 루터 부조도 볼 수 있는데, 이것은 2017년 종교개혁 축제를 맞이하여 교회 안에 들여놓은 것이다.

* * * * *

루터 동상이 있는 시장광장^{Marktplatz} 시장광장은 16세기에 이 도시가 번영했음을 반영한다. 1500년도에 마르크트 56~58번지에 세워진 집들은 대략 1세기 동안 만스펠트 백작을 위한 도시궁성으로 이용되었다. 시청의 일부는 정문 위에 있는 명문이 입증한 것처럼 그 연대가 거의 이 시대까지 거슬러 올라간다. 시장광장에는 눈에 잘 띄는 구심점인 루터 동상이 있다. 이 동상 받침대 아래에 놓인 사각 모양의 돌이 빙 둘러 경계를 표시하고 있고, 약간 경사진 곳에 위치해 있기 때문에 두드러져 보인다. 루돌프 지메링이 동상을 만들어 1883년에 제막식을 거행했다. 실물보다 큰 구리로 만든 형상은 비텐베르크에서 있었던 교황의 금인칙서를 불태워버리면서 결연한 자세를 취하고 있는 이 도시의 아들을 묘사한다. 동상의 받침대에 새겨 있는 부조판들은 종교개혁의 승리뿐 아니라 바르트부르크 성의 성경 번역자 루터, 가족들에 의해 둘러싸인 루터, 그리고 에크 박사와 논쟁하고 있는 루터를 묘사한다.

* * * * *

루터의 길^{Der Lutherweg} 루터 도시 아이스레벤과 비텐베르크를 연결하는 순례의 길은 (걷는 방향에 따라) 이 도시에서 시작되거나 끝난다. 440km 길이의 작센안할트를 관통하여 이어지는 "루터의 길"은 만스펠트와 데사우를 포함하고 있다. 전체 관광의 구성요소는 "아이스레벤 루터의 길"인데, 이것은 유네스코 세계문화유산 목록의 주요 지역 주소지들을 서로 연결시켜주고 이 도시의 역사 중심지를 통해 관광객에게 흥미로운 여정을 제공해준다. 도로와 오솔길에 새겨져 있는 구리로 만든 "루터의 장미들"은 루터 순례길에 나선 이들이 방향을 찾을 때 도움을 준다.

쥐서 제 ^{Süßer See}—운터리스도르프 ^{Unterrißdorf}와 제부르크 ^{Seeburg}

아이스레벤에서 멀지 않은 곳에 널리 퍼져 있고 인기가 좋은 당일여행 코스인 쥐서 제(담수호)는 험준한 언덕들로 에워싸인 아름다운 경치 속에 위치해 있다. 온화한 기후의 영향으로 이 지역에서는 살구, 사과, 버찌, 심지어 포도도 매우 잘 자란다. 포도재배와 연관된 일곱 개의 지자체가 "만스펠트 호수의 포도길"을 만들기 위해 서로 연합했다. 이 길은 제부르크와 운터리스도르프도 포함한다. 루터가 일찍이 "… 여기 이 지역 와인은 맛도 좋다"고 기록했기 때문에 루터의 흔적을 찾는 관광객이 일정에 없이 잠깐 들러보는 길로 계획에 넣을 만하다.

루터는 1546년 2월 6일 아이스레벤에서 비텐베르크에 있는 아내에게 쓴 편지에서 다음과 같은 태도를 고수했다. "… 아이스레벤 근처에 있는 리스도르프에 들어왔을 때 병이 들었소." 그가 서로 분쟁 중이었던 만스펠트 백작들에게 "중재자" 역할을 해달라고 부름을 받고 아이스레벤으로 가는 여행 목표점 바로 앞 현재 "Kalte Stelle^{냉점}"라고 표시된 지역에 도달했을 때 "마차 뒤에서 매우 차가운 바람이 불어와 마치 뇌를 얼려버리기라도 하려는 듯이 머리 위의 챙 없는 납작한 모자를 뚫고 들어왔던 것"이 틀림없다. 그는 같은 편지에서 "하마터면 나는 그 일로 현기증(기절)이 날 뻔했소"라고 계속해서 추측하는 말을 했다. 제부르크의 성과 교회는 농민전쟁 기간 중인 1525년 4월과 5월에 이 지역에 온 루터와 멜란히톤의 여행과 연루되어 있다. 이곳을 방문한 동기는 무엇보다 학교 교육과정의 정책적인 내용에 대한 그들의 관심사와 관련이 있었기 때문에 그들의 여행은 마침내 아이스레벤에서부터 튀링겐의 소요 지역으로 계속해서 이어졌고, 그 외에도 노르트하우젠, 슈톨베르크, 에어푸르트, 바이마르, 칼라 그리고 예나로 여정이 이어졌다. 루터는 부활절 휴일 둘째 날에 호수 위쪽의 높은 곳에 위치하고 있는 제부르크 마을교회에서 "노략과 살육을 일삼는 농민 무리에 반대하여"라는 제목의 설교를 했다.

"영혼에 세속법을 적용하려고 세속권력이 남용되는 곳에서 그 권력은 하나님의 통치를 공격한다…"

마르틴 루터의 경우 통치에 관한 이중 비평의 실제를 연구해볼 수 있다. 그는 자기 시대에 심각한 결과를 초래한 다음과 같은 두 가지 권력남용을 조심스럽게 연구 목표로 삼았다. 한편으로 성직자의 도를 넘는 세속권력이었고, 다른 한편으로는 신앙문제를 침해하려고 하는 세속권력자의 주제넘은 행동이었다. 그는 1523년 이른바 정부에 대한 글("세속 정부에 대해 어느 정도까지 복종해야 할 의무가 있는지")에서 자기 확신에 따라 사도 바울(로마서 13장)과 연관하여 하나님께서 허용하신 국가의 과제를 요약하려고 시도했다. 여러 개혁주의자들이 말하는 "정부에 대한 루터의 집착"에 대해 흔히 제시한 비평은 이러한 태도를 관찰했거나 관찰할 수 있는 곳에서는 어디서든지 완전히 적절한 것이다. 물론 루터의 텍스트를 자세히 들여다보는 것이 이러한 해석의 편협성을 허용하는 것은 아니다.

그는 성경을 참조하면서 로마 교황청의 정치권력, 군권과 조직적으로 외부에서 작용하는 권력 이행을 비판했다. 그런데 여기서 그는 종교개혁 내부의 적대자인 토마스 뮌처의 의견에 전적으로 동의하는 것처럼 보인다. 권력의 독점은 군주들의 책임이다. 그러므로 권력은 국가에 있는 것이다. 그렇지만 이러한 권력 독점은 오로지 외부 평화를 조성하고 악한 행위를 저지할 목적으로만 이행되어야 한다는 것이다. 개인의 양심이나 신앙 문제에 대해 국가가 추구할 것은 아무것도 없다.

"영혼에 세속법을 적용하려고 세속권력이 남용되는 곳에서 그 권력은 하나님의 통치를 공격하고 영혼을 오도하고 파멸시킨다."

오늘날 신앙과 양심의 자유라는 이러한 씨앗은 17세기에 있었던 끔찍한 종교전쟁 중에 짓눌릴 위협에 처했다. 독일의 개신교 신학자들과 철학가들에 의해 상당히 영향을 받은 유럽 계몽주의에 대해 이중의 통치비평은 한편으로는 국가와 교회를 분리시키고, 다른 한편으로는 종교의 자유를 보장함으로써 현대의 법과 사회정치적 실제에까지 스며들었다.

에어푸르트 ^{Erfurt}
슈토테른하임 ^{Stotternheim}
아른슈타트 ^{Arnstadt}

아르놀트 츠바이크는 "수십 년 이상 잊지 않고 기억에 남아 있는 1925년 도의 에어푸르트 방문"에 대해 몹시 놀란 상태에서 "그럼 나는 어디에 있는가?"라고 자문했다. "거기에는 강 위로 플로렌스나 베니스의 건물이 있는 다리들처럼 지어진 교량들이 있는데, 그 이름은 지금까지 내게 아무 의미도 주지 못했다. 에어푸르트가 … 아우구스부르크와 뉘른베르크와 우열을 다툴 수 있을 것이라는 데 대한 증거가 여행안내서 어디에 있는가? 그 광경은 거대한 입구들의 어떤 부분에서 바라보든 상관없이 구경하는 사람의 숨을 막히게 한다." 츠바이크보다 나이가 좀 많은 동시대인 여류작가 리카르다 후흐는 1929년도에 "매우 많은 장점들로 뽐낼 수 있는 이 도시는 … 더 영광스럽고 더 운이 좋은 역사를" 만끽했어야 마땅하다고 깨달으면서 오히려 이 도시에 대해 생동감 넘치는 의견을 덧붙였다. "이 도시도 번영했지만, 이 도시는 사람들이 독일의 중심에 위치해 있는 도시라고 기대할 만한 결정적 역할을 결코 한 적이 없다." 1260년 이상의 역사를 지닌 튀링겐 주 수도의 역사서를 간략히 살펴보면 다음과 같은 사실을 드러내고 있다. 742년에 보니파티우스 선교사가 교황에게 보낸 어느 편지에서 처음 문서로 언급된 에어푸르트는 11~12세기에 있었던 독일의 경제와 사회의 중요한 변혁의 결과다. 장기간의 경제 침체 시기가 지나고 난 뒤 인구가 급증했다. 경작, 수공업 그리고 교역도 발전했다. 그 규모가 점점 더 커지면서 무엇보다 교역로들과 강이 교차하는 곳뿐 아니라 왕궁, 성주들의 성, 주교성이나 수도원 가까이에 시장들이 형성되었다. 15세기 말 튀링겐에는 대략 90개의 도시가 있었는데, 튀링겐은 독일에서도 도시가 가장 많은 지역에 속했다. 하지만 게라 강변에 위치한 에어푸르트는 제국 자유도시 지위를 얻어내지 못했다. 1500년경 대략 2만 5천 명의 주민이 거주한 에어푸르트 지역은 83개의 마을과 '쾨머르다'라는 또 다른 도시를 포함하고 있었다. 마르틴 루터가 "기름 바른 구멍(빵 바구니)"과 비교한 중세의 에어푸르트에 대해 동시대 사람들 또한 "온 나라가 생계를 잇고 있는 도시"라고 말했다. 크래머 다리Krämerbrücke(애기디엔 교회Ägidienkirche) 앞의 전망대에서 바라보거나 옛 페터스베르크Petersberg 요새에서 바라보면 왜 이 도시가 중세에 "에어포르디아 투리타Erfordia turrita"(탑들이 많은 에어푸르트)라고 칭송받았는지 쉽게 이해할 수 있다. 에어푸르트를 "튀링겐의 로마"라고 말할 정도로 에어푸르트에는 여러 교회와 수도원 사이에 수많은 종교기관이 주재해 있었다.

에어푸르트는 두 가지 기본적인 이유로 경제적 번영과 안녕을 누리게 되었다. 우선은 서쪽에서 동쪽으로 뻗어 있는 왕의 가도Hohe Königsstraße(비아 레기아Via Regia)에 위치한 이 도시의 장점 때문에, 두 번째는 농업과 많은 소득을 주는 원예에 적합한 기후 때문이었다. 이 도시의 물질적 풍요를 만들어주는 요인은 주로 대청, 즉 노랗게 피어나는 식물에서 추출하여 만든 청색 염색제였다. 원예와 꽃의 도시라는 에어푸르트의 명성은 크리스티안 라이하르트(1685~1775)와 연관이 있다. 현재 전망탑이 있는 Egapark(에어푸르트 식물원)과 독일 원예박물관이 이 전통을 상징하고 있다. 에어푸르트는 7대 이상에 걸쳐 대를 이어오는 음악 가문 바흐의 이름과 연결되어 있다. 괴테와 실러도 정기적으로 이웃에 있는 바이마르에서부터 그들이 "사랑하는 에어푸르트"로 왔다. 당시에 공적을 많이 세운 마인츠의 변경백 달베르크가 이 도시를 통치하고 있었다. 나폴레옹 1세와 괴테의 유명한 만남이 1808년 현재의 튀링겐 주 수상관저 건물에서 이뤄졌다. 1816년에 폐쇄되었다가 지난 20세기 말에 다시 개교한 대학교는 중세 때 최고의 영예를 누렸다.

13세기 후반부터 많은 수도원이 위치하게 된 에어푸르트는 튀링겐 안에서 서책제작의 가장 중요한 중심지가 되었다. 페터스베르크 수도원의 필경사들은 대단한 명성을 누렸다. 구텐베르크의 인쇄술 발명과 더불어 인쇄업 요충지로서 에어푸르트의 영광은 강화되었다. 지금까지 구텐베르크의 인쇄방법을 이용한 가장 오래된 것으로 증명할 수 있는 에어푸르트 인쇄본은 1473년으로 기록된 면죄부다. 1550년까지 에어푸르트에서 생산된 1,200개 이상의 인쇄물 가운데 전 세계에 산재한 여러 도서관에 단일 사본만 보존되어 있는 경우가 이따금 있다. 히브리어 문자로 된 초기의 인쇄본들, 광대한 그리스어 원전들, 목판인쇄로 삽화가 풍부하게 들어간 악보들, 그리고 때때로 500쪽에 달하는 책들은 그 시대 인쇄업자들의 기량과 근면을 말해준다. 슈타펠슈타인 태생의 대수학자인 아담 리스(1519년 사망)는 에어푸르트 인쇄업자들에게 가장 유명한 고객 중 한 사람이었다. 그는 아마도 1518년 에어푸르트에 정착한 것 같고, 에어푸르트 대학교에서도 강의했다. 또 다른 사례는 마르틴 루터가 편집하여 "Zum Schwarzen Horn(검은 뿔)"이라는 건물에 소재한 마테스 말러의 인쇄소에서 발행한 첫 번째 개신교 찬송가집이다. 이 건물은 역사적인 거리 미하엘리슈트라세에 위치해 있는데, 거기에는 아담 리스의 기념명판과 흉상도 있다. 그 유명한 "농민의 12개 기본조항"도 이 건물에서 문서로 인쇄되었다. 권력층에 대한 이러한 요구사항들을 인쇄함으로써 인쇄 장인은 감옥에서 밀반출한 토마스 뮌처의 "최후 진술"을 간행할 때와 똑같은 용기를 입증해주었다. 토마스 뮌처는 1521년 또는 1522년에 에어푸르트 페터스베르크 수도원의 교사였던 것으로 추정된다. 이 도시의 "개혁적인 분위기"는 다음과 같은 에피소드에도 반영되어 있다. 1520년 말에 교황의 추방 위협칙서가 공포되었을 때, 루터는 물론 에어푸르트 대학교가 어떻게 반응할지 노심초사했다. 그러나 그곳에서는 아무런 입장을 표명하지 않았다. 물론 그는 10월에 그 대학교에 이미 전달된 칙서를 공포하는 것도 꺼렸다. 그렇기 때문에 그들은 절차상의 오류가 있다는 구실을 삼았다. 그럼에도 불구하고 에어푸르트의 어떤 인쇄업자가 그 칙서를 출판하려고 하자, 대학생들이 작업장에 난입하여 그에게서 이미 인쇄된 사본들을 빼내어 작업장 옆으로 흐르는 게라 강에 던져버렸다.

현재 대략 20만 명의 주민을 헤아리는 에어푸르트에서 루터의 흔적을 찾는 일은 개혁사상이 급진적이고 광범위하게 확산된, 상당히 중요한 인쇄역사를 탐색하는 것보다도 훨씬 더 중요한 의미를 지닌다. 마르틴 루터의 신학과 동시에 종교개혁의 중요한 기본 토대는 그가 1501년부터 대학교에서 공부를 시작한 에어푸르트에서 형성되었다. 그는 실제로 부모님뿐만 아니라 다른 많은 사람들이 대단히 놀랐을 만큼 1505년 7월 17일 아우구스티누스회 수도원의 문 앞에서 수도원 입회를 간청했다. 슈토테른하임 근처에서 벼락을 맞은 사건으로 촉발된 아우구스티누스회 수도원 입회는 교회 역사의 가장 위대하고 떠들썩한 변혁과정들 중 한 가지 과정이 시작되었음을 의미한다. 그러나 이런 결정을 하기 전에 아이제나흐에서 대학학업을 준비한 마르틴 루터는 전적으로 시류에 적합한 아버지의 바람에 따라 법학을 전공하기 위해 에어푸르트로 왔다. 그가 고향 만스펠트 지역에서 볼 때 더 가까이 위치한 라이프치히보다 에어푸르트를 더 좋아했다는 사실은 때때로 "북쪽의 볼로냐"로 칭찬받았던 1392년에 설립된 에어푸르트 알마 마터Erfurt Alma mater('지식을 먹이는 어머니'라는 뜻으로, 대학교)의 좋은 평판 때문일 수도 있다. 이 도시에서 전체 500명 정도의 대학생 중한 사람인 18세의 이 대학생은 자신의 학위 취득을 위해 학장과 학장의 제자들에게 복종하고, 규약들을 준수하고, 대학교의 유익을 촉진하고, 명예를 지킬 것을 맹세해야 했다. 그 시대에 에어푸르트에서 외적으로 학구적 생활을 얼마나 장려했는지는 루터의 이후 진술에서 추측할 수 있다. "석사학위를 수여하고 그들에게 횃불을 가져가 그것을 받들어 선물로 줄 때 학위 수여식이 얼마나 장엄하고 성대했던지! 나는 그 어떤 현세적이며 세속적인 기쁨이라도 이 졸업식과 견줄 만하다고 여기지는 않는다. 그러니까 박사학위를 따면 거창한 장관과 의식을 거행하고 근엄한 태도를 보였다. 학위수여를 받은 자들은 말을 타고 시내를 돌아다녔는데, 그렇게 하기 위해 매우 독특하게 의복을 입고 치장했다." 그렇지만 그는 다른 기회에 교육시설과 연관된 에어푸르트 대학생활을 빈정대듯이 회고했다. 에어푸르트는 "매음굴이나 맥주집"보다 낫지 않았고, 대학생들은 바로 그곳에서 이 "두 가지 수업"을 가장 열심히 수강했다. 그러나 탁상담화에서 진술한 그의 견해는 다른 의견들보다 압도적이었다. 그의 의견에 따르면 에어푸르트 대학교는 "그렇게 여겨졌고, 반면에 다른 대학교들은 어린이 학교로 여겨지는 것이 맞다." 1521년에 학장 크로투스 루비아누스가 임기를 마쳤을 때, 고별 연설에서 당시 자신의 친구가 된 마르틴 루

터를 평가하기도 했다. 마침내 루비아누스는 세밀화를 넣어 장식한 보고서에
서(루비아누스는 나중에 이로운 쪽으로 달라붙었는데, 루터는 그를 "탐욕스런 대식가" 그
리고 "징그러운 두꺼비 박사"라고 불렀다) 루터를 몇 세기가 지난 후에 "성경을 가
지고 로마의 뻔뻔스러움을 억누르려고" 감행한 첫 번째 사람이라고 기록했다.

그러나 대학생 루터는 법학 공부에서 즐거움을 얻지 못했다. 심지어 그
의 유언장에 이르기까지 문헌상에 기록된 증거로 알 수 있는 사실은 그가 이
직업분야를 호된 논평에서부터 비판적 논평까지 잇달아 다양하게 평가했다
는 점이다. 루터의 친구 필립 멜란히톤은 당시를 회고하면서 이 법학도와 자
기가 공부한 대학교를 신랄하게 비판했다. "만약에 그가 유능한 스승들을 발
견하기만 했더라면, 그는 강력한 지적능력으로 모든 학예와 학문들도 쉽게 탐
구할 수 있었을 것이다. … 그렇지만 그는 에어푸르트에서 자기 시대에 상당
히 골치 아픈 변증법에 빠져들었다." 루터는 에어푸르트에서 자신이 아직 대
학생이었을 때 어느 노회한 남자가 다음과 같이 자기에게 말한 것을 기억했
다. "변화되지 않으면 안 됩니다. 이 변화는 위대한 겁니다. 그러므로 이렇게
해서는 변화가 지속될 수 없습니다." 탁상담화에서 루터는 자신만만하게 이
기억을 다음과 같은 문장으로 덧붙였다. "내 생각으로는 그 변화가 일어났습
니다!" 그의 사생활과 공적 생활에서 앞서 말한 이런 급진적 변화가 일어나기
시작했을 때, 1505년 7월 2일 전설에 싸인 뇌우 경험만큼 유명한 경험이 있었
다. 이 폭풍의 맹위는 아직 법학을 전공하고 있던 아이스레벤에서 온 청년에게
수도사가 되겠다는 서약을 하게 했다. 그는 대단히 열심히 이 서약을 지켰는데
도 내적인 평화를 지속시켜주는 진리를 전혀 발견하지 못했다. 선배들이 그에
게서 "제2의 바울"을 보았을 때도 그들은 사제직에 얼마나 합당한지 전혀 예상
하지 못했다.

몇 달 동안 계속된 중단을 제외하고 마르틴 루터의 아우구스티누스회 수
도원 체류는 1505년 여름부터 1511년 가을까지 지속되었다. 에어푸르트 시는
루터와 잉골슈타트의 신학자 요한 에크 사이의 논쟁 장소로서도 검토되었다.
논쟁은 최종적으로 라이프치히에서 개최되었다. 그 후에 종교개혁자 마르틴

루터는 에어푸르트를 여러 번 다시 방문했다. 무엇보다도 그가 보름스 제국의
회로 가던 도중인 1521년 4월에도 에어푸르트에서 체류하여 열광적인 환영
을 받았다.

* * * * *

옛 대학교 에어푸르트 시의 문서보관소에 보관된 1501년의 대학교 학
적부에는 "Martinus Ludher ex Mansfeld(만스펠트에서 온 마르티누스 루더)"라고
기재돼 있다. 이 기재사항은 어쩌면 마르틴 루터의 생애를 언급한 가장 초기
의 문서 자료일 것이며, 동시에 마르틴과 그의 형에 의해 처음으로 변경된 이
전의 성姓에 대해 확인해준다. 이 독특한 대학생에 대한 다른 기재사항들은
1502년(학사)과 1505년(석사)에 잇달아 각각 취득한 학위에 대해 보충해주고
있다. 루터는 17명의 동료 지원자들이 참여한 석사 종합시험에서 전체 2등의

에어푸르트: 아우구스티누스회 수도원의 루터 골방 전경

성과를 거뒀다. 그는 이 기초과정을 마침으로써 법학전공을 위한 조건을 충족시켰다.

중세시대의 에어푸르트 대학교는 도시 여러 곳에 산재한 교육시설과 면학시설을 갖춘 중형의 중 · 고등학교와 비교될 수 있었다. 일종의 교구학교인 신학부가 대성당 주위에 자리 잡고 있었다. 이런 사실은 여러 원천에서 찾아낼 수 있다. 그 당시에는 "라틴구역"으로 알려졌고, 이제는 안드레아스피어텔Andreasviertel(성 안드레아 구역)로 알려진 구역에는 오늘날까지 옛 대학의 일부 건물이 남아 있다. 대학생들은 소위 말하는 대학생 기숙사에서 살았는데, 게오르겐 기숙사 외에 크로이츠잔트Kreuzsand 9번지(안내판)에 있는 기숙사에서도 살았다고 상상해볼 수 있다. 미하엘리스슈트라세에 있는 힘멜스포르테Himmelspforte(천국의 문) 단과대학과 더불어 최초의 석조 건물들 가운데 한 건물이 이 대학교의 일부를 이루고 있었다. 이 건물의 중심은 도서관이었다. 현재까지 보존되어 있는 "Bibliotheca Amploniana"는 독일 땅에서 가장 중요한 필사본 수집품에 속하며, 아직도 비공개로 보존하고 있는 중세 후기 어느 학자의 가장 큰 필사본 수집품으로 여겨진다. 그 기부자는 의사이자 인문학 석사 암플로니우스 라팅 드 베르카(1435년 사망)였다. 이 장서는 노르트호이저슈트라세에 있는 대학교 도서관에서 안내를 받아 구경할 수 있다.

에어푸르트 옛 대학교의 상징인 미하엘리슈트라세(대학교 뒤편 건물에는 1990년대까지 이미 언급한 "암플로니아나"가 보관되어 있었다)에 있는 마이우스 신학교Collegium maius는 간과해서는 안 될 이 도시 중심부의 상징이다. 1435년에 처음으로 건립되어 '마이우스 콜레기움'이라고 불리게 된 옛 대학교의 본관은 1510년 소위 말해 "대학생 소요"라는 시민봉기 기간 중에 파괴되었다. 이 본관건물은 1511년부터 1515년까지 이전 건물의 잔해를 사용하여 재건축되었다. 전쟁 시기인 1945년 2월에 2층 구조의 신학교 본관이 아름다운 연회장과 더불어 거의 완전히 파괴되었다. 하지만 재활용이 가능한 자재를 다시 건져냈다. 1983년 마르틴 루터의 500주년 생일에 즈음하여 최소한 화려한 반곡선 아치형 문이 다시 복원되었다. 그사이에 전체 건물이 다시 세워졌고, 중부

독일 복음주의 교회협의회 역할을 수행하고 있다. 1987년도에 에어푸르트 옛 대학교의 인문주의 사상을 다시 대중적 인식으로 인식시키기 위해 작은 무리의 "광신자"들이 모여 도시 건축에 중요한 대학 본관건물을 재건축할 것을 청원했을 때, 그 이면에는 이 도시에 언젠가 다시 대학교가 생기게 될 수도 있을 것이라는 희망도 숨겨져 있었다. 실제로 에어푸르트 대학교는 1994년 1월 1일 법인체로 다시 설립되었다. 1999~2000년도 겨울학기부터 강의가 진행 중이다. 이렇게 하여 에어푸르트는 독일어권과 독일문화권에서 가장 젊고 동시에 다섯 번째로 오래된 대학교다. 이 대학교에는 또한 마르틴 루터 연구소가 부설되어 있다.

＊ ＊ ＊ ＊ ＊

미하엘리 교회 Micheliskirche 마이우스 신학교 바로 맞은편에 있는 미하엘리 교회는 이 도시에서 가장 오래된 교구교회다. 이 교회는 1183년과 1200년 사이에 세워졌다. 이 교회에 인접한 도로들은 평면도 모양의 부등변사각형을 형성하고 있다. 이 교회의 신도석은 13세기 3·4분기로 거슬러 올라간다. 일반적으로 이 대학교 문학부가 사용한 북쪽 익랑은 1420년경에 추가로 지은 것이다. 그 당시에 지은 2층석들은 훗날 철거되었다. 세례반은 15세기에 유래한 것이다. 1652년 콤페니우스가 제작한 파이프오르간은 뚜렷한 구조의 화려하게 장식된 오르간 전면을 갖추고 있으며, 비유적인 인물 그림들로 풍부하게 장식되어 있다. 종루鐘樓에는 어느 무명의 장인이 1380년에 주조한 에어푸르트에서 가장 오래된 종이 걸려 있다. 크기에 비해 간소한 고딕 양식의 이 건축물은 돌출창이 달린 '성삼위 예배당'을 포함하고 있어서 외면적으로 대단히 인상적이다. 마르틴 루터가 미하엘리 교회에서 (1522년 10월 21일에) 설교했고, 루터의 공동 논쟁자이자 친구이고 1548년 이 교회에 매장된 요하네스 랑(1488~1548) 같은 에어푸르트의 다른 종교개혁자들도 여기에서 설교했다. 1520년 이 교회에서는 에어푸르트의 첫 번째 개신교 설교가 행해졌다. 제2차 세계대전이 끝날 무렵에 이 교회의 벽들이 심하게 훼손되었음에도 불구하고

1980년대에는 구동독 정부에 반대하는 사람들이 그 벽들 내부에서 안전한 피난처를 찾았고 효과적으로 지원을 받았다.

* * * * *

게오르게 기숙사 Georgenburse 학창시절 마르틴 루터는 아우구스티누스회 수도원에서 멀지 않은 게라 강 지류에 위치한 게오르게 기숙사(아우구스티너슈트라세)에서 살았다. 논란의 여지가 약간 있는 이러한 추정은 루터가 에어푸르트에 있을 때, 그에게 발송된 어느 한 편지에 언급된 내용에 근거한다. 문헌에 의하면 기숙사 생활은 수도원 규율처럼 엄격히 통제되었다. 루터의 첫 번째 전기작가이자 제자인 마테시우스는 '열심히 기도했으면 절반 이상은 공부한 것이다'라는 속담 그대로 매일 아침 "신실한 기도와 예배참석으로 공부를 시작했다"고 기록했다. 12세기 중엽에 지어져 1465년 시의회가 취득하게 된 2층 건물(기념명판)은 세월이 지남에 따라 많은 변화를 겪었고, 마침내 기숙사의 한쪽 외관을 부분적으로 복원할 뿐만 아니라 전체적으로 적합하게 사용할 수 있도록 기숙사를 복원한다는 목표로 2009~2010년에 마지막 변화를 겪었다. 2010년 10월에 개장됨으로써 이 건물에는 루터를 기념하는 작은 전시물들이 보존되어 있고, 기독교 순례자들의 모임 장소와 숙박소를 제공하고 있다.

* * * * *

아우구스티누스회 수도원 Augustinerkloster**과 수도원교회**Klosterkirche 법학도 마르틴 루터는 슈토테른하임 근교에서 천둥을 동반한 폭풍우를 경험한 지 14일이 지나는 동안에 수도사가 되겠다고 맹세했다. 그는 두세 권의 책을 제외한 세속적인 모든 물건을 단념했고, 1505년 7월 17일 아우구스티누스 수사단의 수도원 정문을 두드렸다. 전문가들은 이 수도원에서 시행한 엄격한 금욕생활이 신학연구와 연결될 수 있었다는 사실로 미루어 그가 여러 수도원 가운데 곧바로 에어푸르트의 아우구스티누스회 수도원을 선택한 이유라고 추측한다. 신학연구와 연결된다고 하더라도 어떤 종류의 수도원이 지원하기에 적합해 보이는지는 1500년대에는 사정이 그렇지 않았다. 모든 수도원은 되풀이하여 방종과 맞서 싸워야 했다. 방종은 강인한 생활을 해야 한다는 온갖 위험한 생각에 노출된 가혹한 윤리 제도 때문에 발생한 부득이한 결과였다. 그래서 그 당시 에어푸르트에서는, 예를 들어 페터스베르크에 거주하고 있는 베네딕트회 공동체가 대단히 만족한 생활을 구축하는 데 성공했다는 말이 퍼졌다. 작센 개혁 수도회에 소속된 아우구스티누스회 수도원은 마침내 루터에게 최고의 전제조건을 내놓았다. 한편으로 1504년에 51개의 장으로 공포된 개혁에 의해 이 상황이 뒤집을 수 없게 만들어진 것처럼 여기에서는 수도원의 이상들이 특히 엄격하게 지켜졌다. 다른 한편으로 이 수도회 대교구의 신학대학인 아우구스티누스 수도회 작센-튀링겐 대교구의 기초과정이 이 수도원에 있었다. 이 신학대학의 교과과정은 에어푸르트 대학교 신학부의 교과과정과 연결되어 있었다. 루터는 신학을 연구하고 가르칠 기회를 얻었고, 이를 효과적으로 잘 이용했다.

루터는 아우구스티누스 교회의 장엄한 예식이 집행되는 동안 1505년 9월 중순에 수련수사로 받아들여진 후, 수도회 서약(가입선서)을 함으로써 1년 후에 수도원 입회를 위한 수습기간을 마쳤다. 그는 1539년 3월의 어느 탁상 담화에서 "비록 내가 나의 아버지, 어머니, 하나님과 악마의 본뜻과 달리 강제로 수도사가 되었을지라도 나는 수도사 시절에 모든 교황주의 예찬자들이 살았든 죽었든 간에 그들에게 반항하려고 했을 정도로 경외심을 품고 로마 교황을 존경했다. 나는 내 배를 채우기 위해서가 아니라, 내 영혼의 구원을 위해 서약했기 때문에 우리의 규칙들을 흐트러짐 없이 엄격히 지켰다"고 말했다. "규칙들"은 하나님을 위해 완전히 세속에서 벗어나기 위해 자기 자신의 의지(복종), 다른 사람에 대한 사랑(독신생활)과 모든 물질적 소유에 대해 포기하는 것을 의미했다. 하지만 에어푸르트 수도원을 떠난 지 10년이 지난 1521년 11월, 그는 "수도사 서약을 공격하고, 젊은이들을 정욕과 욕정으로 너무 불순하고 너무나 타락한 독신의 지옥에서 해방시키기로" 결심했다는 사실을 바르트부르크에서부터 "신앙의 친구"인 게오르크 슈팔라틴에게 편지를 보내 알려주었다. 루터는 1507년 4월 3일 아마도 현재 대성당^{Dom}의 부속 예배당에서 서품을

에어푸르트: 아우구스티누스회 수도원의 안뜰

받았을 것이다. 그것과 관련한 첫 미사(신임신부의 첫 미사)가 만스펠트에 계신 아버지께 "가장 편안한" 날이었던 5월 2일 아우구스티누스회 수도원에서 거행되었다. "만스펠트 백작에 의해 라벤베르크 산 앞에 설치된 세 개의 제련용 용광로 제작 기술을 전수시키는 임무를 맡고 있던 아버지 루터는 위엄 있고 당당한 수행원들을 동행하고 이 예식에 참석하기 위해 에어푸르트로 와서 수도원에 적지 않은 액수의 돈을 기부했고, 축하행사 준비에 필요한 음식을 마련하는 데 사용하도록 많은 돈을 기부했다. 루터가 1521년 11월에 바르트부르크에서 아버지에게 쓴 편지에서 인용했듯이 그 기회로 아버지와 아들 사이에 이미 "화해"가 이뤄졌는지는 아직 확실하지 않다. 루터는 로마와 비텐베르크로 가서 부분적으로 수개월간 중단된 적도 있지만, 1511년 가을까지 에어푸르트의 아우구스티누스회 수도원에서 머물렀다.

1945년 에어푸르트에 퍼부은 공중폭격으로 전체 수도원 구역이 심하게 피해를 입었다. 그때 완전히 파괴된 도서관 지하로 대피한 267명이 목숨을 잃었다. 웅장하고 여러 모양을 갖춘 복합건물인 아우구스티누스회 수도원과 아우구스티누스 교회는 중세의 화려한 에어푸르트 중심부에서 현재까지도 보호구역을 형성하고 있다. 왕성한 건축행위에 의해 그 특색이 두드러진 수도

에어푸르트: 아우구스티누스회 수도원의 르네상스풍 안뜰

원 복합건물은 역사적 건물로서 그리고 박물관으로 이용되고 있는 진정한 루터 기념장소로서, 교회의 공공시설과 수도원 공동체로서, 예배와 음악회 장소로서, 학회 회의장, 전시장, 유스호스텔로서 그리고 학문적인 관심이 있는 연구자들을 위한 보고寶庫(도서관)로서 확실히 개방되어 있음을 명백히 증명하고 있다. 이 수도원은 현재도 내적인 평온을 상징하는 성소聖所로 여겨지고 있고, 아우구스티누스 교회는 (루터와 연관된 전통 때문만이 아니라) 옛 에어푸르트 교회들 가운데 가장 개신교다운 교회라고 간주될 수 있다. 소박한 이 교회의 구조는 전형적인 탁발수도회 교회다. 수도사들의 성무일과 전례, 시내에서 온 성도들을 위한 설교가 이 교회를 길게 뻗은 공간 모양으로 만드는 데 결정적인 역할을 했다. 이동식 신도석은 아직도 다음 두 가지 전통을 실현하는 데 전혀 방해되지 않고 있다. 본당 신도석이나 성단소 중심 주위에서 모임을 갖거나 정식 예배를 드리기 위해 모임을 갖는 것. 이 두 가지 예배 형식은 루터에게까지 거슬러 올라갈 수 있다. 이전의 제단대는 제대 위에 있는 간단한 십자가로 대체되었다. 루터를 기억나게 하는 것들이 매우 다양하다. 루터는 1300년경에 만들어진 이 교회의 스테인드글라스 창을 보았다. 이른바 "아우구스티누스 창"은 루터에게 정신적으로 대단히 중요했던 교부 성 아우구스티누스의 생애에 대한 가장 오래된 스테인드글라스 창으로 여겨진다. 루터는 스가랴 석石 위에 놓여 있는 제단 앞에 엎드려 기도했다. 그는 제단 앞에서 미사를 드리면서 서 있었고, 예배 집례자로서 남쪽 성단소 벽 앞에 있는 삼발이 의자에 앉아 있었다. 루터는 이미 수도사의 자격으로, 그리고 보름스로 가는 중에는 종교개혁자의 자격으로 이 교회에서 설교했다. 마르틴 루터의 방은 아마도 여러 장소에 있었던 것 같다. 방문객이 현재 "루터의 방Lutherzelle"이라고 알고 구경할 수 있는 그 방은 1563년에 기록문서에 언급되었고 그 위치는 1669년 어떤 그림에서 확인되었다. 바로 옆의 공동 침실이 화재를 당해서 마침내 그 방이 함께 전소될 때까지 이 방의 비품들은 다양하게 바뀌었다. 현재의 방은 제2차 세계대전 이후 1669년의 그 그림에 기초하고, 중세 목골가옥과 비교하여 단행한 복원의 결과다.

* * * * *

엘리자베트 예배당이 있는 니콜라이 탑^{Nikolaiturm} 역사적인 구도시 가장자리에 위치한 옛날 니콜라이 교회의 유적 중 현재는 탑만 남아 있을 뿐이다. "비아 레기아^{Via Regia}"라는 왕도^{王道, Königstraße}를 따라가다가 볼 수 있는, 예전에 이른바 '대문교회'라고 불리던 예배당은 일시적으로 독일 기사단에 소속되어 있었다. 아우구스티누스회 수도원에 바로 인접해 높이 솟아 있는 탑의 1층에는 "성인 엘리자베트 800주년" 기념일(2007년) 이후로 다시 대중에게 개방된 엘리자베트 예배당이 있다. 막대한 비용을 들여 복원을 마친 다음에 이 예배당 남쪽 벽에 드러나게 된 성 엘리자베트의 생애를 묘사한 장면들은 대단히 경탄할 만하다. 세코^{Secco} 기술을 이용하여 찾아낸 섬세한 벽화는 크로이츠베르크의 베라 다리^{Werra-Brücke} 앞에 위치한 예배당의 엘리자베트 프레스코화보다 더 오래된 것이다. 이 지역에서 수년간 돌아다녔음에 틀림없는 마르틴 루터가 이 그림을 보았는지는 추측에 맡길 수밖에 없다. 예나의 루터 연구가인 폴커 레핀 교수는 루터가 성인명부에 오른 헝가리 왕녀이자 튀링겐 백작녀를 온갖 난국을 겪은 모범적인 인물로 간주했다고 확신한다. 이것은 마르틴 루터에 의해 전해진 다른 여러 의견, 그리고 1530년에 선포한 그의 어떤 설교에서 다음과 같은 견해를 대변한 것으로도 뒷받침된다. "하지만 마치 우리가 성인 엘리자베트의 모범에 대해 읽을 수 있는 것처럼 만약에 어떤 군주나 여^女군주가 병원으로 가서 거기서 불쌍한 사람들을 돌보고 그들의 발을 씻겨준다면, … 오, 그것은 매우 훌륭한 일일 것입니다."

* * * * *

데어 돔베르크^{Der Domberg} **언덕 대성당** 돔베르크(대성당) 언덕은 알라흐 고지의 마지막 지맥으로서 서쪽에서부터 중세시대 시구역 쪽으로 우뚝 솟아 있다. 중세시대에는 가파른 언덕의 바닥부터 꼭대기까지 건물들이 조밀하게 들어서 있었다. 오랜 세월이 지났어도 남아 있는 교회 건축물인 마리엔돔^{Mariendom(성 마리에 교회)}과 장크트 제베리^{St. Severi(성 세베리우스 교회)}는 독일 전역에서 가장 아름다운 건축 앙상블로 간주된다. 이 교회들을 보존하기 위해 지난 몇십 년 동안 많은 일이 행해졌다. 대성당은 다시 중세시대의 거대한 모임지붕을 복원한 채 유지되고 있고, 이 교회의 사암^{砂巖}으로 만든 파사드들은 보수되었으며, 지붕들은 새로 얹혀졌다. 대성당과 제베리 교회의 내부는 다시 칠해졌다. "글로리오자^{Gloriosa}" 종 안쪽에 생긴 70cm 길이의 균열이 보수되었고, 대성당의 중세시대 유리창들은 안전을 위해 보호되었다. 보수가 끝난 이른바 '토테 트레페^{Tote Treppe(죽음의 계단)}'에서부터 걸어가야 다다를 수 있는 대성당 남서쪽으로 이어진 구역은 다시 설계되었다. 이 구역을 폐쇄시키고 있는 중세의 클레멘스 예배당^{Clemens-Kapelle}은 다양한 방법으로 이용할 수 있도록 개조되었고 새로이 단장되었다. 마리엔돔(성 마리에 교회)의 중세시대 스테인드글라스 창들은 그런 종류 가운데 최고 품질의 작품에 속한다. 원래의 위치에 아직 그대로 있는 대략 1천 장의 판유리는 이 스테인드글라스 창들이 유럽 제일의 문화유산임을 표현하고 있다. 이 창들이 생성된 연대는 14~20세기인데, 1960년에 설치한 엘리자베트 창^{Elisabethfenster}과 계시의 창^{Offenbarungsfenster}만 해도 현대사로 분류될 수 있다. 정교한 솜씨가 돋보이는 성단소의 목재 좌석들과 최근에 복원된 바로크 양식의 '높이 돋은 제단^{Hochaltar}'이 있는 '높은 성단소^{Hoher Chor}' 또한 대단히 매혹적이다.

마르틴 루터가 에어푸르트의 가톨릭 대성당에서 시무했던가? 보좌신부인 라인하르트 하우케 박사는 이런 사실 때문에 관광객의 놀랍고 의아한 표정을 알아채고는 즉시 이에 대해 해명해준다. "마르틴 루터는 1505년에 아우구스티누스회 수도회의 수도원에 입학한 후, 1507년 4월에 사제서품을 받았습니다. 대성당 회랑에 있는 어느 한 예배당에서 보좌신부 보네밀히 폰 라스페에 의해 성례식이 베풀어졌습니다. 에어푸르트 대학교의 학장이자 미하엘리 교회의 신부인 이분은 대성당에 매장되었습니다(신도석의 남쪽 측랑에 있는 묘 위의 대리석 판). 에어푸르트 대성당 회랑에 있는 예배당 중 정확히 어느 예배당에서 이 성례식이 행해졌는지는 문서로 전해진 것이 없습니다. 그렇지만 그 성례식은 아마도 프랑켄 지방과 남부 튀링겐의 후원자였던 성 킬리안의 이름을 따라 명명된 예배당에서 행해졌을 것으로 여겨집니다." 새로 단장된 예배당은

에어푸르트: 성 마리에 성당과 성 제베루스 교회 앙상블

현재 대학교 강의실로 사용될 뿐만 아니라 "천국강당Himmlisches Auditorium"(콜레키움)으로도 사용되고 있는데, 이 콜레키움은 루터와도 연관된다. "루터는 1508년 자신이 소속된 수도원의 예비과정에 맞는 교육을 받을 목적으로 비텐베르크로 부름받아 가서 그곳에서 1509년에 성서학 학사 학위를 받은 다음 그해 가을에 에어푸르트로 돌아왔습니다. 그는 당시의 관습에 따라 대성당의 대표적 강의실인 '강당 코엘리쿰Auditorium Coelicum'에서 잠언 주해에 관한 첫 강의를 했습니다." 아우디토리움 코엘리쿰이 아직도 비교적 훌륭한 공간이라면, 회랑 예배당들은 수수하고 소박하며, 무엇보다 작다. 이러한 이유만으로도 당시 사제서품식은 차라리 가족 기념식, 다시 말해 대략 유아세례식과 비슷했음에 틀림없다. 에어푸르트의 개혁가 요하네스 랑 또한 성 마리에 교회에서 설교했다. 그러나 1530년에 개신교도에게는 이 교회의 출입이 차단되었다.

전설에 따르면, 주교 선출 문제가 생겨서 주교로 나가도록 추천받았을 때, 성 제베루스Severus의 머리 위에 비둘기 한 마리가 세 번이나 내려앉았다. 그래서 그는 라벤나 주교구의 계승자가 되었다. 원래 그는 라벤나 주교구에서 양털 짜는 사람으로 활동한 세대주였다. 13~14세기에 돔베르크에 지어진 장크트 제베리 교회는 그의 이름을 따라 명명된 것이다. 그러나 역사적으로 확실한 것은 그가 343년에 사르디카 종교회의에 참석했다는 사실과 라벤나 근교에 매장되었다는 사실이다. 갈리아 출신의 사제 펠릭스가 성인들의 유골을 파비아로 가져왔고, 836년에는 성골함들이 마인츠로 옮겨졌다가 나중에 에어푸르트로 옮겨졌다. 14세기에 유래한 석관의 대단히 귀중한 돌조각 판들은 이 성인에 대해 묘사하고 있다. 이 교회의 또 다른 매력적인 포인트는 금줄세공이 장식된 세례반이다. 이것은 1467년에 북쪽 측랑에 세워졌고, 15m의 높이로 아치 천장에까지 뻗어 있다. 이 세례반은 탁월한 품질의 종합예술작품이다. 구조는 풍부한 입체적 장식과 가장 윗부분에 있는 여섯 사도의 모습, 천사들 그리고 아기예수를 안고 있는 성모마리아상으로 장식되어 있다. 마르틴 루터가 이 교회에서도 있었다는 사실을 추측할 수 있다. 루터가 졸업하고 나서 몇 년 후 에어푸르트에서 대학교에 다녔던 요하네스 드라흐는 루터에게 공감

했다는 이유로 1521년 제베리 종교재단에서 추방되었다.

* * * * *

엥겔스부르크Engelsburg **— 인문학자들을 위한 옛 회합장소** 인문학자들을 위한 회합장소로 잘 알려진 엥겔스부르크(알러하일리겐슈트라세Allerheiligenstraße를 통해 접근)는 종교협상을 하기 위해 떠난 마르틴 루터의 마르부르크 여행과 관련이 있다. 종교개혁의 목적을 규정하는 데 중요한 이 협상은 1529년 가을 란 강변에 위치한 이 도시에서 개최되었다. 마르틴 루터는 헤센 왕국에서 돌아오는 도중에 한 번 더 에어푸르트에서 체류했다. 그는 엥겔스부르크에서 숙박했는데, 이곳에서 친구 게오르크 슈투르츠의 손님이었다. 그는 의사이자 훗날 에어푸르트 대학교의 학장이 된 사람이다. (더구나 슈투르츠는 몇 년 후 슈말칼덴에서 머무는 동안에 심한 병을 앓게 된 친구를 치료해주었고, 엥겔스부르크로 데려와 회복될 때까지 며칠 동안 돌봐주었다.) 루터가 체류하고 있던 시기에 에어푸르트 인문주의자 동아리가 엥겔스부르크에서 정기적으로 모이고 있었다. 나중에는 그의 친밀한 협력자이자 친구인 게오르크 슈팔라틴이 즉시 이 모임에 가입했다. 엥겔스부르크는 이 동아리가 작성한 대단히 비판적으로 편찬된 "수상한 사람들의 편지들"을 발행한 본거지로 여겨진다.

엥겔스부르크의 부지는 낡고 매우 오래된 미로처럼 복잡한 지하 저장소와 더불어 12세기와 13세기에 알러하일리겐 교회 뒤로 확장된 엄격히 통제된 수도사들의 병원에서 유래한 것이다. 중세시대에 이곳에는 주로 화랑들과 농장들을 포함한 목골가옥들로 구성된 대략 20호의 주택으로 이뤄진 거대한 주거복합건물이 가득 들어서 있었다. 더 이상 노후화를 견딜 수 없던 이 건물은 부분적으로 파손을 일으켰다. 이러한 이유 때문에 알러하일리겐슈트라세 20번지에 있는 엥겔스부르크의 본관 또한 철거되어야 했다. 아직도 여전히 인상적인 엥겔스부르크의 나머지 부분들(기념명판)은 수십 년 전부터 대학생 클럽으로 이용되고 있다.

* * * * *

맨발 수도사 교회 Die Barfüßerkirche   이 건물은 성 프란체스코파의 탁발 수도회에 의해 건립되었고 성 베드로 교회 Peterskirche, 대성당 Dom, 성 제베루스 St.-Severikirche 그리고 도미니크회 수도원교회 Predigerkirche 와 함께 이 도시에서 예술적으로 가장 중요한 역사적인 건물 중 하나다. '프란체스코회 수도사' 또는 '탁발수사'라고 불리던 수도사들은 1231년 게라 강 우측 강변에 위치한 대지에 그들의 첫 번째 수도원 겸 교회건물을 완공했다. 그렇지만 이 건물은 같은 세기 말경에 도시화재가 발생했을 때 소실되고 말았다. 1529년 10월 11일에 마르틴 루터는 복구된 이 교회에서 설교했는데, 이 교회는 이미 1525년부터 개신교회가 되었다.

30년전쟁 동안에는 스웨덴인이 예전의 수도원 건물들을 방어시설 구축용 자재보관소로 이용했다. 1838년에 있었던 낙뢰로 신도석에 있는 기둥들 사이의 여러 들보가 붕괴되었다. 1944년 11월 26일, 에어푸르트에 폭격이 가해졌을 때 이 건축물은 현재도 뚜렷하게 볼 수 있는 심한 피해를 입었다. 지금 박물관으로 사용되고 있는 성단소는 즉시 복구될 수 있었다. 파괴된 신도석은 그 상태 그대로 안전하게 보호되고 있다.

* * * * *

상인의 교회 Kaufmannskirche (묘지 Anger)   루터 동상은 묘지의 북쪽 가장자리, 카우프만상인 교회 바로 앞에 세워져 있다. 베를린 출신의 조각가 프리츠 샤퍼가 1889년에 이 동상을 만들었는데, 그는 당시에 매우 많은 주문 요청을 받던 인물이다. 그는 괴테, 레싱, 호프만 폰 팔러스레벤, 구스타프 프라이타크 그리고 다른 유명한 사람들을 기리는 동상을 제작하여 독일 전역에 자신의 이름을 알렸다. "학위 가운"을 입고 있는 실물보다 큰 입상의 폐쇄 형식이 고전주의 양식이라는 느낌을 준다면, 양각판에 표현된 에어푸르트에서 지낸 루터의 생애를 묘사한 장면들은 실제적 요소들도 발견할 수 있게 해준다. 에어푸르트에 있는 기념판 내용들은 다음과 같은 내용들을 묘사하고 있다. 친구들 모임에서 류트를 연주하는 학생으로서의 루터, 수도원에 입회하기 전의 루터, 보름스로 가던 도중에 에어푸르트에서 열렬히 환영받는 루터. 루터가 양손에 들고는 성경에 나와 있는 것 같은 화강암 받침돌에는 다음과 같은 성경구절이 인용되어 있다. "나는 죽지 않고 살아서 주님의 일을 선포할 것이다." 이것은 적어도 루터가 코부르크에 머문 후부터 좋아한 성경구절이다.

마르틴 루터는 바이마르에서 돌아오는 길에 1522년 10월 22일, 시 참사의원들이 파견된 카우프만스키르헤(상인의 교회)에서 설교했다. 종교개혁으로 말미암아 야기된 소요 때문에, 그리고 종교개혁의 가장 충직한 옹호자에 대해 조심스러워진 시의회를 상대로 루터는 어떻게 해야 종교개혁이 평화적인 방법으로 촉진될 수 있는지 다음과 같이 조언했다. "여러분은 교황들을 다치게 하지 말아야 합니다. 그리고 그들의 영향을 받지 않도록 피해야 하고, 그리스도교 신앙을 설교하는 설교자들만이 설교단에 올라가도록 해야 합니다."

추측건대 카우프만스키르헤는 14세기에 프리스란트 출신의 순회상인들이 설립한 것으로 믿어진다. 이 이름을 제공한 교회들에서는 처음에 흥정도 하고 물품도 쌓아두는 일이 비일비재했다. 쌍둥이 탑이 있는 예배당은 수십 년 이상 다각적으로 개축되었고 심지어 파괴되었다. 교회의 비품들은 중세의 몇 가지 품목만으로 구성되어 있다. 루터가 설교하기 위해 이용한 설교단은 1594년에 성단소 볼트가 붕괴된 다음부터는 더 이상 존재하지 않는다.

* * * * *

시청Das Rathaus (**수산시장**Fischmarkt) 베를린의 유명한 건축가인 카를 프리드리히 쉰켈이 이전 시청건물의 철거를 반대하기 위해 활동했음에도 불구하고 1876년 수산시장 앞에 완공된 시청은 이전 건물을 대체했다. 현재 바르트부르크 성에서 구경할 수 있는 하나의 문과 함께 적어도 중세 시청의 한 가지 매력적인 작은 물품이 후세를 위해 보존되었다. 뒤셀도르프 역사 미술사가인 페터 얀센과 그의 제자 에드바르트 캠퍼가 1878년부터 1882년까지 현 시청의 예술적 형태, 즉 이 도시의 매우 큰 그림 역사책을 만들었다. 에어푸르트 또는 이 도시에서 일어난 사건들과 연관된 마르틴 루터를 보여주는 일곱 개의 그림은 이 건물 3층에 있는 복도를 장식하고 있다. 이 그림에서는 루터가 수도원 입구에서 친구들과 작별하는 장면, 구걸하면서 도시를 걸어 다니는 수도사, 공부하는 루터와 보름스 제국회의로 가고 있는 루터를 볼 수 있다.

* * * * *

안드레아스 교회 Andreaskirche**(안드레아스슈트라세**Andreasstraße**)**　안드레아스슈트라세에서 시작하여 여러 골목길로 나눠지는 "안드레아스피어텔(안드레아 구역)"은 공산주의가 몰락하던 전환기 전후에 구동독에서 기념물들을 어떻게 다뤘는가를 보여주는 비극적인 상징이었다. 이 구역의 많은 건물은 1990년 이전에 철거목록에 들어 있었다. 작은 부분으로 나눠진 이 구역을 관통하여 시내로 이어지는 큰 도로를 낼 예정이었다. 1989년의 정치적 전환기 이전에 이 대책에 반대하는 시민의 격렬한 시위가 불타올랐고, 이 계획들은 1990년 이후 더 이상 쟁점이 되지 못했다. 안드레아스피어텔은 현재 역사적 기념물의 대표작이며, 멀리서도 전체가 다 보이는 탑이 있는 13세기에 유래한 안드레아스 교회는 그런 역사적 변화에 대한 상징이다. 이미 1182년에 처음으로 언급된 이 예배당 탑의 아랫부분은 로마네스크 양식이다. 각석 블록들로 지어졌고, 팔각형 사암 첨탑에 의해 관 모양을 장식하고 있는 이 탑은 그사이에 예배당 내부와 더불어 개조되었다. 이 교회의 한쪽 벽에는 실물 크기의 마르틴 루터가 양각새김으로 묘사되어 화려하게 표현된 목판이 걸려 있다. 어느 무명의 대가가 그림을 그린 이 목판은 루터의 무덤에 붙여놓을 동판의 도안으로 사용되었다. 이 동판은 1548년 '작은 하인리히 치겔러'라고 불리는 에어푸르트의 주물공에 의해 만들어졌다. 그 시대에 만연한 혼란 때문에 원본 동판은 에어푸르트, 비텐베르크 그리고 예나에서 보존되다가 마침내 예나의 교구교회에서 영구적인 안식처를 찾았다.

* * * * *

마인처호프슈트라세 11번지의 가옥　중세시대에 '스콜라 유리스타리움Schola juristarium'이라고 알려진 대학교 법학부는 주교구 성당인 성 마리엔 교회와 성 제베리 교회의 남쪽에 위치한 길에 기반을 두고 있다. 마인처 호프 슈트라세 11번지의 가옥 앞에 있는 기념판은 다음과 같은 내용을 알려주고 있다. "여기에 요도쿠스 트루트페터 박사가 1518년 5월 9일에 루터와 유명한 담화를 나눈 콜레기움 마리아눔이 있었다." 아이제나흐 출신의 트루트페터(1476~1519)는 에어푸르트 대학교의 학장이었고, 바로 이 대학교에서 일시적으로 마르틴 루터의 스승이기도 했다. 루터가 하이델베르크에서 그 당시 대학교들에서 전형적으로 진행되던 전공 토론을 마치고 돌아오던 중 기념명판에 기록된 만남이 이뤄졌다. 하지만 루터의 유명한 스승이자 신학자인 트루트페터가 루터의 종교개혁 사상을 거절함으로써 "유명한 대담"은 끝났다. 루터는 1518년 5월에 슈팔라틴에게 보낸 편지에서 "하이델베르크 논쟁"이 벌어진 기간과 그 이후 에어푸르트에서 겪은 자신의 경험을 말했다. 트루트페터는 "나의 모든 교리를 블랙리스트에 기입했고", 그는 "이 토론에 대해 이해한 어떤 것이든 부정하고, 신학에 관해 침묵하고 있다는 것도 부정했다네." 어쨌든 루터는 이전의 스승에 대해 "그는 자신의 견해를 입증할 수도 없고 내 견해를 반박할 수도 없다는 사실을 이미 파악하고 있었다네. … 하지만 들으려 하지 않는 귀에 대고 설교해야 소용없는 일이지"라는 결론을 얻었다.

* * * * *

"추어 호엔 릴리Zur Hohen Lilie" 여관과 "춤 쉴렌도른Zum Schlehndorn" 여관 대성당 계단에서 단지 몇 걸음 거리에 풍부한 전통을 지닌 여관이자 합숙소인 "추어 호엔 릴리"와 더불어 루터의 방이 위치하고 있다. 도시 문헌학자인 외버만은 이미 1929년에 화려한 르네상스 건물들을 보고서 이 집이 "많은 공간을 가지고 있고 가구들이 품격 있게 정돈되어 있었다"는 것, 그리고 이 때문에 시의 회가 이 집에 대해 "이따금 군주 신분의 손님들과 다른 고위급 귀족이 잠시 머무는 장소로 이용되었다"는 사실을 알아냈다. 그래서 1541년에 헤센 왕국의 필립 백작, 1631년과 1632년에는 스웨덴 국왕 구스타프 루돌프, 그리고 1817

년에는 프로이센 국왕 프리드리히 빌헬름 3세가 모두 이곳에서 숙박했다. 그러나 이 모든 군주들보다도 첫 번째로 손꼽히는 손님은 마르틴 루터였다. "호엔 릴리"에서 멀지 않은 곳에 "춤 쉴렌도른" 여관[랑에 브뤼케 29번지, 지금은 '바리에테(쇼 극장)'라고 불림]이 있다. 마르틴 루터 또한 1540년 여름에 이곳에서 묵었고, 그를 뒤이어 오랜 세월이 지난 후 프리드리히 실러가 이 여관에 머물렀다.

슈토테른하임 Stotternheim

학적부에 기록된 대로 "마르티누스 루더 엑스 만스펠트 Martinus Ledher ex Mansfeld"는 1501년부터 에어푸르트 대학교의 학생이었다. 4년 후인 1505년 초에는 아버지가 바라던 법학전공을 시작하기 위한 전제조건들을 충족시켰다. 여름방학이 시작되고 난 후 몇 주 지나지 않은 6월 말에 21세의 루터는 고향 만스펠트의 부모님께 가기로 결심했는데, 그렇게 하기로 한 이유는 아직도 불투명하다. 그곳에서 돌아오던 중에 로텐베르크(붉은 산)와 에어푸르트의 다른 언덕들이 펼쳐진 것을 보았다. 그리고 7월 2일, 슈토테른하임 마을의 초원에

슈토테른하임: 루터의 돌

마르틴 루터 인생의 결정적인 변화를 일으킨 전설적인 뇌우가 떨어졌다. 루터는 이 사건이 발생한 지 몇십 년 후의 탁상담화에서 "수도원에 입회하기 2주 전에 여행하고 있었을 때 어떻게 하여 서원하게 되었는지" 회상했다. 그는 에어푸르트에서 멀지 않은 슈토테른하임 근처에서 번개의 섬광에 충격을 받고는 너무 두려운 나머지 다음과 같이 소리를 질렀다. "성 안나여, 도와주소서. 제가 수도사가 되겠습니다!" 사람들이 뇌우가 칠 때 광부들의 수호자인 성 안나를 부르는 것은 흔히 있는 일이었다. 도와달라는 외침은 긴급한 서원이 되었는데, 이것은 교회법으로 루터를 구속하는 게 아니라 그렇게 하는 것이 의무라고 느낀 것이다. 몇십 년 전부터 사람 키보다 큰 돌덩이가 벼락을 맞을까 봐 루터가 염려한 그 위치를 표시했는데, 현재는 신성한 땅이라고 일컫고 있다. 에어푸르트의 역사 연구가인 요하네스 비어아이에(1860~1949)는 지형적으로 정확하게 그 지점을 확인했다. 그 돌의 비문 중 한 문구에는 "튀링겐으로부터 빛이 나왔다"고 적혀 있다. 비문의 또 다른 문장은 "종교개혁의 시작점Werdepunkt"이라고 적혀 있다. 몇 년 전에 어떤 화가가 이 비문들을 새롭게 수리했을 때, "시작점"이라는 말이 이 화가에게는 아마도 낯설게 여겨진 것 같다. 그래서 그는 이 단어를 수정해놓았다. 생각건대 "전환점Wendepunkt"이라는 단어가 그에게 훨씬 더 익숙하게 여겨진 것 같다. (이것은 그사이에 다시 원래대로 바뀌었다.) 슈토테른하임의 경험이 어떤 경우라도 종교개혁의 전환점일 수는 없었다. 그런 일은 아직 한 번도 시작된 적이 없었다.

아른슈타트 Arnstadt

2004년, 아른슈타트는 이 도시가 문헌에 등재된 1300주년 기념행사를 거행했다. 1266년에 이 도시의 법이 허락한 원래의 정착지는 슈바르츠부르크의 백작들과 군주들에게 주요 수도 및 두 번째 수도로 이용되었다. 귄터 41세는 1574년부터 1583년까지 아른슈타트를 통치했다. 빌헬름 오렌지 공과의 친분과 군사적 능력이 독일민족의 신성로마제국 안에서 그의 등극을 후원하는 데 도움을 주었다. 그는 황제가 하사한 막대한 자금으로 해자를 두른 옛날의 나이덱 요새를 훌륭한 르네상스 성으로 개축할 수 있었다. 아른슈타트에서 볼만한 것을 추천해달라는 요청을 받는다면, 지역주민과 관광가이드들은 관광객에게 몇 가지를 언급할 수 있을 것이다. 당연히 맨 먼저 성채 박물관에 있는 세계적으로 유명한 "몽 플레지르Mont plaisir(중세시대 인형)" 전시회를 떠올릴 것이다. 이것이 300년 전 독일의 작은 수도라는 강렬한 인상을 주기 때문이다. 그런 다음에는 말할 것도 없이 박물관 맞은편에 위치한 옛 나이덱 성 지역일 것이다. 1620년과 1633년 사이에 바흐 가문의 아른슈타트 지파 조상인 장자 카스파 바흐가 관리인으로서 이 성탑에서 살았다. 르네상스 성은 1989년의 정치적 전환기까지 아른슈타트 시민의 의식 속에서 거의 완전히 사라졌다. 이 성은 18세기에 버려진 채로 있다가 쇠미해졌고, 결국 시내에 있는 채석장이 되고 말았다. 아른슈타트 시민은 1990년부터 적어도 폐허를 손님들에게 내놓을 수 있도록 정비하는 일에 성공적으로 관여해오고 있다. 이러한 노력으로 인해 다시 방문할 수 있게 된 탑은 멀리서부터 뚜렷하게 볼 수 있게 되었다. 이 도시의 또 다른 매력들에 속하는 것으로는 성모마리아 교회Liebfrauenkirche, 바흐 교회Bachkirche(이곳에서 청년 요한 제바스티안 바흐가 여러 해 동안 오르간 연주자로 활약했다), 그리고 옛 프란체스코회 수도원 소속의 오버키르헤Oberkirche(상부교회)가 있다. 마지막에 언급한 오버키르헤는 루터의 흔적을 찾는 사람들이 반드시 방문해야 할 장소다. 비록 이 교회가 가까운 미래에도 건축현장으로 남아 있게 될 것이라도 말이다.

마르틴 루터는 아우구스티누스회 수도원에 들어간 지 1년도 채 지나지 않은 1506년 어느 날 당시의 프란체스코회 수도원에 머물고 있었다. 이 수도원의 잔해들은 오버키르헤의 부지 또는 개신교 공동체센터에 보존되어 있고, 일부분은 제한적으로 관람할 수도 있다. 루터가 이곳에서 숙박했는지 문헌상으로 입증된 것은 없다. 루터는 식사 도중에 탁발수사인 하인리히 퀸을 알게 되었다. 루터는 수십 년이 지나고 난 뒤 어느 탁상담화에서 "우리 어린 수도사들은 가만히 앉아 어리둥절해서 우리의 신성한 수도사 생활에 대해 위로하는 말씀을 듣지는 않고, 기도하기도 전에 짭짭거리며 한창 먹고 있었다"고 회고했다. 종교개혁이 이곳 아른슈타트에도 도입된 지 4년 후, 루터는 다시 게라 강변의 이 도시로 왔다. 그는 연방의회에 출석하기 위해 슈말칼덴으로 가던 중에 1537년 2월 5일부터 6일까지 아른슈타트에서 머물렀다. 당시에 그는 더 이상 수도사가 아니었으므로 나이덱 성에서 숙박했을 것으로 추측된다. 여담이지만 루터는 짙은 녹색이 가득하고, 빨강색 지붕이 쳐진 아른슈타트의 옛 도시를 "파슬리를 곁들인 삶은 게 요리"와 비교했다.

몇 년 후 그는 아른슈타트에 당면한 다툼을 중재해야 했다. 페터 바츠도르프는 네 명의 아른슈타트 시민 중 한 사람으로서 슈바르츠부르크 백작에게 '뫼를린'이라고 불리는 설교자를 몰아내줄 것을 청원했다. 바츠도르프는 1544년 1월 25일에 루터에게서 받은 편지에서 그가 "아른슈타트 시참사회에서 그런 부탁을 하는 것을 굉장히 싫어했다"는 사실을 알았다. 왜냐하면 그들이 "그렇게 유능한 남자(뫼를린)를 몰아내기를 바라고 있기 때문입니다. … 만약 그것이 내가 결정할 일이라면, 그들은 영원히 어떤 목회자도 결코 얻지 못할 겁니다. 그래서 누구든지 이 뫼를린 박사에게 이의를 제기하는 사람은 그들이 뫼를린 박사를 진정한 기독교인으로 받아들여 사이좋게 지낼 때까지 저의 신앙공동체에서 환영받지 못할 것입니다."

1533년과 1539년에 "에어푸르트의 종교개혁가"로 잘 알려진 루터의 친구 요하네스 랑은 감독관 자격으로 당시 아른슈타트에 거주하던 슈바르츠부르크의 백작들이 교회들을 자신들의 통치권 밑에 두려고 재조직할 때 조력했다.

* * * * *

오버키르헤상부교회 이 예배당은 13세기 중·후반인 3분기에 프란체스코회의 수도원교회로서 건축되었다. 프란체스코회 수녀원이 아른슈타트에 설립된 직후에 세워진 이 교회는 현재까지도 수도회의 청빈정신을 특징으로 하며, 그러한 태도는 변하지 않고 있다. 길이가 긴 단랑(single-nave, 單廊)의 직사각형 건물은 마름돌 대신에 채석들로 지어졌다. 둘러막힌 성단소는 바깥쪽에서는 거의 볼 수 없고, 돌장식이 된 좁은 창문들은 이 건축물의 단순 구조를 두드러지게 한

아른슈타트: 오버키르헤의 성구보관실에 있는 도서관

다. 이 건물은 종교개혁의 결과로 1538년에 수녀원이 해산된 후 교구교회로 사용되었다. 그 당시 군주의 도시였던 아른슈타트의 부유한 시민과 슈바르츠부르크의 통치자들은 교회의 내부 장식을 변화시켜 겉으로 드러내는 데 큰 가치를 두었다. 교회의 발코니들과 귀족용 좌석들은 그 시대에 설치된 것들이다. 그러나 예술가 부르크하르트 룅이 17세기에 덧붙여 지은 제단, 설교단과 세례반은 특히 주목할 만한 예술작품들이다. (루터가 보았던 제단은 1640년에 '성모마리아 교회'로 옮겨졌다.) 천장 개조, 콘크리트 바닥 설치, 그리고 건축물에 심한 손상을 입힌 증기난방 시스템은 20세기 초까지 공사를 하지 않고 그대로 남아 있었다. 그러나 1977년 10월 말에 마지막으로 예배를 드린 후 건물의 안전문제 때문에 웅장한 교회 입구 두 개가 10여 년 이상 폐쇄되었고 모든 내부 구조는 교인들과 이 도시를 방문하는 관광객에게 폐쇄되어 왔다. 1989년의 전환기가 지난 후에 교구는 다시금 용기를 내어 교회를 다시 개방할 목적으로 즉시 단체를 설립했다. 성구보관실이 아직은 대중에게 폐쇄되어 있지만, 어떤 손상을 입어서 그런 것은 아니며 연구 목적으로 사용되고 있다. 이곳은 거대하고 가치 있는 도서관도 보유하고 있다. 1589년부터 정리한 소장서적들에는 마르틴 루터가 살아있을 때 인쇄한 작품들도 있고 교회의 교적부도 있다. 이

교적부에는 아른슈타트의 마부였던 볼프 에시거가 1593년에 사망한 내용도 기입되어 있다. 이 사람이 루터를 에어푸르트에서부터 제국의회가 열리는 보름스까지 태워다주었다고 한다. (거의 길이 60m와 폭 11m 규모의 이 교회는 주말마다 수리 작업이 진행 중이지만 구경할 만한 가치가 있다.)

"마리아는 절대로 칭송받을 수 없다…"

… 마르틴 루터는 유명한 마리아의 찬가(누가복음 1장 46~55절) 해설을 쓰고 난 뒤 10여 년이 지난 1533년에 고백했다. 이 아름다운 텍스트가 특별하다는 사실과 일반적으로 루터의 유쾌한 마리아 숭배가 오늘날까지도 가톨릭 성도들의 경우와 마찬가지로 개신교 성도들에게 거의 알려지지 않았다는 사실은 세계 교회 일치라는 관점에서뿐만 아니라 기독교 신앙을 영적 관계에서 전체적으로 이해하는 데도 몹시 방해가 되고 있다.

마리아가 왜 모든 기독교인에게 끊임없이 칭찬받고 있는 것인가? 루터에 따르면 이것은 그 사람 자체 때문이거나 그녀가 성취한 일 때문이 아니라, 그녀가 행한 "최고의 행위"와 "위대한 일들" 때문이다. 이 종교개혁자에게 이러한 행위들은 마리아가 택함 받은 사람이었다는 사실에서 매우 명백하게 증명된다. 마리아가 하나님을 선택한 것이 아니라, 하나님께서 그녀를 '주시하셨다'. 이에 대한 라틴어 단어 레스페시트 respexit는 '보여주다', '맡기다', '헌신하다'라는 뜻이다. 천사에게 응답하는 마리아의 대답은 "당신께서 말씀하신 대로 그 일이 제게 일어났습니다"였다. 루터에 따르면 이것이 마리아 숭배에 대한 신학적 근거다.

"위대한 일들은 다름 아니라 마리아가 신의 어머니가 되었다는 것이다. 이 행위에는 그 누구도 이해할 수 없는 매우 많은 위대한 일들이 있다. 모든 명예와 모든 영광이 거기에서 나오고, 그녀가 모든 인간 중에서 누구보다도 월등히 뛰어난 유일한 사람이기 때문이다. 왜냐하면 그 누구도 그녀와 비길 수 없기 때문이다. 왜냐하면 마리아는 하늘 아버지로 말미암아 한 아이를, 그리고 더구나 보통 아이가 아닌 독생자를 낳았기 때문이다."

"그가 그의 여종의 비천함을 돌보셨음이라"는 구절이 마리아의 찬가(눅 1:48)의 주요 문장이다. 루터는 불가타 성경(라틴어 성경)에서 *"humilitas"*를 성경해석 전통에서 일반적인 명사로 번역한 것 같이 *"humility*(겸손)"로 번역하지 않았다. "학식이 있는 수도사"에게 이 단어는 아직도 경건한 인간의 공로라는 자취를 내포하고 있다. 그렇지만 절대 인간의 행위에 의한 것이 아니라 하나님의 돌보심만이 인간성을 획득하는 인간존재의 근원이다.

"많은 번역가들이 마치 성모마리아가 겸손으로 자신을 가리고 이러한 선행으로 영광을 얻은 것처럼 "*humilitas*"라는 단어를 "*humility*"(겸손)로 번역했다."

루터가 "*humilitas*"를 "무가치Nichtigkeit" 또는 "비천함Niedrigkeit"으로 번역한 의도는 신앙인이 단순하게 받아들이는 데 반대하여 하나님의 영원한 주권과 창조를 드러내려는 것이다.

"그렇기 때문에 사람들은 그녀의 모든 영예를 한마디로 요약했다. 그녀를 '하나님의 어머니'로 칭하기만 한다면 들판의 나뭇잎과 풀잎, 별, 하늘 그리고 바다의 모래가 있는 것처럼 그녀에 대해 매우 많이 칭찬하는 사람들이 있다 하더라도 누구라도 그녀에 대해 더 위대한 것을 말할 수는 없다."

마리아의 "비천함", 무허영심, 사심 없이 받아들이는 열린 마음에서 그녀 자신의 위대함이 보인다. 이러한 마리아의 태도는 요즘의 일반적 의미에서 모범이라고 볼 수 있다. 그렇지만 이것은 마리아의 태도를 우리의 눈앞에서 행해진 완벽의 아이콘으로 간주하는 신학적 오류에 빠지는 경우가 될 것이다. 그래서 마치 가장 훌륭한 겸손을 갖고 있는 사람을 보고자 하는 경쟁의식이 있는 것처럼 거의 모방하려고 한다. 마리아 찬사의 끝부분에서 루터는 신비적 전통을 따름으로써 마돈나 이미지를 정신적으로 채택하는 길을 열어놓고 있다.

"'성모가 된다는 것'이 실제로 무슨 의미인지 마음속으로 신중히 숙고해 봅시다."

이러한 종교적 전통에서 마리아는 인간 영혼의 이미지이며 남녀 그리스도인의 정신적 태도에 대한 이미지다. 마리아에게서 얻은 이미지는 그리스도를 여자처럼 받아들이고, 자궁에 품고 있듯이 그분을 마음속에 품으며, 정신적인 삶을 통해 내면에 그분의 모습을 형성하고 낳으려는 것을 목표로 하는 것이다. 독일 신비주의자 앙겔루스 질레지우스(요하네스 셰퍼)는 많이 인용되는 문구를 넣은 "게루빔의 방랑자"에서 다음과 같이 썼다.

> "만약 그리스도께서 네 안이 아니라 베들레헴에서 수천 번 또는 그 이상 태어났다면, 너는 영원히 버림받았을 것이다."

루터는 1520년의 어느 설교에서 "마리아 – 인간 영혼의 원형"이라는 주제를 채택했다.

> "만약에 이 탄생이 우리에게 공허한 것이 아니라면, 그리고 이것이 우리의 마음을 변화시켜야 한다면, 우리는 처녀의 본보기를 우리 마음에 새겨야 하며 그녀를 모방해야 한다. 다른 방법이 없기 때문이다. 이것이 그녀의 마음에서 이뤄진 것처럼 우리 자신의 마음속에서 행해져야 한다. […] 그러므로 우리는 성령으로 수태하게 되고 예수 그리스도를 영혼으로 영접하게 된다."

그렇기 때문에 마리아는 그때나 지금이나 "결코 충분히 칭송받을 수 없다 …." 마리아처럼 산다는 것은 신앙의 신비에 단순히 마음을 열어놓는다는 뜻이다.

고타 Gotha
라인하르츠부룬 수도원 Kloster Reinhardsbrunn

1485년 작센 선제후국이 분단된 후 고타는 종교개혁에 호의를 가지고 있는 에르네스틴 가문의 수중으로 들어갔다, 이 도시는 1841년의 어느 여행기에 "전체 작세 공국들 중에서 가장 아름다운 도시"라고 묘사되어 있다. 어떤 방문객은 이 여행기가 나오기 반세기 전에 고타의 주민이 "우리 전 독일인의 조국에서 가장 계몽된 시민이다"라고 썼다. 이 두 가지 찬사는 슐로스베르크에 시발점을 두고 있고, 30년전쟁(1618~1648) 중에 생겨난 작센-고타 공국으로까지 거슬러 올라간다. "경건왕"으로 일컫는 에른스트 1세는 자신의 통치기간 중(1640~1674)에 당시의 모범적인 국가제도를 만들었다. 그가 위탁하여 13년간에 걸쳐 건축된 "평화의 돌Friedenstein"이라는 성의 명칭이 곧 정치 강령이었다. 도시를 마주보고 있는 중앙 정문 위에 있는 헌정문과 그 위에 "Friede ernehret – Unfriede verzehret(평화를 조성하고 다툼을 없애라)"는 격언이 빙 둘러 붙어 있는 "평화의 키스Friedenskuss" 부조장식이 그의 정치적 입지를 알려주고 있다. 넓이가 대략 140×100m에 달하는 거대한 궁전은 튀링겐에서 가장 큰 성 건축물일 뿐만 아니라, 전체 제국을 통틀어 17세기 중엽의 탁월한 건축 작품이기도 하다. 역사상 그 당시 같은 신분의 건축주들 가운데 어떤 군주도 이 성과 비교할 만한 저택을 소유하지는 못했다. 방문객은 정교하게 만든 약 2.5km 길이의 지하 방어통로 시스템 앞에 서 있을 때를 제외하고는 그리멘슈타인 요새 대신 1567년에 건축이 완공된 이 성이 당시에 대규모로 건설된 방벽과 방어시설 건축물들로 둘러싸여 있었다는 사실을 거의 알아채지 못한다. 1526년 2월에 작센의 선제후 요한과 헤센의 방백 필립은 예전의 그리멘슈타인 요새에서 하나님의 말씀 때문에 공격을 받게 될 경우에 대비하여 방어동맹을 체결했다. 필립 또한 요한 선제후처럼 종교개혁을 열광적으로 지지하는 사람이었다. 루터가 동맹에 회의적인 태도를 보였지만, 슈파이어 제국의회 때까지 계속해서 다른 연방들이 체결한 이 동맹의 문서들이 1526년 5월 토르가우의 하르텐펠스 성에서 교환되었다. 훗날 비텐베르크에서 가르치게 된 수사학자이자 작가인 요한 슈티겔(1515~1562)은 고타 근교의 프리마르 출신이다. 이 도시에 열광한 슈티겔은 고타에 대해 "나의 고향이며, 빙 둘러 푸르른 목초지가 있는 휘황찬란하게 빛나는" 곳이라고 묘사하면서 토르가우 성채교회에 있는 헌정 동판에 상세한 문구를 기록했다.

775년에 처음으로 기록 문서에 언급된 고타에서 아우구스티누스회 수도원을 시찰하고 보름스, 마르부르크와 슈말칼덴으로 각각 여행 가던 중 고타에서 여러 번 묵었던 마르틴 루터는 현재의 명소들을 상세히 보지 못했고 공사 중이었을 때만 볼 수 있었다. 루터가 고타에서 처음으로 체류한 것은 1515년 5월이 확실하고, 1540년에 이곳에서 마지막으로 머물렀다. 1515년 봄에 고타에서 모인 독일 수도원 위원회의 수도회 회의는 마르틴 루터를 10개(이후 11개)의 아우구스트회 수도원을 책임지는 보좌신부로 선출했다. 그는 즉시 이 일을 확실하게 시작한 것으로 믿어진다. 이 당시에 많은 종교시설이 있는 장소들에서 감지할 수 있는 것처럼 고타의 아우구스트회 수도사들은 고리타분한 수도원 법규에서 벗어난 행동을 했고, 죄를 졌으며, 실수를 범했다. 그래서 루터는 수도회 회의 중에 행한 설교에서 가혹한 말로 이 문제를 다뤘다. 동시에 그는 그리스도께서 굴욕적인 십자가를 견뎌내셔야 했던 것처럼 규율대로 생활하지 않는 형제들의 명예롭지 못한 행동을 참아줄 필요가 있다고 확신했다. 루터는 "자네도 규율을 어기고 여전히 잘못을 저지르고 있는 형제들을 인정하고 인내로써 참아내게. 그들의 죄를 자네의 죄가 되게 하게. 만약 자네가 뭔가 선행을 했다면, 그것을 그들의 선행이 되게 하게"라며 1526년 4월 메밍겐에 있는 아우구스티누스회 형제인 게오르크 슈펜라인을 편지로 위로했다. "그리스도께서 죄인들 가운데 거하시기 때문이라네. 그것을 위해 그분께서는 죄인들 가운데서도 자네의 거처를 두시기 위해 정의 가운데 거하시는 하늘나라에서 참으로 이 땅에 오셨네."

극장, 미술품 전시실, 도서관, 인공분수, 공원시설들과 오란제리 온실

Orangerie이 있는 성 복합단지뿐만 아니라 아우구스티누스회 수도원 그리고 노이마르크트Neumarkt 앞에 있는 성 마가레트 교회Margarethenkirche 이외에 하우프트마르크트Hauptmarkt 한가운데 위치한 르네상스 양식의 시청 역시 현재 고타의 명소에 속한다. 목조건축물을 대체하여 1577년에 완성된 이 건물은 그 당시 중세 여행 노정의 중요한 무역로에 바로 접해 있는 전략적 위치를 지니고 있었다.

* * * * *

미코니우스Myconius**의 집이 있는 아우구스티누스회 수도원** 고타는 바트 랑엔잘차와 에어푸르트와 나란히 코스카나에서 튀링겐으로 온 아우구스티누스회 수도승들의 세 개 수도원 토대들 가운데 한 곳이다. 몇 년 전에야 비로소 복원되어 다른 목적으로 이용되도록 현대화된 아우구스티누스회 수도원은 도시 한가운데 매우 조용한 장소로 남아 있다. 밖에서는 자동차들이 좁은 도로를 질주하고 있고, 이 길에 다닥다닥 붙어 있는 여러 주택들은 지난 몇 세기 동안 이 수도원에 바싹 접근해 있는 상태다. 수도원 안에는 아름답고 고요한 공간들이 입장객을 기다리고 있다. 어느 무더운 여름날 더위와 도로의 소음을 피하려고 사제단 회의장의 시원한 정적 속으로 들어오거나 비 내리는 늦가을에 고딕 양식의 격자창을 통해 비치는 빛의 유희를 관찰하든지 간에 누구든 재차 반복해서 이 회의장 공간의 평온에 매료되고 정신을 집중시키는 강렬한 위엄에 매료된다. 수리를 시작하기 전의 2층 구조에 부분적으로 지하창고가 있는 삼랑식 평면 구조를 알아차린 사람은 몇몇 지역주민과 일부 손님뿐이었다. 지나가는 사람에게 이 지점에 수도원이 있었고, 그 수도원은 심지어 에어푸르트의 수도원보다 더 오래되었다고 알려줘 봐야 아무 소용이 없었다. 그러나 이제 통행자들은 흰색 회반죽 위에 "아우구스티누스회 수도원-호스텔Augustinerkloster-Herberge"이라고 적혀 있는 커다란 글자들을 더 이상 보지 않고 지나칠 수 없다. 현재 관리상의 목적으로 수도원으로 사용하는 것 이외에 예전의 성구보관실이 평온의 장소가 되도록 하고, 터널식 볼트형 창고를 청소년 활동실로, 17개의 방을 30명의 손님을 숙박시키는 공간과 회의 공간들로 이용할

예정이다. 동쪽 측랑의 사제단 회의장은 카페로 개조되었다. 이 카페는 수도
원의 주출입구를 형성하는 거대한 유리문들을 포함하고 있다. 이 유리문은 밖
에서 수도원의 문을 열 때 신호를 해주고, 동시에 수도원 정원들이 딸려 있는
교차부는 유리문을 통해 제공되는 그 정원의 구경거리를 광학적으로 얼핏 살
펴볼 수 있게 해준다.

고타: 아우구스티누스회 수도회의 교회

　　아우구스티누스 교회의 동쪽 탑에 장식된 비문에 따르면 이 교회는
1366년에 설립되었다. 건축주들은 에어푸르트에서 이주해온 아우구스티누스
회 소속의 은둔자들이었다. 그들은 1258년에 그 옆에 있는 시토 교단 수도사
들의 십자가 수도원을 인수했다. 마르틴 루터는 1515년, 1521년 그리고 1529
년에 이곳에서 설교했다. 종교개혁 이후에 수도원교회는 이 도시의 교구교회
가 되었다. 1676년에는 이 교회가 전체적으로 확장되어 현재의 모습이 되었
다. 교회 내부공간의 일부(기념명판)와 수도원 내부의 교차부, 고타를 주제로
하여 중요한 의미가 있는 비문들로 장식된 수도원의 벽들은 루터가 경험했을

지도 모를 똑같은 종류의 분위기를 만들어낸다. 단지 90%의 확신만으로도 현장에서 "고타의 종교개혁자" 프리드리히 미코니우스(1491~1546)가 수도원 복합건물에 직접 연결되어 있는 건물에서 실제로 거주했음을 알게 된다. 1524년부터 고타에서 거주한 이 신학자는 1540년 선제후에게 자기 자신과 아내와 아홉 명의 자녀를 위해 적절한 거처를 얻게 해달라고 청원했다. 이 집은 클로스터플라츠^{Klosterplatz} 6번지에 있는 바로 그 집(기념명판)일 수도 있다. 이 집은 미코니우스의 집으로 사용되었고, 고타에서 가장 오래 유지되어온 주택이며, 상당히 오래전부터 수리된 집이다. 이미 1518년에 츠비카우에서 첫 번째로 개신교 복음을 설교한 미코니우스는 "격렬하게 시작된 종교개혁에 대한 책무를 다하도록" 고타로 청빙되었다. 연대기 작가로도 활동한 미코니우스가 아니었더라면 우리는 종교개혁 동안에 일어난 지역 사건들에 대해 많아야 절반 정도밖에 알지 못했을 것이다. 얼마 전에야 발견된 미코니우스의 개인 성경 또한 일종의 "연대기"다. 고타 연구도서관에 보관되어 있고, 송아지 가죽으로 제본된 500여 페이지에 달하는 두꺼운 이 작품은 소유자가 손으로 직접 기입한 수없이 많은 항목들로 채워져 있다. 아우구스티누스회 교회에 있는 묘 위의 석판은 루터의 여행 동반자이자 인기가 많은 대화 상대였던 미코니우스를 기념하고 있다.

* * * * *

사자 성(Die Löwenburg) 병이 든 루터는 1537년 2월 말부터 3월 초까지 소유주 한스 뢰베 때문에 "뢰벤부르크^{Löwenburg}"라고 일컫는 하우프트마르크트^{Hauptmarkt} 42번지에 위치한 이 주택의 이전 건물에서 묵었다. 그는 2월 7일부터 머물렀던 슈말칼덴에서 결석증 때문에 의사의 충고에 따라 계획한 것보다 더 일찍 떠나야 했다. 고타는 루터에게 비텐베르크로 가는 도중에 잠시 들르는 익숙한 장소였다. 그는 "뢰벤부르크"에서 격렬한 발작이 급습하여 이미 유언장을 받아 적게 했을 정도였다. 루터는 고타에서 발생한 자신의 질병에 대해 어느 탁상담화에서 다음과 같이 보고했다. "이것이 고타에서 내게 일어난 일입니다. 나는 내가 죽을 거라고 확신했습니다. 그래서 모든 사람들과 작별

143

했고, 부겐하겐을 불러서 교회들과 학교들 그리고 내 아내와 나머지 모든 일을 그에게 맡겼으며, 나를 죄에서 풀어달라고 요청했습니다. 나는 미코니우스에게 고타에 있는 그의 묘지에 나를 매장해달라고 부탁했습니다. 그가 나에게 다음과 같이 말했는데도 말입니다. '박사님, 저는 당신을 여기 받아들이지 않을 겁니다. 그 대신에 집으로 반드시 모셔다드릴 겁니다.'" 완전히 회복한 루터는 3월 14일 비텐베르크에 도착했다.

* * * * *

크라나흐^{Cranach}**의 집** 성과 시청 사이의 아름다운 길에 세워진 위엄 있는 건물(하우프트마르크트 17번지)에 붙어 있는 기념판은 다음과 같은 사실을 알려준다. "이곳에 시 참사회의원이자 대 루카스 크라나흐의 첫 번째 부인의 아버지인 욥스트 브렝비어의 저택이 있었다가 1544년 게오르크 다쉬와 결혼한 크라나흐의 딸 우르줄라가 나중에 살았던 저택이 있었다." 현재의 집은 18세기 말에 지어졌다. 이 집에서 볼만한 것은 날개 달린 뱀(크라나흐)과 작은 가방(다쉬)을 들고 있는 옛 소유주들의 코트 팔에 장식된 이중 문장^{紋章}이다.

* * * * *

프린덴슈타인 성 재단의 박물관들 여러 박물관에 루터와 종교개혁과 관련된 전시품들을 소장하고 있다. 전시품들에는 크라나흐 공방에서 나온 루터 초상화 몇 점뿐 아니라 '루터의 잔^{Lutherglas}'도 포함되어 있다. 뚜껑이 달려 있고, 무광택 에칭과 금속테두리가 달려 있는 무채색의 잔은 1630년대에 만들어진 것이다. 이 잔은 아마도 1630년 아우구스부르크 신앙고백 100주년 기념과 연관하여 작센-에르네스틴 가문이 주문한 것으로 여겨진다. 지역역사박물관에서는 아래의 내역들을 구경할 수 있다. 아우구스티너 교회가 영구 임대해준 루터 완역본 성경(비텐베르크 1541년, 한스 루프트 인쇄)뿐 아니라 루터가 1516년 고타에서 무티아누스에게 보낸 편지 사본, 그리고 루터가 탐바흐 출신의 멜란히톤에게 자신의 병에 대해 설명하고 있는 1537년 2월 27일 날짜가 적힌 편지 사본과 이미 언급한 루터의 고타 유언장 사본.

라인하르츠브룬 수도원 Kloster Reinhardsbrunn bei Friedrichroda

프리드리히로다 근교의 1085년 프리드리히로다 샤우엔부르크에서 멀지 않은 곳에 세워진 라인하르츠브룬 수도원은 12세기 말까지 튀링겐 방백령의 정신적 중심지였다. 이 지역에 대해 "튀링겐의 요람"이라고 말하는 것은 결코 과장이 아니다. 라인하르츠브룬은 루도빙어 왕조의 수도원이자 묘지가 되었다. 수도원 설립자이자 바르트부르크 성의 창건자인 루트비히 데어 슈프링어처럼 루도빙어 왕조의 명망 높은 여러 후손과 친척들이 줄곧 이곳 묘지에 안장되었다. 마르틴 루터는 1521~1522년에 바르트부르크 성에서 "강제 체류"하던 기간 중에 이 지역을 자주 돌아다녔다. 그가 바르크부르크 성에서부터 참여한 유일한 사냥 또한 그를 프리드리히로다/라인하르츠브룬 주변의 여러 숲으로 가도록 했을 가능성이 충분히 있다. "고타의 종교개혁자" 프리드리히 미코니우스(1491~1546)는 어떤 경우든 마르틴 루터가 라인하르츠브룬에서 수도사들과 여러 다른 사람들과 함께 특이한 일을 도모했고, 이 일을 할 때 발각되지 않고 살아남았다고 기록했다. 이 당시 튀링겐의 다른 여러 곳에서처럼 고타에서 멀지 않은 곳에 있는 라인하르츠브룬의 옛 수도원 지역에서는 1525년에 폭동이 일어났다. 연대기는 이 폭동을 "라인하르츠브룬의 성상^{聖像} 파괴"라고 기입해놓았다. 우리는 1870년에 작성된 보고서 덕택에 이 사건경과에 대해 세부적으로 묘사된 내용을 알 수 있게 되었다. "⋯ 그러나 수도원 부원장이 사람들을 압도한 분노를 저지할 수 있는 것은 아무것도 없다는 사실을 알게 되었을 때, 그는 마침내 가장 가치 있는 소유물들을 안전하게 보호할 때가 되었다고 생각했다. ⋯ 폭도들은 부원장이 하는 일을 보자마자 그동안 억눌린 탐욕이 자극되었다. 그들은 가축을 살육하기 시작했고, 연못을 터서 물고기들이 빠져나오게 했고, 빵을 굽고, 그릴을 하기 시작했으며, 날이 저물자 수도사들을 내쫓았다. ⋯ 수도원에서는 가장 포악한 방법으로 자행된 사악한 행위가 점점 늘어났다. 미친 사람들은 교회를 모독하는 손으로 고귀한 조각상과 조각품들이 있는 23개의 제단과 가톨릭 성도들이 숭배하는 대상들인 조형품들을

고타: 아우구스티누스회 수도원 내부의 교차부

파괴했고, 그것들을 불에 던졌으며, 값비싼 제단보들을 찢거나 잘라버렸고, 세 대의 파이프오르간과 12개의 교회 종을 파괴했고, 그것들 중에서 쓸만해 보이는 것들을 나누었으며, 지극히 예술적인 항아리에 담겨 있던 성유^{聖油}를 땅에 쏟았으며, 성스러운 성사를 포함해서 성채를 이리저리 흩뿌렸다. 그들은 어리석은 오만에 도취되어 성유물 상자들 속에 든 성인들의 유골을 잡아 뜯어 던져버리고는 그것들을 발로 밟았다. 땅 위에 자기들의 분노를 삭이지 못한 몇몇 사람은 무덤들 속에서 유품들을 꺼내기 위해 오래된 귀중한 지하납골실로 들어가 매장된 귀중품들을 샅샅이 뒤졌다. … 그러고 나서 그들은 미사 책들, 찬송가들과 기도서들에 불을 붙였고, 도서관에 있는 필사본들이나 인쇄된 서적들을 전부 불에 던져버렸다. 그들은 후두둑거리는 불꽃의 작열을 즐긴 다음에 창문들, 문들, 책상들, 긴 의자들과 상자들을 모두 때려부쉈다. … 14일 동안 이어진 격앙된 행태가 끝나고 나서야 사람들은 가축들을 우리와 동물원에서 노획물로 빼앗아가는 데 숨이 막힐 정도로 의기소침해진 것처럼 보였다." 그 시대에 대략 50명의 수도사가 거주하던 라인하르츠브룬 수도원과 더불어 중세시대에 번영한 종교기관만 사라진 것은 아니다. 루도빙어 왕조의 가문 수도원과 함께 튀링겐 지방 역사의 굳건한 증거도 파괴되었다.

이 역사적 이야기를 실마리로 삼으면서 현재 국가에서 승인한 온천 요양지인 프리드리히로다 – 라인하르츠브룬은 그곳의 한 지역이다 – 에서는 아직도 "루도빙어 온천"이 솟구쳐 나오고 있다. 전체 세 군데 시음장에서 공급하는 급수관에서는 58m 깊이에서 용출된 온천수가 콸콸 솟아 나온다. 그중 한 시음장이 "Klosterberg^{산골 위의 수도원}"이라는 명칭을 갖고 있다는 사실은 이 작은 산골 마을의 주민이 어떻게 해야 자신들의 역사를 시대에 걸맞게 관광에 이용할 수 있는지 알고 있음을 보여준다. 하지만 방문객은 "튀링겐의 목초지"에서 유래한 진품들을 더 이상 발견할 수 없다. 남아 있는 옛 수도원 벽 뒤에 있는 땅에는 "튀링겐의 원세포"를 생각나게 하는 것이라고 여길 만한 돌은 한 개도 남아 있지 않다. 로마네스크 양식의 지하실만이 남아 있을 뿐이다. 농민전쟁 때 파괴된 수도원 터와 대지에는 19세기 중반부터 사용해온 사냥별장과 여름별장이 솟아 있다. 작센-코부르크-고타의 군주들은 17세기 초에 있었던 옛 건물의 자재들을 가지고 건축학적으로 그 건물을 솜씨 좋게 확장하고 합칠 것을 주문했다. 몇십 년이 지난 뒤 이 여름별장에 추가로 건축된 성^城예배당^{Schlosskapelle}은 로마네스크 양식에 의존한 형식과 원형대로 보존된 장식들과 더불어 이 건물을 여름별장만큼이나 매력적으로 돋보이게 한다. 1970년에 복원된 뒤부터 이 건물은 호텔로 이용되고 있고, 1990년대 중반부터는 관광객에게 내부 관광이 금지되었다. 이 성은 여러 개인 소유자들에게 팔려서 현재는 라인하르츠브룬 수도원이 세워져 있던 공원만이 대중에게 공개되고 있을 뿐이다.

그림마^{Grimma} /님프센^{Nimbschen}

작센 중부의 도시 그림마와 이 도시에 소속된 지역인 님프센은 분상습곡인 물데 계곡에 위치해 있다. 이 계곡은 2002년도에 발생한 이른바 천년주기 대홍수 때 심각한 피해를 입었다. 그로 인해 역사적인 구도시를 대대적으로 복구할 기회를 활용하여 매우 가치 있는 내용까지 빠뜨리지 않고 성공적으로 복구가 완료되었다. 집집마다 여전히 표시되어 있는 "수위표시"들이 나 앞으로 있을지도 모를 홍수를 예방하기 위해 강둑에 설치한 보호벽만이 그때의 재해를 상기시킬 뿐이다. 르네상스 양식의 파사드가 있는 역사적인 시청, 옛 작센 왕국의 군주학교와 국립학교(현재 성 아우구스틴 김나지움), 교회들, 대표적인 상점들과 주택들, 약 1만 3천 개의 전시물을 소장하고 있는 지방박물관 같은 볼거리들이 주위의 아름다운 경치들과 나란히 "물데 계곡의 진주"라고 알려진 이 도시의 명성을 보증해준다. 루터와 나란히 그레펜하이니헨 출신의 가장 유명한 개신교 작사가인 파울 게르하르트(1607~1676)는 그의 형 크리스티안이 그랬던 것처럼 그림마 군주학교를 다녀서 비텐베르크 대학교 신학과에 입학할 수 있는 최고의 필요조건을 충족시켰다. 마르크트^{Markt} 11번지의 건물은 매우 유명한 두 명의 이름과 긴밀하게 연관된 유럽 명사의 집이다. 여기에서 라이프치히 출신의 출판업자인 게오르크 요아힘 괴셴(1752~1828)이 1797년부터 비일란트, 클롭슈톡, 괴테, 실러의 중요한 작품들을 인쇄했다. 여행 작가이자 정치 평론가이며 때때로 시인이었던 요한 조이메(1763~1810)가 마르크트 앞에 있는 이 집에서 그 당시에 이 출판사 교정자로 일했다. 이 사람은 1802년 그림마에서 시작한 그의 여행담 "시라쿠스로 가는 산책"을 발행하기 시작했고, 이 책은 이 출판사에서 현재도 발행되고 있다. "나는 그림마에서 배낭을 동여맸고, 우리는 같이 걸었다. … 이제 나는 멜란히톤이 그곳에서 살고 싶어 할 정도로 기분 좋게 생각한 아름다운 그 지역을 뒤돌아보았다. … 그리고 강물은 협곡들을 따라 굽이쳐 소용돌이치며 흘러갔다. 그 협곡들에는 내가 모르는 오솔길도 없었고, 내가 모르는 떡갈나무는 하나도 없었다.”

동시대의 원전들에 기록되어 있듯이 그림마는 “종교개혁이라는 유익한 교훈으로 말미암아 매우 오래전부터 계몽”되었다. 루터는 1519년 에어푸르트에 있는 요하네스 랑에게 보낸 편지에서 그림마에는 개신교로 개종한 사람들이 다른 지역보다도 훨씬 더 우세하다고 썼다. 1523년 부활절 성찬식 때 처음으로 양종(빵과 포도주) 성찬식이 거행되었다. 마르틴 루터는 그림마에 혼자 머물기도 했고 군주를 수행하고도 열 번이나 방문했다고 문헌상으로 증명할 수 있으나, 추측건대 그보다 더 자주 방문했을 것이다. 그가 비텐베르크를 출발하여 라이프치히, 마르부르크, 코부르크, 차이츠, 슈말칼덴으로 여행을 감행하는 동안에 이 도시 그림마는 편리한 중간 체재지로 알려졌다. 아우구스티누스회 수도원을 방문하는 일도 그를 이곳으로 이끌었다. 반면에 루터가 그림마 근교에 위치한 옛 님프센 수도원과 직접 연관되어 있는지는 알려지지 않았다. 이곳은 훗날 루터의 부인이 된 카타리나 폰 보라가 사람들의 눈길을 끌던 도주를 감행하기 전인 1509년과 1523년 사이에 살았던 곳이다.

* * * * *

옛 아우구스티누스회 수도원교회 마르틴 루터는 1290년부터 설립된 아우구스티누스회 수도원 중에서 유일하게 남아 있는 건축물인 이 교회에서 여러 차례 설교했다. 이 교회의 진기하게 높은 지붕 때문에 그는 이 교회를 “건물 흥부 파괴자”라고 불러야 했다. 1522년에 이미 40여 명의 수도사 중 절반이 이 수도원을 떠났다. 비록 이 교회가 오랫동안 붕괴를 모면했을지라도 제2차 세계대전이 끝난 후 극심하게 악화 과정이 시작되었다. 곧이어 이 수도원 교회는 건물안전 규정 때문에 폐쇄되어야 했고 완전히 텅 비게 되었다. 1989년에는 지붕이 붕괴되었다. 이 교회는 1990년 이후 점차적으로 복원되어 이제 옛 수도원교회는 음악회와 전시회 그리고 다른 행사들을 거행하기 위한 인기 있는 공간이 되었다. (구경하기 위해서는 옆에 있는 박물관에 신청해야 한다.)

성 아우구스틴 김나지움 Das Gymnasium St. Augustin 1543년부터 옛 수도원들인 마이센의 성 아프라, 포르테의 성 마리엔 그리고 그림마의 성 아우구스틴에 작센왕국의 군주학교와 국립학교가 건립되었다. 이 학교들은 군주의 감독하에 있었고, 세속화된 교회재산으로 자금을 조달했다. 학교들에서는 미래의 목사, 행정관료와 교사들을 양성하는 기초 교육과정이 개설되었다. 이런 종류의 학교들에서 가르치는 교육은 예를 들면 비텐베르크 대학교 또는 라이프치히 대학교에서 학위과정을 충족하기 위한 전제조건이었다. 학교설립은 완전히 종교개혁의 뜻에 따른 것이었다. 마르틴 루터는 비텐베르크에서 돌아온 직후에 벌써 학교교육의 몰락에 대한 자신의 견해를 표현했고, 도시들에 있는 탁발수도원들을 학교로 바꾸자고 제안했다. 당시에는 그의 제안이 아무런 관심을 얻지 못했지만, 1524년에 "독일 모든 도시들의 참사회 회원들에게: 그들은 당연히 기독교 학교를 설립하고 유지해야 한다"는 소논문을 발간함으로써 상황이 바뀌었다. 그림마의 학교는 1550년에 세워졌다. 현재 학교를 수용하고 있는 이 건물은 1887년과 1891년 사이에 건축가 후고 나우크의 계획과 설계에 따라 지어졌다. (웅장한 학교 복합단지를 둘러보는 역사적 가이드 투어를 이용할 수 있다. 지방 박물관은 장기 전시로 군주학교의 역사를 소개하는데 상세한 전시공간을 제공하고 있다.)

궁전Das Schloss 1200년에 처음으로 문헌에 언급된 이랑식 궁전은 16세기까지 다각적으로 개축되었다(현재 이 궁전은 복원 중이다). 작센의 선제후 요한이 1530년에 아우구스부르크 제국의회로 가는 도중에 이곳에서 묵었다.

성모교회 앞 An der Frauenkirche 성모교회 앞에 있는 원형 꽃밭은 이 교회를 포함해 전체 도시와 더불어 2002년 물에 잠겼다. 어느 한 석주에 설치된 마르틴 루터의 흉상이 호수와도 같은 큰물에 비쳤다. 1883년에 성모교회 옆에서 제막된 이 흉상은 에른스트 리첼이 서명한 구리로 만든 주물이다. 그의 원작품은 드레스덴 예술 컬렉션에 소장되어 있다.

토르가우: 카타리나 폰 보라 기념석판

마리아의 왕관 수도원 Kloster Marienthron (님프센의 지방) 마르틴 루터는 1523년 4월 10일 게오르크 슈팔라틴에게 보낸 편지에서 "당신은 아홉 명의 개종한 수녀가 내가 거처하는 곳으로 왔다는 사실을 알고 있습니다"라고 썼다. 그는 다음과 같이 계속 이어나갔다. "나에게 온 아홉 명의 변절한 수녀는 불쌍한 사람들입니다. … 나는 그들을 몹시 불쌍히 여기고 있으나, 저들은 대개 곳곳에서 정결함을 저주하면서 파괴되어가고 있습니다. 그들의 성은 본질적으로 가장 나약한 것이고, 그들은 천성적으로 하나님에 의해 철저히 남성에 예속되어 있습니다. … 가능하다면, 나도 그들 몇 사람이 결혼해서 사는 것을 보기 원합니다. 그들의 이름은 … 그리고 마지막으로, 카타리나 폰 보라입니다." 그때 그는 1499년 라이프치히 남쪽에 위치한 리펜도르프의 가난한 귀족의 딸로 태어난 카타리나가 2년 뒤 자신의 아내가 될 것이라는 사실을 전혀 예상하지 못했다.

카타리나 폰 보라(1499~1552)는 다섯 살의 나이에 부모에 의해 비터펠트 근교에 있는 브레나 수녀원으로 보내졌고, 열 살 때 친척들이 거주하고 있는 님프센의 수도원으로 보내졌다. "그녀는 마리엔트론(마리아의 왕관) 수도원에서 읽기, 쓰기, 노래, 가사 관리, 환자 돌보기 같은 수업을 받았다. 16세가 되었

그림마(님프셴 지방): 무너진 수도원

을 때 그녀는 마지막으로 수녀원 서약을 했다. 그 안에서 카타리나는 청빈하고, 순결하고, 순종하면서 살고, 허락 없이는 수녀원을 떠나지 않을 것이라고 맹세했다. 시찰관인 수도원장 발타자르 폰 포르테는 1509년에 수녀들의 악습과 규율 위반을 질책했고, 수녀원장에게 더 엄한 규율을 지키게 하라고 경고했다. 수도원장은 또한 수녀원의 후문들과 침실의 창문들을 단단히 폐쇄시킬 것을 명령했다.

수녀원 서약에 대해 여러 번 자신의 견해를 명백하게 표현한 마르틴 루터는 수녀원을 떠나기 원하는 사람들을 기꺼이 도와주었다. 님프센에서부터 도와달라고 외치는 소리가 그의 귀에 들어왔다. 1523년 4월 4일, 아홉 명의 여성이 매우 놀랍고도 전설적인 도주 작전으로 수녀원을 떠날 수 있었다. 루터는 적어도 이 계획된 탈출을 알고 있었는데, 그가 레온하르트 코페라고 불리는 상인과 함께 이 계획에 가담했을 가능성이 있다. (세 명은 오순절 때 뒤이어 탈출한 것으로 추정된다.) 현재 그림마 지방박물관에서 볼 수 있는 가벼워 보이는 신발 한 짝은 오랜 세월 동안 카타리나 폰 보라가 도망치다가 잃어버린 것으로 여겨지고 있다. 실제로 이 신발은 바로크 시대의 제품이지만, 님프센 수녀원의 주인은 이 신발이 수도원에 들어오는 이들에게 얼마나 잘 어울리는지 알고 있었다.

먼저 토르가우에서 살다가 나중에는 그림마로 옮겨온 시토교단의 수녀들이 1258년에 님프센 근교에서 그들의 첫 번째 소유물을 구입했고, 1291년에 수도원교회가 축성되었다. 1509년에 이 수녀원에는 현저히 낮은 계급의 귀족 가문에서 온 44명의 여자들이 살고 있었다. 1529년 이곳에서 개신교 예배가 도입되었고, 수녀들에게는 수녀원을 떠나는 것이 허용되었다. 작센의 선제후 모리츠는 1536년에 해체된 수도원과 수녀원의 소유재산을 그림마에 새로 설립된 국립학교에 양도했다. 수도원 건물들은 무너졌고, 건축자재의 "출처"가 되었다. 남아 있는 잔해들은 19세기 중반부터 안전하게 보호되었고, 현재 구경할 수 있다. (여러 가지 시내 가이드 투어가 제공되고 있고, 지방박물관은 수도원 역사에 대해 상세히 다루고 있다.)

"재단들과 수도원들이 이런 방법으로 다시 정리된다면…"

중세시대에 수도원은 기독교 교회의 탁월하고, 혁신적이며, 종교적인 활동의 중심이었다. 이렇게 풍부한 서양의 공공기관에 대한 마르틴 루터의 비판은 단순히 비판할 만한 가치가 있는 상황 또는 원래의 수도원 이상이나 규율에서 벗어난 행위에만 관련된 것은 아니다. 이러한 유형의 비판은 수도원 개혁에 상응하는 내용과 함께 수세기에 걸쳐 수도원의 역사와 병행되었다. 마침내 종교개혁이 일어나기 바로 직전인 15세기에도 이러한 비판은 늘 있었다. 이상할 정도로 효력이 있었던 "부르스펠데 수도원 회의"의 베네딕트파 회복운동은 부분적으로 성경과 교육에 대해 그들이 주장하는 강령에 비중을 둠으로써 루터의 종교개혁의 동기를 앞당긴 것처럼 여겨진다.

루터의 수도원 비판은 이러한 수도원 제도 내부의 개혁원칙들에 맞지 않았고, 그렇기 때문에 근저를 뒤흔드는 결과를 가져왔다. 그는 하나님과 세상 앞에서 경건한 행위를 수행함으로써 어떻게든 선하게 의도한 모든 시도에 격렬하게 저항했다. 결과적으로 사제들, 수도사들 그리고 수녀들의 사회적으로 높은 신망과 더불어 행위에 기초한 공로와 의를 추구하는 종교적 방침은 애매모호해졌고, "세례받은 모든 이들의 보편적 사제직"(즉, 만인대제사장설)이라는 신학적 핵심사상에 흠이 난 것 같아 보였다.

그러나 행위에 의한 의라는 원칙과 관련하여 루터 또한 수도원 서약, 이른바 "복음주의 신조"(빈곤, 순결, 순종)를 비판했다. 만약에 이 서약이 평생 동안 억압이나 강제로 이행된다면, 이것은 "그리스도인의 자유"를 침해하는 것이다. 특히 순결, 성적인 금욕, 독신생활이라는 서약은 참된 그리스도인의 삶에 대해 중대한 위협을 가하는 것일 수도 있고 그 외에도 "결실을 많이 맺고 (자손이) 번성하라"는 성경의 명령과 반대되는 것일지도 모른다.

루터는 그리스도인의 경건의 중심을 수도원에서 가정으로 옮겼고 이러한 방법으로 가정교회를 만들었는데, 가정교회의 전형은 바로 지역교회의 영적 · 종교적 중심인 개신교 목사관을 의미했다. 동시에 그는 세속 직업을 만들었고, 그렇게 함으로써 신앙을 확신하는 분야와 연습하는 분야를 위해 총체적 사회를 만들었다. 그렇게 하여 결과적으로 최소한 개신교 세계에서는 중세식의 수도회 제도는 주도적인 역할을 상실했다.

오늘날 우리는 여기에서 "중요한 것을 필요 없는 것과 함께 버렸다"는 사실과 수도회 제도의 근본적이며 실제적인 개혁이 종결되었다는 사실을 잘 알고 있다. 이것은 루터와 다른 종교개혁자들의 몇몇 진술에 의해 입증되었다. 이 기관과 그러한 영적인 공동체 형식을 폐지하려는 것이 그들의 의도가 아니었다는 사실을 이러한 긍정적 진술에서 알 수 있다. 루터는 1520년에 발표한 3대 자유 소논문 중 하나인 "독일 민족의 기독교 귀족에게 보내는 서한: 기독교 지위 개선에 대하여"에서 다음과 같이 자신의 견해를 표현했다.

> "내 견해로는 모든 수녀원, 수도원 그리고 수사단체들은 처음에는 사도들의 감독하에 있었고, 그 후에는 누구나 그 안에서 머물기를 원하는 한 모든 곳이 그 사람에게 개방된 것과 같은 방법으로 다시 구성되어야 할 한 가지 규정이 필요할 것이다. [⋯] 실제로 모든 수녀원과 수도원들은 자유의지로 하나님을 섬기고 강요된 의무로 섬기지 말아야 할 정도로 자유로워야 한다."

그는 특별한 방법으로 미사, 즉 예배를 새로 구성한다는 맥락에서 이러한 사상을 다시 받아들였다. 원칙적으로 교회를 개혁하고 재구성하려고 온갖 시도를 기울일 때처럼 자유의지, 이해할 수 있는 포용성과 명확성이라는 기본원칙들이 적용된 것 같다. 1526년에 쓴 "독일 미사"에 대한 서문에서 "가톨릭 인문주의자" 루터는 (필시 오늘날의 개신교인에게 놀라운 일이지만) 라틴어 보존을 주장했다. 이유는 다음과 같다.

> "나는 어떤 경우라도 예배에서 라틴어를 완전히 사라지게 하지 않을 것입니다. [⋯] 나는 한 가지 언어만 장려하고 다른 모든 언어를 멸시하는 그런 사람들에게 결코 동의하지 않습니다."

단일한 독일어를 신성한 목적으로 사용하는 것은 교양교육에만 도움이 되고 "모든 사람이" 훨씬 더 쉽게 성경과 기독교 전통에 접근하고 습득할 수 있게 하려는 예배와 관련한 교육적 목적에도 도움이 된다는 것이다.

루터는 개신교 규정이나 교회 공동체의 삶이라는 "제3의 종류"와 관련한 몇 가지 실행세칙을 제시함으로써 개신교 교회 공동체들에 대한 개요를 만들었다. 이러한 공동체들은 세인의 이목에 노출되어서는 안 되며, 다음과 같은 사람들을 목표로 삼아야 했다. "[…] 진심으로 그리스도인이 되고 싶어 하며 손을 들고 입으로 복음을 고백하려는" 사람들에게 호소한 것이다. 루터는 이러한 개신교 규정을 따르는 회원들이 반드시 아래와 같이 해야 한다고 생각했다.

> "[…] 이름을 등록하고 기도하기 위해, 성경을 읽기 위해, 세례를 받기 위해, 성체를 받기 위해, 그리고 그리스도교 전도의 일을 행하기 위해 어디서든 한 집에서 모여야 한다. 이 명령 안에서 사람들은 깨닫고, 그리스도인답지 않게 행동하는 사람들을 식별하고, 꾸짖고, 회개시키고, 내쫓거나 그리스도의 규범에 따라 교회에서 제명시켜야 한다. 마태복음 18장 15절 이하."

종교개혁가의 견해에 따르자면 이러한 유형의 영성 공동체는 많은 횟수의 기도나 지나친 공을 들인 기도들, 그리고 "오래 계속 부르는 찬송가들"이 필요하지 않다는 것이다.

> "여기서는 간단하지만 멋진 방법으로 세례식과 성찬식을 행할 수 있고, 모든 것을 기도와 사랑으로 거행할 수 있다."

게다가 교리문답이나 성무일과 기도서를 통해 교인들에게 영적인 모임과 서로 간의 친교를 위한 모임이 보장된다. 루터가 "제3의 방법"이라는 공동체에 대한 자신의 생각을 결심했을 때 다음과 같이 조금은 체념했다.

> "만약 우리에게 진정으로 그리스도인이 되기를 갈망하는 사람들이나 몇몇 개인이 있다면, 규범들과 영적인 방식들을 만들었을 것이다. 그러나 나는 그러한 공동체나 모임을 아직 규정할 수 없고 세우고 싶지도 않다. 왜냐하면 내게는 그렇게 할 만한 사람들도 없고 몇 사람이라도 잘 아는 개인이 없기 때문이다."

이러한 개혁 시도들은 독일과 유럽의 수많은 가톨릭 수도원들 이외에 몇몇 개신교 재단들에서 적어도 부분적으로 수용되었다. 17세기 개신교 경건주의 시대에 단행된 개혁 시도는 수년에 걸쳐 예를 들어 매우 중요한 루터교 신학자이자, 저항 운동가이며, 개신교 순교자인 디트리히 본회퍼와 마찬가지로 루터에게 사상의 기반을 두고 있는 필립 야콥 슈페너의 "경건회Kollegien der Frömigkeit" 같은 주목할 만한 세력으로 발전했다. 1935년 1월에 작성한 어느 편지에서 본회퍼는 루터의 사상에 기초한 수도생활은 현재까지도 그리스도교 교회의 시급한 혁신의 결정적 출발점과 근원이 될 수 있다고 주장했다.

"산상설교에 근거한 성도의 생활에 옛 생활방식과 타협하지 않는 새로운 수도생활 방식에서 분명히 교회의 회복이 일어납니다. 나는 이 목적을 위해 이제 사람들을 모을 시간이 되었다고 믿습니다."

할레^{Halle}
란츠베르크^{Landsberg}
메르제부르크^{Merseburg}
나움부르크^{Naumburg}

여행기 작가인 베르너 베르겐그루엔(1892~1964)은 1154년에 '도시'라고 처음으로 언급된 할레가 첫눈에 "독특한 인상이 없는 산업도시"로 보일 수 있지만, 이 도시에는 실제로 "한 손에는 소금 추출물을, 그리고 다른 손에는 생각을 행동으로 옮기는 힘찬 상업적인 원동력을 지니고 있는 가장 전통적인 두 가지 산업에 기초를 둔 도시 자체의 삶이 있다"고 덧붙였다. 가까이 있는 두 개의 거대 화학기업인 로이나^{Leuna}와 부나^{Buna}는 산업도시의 특성을 각인시킨다. 1964년부터 될라우 황무지 끝에 이 기업의 노동자들을 위한 대규모 주거단지인 할레-노이슈타트(할레-신도시)가 조성되었다. 작가인 하인츠 체코프스키는 1983년에 이 주거단지를 "근무에 열성적인 엔지니어들의 제도판에서부터 파센도르프 목초지의 평지로 아무런 즐거움 없이 분출된 곳"이라고 혹평했다. 현재 대략 23만 2천 명의 주민이 살고 있는 이 주에서 가장 큰 이 도시는 "작센안할트 주의 문화수도"다. 여기에서 태어나 마르크트키르헤^{Marktkirche(시장교회)}에서 세례받은 작곡가 게오르크 프리드리히 헨델(1685~1759)에게는 하나의 동상과 이전의 교회를 개조하여 만든 공연극장 그리고 그가 태어난 집(Große Nikolaistraße에 위치)을 토대로 한 박물관이 헌정되어 있다. 1698년에 할레의 신학자인 아우구스트 헤르만 프랑케에 의해 설립된 고아원(나중에 프랑케 재단으로 알려짐)은 주^州의 경계선 너머 멀리까지 이 도시의 명성을 알렸다. 시내 중심부에 있는 이 재단은 교육, 사회, 과학 그리고 문화연구 등을 위한 풍부한 시설들을 유치한 14헥타르에 달하는 구역에 자리 잡고 있다. 특히 이곳에서 볼만한 것은 1728년에 지어진 긴 통로도서관^{Kulissebibliothek},

114m에 달하는 유럽에서 가장 긴 목골가옥, 그리고 원래의 자리에 보존된 예술 및 자연사 보존실이다. 선사시대 역사 주립박물관(리하르트-바그너-슈트라세)은 일부 장관을 이루는 극적인 상영물(2,009가지의 "루터 유물들Fundsache Luther")을 동시에 전시함으로써 유럽에서 가장 중요한 고고학 박물관 중의 하나로 간주된다.

라이프치히 저지 평원의 북서쪽 경계의 잘레 강을 따라가는 중간 지점에 위치한 대학도시 할레는 때때로 "잘츠-아테나(아테나의 소금)"라고 불린다. 이 별칭은 18세기까지 동쪽 강변에 있는 계곡분지에서 소금이 추출되었다는 사실에 근거한 것이다. 소금 원천의 발견과 소금 채굴 작업을 하는 노동자들인 할로렌(만스펠터 슈트라세Mansfelder Straße에 위치한 박물관)에 대한 여러 전설은 이미 널리 알려졌다. 이러한 전설 가운데 어떤 전설 속에서 '할로렌들'은 옛 제국의 성 기비헨슈타인Giebichenstein(훗날 마그데부르크 대주교구의 요새)에 다녀온 주교에게 이렇게 언급했다. "Han mer hüte water und holt, / so hand mer morne silber und gold."(말씀드릴 한 가지 사실이 있습니다. / 오늘의 물과 나무는 내일의 은과 금으로 바뀔 겁니다). 소금 추출물이 긴 세월에 걸쳐 도시에 명확한 부귀를 선물한 것은 사실이었다. "1266년부터 나온 '할레 배심문서들'"이라고 불리는 법조문들은 발생 장소를 넘어, 그리고 심지어 중부독일을 넘어 더 멀리까지 영향을 행사했다. 동시에 이 문서들은 이 도시가 1479년에 마그데부르크 대주교들의 통치하에 들어갈 때까지 독립도시였다는 사실도 기록했다. 가톨릭 신학자이자 찬송가 작사가였던 미하엘 페에는 잠시 동안 그 도시에서 살았던 또 다른 전문가였다. 그는 1537년에 독일어로 된 최초의 가톨릭 찬송가를 작사했다. 1528년에는 이 시대에 가장 중요한 예술가들 중 한 사람인 알브레히트 뒤러 이외에 화가 마티아스 그뤼네발트도 할레에서 사망했다. 그는 농민전쟁에 참여했고 종교개혁을 공공연하게 지지하다가 전 재산을 잃기도 했다. 그 이후 그는 할레에서 "도시의 수력공학자"로 고용되었다. 마르크트키르헤Marktkirche "우리의 성모교회Unser Lieben Frauen"의 두 개의 쌍둥이 탑은 이 도시의 독특한 상징물로서 스카이라인의 윤곽을 두드러지게 한다. 이 교회의 오르간 연주자인 오스카 레블링(1919~1967) 교수는 "루터가 세 번 설교했고, 게오르크 프리드리히 헨델이 세례받았고, 요한 제바스티안 바흐가 대형 파이프오르간을 봉납한 교회를 여러분은 온 세상에서 결코 다시 발견하지 못할 것입니다"라고 종교개혁의 역사와 밀접한 관계가 있는 이 예배당의 독특성을 강조했다.

　　1518년과 1541년 사이에 할레 시는 독일 대주교, 마그데부르크 대주교, 마인츠의 선제후들 그리고 할버슈타트의 주교 주재지로서 특별한 의미를 얻었다. 브란덴부르크의 알브레히트가 1514년부터 거주한 매우 좁은 이 도시 공간에서는 종교개혁이 진행되는 중에 갑자기 갈등이 분출되었다. 민중이 "대성당Dom"이라고 부르고, 알브레히트가 자기 자신의 생각대로 이 교회를 개조하기 위해 도미니크회 수도사들에게서 빼앗은 바로 옆의 "주교구 성당Stiftskirche"은 알브레히트 추기경이 거주한 곳 중의 하나다. 이 교회는 할레 성유물을 보존하기 위한 보고寶庫가 되었고, 마르틴 루터가 자신의 소논문에서 "할레의 우상"이라고 비방한 중세 후기의 가장 훌륭한 성유물 중 하나의 보물을

할레: 시장교회, 헨델 동상 그리고 "붉은 탑"이 있는 시장광장

위한 보존소가 되었다. 마르틴 루터가 가장 크게 분노한 것은 할레 성역이 지닌 면죄권과 직결된 면죄부 판매였다. 도미니크회 수도사인 테첼은 면죄부 문서들을 교부했다. 그는 이 성유물의 힘 때문에 죄의 형벌을 면제해준다고 약속하는 문서들을 교부했고, 돈을 받고서 사람들에게 이 문서들을 팔았다. 반면에 비텐베르크에서 공포된 루터의 논제들, 바르트부르크 성에서 그 논제들에 대해 예리하게 작성된 공격적인 서신들, 그리고 1521년에 인쇄된 "할레의 우상에 반대하는 소책자"는 이미 돈을 받은 추기경과 대주교의 분노를 샀다. 그것은 분명히 이미 추방당한 루터가 감행한 기괴한 일이었다. 그는 1521년 12월 1일에 바르트부르크 성에서 ("나의 광포에 빠져") 그사이에 독일 교회의 영적 지도자들에게 보내는 세 번째 편지를 썼고, 그 안에서 "은총을 입은 선제후들께Euer Kurfürstlichen Gnaden(EKFG)" 최후통첩을 알렸다. "나는 14일 이내에 EKFG께서 최종적이며, 신속한 답변을 주시기를 당부드리며 기대합니다. 왜냐하면 정확히 14일 후에는 할레의 우상에 반대한 나의 소책자들이 나올 것이기 때문입니다. …" 또한 루터가 최근에 세워진 이 우상에 대해 불만을 터뜨렸던 말투조차 상대적으로 침착해 보였다. "그렇기 때문에 EKFG는 마침내 서면으로 견해를 알려왔다. 만약에 우상이 철폐되지 않는다면, 이것은 나의 경우에 신성한 가르침과 그리스도의 영성을 위해 EKFG와 교황을 공개적으로 공격할 수 있고, 이러한 행동에 반대하여 자유롭게 저항할 수 있으며, 테첼이 이전에 저지른 모든 끔찍한 행위에 대해 마인츠의 주교에게 책임을 지게 할 수 있고, 주교와 늑대 사이의 차이를 온 세상에 알려줄 필요가 있으며, 시급하고 불가피한 이유로 여겨질 것이다. EKFG가 이것에 따르고, 처신하는 법을 알았으면 좋겠다." 곧 볼프강 파브리시우스 카피토(1489~1541)의 긴 편지에 이어 한 통의 짧고 유화적으로 보이는 답변이 왔다. 대주교의 시중을 드는 설교가이며 신학 교수인 이 사람은 그 편지에서 루터를 농락하려고 시도했다. 그렇지만 이 개혁자는 카피오에게 보낸 답장에서 볼 수 있듯이 그의 책략을 통찰하고 있었다. "친애하는 파브리시우스님, 추기경님의 서신이 저에게 용기를 불러일으킨 것과 마찬가지로 귀하의 서신은 저를 완전히 압도했습니다. 이 격렬하고 적대적인 시작이 귀하에게 똑같은 영향을 끼칠 것입니다. 그러나 이것은 전적으로 귀하의 책임입니다. 왜냐하면 귀하께서는 추기경님의 편지에서 믿을 만한 것과 어떤 중요한 것을 가져다가 귀하의 것으로 매우 역겹게 끄집어다 쓴 장황한 말을 썼기 때문입니다. … 귀하는 당신들의 행동에 한쪽 눈을 질끈 감아줄 루터를 갖고 싶어 합니다. 점잖고 친밀한 편지를 물게 하고 모피를 쓰다 듬어주기만 하면 되는 그런 사람을 말입니다. 그런데 당신들이 은밀히 도모하는 일은 복이 되지 않습니다!" 루터를 지지하는 비텐베르크에 극단적으로 반대하는 자로서 할레 시를 반개신교적인 아성으로 만들려고 했던 알브레히트 추기경은 실망하여 1541년에 이 도시를 떠나 마인츠로 돌아갔다. 부유한 시민은 그가 이 도시에 남긴 빚더미를 떠맡았다.

마르틴 루터는 몇 번만 이 도시를 방문했는데, 대부분 장기 여행을 할 때 짧게 체류했을 뿐이다. 그는 1546년 사망하던 해 겨울에 이곳에서 오랜 시간을 보냈다. 그는 만스펠트 방백과의 분쟁을 매듭짓기 위해 비텐베르크에서 만스펠트로 가던 중에 홍수가 일어나 예기치 않게 체류하게 되어 며칠 이상 지속해서 그곳에 머문 적이 있다. 비텐베르크에 있던 그의 아내 카타리나는 1월 25일 자 남편의 편지에서 다음과 같은 사실을 알게 되었다. "… 우리는 아침 8시에 할레를 떠났소. 하지만 우리는 1시간 후에 할레로 되돌아가야 했기 때문에 아이제나흐에 도달하지는 못했소. 우리가 어마어마한 재세례주의자(잘레 강) 그리고 거대한 유빙하고 대결했기 때문이오. … 마찬가지로 우리는 비터 펠트의 물데 강 때문에 돌아갈 수도 없고, 여기 할레에서 물과 물 사이에 잡혀 있어야 하는 신세요." 이후 마르틴 루터는 3주도 채 되지 않은 2월 18일 아침, 아이스레벤에서 사망했다. 그의 시신은 그곳으로부터 비텐베르크로 운구되었다. 그의 시신은 2월 20일과 21일 사이의 밤에 할레 시장교회의 성유물실에 입관되었다. 그의 데드마스크 주형은 그곳에서 뜬 것이다.

* * * * *

시장교회Marktkirche **"성모마리아**Unser Lieben Frauen**"** 1529년에 추기경 알브레히

트의 발의로 이 도시의 중심에 대표적인 교회가 신축되기 시작했다. 이렇게 하는 목적은 확산되고 있는 종교개혁 성향에 대비한 방벽을 세우기 위함이었다. 소금 채굴광부들의 교회인 성 게르트루데 교회^{Gertrudekirche} 그리고 상인들과 수공업자들의 교구교회인 성 마리엔 교회^{Marienkirche}와 함께 두 개의 중세 교회들이 그 목적을 달성하기 위해 신축 건물로 대체되어야 했다. 인상적인 쌍둥이 탑만이 새 건물에 통합되었다. 지역주민인 건축 장인 카스파 크라프트가 삼랑식 예배당을 설계했다. 니켈 호프만(남쪽 회랑에 있는 명문)이 1544년에 이 교회를 완성하여 이 도시의 상징물이 되었고, 이 교회의 내부는 극찬받는 후기 고딕 양식의 걸작이다. 추기경 자신의 초상화를 내포하고 있는 대 루카스 크라나흐의 공방에서 만든 익랑제단만이 가톨릭 후원자들과 연계되는 이 교회에 남은 유일한 항목이다. 명문이 포함되어 있는 부조들은 마르틴 루터와 유스투스 요나스를 기념한다.

약 3만 권의 도서를 소장하고 있는 성 마리에 도서관은 시장교회의 가치가 큰 재산 중의 하나다. 도서관 소장품에는 루터가 직접 써넣은 기입사항이 있는 몇몇 인쇄된 성경들과 1520년의 "할레 성유물 장부"가 포함되어 있다. 이 책에는 작센의 에른스트^{Ernst} 대주교와 알브레히트^{Albrecht} 대주교가 대단히 귀중하고 아름답게 디자인된 성물함들 속에 들어 있는 여러 가지 성유물의 목록을 작성한 내역들이 있다. 이 도서관과 함께 이전 교회들 중의 한 교회에서 나온 1430년에 주조된 청동주형과 1716년 요한 제바스티안 바흐에 의해 봉헌된 현재의 대형 파이프오르간 또한 시장교회의 볼거리에 속한다(이 오르간의 바로크식 오르간 뒤로는 1984년부터 오르간 제작회사인 슈케^{Schuke}가 제작한 악기의 소리가 울려 퍼진다). 이 교회에 있는 종교개혁시대의 수많은 볼만한 보물들과 증거물들 가운데 마르틴 루터의 데드마스크가 가장 탁월하다. 이것은 할레의 화가 루카스 푸르테나겔이 아이스레벤의 루터가 임종한 자리에서 뜬 석고모형에 따라 만들어진 것으로 추정된다. 협의하기 위해 마르틴 루터를 만스펠트로 수행했고 아이스레벤에서 고인에 대한 첫 번째 제문을 낭독한 유스투스 요나스에 의해 루터의 데드마스크는 시장교회 공동체의 소유가 되었다. 데드마스크,

나중에 덧붙여진 석고모형과 설교단은 시장교회의 북서쪽에 있는 탑의 작은 방에서 구경할 수 있다. 이 설교단에서 유스투스 요나스가 1541년 성금요일에 첫 번째 개신교 설교를 선포했고, 나중에는 마르틴 루터가 설교했다. 시장 쪽으로 세워져 있는 외부 파사드 앞에는 루터의 양각 초상화가 설치되어 있다. 이것은 "1883년 11월 10일 그의 탄생 400주년을 맞아 이 교회의 종교개혁자를 기념하여" 만들어진 것이다.

* * * * *

마르틴 루터의 숙소^{Herberge Martin Luthers} (슈메어슈트라세 2번지^{Schmeerstraße 2}) 시장교회^{Marktkirche}에서 몇 걸음 떨어진 곳에 한 건물이 있는데, 그 앞에 부착된 기념명판이 다음과 같은 정보를 알려준다. "마르틴 루터 박사가 1545년 8월 초에 "춤 귈데낸 슐뢰샌" 숙소에서 묵었다." 또한 유스투스 요나스가 이곳에서 묵은 것으로 추측되는데, 그는 1541년부터 할레에서 종교개혁을 실행했고 1546년에 '시장교회'의 책임목사가 되었다. 15세기에 지어진 이 건물은 이 도시에서 가장 오래된 집들 중 하나로 여겨진다.

* * * * *

"대성당^{Der Dom}**"** 옛 도미니크회 수도원이 있던 자리에는 알브레히트 추기경이 이 건물을 원형 볼트로 왕관을 씌운 초기 고딕 양식의 홀교회가 있다. 알브레히트 추기경 시대에서 유래한 비품들에는 다음과 같은 것들이 보존되어 있다. "성단소 의자, 기둥들에 조각된 14명의 인물, 봉납판들 그리고 성경 저자들과 라틴 교부들을 묘사한 설교단."

* * * * *

"루터의 길^{Lutherweg}**"** 할레 시는 루터의 도시 비텐베르크와 아이스레벤 사이에 뻗어 있고, 만스펠트를 포함한 410km 길이의 "루터의 길"에 위치한 정거장이다. 이 도시에는 관광에 흥미를 주는 노정과 더불어 "루터의 길"에 특별한 매력을 부여하는 종교적이며 영적인 특성을 보여주는 여러 가지 다양한 상품이 있다.

란츠베르크 _{Landsberg}

할레의 동쪽에 위치한 란츠베르크는 6세기와 7세기에 지우질레 지역에 살고 있던 슬라브족의 성채였다. 원래의 언덕 위 성채를 둘러싼 흙으로 된 누벽들의 유적들은 아직도 카펠렌베르크의 남쪽과 동쪽에서 볼 수 있다. 황제 프리드리히 1세의 절친인 마이센의 디트리히 변경백은 1170년경에 잘레-엘베 지역에서 가장 큰 성 중 하나가 될 부지를 건설하기 시작했다. 1210년경에 완성된 성 복합건물들 가운데 남아 있는 것은 성^聖 크루치스^{St. Crucis} 복층 예배당뿐이다. 이와 매우 비슷한 성은 프라이부르크/운스트루트에 있는 노이엔부르크에서도 볼 수 있다. 단독으로 서 있는 탑 모양의 건물은 높이가 똑같은 세 개의 앱스(반원형으로 튀어나온 부분)와 예배당으로 연결되는 돌출된 계단실이다. 소도시 란츠베르크 위로 높이 솟은 반암^{斑岩} 언덕에 있는 건물은 주변의 평지를 내려다보고 있다. 1986년에 할레 출신의 작가 빌헬름 바르취는 "오 볼펜, 비테펠트와 할레 / 그리고 로마 사이에 있는 산" 꼭대기에 서서 자신의 발 아래 펼쳐진 "연기에 그을린 / 산산이 흩어져 펼쳐진 풍경"에 대한 시를 썼다.

멀리서도 볼 수 있고, 로만틱 가도의 일부분을 이루는 이 건물은 호엔슈타우펜 왕조 시대 건축과 설계대로 지어진 다른 예배당들의 완벽한 본보기로 여겨지고 있다. 평민과 하인들은 간소하게 장식된 삼랑식 예배당의 아래층 공간에 서서 교회 천장에 크게 열린 틈을 통해 위층 예배당에서 열리는 예배에 동참할 수 있었다. 마르틴 루터는 1536년과 1546년에 예배 이외에 박물관이나 호적등록 사무소로 이용되기도 한 예배당에 왔고, 한 번은 설교를 했다고 한다. 상층부 2층에 있는 창문의 양각새김에는 마르틴 루터가 분필로 직접 쓴 것으로 추정되는 다음과 같은 시구가 있다. "오 영원하신 하나님 / 당신을 믿는 그리스도인을 불쌍히 여기소서! / 저의 손과 입으로 이토록 탄식하나이다 / 마르틴 루터 박사 씀." 2017년까지 계속되는 종교개혁 10주년 행사에 즈음하여 란츠베르크 예배당은 모든 손님을 예배에 초청하고 있는데, 예배 때마다 마르틴 루터의 원본 설교 말씀들이 다시 선포되고 있다.

란츠베르크: 성 크루치스 복층 예배당

메르제부르크 ^{Merseburg}

메르제부르크는 대성당과 대학교가 있는 천 년 이상의 역사를 지닌 도시다. 이 도시는 잘레 강변에 위치하고 있고, 대성당은 좌안 높은 언덕 위로 솟아 있다. 메르제부르크에는 선사시대에 이미 부락들이 있었고 일부분은 요새화되었다. 메르제부르크는 헨리 1세 시대에 슬라브족들 영역의 변경에 위치해 있었기 때문에 전략적으로 중요했다. 수세기 동안 메르제부르크는 독일 선제후국 아래서 대단한 명성을 누렸다. 12세기 말경에 잘레 강 하안의 다른 편에 새로운 도시가 발전하기 시작했다. 노이마르크트 교회^{Neumarktkirche}와 강 위에 놓인 교량 하나가 문헌에 언급된 첫 번째 건물이다. 메르제부르크는 14세기까지 중요한 무역 중심지였다. 이 시기가 지난 다음에 라이프치히가 이 기능을 넘겨받았다. 라이프치히가 더 알맞은 위치에 있고, 베틴 가문으로부터 확고한 지원을 받았기 때문이다. 1004년에 하인리히 2세가 메르제부르크 주교 관구를 설립했는데, 이 관구는 1561년 그곳에 마침내 종교개혁이 도입될 때까지 존재했다. 헨리 2세는 1015년부터 "세례 요한 성당^{St. Johannes der Täufer}과 성 라우렌티우스^{St. Laurentius}" 성당을 건축하게 했다. 이 성당은 13세기와 16세기에 급격한 변화를 겪은 후 현재는 1470년부터 새로 건축된 성^城 복합건물의 일부가 되었다.

메르제부르크: 대성당

종교개혁과 농민전쟁이 진행 중일 때 시민과 농민은 이른바 "메르제부르크 16개 조항"을 작성했고 주교를 강제 추방했다. 1543년에 처음으로 개신교 목사가 시교회Stadtkirche에 청빙되었다. 1545년 8월 1일에 마르틴 루터는 이 성에서 주교좌 성당 참사위원인 안할트의 게오르크를 최초의 개신교 감독으로 등용했다. 다음 날 루터는 대성당에서 설교했다(기념명판). 루터가 설교한 설교단 같이 종교개혁시대에서 유래한 세부적인 항목들을 대성당과 성 복합건물 안과 그 앞에서 볼 수 있다. 성에 있는 문화사 박물관과 대성당에 전시된 "대성당 보물"은 그 당시의 귀중품들을 전시하고 있다.

나움부르크 Naumburg

"잘레 강변에 위치한 고향 도시와 관련되는 한 이 도시는 할레 남쪽 어딘가에, 튀링겐 쪽 어디엔가 위치하고 있다"는 사실을 외국인에게 알려주라고 토마스 만의 소설 『파우스트 박사』에 나오는 한 인물이 이 도시의 기원에 대해 이렇게 설명한다. 소설에서 '카이저아셔른'이라고 불린 이곳을 문예학은 '나움부르크'라고 규정했다. 나움부르크는 토마스 만의 소설 『파우스트 박사』의 주인공이 그와 똑닮은 사람이라고 느낄 수 있는 프리드리히 니체(1844~1900)처럼 성장한 도시다. 거의 천 년의 역사를 지닌 나움부르크는 운스트루트 강과 잘레 강이 합류하는 지점에 위치한 튀링겐 분지의 북동쪽 가장자리에 자리 잡고 있다. 나움부르크는 주교구의 수도(1028~1568)이자 큰 강이 있는 도시로서 중세시대에 전성기를 누렸다. 이 도시는 원래 1010년경에 에케하르트 가문 사람들에 의해 새로 지어진 성이 있던 장소(누엔부르크Nuenburc)였다. "낭만가도"의 일부를 이루는 성 베드로와 바울 성당Dom St. Peter und Paul 이외에 성 마리아의 문Marientor, 성곽의 잔해, 성 벤첼 시교회Stadtkirche St. Wenzel, 시청(고위 신분들이 이 시청에서 루터에게 안수받은 암스도르프 감독에게 충성을 맹세했다)뿐만 아니라 시장광장 주변을 둘러싼 호화주택들 같은 명백한 증거물들은 현재 약 3만 명의 주민을 헤아리는 이 도시가 수세기에 걸쳐 계속해서 광휘와 번영을 누렸음을 알려주고 있다. 여류작가 루이제 프랑코이스는 1856년 나움부르크를 방문한 뒤 다음과 같은 말로 자신이 이 도시에 열광했음을 표현했다. "나움부르크에서는 포도원들, 성들 … 그리고 아름다운 옛 성당이 마치 우리를 정신 속에서 멀리 떨어진 서쪽으로 옮겨주는 것 같이 여러 가지 방법으로 라인 지역의 삶을 회상하게 된다." 현재까지도 나움부르크와 주변 지역은 독일에서 가장 북쪽에 위치한 잘레-운스트루트의 중심을 형성하고 있다.

마르틴 루터는 이 도시를 두 번 방문했다. 1521년에 보름스 제국의회로 가던 중에 여기서 체류했고, 마르크트 3번지(기념명판) 앞에 있는 시장^{市長}의 집에서 묵었다. 그는 1524년 1월 19일에 멜란히톤과 부겐하겐을 동행하고서 이 도시에서 여러 날 동안 시간을 보냈다. 도착하던 날 저녁에도 그는 나움부르크의 저명한 시민과 만났는데, 이 방문은 "나움부르크 고위 신분에 드리는 권고"라는 문헌에 기록하여 전해져왔다. 다음 날 아침에 그는 대성당에서 니콜라우스 폰 암스도르프(1483~1565)를 최초의 개신교 주교로 임명했다. 가톨릭 성도들이 인정하지 않는 암스도르프 주교(시장 앞 "작은 성Schlösschen"에 있는 작은 방)는 비텐베르크의 교수일 뿐만 아니라 개신교 설교자이자 마그데부르크의 감독이었지만, 가톨릭은 인정하지 않았다. 암스도르프는 종교개혁자의 각별한 친구로서 라이프치히 논쟁과 보름스 제국의회로 가는 여행에 루터와 동행했다. 암스도르프는 슈말칼덴 전쟁에서 개신교파가 패배한 후에 선제후의 명령으로 4년 후 나움부르크를 떠나야 했다. 마침내 아이제나흐에 정착하기 전에는 고타, 바이마르 그리고 다시 마그데부르크가 그의 체류지였다.

* * * * *

성 베드로와 성 바울 대성당 Der Dom St. Peter und Paul 에케하르트 가문의 옛 시 교회 대신에 수세기 이상 현재의 형태를 이뤄온 대성당 복합건물은 로마네스크와 고딕 건축양식 덕분에, 그리고 한층 더 초기 고딕 양식의 웅대한 돌조각들과 장식물들 때문에 독일 중세시대의 가장 중요한 문화적 그리고 건축학적 건물 중 하나다. 13세기 중엽에 이른바 나움부르크의 명장이 조각한 서쪽 성단소에 있는 인체 크기의 기부자 조각상은 (에케하르트와 우타Uta의 유명한 조각상을 포함하여) 서쪽 봉독대 앞에 있는 그리스도 수난사 묘사와 더불어 실제에 가까운 인물묘사를 통해 방문객에게 감명을 준다. 대성당에 있는 건축사와 문화사적으로도 중요한 특징들은 후기 로마네스크 양식의 지하묘실, 동쪽 봉독대와 중세시대의 스테인드글라스 창들이다. 마르틴 루터가 암스도르프를 주교로 임명하는 동안 "매우 강력하고 위로가 되게" 설교한 설교단은 연도를 기록한 비문에 따라 종교개혁시대에서 유래한 것임에도 불구하고 세월이 흐르면서 여러 번 개조되었다가 1930년경에 마지막으로 개조가 완료되었다.

대중이 구경할 수 있게 로마네스크 양식의 볼트에 있는 중세시대와 르네상스 시대의 30개 이상의 대단히 귀중한 대성당 보물이 대중이 구경할 수 있게 공개되고 있다.

* * * * *

성 벤첼 시교회 Die Stadtkirche St. Wenzel 시장의 남쪽에 있는 시교구교회는 삼랑식 고딕 홀교회 Hallenkirche다. 이 건물은 1426년 이후에 건축되었고, 교회 내부는 1724년에 바로크 양식으로 새로 바뀌었다. 서쪽 정문은 1510년과 1520년 사이에 지어졌다. 1526년에 이 교회에서 처음으로 개신교 설교가 선포되었다. 교회 내부의 가장 중요한 세 가지 항목은 1680년의 바로크 양식의 높은 제단과 대 루카스 크라나흐의 화방에서 작업한 "동방박사의 아기 예수 경배"와 "어린이들에 대한 축복"을 포함하고 있다. 후자의 그림에서는 여러 인물 중에서 카타리나 폰 보라, 루터 가족의 세 자녀와 암스도르프의 모습들을 찾아낼 수 있다. 요한 제바스티안 바흐가 증명한 힐데브란트 오르간은 바로크 오르간 제작 전통의 걸작이다.

나움부르크: 대성당

예나 Jena
칼라 Kahla

　　"아베Abbe의 동상 제막식을 거행하기 위해 예나로 향하던 오후. 참관을 마치고 우리 모두는 시장에 모여서 야외의 긴 식탁에 앉아 저녁 식사를 했다. 날이 어두워지자 손에 초롱을 든 200여 명의 초등학생 행렬이 다가오더니 노래를 부르면서 시장을 빙 둘러 지나갔다. 이것은 옛 독일 작은 도시들의 분위기였다. 우리 마음속에 기쁜 추억이 솟아오르는 즐거운 유년 시절 분위기였다. 루트비히 폰 호프만과 아스니프 그리고 판 드 펠데가 여러 가지 방법으로 이런 분위기와 대조를 이룬 반면에, 클링어는 주발같이 큰 잔에 깊이 파고드는 식물의 뿌리처럼 보일 정도로 이런 분위기 속에서 성장했다."

　　새로운 바이마르Neues Weimar의 바우하우스 예술가이자 연대기 저자인 하리 그라프 폰 케슬러는 1911년 7월 29일 일기장에 이 장면을 기록했다. 이렇게 쓰면서 그는 괴테의 경우 "사랑스럽고 어리석은 둥우리"이기도 한 예나의 여러 모습 중 한 가지를 스케치했다. 예나가 그렇게 어리석은가? 이것은 어쩌면 이 도시의 일곱 가지 기적 때문에 충분히 정당한 논거가 될 수도 있다. 옛날부터 살고 있는 주민이 그 기적 중 여러 가지를 현재도 여전히 박물관에서만 구경할 수 있으니 말이다. 이 지역 밖으로 유명해진 좀 더 최근의 "기적" 중 한 가지인 세계에서 가장 오래된 별자리 투영기가 아직도 운용되고 있다. 이것은 똑같은 유명세를 누리고 있는 아베/차이스 팀에 의해 제작되었다. 이 두 사람보다 100년 전에 유명했던 사람들은 실러, 괴테, 피히테 그리고 예나의 명성을 증폭시켰던 다른 여러 사람들이다. 프리드리히 실러는 잘레 강에 인접한 이 도시에서 10년 동안 살았다. 1558년에 개교한 예나 대학교는 오래전부터 시인이자 교수인 이 사람의 이름을 분명히 자랑으로 여기고 있다. 괴테가 예나를 방문한 횟수를 모두 합치면, 이 도시에서 도합 5년간 체재했다. 그는 힘써 식물원을 육성했고, 현재 대부분 세계 모든 기후대의 1만 2천 종의 식물들을 갖추고 있는 식물원 감독관의 관사(현재 박물관)에서 머물렀다. 그렇지만 그는 성에서 체류하기도 했다. 괴테 시대에 남녀 지식인들로 구성된 작은 동아리가 운터렌 마르크트의 안마당에 위치한 집(현재 문학 박물관)에서 모였다. 그들은 획기적인 "예나 낭만주의" 운동의 선구자들이었다.

괴테 이전에 마르틴 루터가 선제후의 영접을 받았던 성은 현재 더 이상 존재하지 않는다. 예나의 예술사가인 파울 베버(1868~1930)는 이 성을 보았다. 1905년 2월에 전체 시설의 철거가 시작되기 3년 전, 그는 많은 군주들이 넓혀 놓은 옛 부지를 다음과 같은 말로 기록했다. "광범위하게 폐허가 된 안마당이 고도 예나의 옛 성벽 북동쪽 모퉁이에 형성된 공간을 차지하고 있다. 푸릇푸릇 무성하게 자라난 풀이 이 안마당의 울퉁불퉁한 포석을 점거하고 있다. 사방으로부터 이 안마당을 둘러싸고 있는 여러 가지 모양과 여러 용도로 사용되는 건물들이 일부는 비바람에 상한 노란색을 띠고 있고, 일부는 음울한 회색으로 칠해져 있다. 그 건물 중에서 보는 사람에게 깊은 인상을 남기는 건물은 전혀 없고, 실제로 회화적이거나 건축학적인 흥미를 주는 광경은 어디에서도 보이지 않는다. 낯선 사람은 성에 들어오면 실제로 여기가 안마당이었다는 사실을 추측할 만한 것이 아무것도 없기 때문에 그에게 성 안마당에 와 있다는 사실을 알려주어야 할 것이다." 이러한 황량한 광경을 남긴 원인은 이 거주지의 웅대함이 200년 전에 이미 사라졌다는 사실이다. 요한 빌헬름이 1690년 11월 3일에 죽었을 때 작센-예나 공국의 자립은 끊어졌다. 이 성은 현재 대학교 본부동이 차지하고 있는 부지에 세워져 있다. "우리가 정당하게 예나 대학교를 자랑할 수 있는 여러 장점 가운데 한 가지는 우리에게 견해의 차이가 없고, 실러가 우리의 옛 동료였으며, 괴테가 우리의 수상이었다는 사실을 아무도 우리에게서 빼앗아갈 수 없다는 것입니다." 이것은 언어학자인 베르톨트 델브뤼크가 1908년 이 대학교의 개교 350주년을 기념하여 총장 연설 중에 한 말이다. 1558년에 설립된 "콜레기움 예넨제Collegium Jenense"는 1547년 4월에 토르가우 근교의 뮐베르크 전투 결과 중 하나다. 그래서 늦었더라도 이 대학교는 종교개혁의 산물이다. 슈말칼덴 전투에서 참패한 후 붙잡혀 감금된 선제후 요한 프리드리히는 1547년 5월에 비텐베르크 항복문서를 조인했다. 그는 선제후의 영토와 지위를 사촌인 모리츠 폰 작센에게 이양해야 했다. 베틴가의 알베르틴계가 강력한 영도력을 전개한 반면, 세력이 철저히 줄어든 에르네스트 공작령은 바이마르에 새로이 수도를 정했다. "재건 프로그램"에는 에르네스트 가문의 튀링겐에 새로이 대학교를 설립함으로써 마르틴 루터로 말미암아 유명해진 비텐베르크 대학교의 손실을 상쇄한다는 내용이 포함되어 있었다. 무엇보다도 독일 학교제도의 개혁자로서 공헌한 루터의 친구 필립 멜란히톤이 이 일을 위해 예나를 선택하자고 제안하여 성공적으로 채택되었다. 일반적으로 대학교 "설립의 아버지"로 여겨진 멜란히톤은 1527~28년과 1535~36년에 예나에서 가르치면서 활동했다(Kollegiengasse에 있는 기념명판). 나움부르크 최초의 개신교 주교였던 니콜라우스 폰 암스도르프(1483~1565)가 이 대학교의 공동 설립자였다. 이 사람은 1553년에 다시 신학자 게오르크 뢰러(1492~1565)에게 루터의 저작들을 독일어본 여덟 권과 라틴어본 네 권으로 편집 발행할 것을 위임했다. 그래서 "루터의 예나 편집본"으로 알려진 루터전집 제2판 1권이 1555년 2월에 발행되었다. 에르네스트 공작들에 의해 1553년 예나로 초빙받은 뢰러는 추가로 35권의 기록물을 수집했다. 이 책들은 아직까지도 종교개혁사 연구에 중요한 원전이다. 이 책들은 예나 '대학도서관 겸 주립도서관'에 소장되어 있다. 이 도서관은 작센의 선제후 프리드리히 3세와 그 계승자들의 "Bibliotheca Electoralis^{선제후의 도서관}"에서 유래한 것이다. 1536년에 이미 비텐베르크 대학교가 사용한 이 도서관은 1549년에 중간 기착지인 바이마르를 경유하여 예나로 옮겨왔다. 루터가 직접 손으로 쓴 기재 내용이 들어 있는 신구약 성경본이 포함된 종교개혁시대의 귀중한 인쇄본들이 이 도서관의 소장본에 속한다(Bibliothekplatz 2번지).

    1522년과 1537년 사이에 루터는 최소한 열한 번 예나를 방문했다. 1522년 3월 3일에 그가 방문했다는 사실이 일화 형식으로 연대기에 기록되었다. 그는 "융커 외르크"로 변장하고서 바르트부르크에서 나왔고, 비텐베르크의 비밀 장소로 가던 도중에 "춤 슈바르첸 배렌^{Zum schwarzen Bären}"이라는 여관에서 묵

예나: 성 미하엘 시교회가 역사적 중심에 우뚝 솟아 있다

었다. 마찬가지로 "배렌" 여관에 묵고 있던 두 명의 스위스 대학생은 식탁 맞은편에 앉은 사람을 울리히 폰 후텐이라고 믿었다. 그들은 루터와 함께 비텐베르크에 도착할 때까지 이 사실을 알지 못했다고 한다.

매우 심각한 일들이 루터를 예나에 머물게 했고, 1524년 8월에는 잘레 강 계곡의 다른 장소에 머물게 했다. 이러한 체류는 그의 옛 비텐베르크의 동료교수이자 동맹자인 안드레아스 보덴슈타인(1486~1541)과 결부되었지만, 그는 "열광자들"에 가담함으로써 루터의 적대자가 되었다. 비텐베르크에서 실패하자, 그의 출생지를 따라 안드레아스 카를슈타트라고도 불린 보덴슈타인은 목사가 되어 오를라뮌데로 갔다. 종교개혁에 대한 그의 급진적인 사상은 잘레 강 계곡의 이 마을에서 반대에 부딪쳤다. 교인들에 의해 "안드레아스 형제"라고 불리기를 바란 그는 루터의 비폭력적인 새로운 신학 방침을 완전히 버렸고, 수도원을 처음 공격할 때 보여준 것 같이 분명히 만반의 준비를 갖추고 있었다. 루터가 즉각적으로 카를슈타트에게 다시 엘베 강변의 이 도시로 돌아오라고 명령하려고 시도했던 비텐베르크에 이 공격 소식이 전달되었다. 그가 돌아오지 않자 루터는 건장한 수행원을 대동하여 방문차 튀링겐으로 여행을 떠났다. 그는 사람들이 빼곡히 들어찬 예나 시교회에서 1시간 반 동안 계속 설교하면서 그 자리에 출석한 카를슈타트와 담판을 지었으나 그 사람의 이름을 언급하지는 않았다. 그럼에도 불구하고 카를슈타트는 그것과 연관하여 루터와 대화를 모색했다. 같은 날 "배렌" 여관에서 대화가 이뤄졌다. 카를슈타트는 이렇게 말했다. "나를 살해하려는 욕망을 갖고 못된 짓을 하다니 당신은 내게 폭력과 부정한 짓을 저지른 거요. 당신은 오늘 설교할 때, 당신이 말한 대로 맹렬하고 선동적이며 살인적인 마음을 내가 동의하지도 않는 일에다 엮어넣으면서 나를 공격했소. 나를 그러한 살인적 욕망과 연결시키고자 하는 자는 누구든지 사실을 말하는 것이 아니고 정직한 사람이 아니오. 내가 선동 정신을 완전히 부인한다는 것을 지금 이 모든 형제들 앞에서 공개적으로 단언하오." 루터는 뛰어난 책략으로 이 사건에서 즉시 물러났다. "친애하는 박사님, 이런 조처를 취하실 필요가 없습니다. 저는 오를라뮌데에서 뮌처에게 보내주신 선생의 편지를 읽었습니다. 그리고 선생의 편지에서 선생께서 반란에 반대하신다는 사실을 알 수 있었습니다." 그렇지만 이틀 후 오를라뮌데에서 다시 만났을 때도 그들은 거의 한 가지 문제에는 동의할 수 없었다. 일 년도 채 지나지 않아 농민전쟁으로 이어진 총체적 폭동이 예나 근교까지 다다랐다. 전쟁에 휩싸인 농부들은 예나의 카르멜 교단 수도원을 습격하고 약탈했다. 선제후 요하네스 불변왕은 6월에 이 도시의 시장광장에서 반란자들에 대해 잔혹한 즉결재판을 단행했다.

✻ ✻ ✻ ✻ ✻

성 미하엘 시교회 Die Stadtkirche St. Michael 1380년부터 16세기까지 시장광장 바로 가까이에 있는 로마네스크 양식의 옛 건물 자리에 삼랑식 홀교회가 있었다. 이 교회의 탑은 루터가 이곳에서 설교했을 때만 해도 건축 중에 있었다. 그 탑은 1557년에야 완공되었고, 그 시대의 양식에 걸맞게 르네상스 양식의 상부구조로 덮여 있었다. 다각형 성단소 아래에 있는 '카바테^{Kavate}'라고 불리는 볼트형 회랑이 이 교회의 특징이다. 이 교회는 종교개혁 때까지 남아 있던 인근 시토 수도회의 수도원으로 연결되는 회랑으로 이용되었다. 그런데 이 통로는 "예나의 일곱 가지 기적" 중 하나로 묘사된다. 1945년 3월, 시내 중심부에 대한 폭탄공격이 단행됨으로써 이 교회는 심각하게 훼손되었다. 완전히 소실된 후에 이 교회는 1946년부터 1956까지 평범한 스타일로 재건축되었다. 그때부터 수십 년 동안 이 교회는 다른 모습을 갖췄다. 왜냐하면 다시 만든 볼트 위에 18세기에서 유래한 바로크 양식의 지붕 대신에 가파른 고딕 양식의 지붕을 세웠기 때문이고, 십자가와 함께 단순한 임시지붕이 탑을 덮고 있기 때문이다. 유명한 시민 몇몇이 1996년에 설립한 예나 교회건축협회에 참여한 덕택에 르네상스 양식의 상부구조가 복원되었고 지붕이 보수되었다. 개보수 공사를 완수하기 위해 몇 년 전부터 화려하게 장식되었으나, 300년 이상 심각하게 손상된 채 남아 있던 파사드가 복원되었다.

1558년 2월 2일에 대학교가 공식적으로 개교하게 된 시교회는 예나에서 가장 중요한 루터 기념 장소다. 루터는 1500년경에 만든 석조로 된, 덩굴무늬 장식을 한 설교단에서 여러 번 설교했다. 이 설교단 바로 맞은편에는 에어푸르트의 청동주조공인 요한 치글러의 공방에서 주조하여 설치한 종교개혁자를 기념하는 묘지 명판이 있다. 이 명판을 예나에서만 볼 수 있고 루터의 유골이 안장되어 있는 비텐베르크에서 볼 수 없다는 사실은 슈말칼덴 전쟁의 결과로 야기된 혼란과 관련이 있다. 명판을 주문한 선제후 요한 프리드리히는 자신이 감금된 기간 중에 완성되었다는 소식을 듣고 그곳에서 자기 아들들에게 대금을 지불하라고 지시했다. 하지만 알베르틴계 공작인 모리츠 폰 작센이 묘비명을 비텐베르크에 설치하는 것을 방해했기 때문에 이 예술작품은 우선 공작령의 수도인 바이마르에 도착했다. 여기서부터 묘지 명판이 1571년에 현재의 위치에 이르게 되었다. 두 번째 주물은 1892년에 비텐베르크로 보내졌다.

실물 크기의 부조는 주름이 많은 설교자 가운을 입고서 손에 성경을 들고 있는 루터를 나타낸다. 비텐베르크에서 전시할 목적으로 동상 둘레에 각인된 라틴어가 새겨진 글은 다음과 같은 말을 포함하고 있다. "… 그는 이 도시에서 30년 이상 하나님을 경외하고 신실하게 하나님의 공동체를 세우고 난 다음에, 그의 시신은 휴식하기 위해 이 자리에 묻혔다. 이사야 52장: "평화를 공포하는 자의 산을 넘는 발이 어찌 그리 아름다운가.""

* * * * *

옛 카르멜리테 수도원 Das ehemalige Karmeliterkloster(엥겔플라츠Engelplatz/노이가세 Neugasse) 옛날 예나의 3대 수도원 가운데 가장 마지막 수도원인 "카르멜 산의 성모" 수도회의 수도원에는 농민전쟁과 30년전쟁 때 파괴된 이후 극히 소수의 리브볼트와 타일 바닥들 그리고 수도원교회 벽의 잔해들만이 아직까지 남아 있다. 1998~1999년도에 행해진 고고학적 발굴은 수도원의 기본구조와 건축의 역사를 밝혀주었다. 도시가 공표한 의도는 수도원을 단순히 보존하고 보잘것없는 유적을 구하려는 것뿐만 아니라, 적절하게 다른 용도로 이용할 수 있게 수도원을 개방함으로써 그 가치를 높이기도 한다. 1553년에 예나 최초의 인쇄업체와 나중에 종을 만드는 주종소가 수도원 구역에 본거지를 두고 있었다.

* * * * *

"슈바르처 배어" 호텔 Das Hotel "Schwarzer Bär"(Lutherplatz 2번지) 마르틴 루터는 예나에서 체류하는 동안 성에서 묵지 않고 "슈바르처 배어" 여인숙에서 묵었다. 역사적인 시내 중심부의 외곽에, 그리고 정확히 성문(현재 대학교의 정문) 바로 맞은편에 있는 여인숙의 좋은 위치 때문에 이곳은 여러 걸출한 손님들이 잠시 묵는 곳으로 총애를 받았다. 그런 손님들 가운데는 감금에서 석방된 후에 찾아온 요한 프리드리히 1세 공작도 있었다. 호텔 로비에 있는 유화 한 점뿐만 아니라 파사드에 걸려 있는 명판 또한 루터가 이곳을 방문한 사실을 기념하고 있다. 그러나 1700년경에 지어진 건물은 옛날에 루터가 자주 묵었던 여인숙으로부터 돌 하나도 넘겨받지 않았다.

* * * * *

예나: 한프리트 동상

대학설립자 요한 프리드리히 1세의 동상(시장Markt) 시장 중앙에는 하인리히 드라케가 1858년에 만든 요한 프리드리히(민중의 언어로는 한프리트Hanfried로 알려짐)의 동상이 세워져 있다. 이 도시에 대학이 설립된 것은 그의 덕택이었다. 이 지역이 슈말칼덴 전투에서 패배했음에도 불구하고 관찰자는 한 손에는 위로 치켜든 칼을 들고 다른 손에는 펼쳐진 루터 성경을 들고 있는 호전적인 섭정을 보게 된다. 펼쳐진 페이지에 시편 121편의 한 구절이 새겨진 것을 읽을 수 있다. "나의 도움은 천지를 지으신 여호와께로부터 온다."

시장에서부터 "콜레기움 예넨제"까지는 거리가 멀지 않은데(콜레기엔가세Kollegiengasse에 위치), 이것은 정답게 "잘라나Salana"라고도 일컫는 이 대학교에서 가장 오래된 복합건물이다. 이 건물은 도미니크회 수도원에서 확장된 7세기 건물의 기본구조를 포함하고 있다. 거대한 에르네스틴 가문의 국가문장이 1557년에 세워진 구불구불한 계단 탑을 장식하고 있다.

칼라Kahla

예나 근교의 작은 도시 칼라는 먼저 1844년까지 거슬러 올라가는 도자기 생산 때문에 유명하고, 두 번째는 "잘레 계곡의 여왕"이라고 칭찬받으면서 전체 풍경 중에서 가장 중요한 특징이 되는 로이히텐부르크Leuchtenburg 성 때문에 유명하다. 예전의 뉘른베르크-나움부르크 교역로에 위치한 이 작은 도시는 876년에 처음으로 문헌에 언급되었다. 그때 이후로 이 도시는 수차례의 화재와 전쟁 그리고 홍수 등을 견뎌냈다. 중세의 건물들, 시의 성문들 그리고 탑들과 함께 거의 완벽하게 보존된 도시의 성벽은 파란만장한 지난 세월을 증명하고 있다. 루터가 이 도시를 단기 방문한 것도 거기에 포함된다. 이 도시는 훗날 루터의 친밀한 친구이자 음악 고문이 된 작곡가 요한 발터[(1496~1570)]가 잘레 강 유역의 이 도시에서 태어났다는 사실을 1992년부터 어느 한 도로에 그의 이름을 붙여놓고 높이 평가하고 있다. 1554년 9월 1일에 여기에서 튀링겐의 폰 헤네베르크 백작과 요한 프리드리히의 아들들 사이에 이른바 "칼라 합의"가 체결되었다. 공동의 상속합의는 헤네베르크계가 사멸할 경우 그 재산은 모두 에르네스트계로 넘어가지만, 이에 대한 보답으로 에르네스트계는 헤네베르크계의 빚을 갚아야 한다고 규정했다.

* * * * *

마가레테 교회^{Die Margarethekirche}(**Zur Burg**성으로 가는 길에 위치)   66m나 되는 높은 탑이 있는 이 교회는 도시의 윤곽을 특징짓는데, 방문객은 어느 방향에서든 상관없이 이 교회에 다다르게 된다. 이 교회는 칼라 시의 수호성인이기도 한 성 마가레테에게 헌정되었다. "Margarethekirche"라는 명칭은 1466년에 처음으로 사용되었지만, 이미 1421년의 이 도시의 직인에는 성 마가레테를 꼭닮은 화상畵像이 포함되어 있었다. 옛날에 잘레 강 위쪽으로 25m가량 솟아오른 약 700m 길이의 거대한 사암 돌출부의 끝부분에는 교회 바로 옆에 성이 있었다. 그 성은 1345년에 파괴되었고, 그 교회는 1410년에 이 도시에 큰 화재가 일어났을 때 소실되었다.

새로 지은 교회건물은 또 다른 도시 화재 때 간신히 피해를 면했다. 마가레테 교회는 18세기 말경에 현재의 모양을 갖추게 되었다. 기념명판에 명시되어 있는 것처럼 "마르틴 루터 박사가 우상파괴시대에 이곳에서 1524년 8월 23일에" 설교했다. 이미 예나에서 그전에 그랬던 것처럼 그는 이곳에서도 카를슈타트의 영향을 줄이고 더 이상 묵과할 수 없는 폭동을 방지하려고 애썼다. 교회 공동체가 공공연하게 카를슈타트를 후원했기 때문에 교인들은 루터가 설교하기 위해 설교단으로 향할 때 통로에 부러진 십자가를 놓아 그를 자극했다고 한다. 그런데 루터는 말 그대로 그것을 "묵과했다"고 한다. 그는 같은 날 계속해서 오를라 지역의 노이슈타트로 갔고 마지막으로 오를라뮌데로 갔다.

라이프치히 ^{Leipzig}

링겐의 프랑켄하우젠에서 태어난 작가이며 편집자인 프리드리히 빌헬름 차하리에(1726~1777)는 1744년에 다음과 같은 찬사를 작성했다. "플라이세 강이 굽이친 큰 물결로 휘감기는 곳 / 그리고 밝은 색의 여러 배들이 명랑한 마을들로 향하는 곳에 / 우뚝 솟은 높은 지붕들을 드러내는 위풍당당한 도시가 위치하고 있네. / 뮤즈들에 의해 큰 칭송을 받고 교역을 통해 명성이 드높아지네." 그 후 약 250년이 지난 1989년 가을에 라이프치히는 "평화혁명의 도시"로 세계적인 주목을 받았다. 이 도시가 처음으로 문헌에 기록된 것은 1015년이다. 라이프치히 시민은 월요시위로 1990년에 구동독의 종식과 독일의 재통일을 이뤄냈다. 이 지역은 이미 수백 년 전부터 중요한 박람회 도시이자 교역도시로 발전했다. 바흐의 도시로서 국제적으로 높이 평가된 명성은 현재까지도 세계적으로 유명한 "토마너^{Thomaner}" 성가대 그리고 이와 똑같이 평가받은 게반트하우스 오케스트라, 멘델스존의 집뿐만 아니라 박람회 수도의 음악 활동과 연관된 다수의 장소들과 그룹들에 근거를 두고 있다. 약 50만 명의 주민을 헤아리는 대학도시는 서적 인쇄와 출판의 도시로서 명성을 얻었다. 최초의 서적이 1481년 라이프치히에서 출판되었다. 비텐베르크의 대부분 인쇄계약이 이곳의 멜히오르 로터 인쇄사로 주어졌을 때는 종교개혁으로 이 분야 산업이 호황을 누렸다. 마르틴 루터는 바로 이 인쇄업자 로터의 집에서 때때로 숙박했다. 대학교 도서관과 'Deutsche Bücherei^{독일 도서관}'(두 기관은 방문객에게 개방됨)은 막대한 수의 책을 소장하고 있다. 소장된 책에는 수많은 귀중품과 일부 그 시대의 상당히 귀중한 증거품들이 포함되어 있다. 엘스터 강, 플라이세 강 그리고 파르테 강이 합류하는 지점에 위치한 이 도시는 언제든지 시인들과 작가들을 끌어들였다. 1409년에 설립된 라이프치히 대학교에서 수학하고 평생 동안 직접 방문하고 서신왕래를 함으로써 이 도시와 깊이 연관된 괴테는 여기서 한 철 머물 수 있기를 바랐는데, "여기에는 믿을 수 없이 많은 볼거리가 한 자리에 모여 있기 때문이다. 라이프치히 시민은 실질적으로 작은 공화국이라고 여겨질 수 있다. […] 재산, 학문, 재능, 모든 종류의 소유물이 이 지역에 풍부하게 부여되어 있다. 그래서 만약에 어떤 방문객이 이 모든 것을 즐길 수 있고 이용할 수 있다면, 그 진가를 알아볼 수 있다. 그렇지만 그는 일정한 거리를 유지하고 그들의 열정, 거래, 애호와 혐오에는 관여하지 말아야 할 것이다"라는 것이 괴테가 1782년 성탄절에 바이마르로 보낸 편지에서 쓴 내용이다. 괴테는 『파우스트』에서 "아우어바흐 지하 술집^{Auerbachs Keller}"의 유명한 장면을 묘사함으로써 이 도시에 문학적 기념물을 만들어주었다. 이 장소는 루터의 흔적을 찾는 사람이면 누구나 빠뜨리지 않는 곳이다.

마르틴 루터는 그 당시 약 9천 명의 주민이 살고 있던 라이프치히를

라이프치히; 후기 고딕 양식의 토마스 교회의 내부 전경

1512년과 1545년 사이에 수차례 방문했다. 라이프치히는 그가 비텐베르크에서부터 시작하여 중부독일 지역을 시찰하기 위해 나서던 도중이나 아우구스티누스회 회의에서 자신의 비텐베르크 논제들을 발표하기 위해 하이델베르크로 가던 중에 종종 잠시 머무는 곳이었다. 루터가 이 도시에서 세 번 설교한 것으로 기록되어 있다. 1539년 오순절 때 성채 예배당^{Schlosskapelle}과 토마스 교회^{Thomaskirche}에서, 그리고 1545년 8월 12일 파울리너^{Pauliner} 수도원교회에서. 이 교회는 1489년부터 1519년 죽을 때까지 면죄부 공포자인 요한 테첼이 비밀리에 은둔하던 곳이다. 루터가 처음으로 라이프치히에 온 것은 그가 가난한 수도사이던 시절 50굴덴을 받기 위해 찾아왔을 때였다. 선제후 프리드리히 현명왕은 10년 전에 설립된 비텐베르크 대학교에서 루터가 "Lectura in Biblia^{성서학}" 강좌를 맡는다는 조건으로 신학박사 학위 취득을 장려하기 위해 이 금액을 주겠다고 그에게 약속했다. 루터는 이 돈을 수령했고 자신의 탁상담화에서 그 일에 대해 감사의 말을 표현했다. 루터는 1545년 8월에 대학교회를 축성하기 위해 마지막으로 이곳에 왔다(이 예배당은 1968년에 시민의 저항에도 불구하고 동독 정부에 의해 폭파되었다). 라이프치히 대학교에는 그 당시에 스콜라철학이 유행을 선도하고 있었다. 에오바누스 헤수스 또는 토마스 뮌처 또한 이 대학교에서 일시적으로 공부한 것처럼 이곳에서 대학에 다니던 울리히 폰 후텐은 이 대학교의 풍조에 실망했다. 그는 이 대학교를 떠난 후 이때의 상황들에 대해 설명한 당시 유명한 자신의 "무명의 남자들이 보내는 편지들"의 제3판을 계획하고 있었다. 대학교의 저항에 맞서서 루터의 오랜 체류를 유도하고 "라이프치히 논쟁"이라는 역사의 흐름을 바꾼 유명한 사건이 발생했다. '로마 교황 교회와의 단절'이라고 평가된 종교개혁사적인 이 사건은 구교 신봉자임에도 관심을 기울여준 마이센의 변경백인 알베르틴계 게오르크 공작의 용인으로 그의 성(플라이센부르크 성으로도 알려짐)에서 발생했다. 교회 교리에 의해 아직 확정적으로 규정되지 않은 분야에 대해 논란의 여지가 있는 신학적 주제를 공개적으로 논쟁하는 것은 그 시대에 교육업무의 주된 요소였다. 거의 3주간에 걸친 흉계, 책략, 약속 위반을 동반한 요한 에크(1486~1543)와 안드레아스 카를슈타트 사이의 논쟁은 루터와 에크의 설전舌戰에서 절정에 다다랐다. 잉골슈타트 대학교의 신학박사이자 교수이며 아이히슈테트의 참사위원인 요한 마이어(그의 인기 있는 이름 에크Eck는 슈바벤 지방의 출신지 이름인 에그Egg에 근거한다)는 그 시대에 가장 유명한 가톨릭 신학자였다. 루터는 그의 적수에게서 "명령적이며, 정말이지 뻔뻔스럽고 버릇없는 인간"을 보았다. 먼저 로마 교황의 직위에 대해, 그런 다음에는 콘스탄츠 공의회에 대해 논쟁했고, 세 번째 주에는 논쟁을 마치고 며칠 지난 후에 루터가 게오르크 슈팔라틴에게 편지로 언급한 것 같이 "회개, 연옥, 면죄, 모든 사제의 죄사함 권한"에 대해 논쟁했다. 루터의 요점은 신랄했다. "이번 논쟁에서는 거의 아무것도 논의되지 않았으며, 어쨌든 나의 13번째 논제를 제외하고는 적합한 방법으로 논의되지 않았네. 한동안은 에크가 박수를 받고, 승리했고, 마치 승자인 양 행동했다네. …" 비텐베르크로 돌아와서 그는 원고를 꼬박 한 장씩 썼고, 즉시 한 장씩 꼼꼼하게 발행했다. 개신교 신앙고백은 점점 더 강하게 번영했다. 그는 세상에다 신랄하고, 격론적이고, 단호한 어조로 교리를 선포했고 비판자들에게는 이러한 사람의 거짓을 다른 방법으로는 폭로할 수 없다고 응답했다. "다시 말해 요즈음 조용하게 논의하는 것은 모두 즉각적으로 잊힌다는 사실을 알고 있습니다. 어떠한 사람도 이것을 진지하게 받아들이려고 하지 않기 때문입니다." 그는 "기독교 귀족에게 보내는 편지"라는 소책자에 대해 쓴 어느 편지에서 자신의 이러한 격한 어조를 정당화했다.

1880년대에 라이프치히 서쪽 교외에 새로 지어진 개신교-루터 공동체의 예배당(루터 교회Lutherkirche)은 종교개혁자의 이름을 따서 명명되었다. 1883년에 제막된 종교개혁 기념동상은 제3제국의 나치에 의해 이른바 금속기증 정책의 일환으로서 녹여져 사라졌다.

* * * * *

신 시청 (예전의 플라이센부르크 성Pleißenburg) "새로운 성이 생겼다. 1899~1905년" 단 6년 만에 옛 플라이센부르크 성의 부지에 지어진 시청의 남쪽 박공벽에 새겨진 각명은 이렇게 알리고 있다. 이전 건축물의 잔해들 위에 솟아 있는 탑－114.7m 높이로 독일 시청의 탑들 가운데 가장 높은 탑－만이 일찍이 루터가 보았던 그 성에 대한 확실한 기억을 나타낸다. 시청 로비에 있는 경탄을 금치 못할 정도의 작센 공국 문장에 대해서도 똑같이 말할 수 있

라이프치히: 신 시청(옛 플라이센부르크 성)

다. 이 성의 원래 위치는 현재 "게반트하우스" 구역에 있는 그림Grimm 동화의 길에 위치한 시의 성문 앞이었다. 루터는 "라이프치히 논쟁"을 하기 위해 이 도시로 들어온 것에 대해 게오르크 슈팔라틴에게 특히 다음과 같은 말로 첫 번째 인상을 전했다. "우리가 도착하자마자, 그리고 우리가 마차에서 내리자마자 바로 그 시각에 메르제부르크 주교의 명령으로 행해진 논쟁 금지 문구가 교회의 문들에 걸려 있었네. … 그렇지만 이러한 금지 지시는 전혀 주목을 끌지 못했고, 이것을 문에 건 사람은 시 참사위원회에 의해 투옥되었네. 왜냐하면 그가 이것을 미리 알리지 않고 행했기 때문이네." 논쟁은 1519년 6월 27일부터 7월 5일까지 플라이센부르크의 대형 홀에서 열렸다. 마르틴 루터는 당시 비텐베르크 대학교 학장이었던 포머른의 바르님 공작의 바람대로 성채교회에서 설교했고, 강당 밖 연단에서도 자신의 견해를 밝힐 기회를 이용했다.

✷ ✷ ✷ ✷ ✷

멜히오르 로터의 집Das Haus Melchior Lotter(Hainstraße 16~18번지) 루터는 라이프치히에서 체류하는 동안 종교개혁자의 열정적인 후원자였던 인쇄업자 D. J. 멜히오르 로터의 집에서 주로 머물렀다. 시장 근처에 있는 그의 집은 오래 전에 사라졌다. 현재의 건물 앞에 있는 광장에는 "춤 비른바움"이라고 불리던 건물과 나중에는 호텔이 하나 있었다. 루터의 흉상 부조가 있는 기념명판은 종교개혁자의 옛 숙소를 기념한다. 루터는 셰를의 집Scherlsches Haus(현재 클로스터가세 Klostergasse 3번지)에서도 묵었다.

✷ ✷ ✷ ✷ ✷

토마스 교회Thomaskirche 1409년에 라이프치히 대학교가 설립되고 토마스 성가대Thomanerchor를 동반하여 "라이프치히 논쟁"을 공식적으로 개최하게 된 토마스 교회의 역사는 12세기까지 거슬러 올라간다. 사람들은 발굴하는 도중에 1160년경 – 마이센 제국의 오토 변경백이 성과 교외 지역인 리브치에 도시법을 부여한 그 시기 – 에 지어진 교회의 기초 벽을 발견했다. 로마네스크 양식으로 건축된 이 교회의 제단 공간은 1355년에 고딕 양식으로 재설계되었다. 1482년에 로마네스크 양식의 교회 회랑이 철거되었고 오늘날까지 보존되고 있는 후기 고딕 양식의 홀교회가 세워졌다. 그때부터 1702년에 마침내 최종적인 모습을 얻게 된 탑을 제외하고 토마스 교회에는 건축학적 변경은 전혀 없었다. 그렇지만 1884~89년 사이의 보수공사는 교회의 건축양상을 현저하게 침해했다. 바로크 시대의 전체 양식들 – 특히 요한 제바스티안 바흐가 이곳에서 활동하던 시대에 덧붙여진 장식들 – 이 제거되었다. 그때 이후로 교회의 내부는 신고딕 양식으로 재설계되었다.

설교단 가까이 있는 기둥에 붙어 있는 주철로 만든 판은 마르틴 루터가 여기서 1539년 오순절 주일에 종교개혁을 소개할 때 설교했다는 사실을 기념하고 있다. 신도석 남쪽에 있는 다채로운 교회 창문 중의 하나는 이곳에 매장된 J. S. 바흐의 초상화 가까이에 선제후 프리드리히와 필립 멜란히톤과 함께 있는 마르틴 루터의 초상화도 보여주고 있다.

* * * * *

니콜라이 교회 Nikolaikirche (am Nikolaikichhof 니콜라이 교회묘지 앞)　이 예배당은 1989년 가을에 본질적으로 동독의 몰락을 야기한 비폭력 월요시위의 출발점이었다. 그것이 여전히 어떻게 일컬어지든 간에 성서적 규모의 기적이었다. 라이프치히에 종교개혁이 도입된 1539~40년에 요한 페핑어는 이곳의 담임목사였다. 그는 이 도시 최초의 총감독이 되었다. 현재 북쪽 예배실에서 볼 수 있는 "루터 설교단"은 이 교회 종교개혁사의 보석이다. 설교단에서 발견할 수 있는 "고뇌에 찬 인간으로서의 예수" 조각상은 매우 감동적이며 걸출한 예술품이다.

* * * * *

"아우어바흐의 지하 술집 Auerbachs Keller**"**(그림마이세슈트라세Grimmaische Straße 2~4번지)　"라이프치히로 여행을 갔는데, / 아우어바흐의 술집에 가지 않은 사람은 / 조용히 침묵하고 있어야 한다. 이것은 그가 라이프치히에 대해 아무것도 모른다는 것을 / 알려주는 것이기 때문이다." 이 도시에 대해 요한 볼프강 폰 괴테가 "나의 라이프치히를 내가 얼마나 찬양하는지 …"라고 한 말이 라이프치히에 대한 홍보 슬로건이 되기 매우 오래전에 이 격언은 사람들을 아우어바흐 - 현재의 "아우어바흐의 지하 술집" - 로 불러모았다. 이 고급음식점이 이곳에 여러 번 손님으로 왔던 마르틴 루터와 어느 정도 관련이 있을 수 있다는 사실이 이 도시를 방문하는 사람들에게 별로 알려지지 않았다(그러나 작은 전시회가 이 집 손님들에게 그 사실 알려주고 있다). "라이프치히 사람들은 우리를 환영하지도 않았고 심지어 우리를 방문하지도 않았을뿐더러 우리를 불구대천의 원수로 취급했다. 그들은 그 사람(에크)이 가는 어디든지 계속 따랐고, 그에게서 조금도 떨어지지 않았으며, 그와 함께 먹었다"라는 것이 마르틴 루터가 슈팔라틴에게 "라이프치히 논쟁"을 둘러싼 일반적 분위기에 대해 알려준 내용이었다. 그렇지만 몇몇 라이프치히 사람들이 루터를 "비밀리에" 만났음에도 불구하고 그를 좋게 생각하는 사람들도 있었다. 유명한 의사이자 인문주의자이며, 동시에 일시적으로 라이프치히 대학교의 학장을 겸한 오버팔츠 지방의 아우어바흐 출신의 하인리히 슈트로머(1482~1542) 박사가 그 일원이었다. 루터의 눈에 "이상할 정도의 능력이 있는 남자"는 루터와 그의 일행을 여러 번 초대했다. 그 외에도 그는 비텐베르크 사람을 아우구스부르크 제국의회까지 동행하고 갔다. 1525년 부활절에 슈트로머는 자신의 와인 저장소를 대학생들에게 개방했지만, 이미 이듬해에는 "술에 취해 추악한 패륜을 저지르는 행위에 반대하는 진지한 경고"를 보내는 태도를 취했다. 그는 종교개혁을 후원하는 자로서 의사들의 장점이 될 한 가지 흥미로운 경향을 발견했다. 비록 종교개혁이 모든 예술가들에게는 해로운 영향을 주게 될지 몰라도 이것은 의사들에게는 해당되지 않았다. "왜냐하면 모든 화가들, 조각가들 그리고 금 세공사들은 이제 사람들이 치료를 받기 위해 성자들에게 의존하기를 그만두고 그 대신에 다시 의사들을 찾아갈 것이기 때문에 자신들이 굶어야 할 거라고 불평하고 있기 때문이다."

＊　＊　＊　＊　＊

"튀링어 호프^{Thüringer Hof}**" 여관**(부르거슈트라세 19번지)　대학생 호스텔과 마구간들이 있는 여관에서 시작된 오랜 전통을 지닌 이 숙박소는 1838년부터 "튀링어 호프"라는 이름을 달고 있다. 1515년부터 이 여관은 루터의 친한 친구이며 나움부르크 주교구에서 온 슈미데베르크 교수의 소유였다. 이 여관의 로비에 있는 유언장 사본에서 읽어볼 수 있듯이 이 사람은 이 종교개혁자에게 유언으로 100굴덴을 물려주었다.

마그데부르크^{Magdeburg}

엘베 강의 우뚝 솟은 서쪽 강가에 지어진 이 도시는 805년에 처음으로 카를 대제에 의해 디덴호프 참사회의에서 "마가도부르크^{Magadoburg}"라고 언급되었다. 마그데부르크는 (비록 그 이름의 표기 방법이 약간 다르기는 해도) 강을 건너기에 적합한 곳에 위치한 상업 및 교통 중심지라는 중요성으로 인해 무엇보다도 10세기에 이미 옛 이야기의 원전들과 오토 가문의 문헌에서 언제나 언급되었다. 그곳이 독일 팔츠 왕국이었고 대주교구의 소재지였기 때문이다. 게오르크 필립 텔레만(1681~1767)이 이 도시에서 태어났는데, 그는 생존하던 때에 바로크 시대의 독일에서 가장 유명한 작곡가가 되었다. 마그데부르크는 수세기에 걸쳐 경제적, 정신적 그리고 문화적으로 번영하는 도시로 발전했다. 1945년 1월 16일에 구시가지는 한밤의 폭탄공습을 받는 중에 도시의 90% 정도가 파괴되었다. 두 명의 황제와 바로크 및 쉰켈 시대의 건축 대가들에 의해 모습을 갖추게 된 도시풍경은 거의 완전히 사라졌다. 대성당, 성 요하니스 시교회^{Stadtkirche St. Johannis}와 "발로너 교회^{Wallonerkirche}"도 부분적으로 심하게 파손되었다. 아직도 여전히 손상이나 다른 균열들에 의해 야기된 여러 개의 넓게 벌어진 틈이 그대로 있거나 적합하지 않게 메워져 있는 사실을 간과할 수 없지만, 시의 풍경에는 오늘날의 작센안할트 주의 수도가 과거에 번영했던 것을 빛내주는 구역들이 있다. 도금된 "마그데부르크 기사^{Magdeburger Reiter}" 동상이 있는 시장, 기술적 실험으로 인기를 얻게 된 오토 폰 구에리케(1602~1786) 시장이 거주한 시청, 대성당과 그 주변 환경, 매력적인 예술 박물관이 된 "운저 리벤 프라우엔(성모마리아)" 수도원 또는 도시 성곽의 잔해들이 남아 있는 엘베 강 산책길이 그 번영에 대해 증명하고 있다.

작가 빌리발트 알렉시스(1798~1871)는 "내 눈앞에 우뚝 솟은 마그데부르크의 매우 오래된 회색 탑들을 보았을 때 내 심장은 즐거운 나머지 마구 뛰었다"며 마그데부르크를 구경하는 데 열중했다. 실제로 여러 번 파괴되었음에도 불구하고 남아 있는 이 도시의 수많은 탑은 아직까지도 방문자를 깜짝 놀라게 한다. 알렉시스 이전에 이미 요한 볼프강 폰 괴테가 1805년 여름에 "도시, 요새 그리고 성벽에서 보이는 주변 지역을 … 면밀하고 관심 있게 관찰했다." 그 후에 나온 시에서 괴테는 "오 마그데부르크여, 아름다운 / 소녀가 있는 도시여 …"라고 표현했지만, "마그데부르크의 파괴"라는 시의 제목은 그가 마음의 눈에 아름다운 소녀뿐만 아니라, 1631년 5월에 이 도시의 강탈과 황폐에서 남은 표식들도 눈앞에 있었음에 틀림없다는 사실을 깨닫게 했다. 이 도시를 잿더미로 만든 사람은 30년전쟁 때 가톨릭 진영의 야전사령관이었던 요한 틸리 백작 군대의 병사들이었다. 프리드리히 실러의 눈에 이것은 "대학살"이었다. "역사는 이에 대해 아무 말도 하지 않고 시문학은 이것을 표현할 화필조차 갖고 있지 않다." 이 도시의 수천 명의 시민은 임박한 재난을 피해 대성당으로 도망쳐 살아남았다. 이것은 하나님께 자비를 빌기 위해 무릎 꿇은 대성당 설교자의 덕분이었다.

마르틴 루터가 이 도시에 처음 왔을 때 그의 나이는 정확히 열네 살이

마그데부르크: 엘베 강 너머로 보이는 대성당 전경

었다. 그의 고향 만스펠트의 학교가 더 이상 그 소년에게 대학입학을 준비시킬 입장에 있지 않았기 때문에 그의 가족은 그를 이곳 학교로 보냈다. 루터는 1522년 6월에 비텐베르크에서 편지를 쓰면서 마그데부르크의 시장인 슈토름에 대해 다음과 같이 묘사했다. "내가 전에 파울루스 모스하우어 박사의 집에서 당신을 만났던 것이 맞습니다. … 내가 한스 라이네케(그는 나와 함께 만스펠트의 학생이었습니다)와 함께 공동생활형제회(수도회와 비슷한 공동체) 학교에 다니던 때였습니다." 그는 훗날 공동생활형제회에서 보낸 시기를 다음과 같이 회상했다. "만약 다른 기관들이 공동생활형제회에 의해 운영되었더라면, 교회는 이미 현세에서 죽은 신자와 한패가 되었을 것입니다." 루터가 그곳의 학생이었을 때 그는 모스하우어의 집에 살았고, 거기서 이 도시의 저명인사들을 사귄 것으로 추측된다. 그렇지만 루터에게 학업장소로서의 마그데부르크는 단지 막간극이었을 뿐이다. 1년 만에 루터는 아이제나흐의 "게오르겐슐레"로 전학 갔다. 이런 결정이 그 교육기관의 유명세에 근거한 것인지, 아니면 바르트부르크 산기슭에 위치한 그 도시에서 살고 있는 친척들이 그렇게 한 원인이었는지에 대한 문헌상의 증거는 없다.

말년에 여러 번 방문했을 마그데부르크에서 그는 소년일 때 인생을 바꾸는 중요한 경험을 했다. 이것은 1553년에 간행된 "폭동 비난에 대한 답변"이라는 소책자를 참조하면 알 수 있다. 그는 열네 살 먹은 소년으로서 "자기 눈으로 안할트의 선제후를 보았다. 선제후는 실제로 대성당의 수석 신부이자 훗날 주교가 된 아돌프 폰 메르제부르크의 형이었고, 탁발수도사의 옷을 입고서 빵을 얻

마그데부르크: 성 요한 교회 앞의 루터 동상

기 위해 넓은 길을 나섰는데 짐이 너무 무거워 마치 땅에 몸을 구부릴 수밖에 없는 나귀처럼 자루를 메고 있었다. […] 그는 수도원 안에서 다른 형제들과 똑같은 조건으로 살아야 했다. 그는 금식하고, 철야기도를 드리고, 심하게 고행을 해서 저승사자처럼 보였다. 오직 뼈와 피부만 남았기 때문이다. […] 그를 본 사람은 누구나 틀림없이 세상에서의 자기 신분이 부끄럽다고 느꼈을 것이다." 루터가 다녔던 학교에 대해서는 정확한 위치가 전해지지 않았다. 그 위치는 968년에 세워진 대성당 학교의 넓은 구역 안에 있었을 것이다. 루터가 나중에 이 도시에 체류한 것은 감독관으로서 그리고 무엇보다도 교회의 비폭력적 개혁을 전파하는 중개자이자 설교가로서의 직무와 관련이 있었다. 종교개혁은 마그데부르크의 오래된 시장광장에 서서 루터의 찬송가 "주여 우리에게 은총을 베푸소서"를 부르면서 이 찬송가의 인쇄본을 팔았던 어느 늙은 옷감장사가 체포됨으로써 시작되었다. 그가 체포되자마자 개신교 목사들이 임명되었고, 수도원들이 폐쇄되었으며, 대성당에서는 성상들이 파괴되었다. 대다수가 종교개혁을 지지한 시 참사위원회는 마르틴 루터를 이 도시로 초대했다. 그는 1524년 6월 24일 이 도시에 도착한 후 "참된 의와 거짓된 의에 대하여"라는 제목의 설교를 두 번에 걸쳐 전했고, 논쟁하고 협의하고 토론함으로써 본질적으로 마그데부르크에서 종교개혁이 성공하는 데 기여했다. 마그데부르크의 종교개혁은 1524년 7월 17일에 완전히 확정되었다. 교구교회들을 포함한 대성당 참사회와 프란체스코회, 도미니카회 그리고 프레몽트레 수도회에 소속된 교회들만이 얼마 동안 가톨릭으로 남아 있었다. 1567년에 대성당에서 최초의 개신교 설교말씀이 선포되었다. 마티아스 프라시우스 일리리쿠스(1520~1575)가 아우구스부르크 종교평화 조약 시기에 편찬한 작품인 "마그데부르크 시대"는 루터파 교회의 첫 번째 역사서로 여겨진다.

농민전쟁이 끝나고 종교개혁이 도입된 후에 개신교 신분 대표들과 아직 황제에게 헌신하는 구교도들 사이에 발생한 빈번한 종파 다툼은 무장 전투에도 대비한 정치적 특수 동맹을 야기했다. 종교개혁파의 중요한 동맹이 1526년 2월에 고타에서 창설되었고, 5월에 토르가우에서 비준되어 6월 12일에 마그데부르크에서 최종적으로 승인되었다.

＊ ＊ ＊ ＊ ＊

성 요한 교회^{Johanniskirche}와 루터 동상(요하니슈트라세 1번지) 기념동판은 마르틴 루터가 여러 번 설교한 이 교회가 마그데부르크에서 가장 오래된 교구교회라는 사실을 알려준다. 현재 건물은 두 채의 옛 건물을 대체한 것이다. 첫 번째 건물은 10세기에서 유래한 것 같다. 삼랑식 로마네스크 양식의 직사각형 바실리카 교회당은 1131년부터 시작되었고(지하묘실의 유적은 아직도 볼 수 있다), 두 개 탑의 파사드가 있는 교회 서쪽 전면부는 1208년에 짓기 시작한 것이다. 네이브와 후기 고딕 양식의 현관은 15세기에 추가되었다. 1944년 9월 28일과 1945년 1월 16일의 연합군 공습은 본 교구교회와 시 참사회교회를 거의 완전히 파괴했다. 알프레트 프란츠는 "내가 며칠 후 구시가지에 있는 교구교회의 폐허가 된 잔해를 밟고 들어왔을 때, 성 요한 교회 건물은 더 이상 존재하지 않았다. 옛날 생기가 약동하던 곳이 죽음으로 변했다"고 이 장면을 일기장에 기록했다. 보름스에 있는 루터 동상의 추가 형상인 "슬퍼하는 마그데부르크" 청동 조각품의 모사품은 공습을 받았는데도 손상되지 않고 완전히 살아남았다.

성 요한 교회는 1957년부터 차츰차츰 그리고 확고한 의지와 명백한 계획에 따라 재건축되었다. 이 교회건물은 1999년부터 현대 문화센터와 오토 폰 구에리케 기념장소로 이용되고 있다. 1983년에 만든 "전쟁"과 "평화"라는 부조 장식이 붙어 있는 청동으로 만든 교회 입구의 문은 다음과 같은 말로 이 교회건물이 두 번 파괴되었다는 사실을 상기시킨다. 우리는 "과거로부터 아무것도 배우지 못한 사람, 그리고 증오와 불화의 씨를 뿌리는 사람을 고발한다."

교회 앞 광장에 세워진 루터 동상은 1886년에 만든 작가 에밀 훈트리저의 작품이다.

＊ ＊ ＊ ＊ ＊

성 아우구스틴 발로니엔 교회^{Wallonischekirche St. Augustin}(노이슈테터슈트라세 6

Neustädter Str. 6) 1366년에 축성된 이 예배당은 종교개혁 때까지 아우구스티누스회 수도원교회였다. 이 교회는 1285년에 창건되어 10년 후에 완공되었지만 1524~25년에 해산되었다. 1525년에 이 수도원이 시에 양도됨으로써 이 시설은 고등교육 기관, 병원 그리고 구빈원으로도 이용되었다. 1694년에 이 교회는 박해를 피해 도망 온 발로니엔(왈론) 망명자들에게 양도되었다. 미술사가인 게오르크 데히오는 이미 전성기 고딕 양식의 가파르게 경사진 높은 아치를 지닌 삼랑식 네이브를 "아름답고 날씬한 비율"을 지닌 건물이라고 칭찬했다. 이 건물은 제2차 세계대전 중에 심각하게 훼손되었다. 1966년대에 재건축된 이 교회는 그 외에도 구시가지에 있던 다섯 개 교회 공동체로 구성된 루터파 교구교회의 특징을 지닌 구도시 교회공동체의 고향집이 되었다.

종교개혁사 초기에 아우구스티누스회 수도원에서 이미 종교개혁적인 자극이 나오기 시작했다. 수도회 개혁가인 안드레아스 프롤레스(1429~1503)가 몇 년 동안 여기에서 교사로서 머물렀다(14세의 학생 루터가 그의 가르침을 받았을지도 모른다). 마르틴 루터는 거의 20년이 지난 1516년에 지방 보좌신부로서 아우구스티누스회 수도원을 감찰하기 위해 마그데부르크로 왔다. 1524년 5월에 개신교 성향을 가진 일곱 명의 설교자들, 시장 니콜라우스 슈투름과 선거로 뽑힌 48명의 교회 대표들이 수도원 부원장 멜히오르 미리츠와 토론하기 위해 함께 만났다. 그들은 마침내 교회를 새로이 구축하기 위한 10개 조항을 만들었다. 이 조항들은 양종(빵과 포도주) 성찬식에 대한 요구와 성직자의 독신 폐지에 대한 요구를 포함하고 있었다. 그들은 이 조항을 마그데부르크 시 참사회에 제출했다. 참사회가 마르틴 루터에게 회유적인 방법으로 이 문제에 개입할 것을 요구할 정도로 이 도시의 분위기는 뜨거웠다. 그로 인해 그가 6월에 마그데부르크에 왔을 때, 그는 주로 아우구스티누스회 수도원에서 묵었고, 설교했으며, 이 도시 사람들과 토론했고 협상했다. 마그데부르크에서 서적거래 도제교육을 마친 소설가 빌헬름 라아베(1831~1910)는 과거를 회상하면서 "사실, 이 도시 마그데부르크는 개신교도들에게 우리 주님의 집으로 불리는 게 정당하다"고 평가했다.

"어린이는 귀중하고, 영원한 보물이다…"

종교개혁은 교육운동이었다. 루터와 다른 모든 종교개혁가들, 특히 필립 멜란히톤은 어린이들과 청소년의 교육과 양성에 집중적으로 주목했다. 이렇게 하지 않았다면 우리가 오늘날(두 번의 독일 국가에 의해 일어난 대재앙적인 문화해체에도 불구하고) 정신적 유산과 교육적 표준으로 사랑하고 소중히 여기는 많은 것은 생각할 수도 없을 것이다. 루터는 전혀 지칠 줄 모르고 인생 전체에 이익을 주는, 그리고 - 우리가 오늘날 말하는 것처럼 - 전반적인 어린이 교육의 중요성을 강조했다. 여기서 그는 철저하게 성경에 기초를 두고 있는 가정과 부모에 대한 자신의 입장을 정리했다.

"결혼한 부부들은 자신들이 자녀들을 잘 양육하는 것보다도 하나님과 기독교 세계, 모든 세계, 자기들 자신과 자녀들에게 더 위대한 행위를 해줄 수 없다는 사실을 알아야 한다. 왜냐하면 이것이 하늘나라로 가는 최단 거리이기 때문이다."

하늘나라로 가는 이 길은 조심해서 일궈야 한다. 왜냐하면 그것을 태만히 하는 것은 아이들에게와 마찬가지로 부모들에게도 나쁜 결과를 주기 때문이며, 실제로 그것은 "기독교 세계에서 가장 큰 치욕"이기 때문이다.

"하지만 아직도 지옥은 아무데서도 우리 자신의 자녀들보다도 더 쉽게 얻는 게 아니다. 부모도 자기 자식을 방치하고, 자식들이 욕설을 하고, 맹세하고, 해로운 말과 노래들을 배우게 하고, 그들의 의지대로 살도록 허용하는 것보다 더 해로운 행위를 할 수는 없다. […] 전체 그리스도교도에게 자녀들에 대한 태만보다 더 큰 해는 없다."

루터는 자녀들이 물질적 보장과 세상물정에 대해 배우는 것에 방향이 맞춰진 "외적"이거나 "육체적인" 염려와 교육을 구별하고, 발달심리학적으로 말해서 청소년들에게 생활에 필요한 근본적인 신뢰가 형성되도록 해주는 "내적" 또는 "정신적" 교육을 구별한다. 루터에 따르면 인간은 천성적으로 마음이 외형 쪽으로 기울어져 있어서 원래 "정신적인 보물"을 알아보지 못하고, 경시하거나 심지어 망쳐버리는 위험에 빠진다.

"잘못된 천성에 대한 애착은 너무나도 부모의 눈을 멀게 하여 그들은 자녀들의 영혼보다 자녀들의 육체를 훨씬 더 존중한다. 자녀들은 귀중하고 영원한 보물이다. 그래서 하나님은 사탄, 세상 그리고 육신"이 이 보물을 빼앗지 못하고 죽이지 못하도록 부모에게 이 보물을 잘 지키라고 명령하셨다.

루터는 마가복음(10:14)에 있는 예수님의 말씀을 주해하면서 인간의 지식전달과 인격형성과 관련하여 인간 이성의 역할에 대해 설명했다. "어린이들이 내게 오는 것을 용납하고 금하지 말라; 하나님의 나라가 이런 자의 것이기 때문이니라." 이성은 분명히 선하고 인생사에 발생하는 대부분의 문제와 우리 일상의 성취 문제에 도움이 된다. 하지만 그의 경험에 따르면 신앙 분야와 영적인 방침이라는 분야의 경우에 이성은 오히려 방해가 되고, 속이고, 해를 끼치는 경향이 있다.

"당신은 이렇게 말합니다. 아이들은 아직 철이 들지 않았다. 그러므로 그들은 하나님을 믿을 수 없다. 하지만 우리의 의견대로 하나님의 일을 판단하는 것이 그리스도인답게 말하는 것입니까? 만약에 당신이 바로 그러한 이성 때문에 신앙을 잃어버리고, 아이들은 이성 없이 믿음에 이르게 된다면 어떻습니까? 도대체 이성이라는 것이 믿음을 위해, 그리고 하나님의 말씀을 위해 어떤 선한 것을 행합니까? 이성 때문에 아무도 신앙에 이르지 못하게 하고 하나님의 말씀도 깨우치지 못하도록 하는 것이 바로 매 순간 신앙과 하나님의 말씀에 극도로 대적하는 이성 아닙니까?"

루터는 독특하고, 장난기 있는 어린아이들의 어리석은 행동을 종교적으로 타당한 태도이고 문자적으로도 의미심장한 태도라고 칭찬했다. 하지만 그는 어른들이 유치하고 비이성적인 방법을 취하는 것을 옹호하지 않았다. 그는 성인이 된 그리스도교인은 그들이 어린이였을 때 자신들에게 자연스럽고 친밀했던, 원래 가식이 없고, 전혀 이

성적이지 않은 방법으로 세상을 바라보려고 노력해야 했다는 사실을 받아들이면서 기독교의 시적인 지평에 훨씬 더 많이 관여했다.

"예수님은 어린이들의 이성 때문에 그들을 안아주신 것일까? 왜 예수님은 그들을 당신께 데려오라고 요청하셨던 것일까? 왜 예수님은 그들을 축복하신 것일까? 그들을 하나님 나라의 어린이로 만드는 믿음을 어디서 얻은 것일까? 그들에게 이성이 없고 그들이 순진하다는 바로 그 사실 때문에 어린이들은 어른들과 이성적인 사람들보다도 훨씬 더 잘 믿게 된 것입니다. 이들의 길은 항상 이성에 의해 거치적거릴 뿐입니다. 이성은 이 사람들의 큰 머리를 좁은 문으로 밀어넣으려고 하지 않습니다."

사람들은 이러한 태도를 "제2의 천진난만함"이라고 일컬을 수도 있을 것이다. 성숙한 천지난만함이란 사춘기와 청소년기의 큰 소용돌이에서 나온 것이다. "제2의 천진난만함"을 매우 잘 알고 있는 사람의 경우 마음과 머리, 성찰과 직관, 감정과 사고력은 서로 대립하지 않는다. 반면에 이것들은 매번 인생의 양면가치와 다차원성을 인지하고 책임감 있게 형성하도록 허용하는 의미심장하고 도움이 되는 지적인 선물이며, 좋은 "문화 기술"이라는 사실을 우리는 알고 있다.

루터는 크게 염려하면서 그 당시의 "교육위기"를 주시했다. 이런 위기는 반사적으로 생긴 신앙을 불가능하게 만들 뿐만 아니라, 책임 있는 세계관을 위협하기도 한다.

"독일 땅에 있는 우리는 이제 완전히 어디에서나 예외 없이 우리의 학교들이 어떻게 줄어들고 있는지 경험하고 있습니다. 대학교들은 쇠약해지고 있고, 수도원들은 빈사상태에 빠져 있습니다."

1524년에 루터는 상황을 잘 이해하여 스스로 관심을 기울어 이 재난을 저지시키기 위해 "독일 땅에 있는 모든 도시의 시의원들에게 그들이 기독교 학교를 세우고 유지해야 한다"며 교육 정책에 대해 열정적으로 호소했다.

"왜냐하면 우리가 젊은이들을 도와주고 조언해주는 것이 그리스도와 세상이 많은 가치를 두고 있는 가장 진지하고 큰일이기 때문입니다. 그렇게 함으로써 우리는 모두 도움을 받았고 충고를 받았습니다."

루터는 그의 시대의 정치 엘리트들에게 교육에 막대한 투자를 하라고 훈계했다. 그는 다음과 같이 썼다. "그것은 대단히 선한 출자입니다." 그는 "그 성읍의 평안을 구하고"(렘 29:7)라는 예언자 예레미야의 뜻대로 긴급한 사회정책적인 판단을 내림으로써 어린이들과 청소년들과 함께하는 일에 그러한 출자가 지속적으로 영향을 끼쳐야 한다고 강조했다,

"이제 한 성읍이 번영하는 것은 단지 사람들이 큰 집들, 많은 대포들과 투구들을 만들어내는 데만 있지 않습니다. […] 오히려 한 성읍이 선하고, 교양 있고, 이성적이며, 존경할 만하고, 교육을 잘 받은 많은 시민을 갖고 있는 것이 성읍의 평안과 가장 훌륭한 번영이며, 그 성읍의 안녕과 힘입니다. 그래야 이 시민이 재물과 재산을 모을 수 있고, 그것들을 보존하고 정당하게 사용할 수 있습니다."

만스펠트 Mansfeld

루터는 농민전쟁이 일어난 해인 1525년 6월에 거행된 자신의 결혼식에 친척들과 친구들을 아이스레벤에 초대했을 때, "나는 자애로운 겝하르트 백작님과 알브레히트 백작님도 초대하고 싶었지만, 감히 그것을 감행하지 못했다. 전하들께서 다른 일을 하셔야 했기 때문이다"라고 기록했다. 1542년 3월 14일 자 편지에서조차 수십 년 전부터 이미 브란덴부르크의 비텐베르크에 거주하고 있던 마르틴 루터는 만스펠트의 백작들을 자기가 섬기는 군주들이라고 생각했다. 무엇보다도 이것은 같은 날 인용한 아래의 편지 내용에서도 확인해볼 수 있다. "… 그러나 나는 아직도 만스펠트 통치 지역의 어린 백성이다. 그러므로 조국과 군주를 사랑하고 최선의 것을 바라는 것이 당연하다." 그 당시에도 좀 놀라웠던 이러한 경의는 아마도 그의 유년시절과 그곳 학교에서 보낸 처음 몇 년에 대한 그의 애정 어린 회고에 대한 반영 그 이상일 것이다. 그가 나이가 들고 오랫동안 유명해졌을 때, 그는 부모님과 친척들이 973년에 처음으로 문헌에 언급된 작은 성읍에 아직도 살고 있었다는 사실을 결코 잊지 않았다. 무엇보다도 백작들이 광산과 용광로를 자신들의 소유로 삼고 그것을 성읍 사람들에게 임대한 다음부터 부모님과 친척들은 절실한 도움이 필요했다. "선제후님들(E. G.)은 선제후님들과 더불어 백성을 좀 더 부드럽게 그리고 좀 더 너그럽게 다루실 필요가 있습니다. … 왜냐하면 '너무 많이 소유하고자 하는 자는 적은 것을 얻는다'는 말이 틀림없는 사실이기 때문입니다"라고 그는 어떤 편지에서 만스펠트의 백작 신분들에게 경고했다. 계속해서 쓴 편지들에서 그의 경고는 점점 더 구체화되었고, 이 편지들에서는 몇몇 지역 주민의 불안정한 경제적 미래에 대한 염려도 거론되었다. 루터는 광산에서 일하고 있는 백작 영지 내 백성의 "괴로움"을 바라보면서 어느 한 친구에게 "조국은 악마에게 단순한 장남감이 되는 것 같이 비참하게 악화되었다"고 편지를 썼다.

만스펠트 지역의 역사를 탐색하고 중세시대에 가장 유명한 인물들을 탐색하는 방법은 많이 있다. 하지만 만스펠트 자체를 방문하여 찾아보는 것이 가장 효과적인 방법일 수 있다. 작은 도시들을 구경하는 조화로운 단위로서 우뚝 솟은 소도시와 성을 구경하는 것도 매우 색다른 경험이다. 하르게로데에서 출발해서 만스펠트로 이동하여 갑작스럽게 나타나는 하나의 조화로운 결속체처럼 우뚝 솟은 작은 도시와 성에 사로잡히는 것과 달리, 즉 매우 다르게 그 도시와 처음으로 알게 되고 알스도르프, 헬브라, 벤도르프, 클로스터만스펠트를 경유하여 여행 노정을 잡아보는 것도 색다른 경험이다. 광산으로서의 특징이 두드러진 이 지역의 생활방식과 신비한 분위기는 여행객에게 쾌적하게 여겨질 것이다. 주변에 흩어져 무성한 작은 풀들로 덮여 있는 산비탈의 채광 폐기물 더미들은 만스펠트 지역 표층토 아래에 40㎝ 두께의 거대한 구리 석판암층이 퇴적되어 있는 수백 년 된 회상체다. 이 석판암층은 구리가 채굴되고, 평판으로 수출되거나 현장에서 제련되었음을 알려준다. 불안하게 가파르게 솟아 있는 산비탈길들은 광산에서 나온 광석 잔해들로 포장되었다. 이 길들은 대부분 광산 폐기물에서 건져낸 돌로 지은 낮은 집들 앞을 지나고 있고, 광석 잔해들로 포장하여 견고해진 도로들은 숲으로 에워싸인 지점에서부터 만스펠트 위쪽으로 이어져 있다. 이 지점에는 16세기 중엽의 위엄 있는 유적들을 만들어낸 세 성인 포더오르트Vorderort, 미텔오르트Mittelort, 힌터오르트Hinterort가 있다. 이 지점에서는 만스펠트 주변 시골 지역이 잘 보이고 비퍼 계곡과 탈바흐 계곡에 있는 이 도시가 잘 보인다. 현재의 구시가지 심부도 볼 수 있다. 정사각형 모양의 시내 중심부는 벽들과 해자들 그리고 탑들과 작은 문들에 의해 보호되었다. 구시가지 중심부를 지나가는 가파른 주요 도로는 시장광장과 교회광장이 그 길을 중단시키는 곳에서만 좀 더 넓어질 뿐이다. 이 지점에 서면 루터의 흔적을 찾는 사람에게는 성 이외에 가장 흥미로운 지역 한가운데에 다다르게 된 것이다.

* * * * *

루터 부모의 집 Das Elternhaus(루터슈트라세) 마르틴 루터의 부모님과의 관계

만스펠트: 루터 부모의 집

는 비록 항상 최상의 상태는 아니었을지라도 긴밀했다. 비록 그의 아버지가 법학도 마르틴 루터가 에어푸르트에 있는 아우구스티누스회 수도원에 입회한 것을 좋지 않게 생각했을지라도 루터가 그의 첫 번째 미사를 드렸을 때, 이미 검은 구름은 걷혔다. 그는 어느 한 탁상담화를 하는 중에 "내 아버지께서는 음식제공 비용으로 쓰라고 20굴덴을 교회에 보내셨고, 20명의 수행원을 대동하고 오셨습니다"라고 그 일을 회상했다. 이러한 회상은 그가 가정교육을 어떻게 받았는지 알게 해준다. "부모님은 저를 매우 엄하게 가르치셨습니다. 심지어 저를 협박할 정도까지 그렇게 하셨습니다. 어머니는 제가 호두 한 알이라도 훔치면 피가 나고 흐를 때까지 회초리로 혹독하게 때리셨습니다." 그의 아버지도 그에게 벌을 주었다. "한번은 제가 아버지를 피해서 도망갔는데, 제가 아버지를 다시 신뢰할 때까지 아버지께서 걱정하셨을 정도였습니다." 병든 아버지가 사망한 바로 그해인 1530년에 만약 그의 아버지가 "(루터의) 어머니와 함께" 올 수 있었다면, 이것은 마르틴 루터와 비텐베르크에 있는 그의 가족에게 "큰 기쁨"이 되었을 것이다. 하지만 이 일은 일어나지 않았다. 나중에 그는 어느 탁상담화에서 자기 가족의 상황을 다음과 같이 요약했다. "만약에 제가 한 번 더 아버지 집으로 돌아갔더라면, 많은 일들이 그 당시 있었던 것과는 매우 다르게 보였을 것입니다. 아버지의 유산 중에서 제가 얻은 가장 좋은 것은 아버지께서 저를 양육하신 것입니다." 필립 멜란히톤 역시 루터의 부모에 대해 한번 묘사한 적이 있다. 그들은 "그의 아버지 한스 루터가 관직을 맡아 공정한 처신을 했기 때문에 사람들에게 인기도 있었고 존경을 받았던 만스펠트에서" 살았다. "그의 어머니 마가레테, 즉 한스 루터의 아내는 훌륭한 중년 부인에게 어울리는 모든 미덕을 갖추고 있었다. 특히 그의 아내는 순박함과 하나님 경외하기, 그리고 경건에 탁월해서 존경할 만한 다른 모든 부인들이 그녀를 미덕의 본보기로 우러러볼 정도였다."

1484년 초여름 한스와 마가레테 루터가 자녀들 – 겨우 6개월 된 마르틴이 가장 어린아이였다 – 을 데리고 아이스레벤을 떠나 만스펠트로 이사 갔을 때, 그들은 우선 현재의 슈팡엔가세에서 셋방을 얻었다. 한스 루터는 수년에 걸친 노동으로 풍요로워진 후에 1491년 "골데너 링"이라고 불리던 여관 맞은편의 토지를 소유하게 되었다. 이 토지 위에 세워진 건물은 현재 "루터 부모의 집"으로도 알려져 있다. 1530년에 화재가 발생한 후 이 집은 다각적으로 개조·확장되었다(마지막 건축단계는 1880~1885년경으로 적혀 있다). 마르틴 루터 시대에서 유래한 것이라고 확실히 믿을 만한 것은 거의 존재하지 않는다. 현재의 건물은 오래전부터 박물관으로 이용되어왔으나 현재는 개축 중이다. 2011년에 "Fundsache Luther^{푼트자혜 루터}"(루터 재발견)이라는 제목이 붙은 상설 전시회가 재개관됨으로써 이곳은 전시회를 수용하고 있다. 여기에서 볼 수 있는 전시물들은 금세기 초에 이 집터에서 착수된 고고학 발굴의 결과로 발견해낸 것들이다. 이 발굴은 특히 루터 자신이 매우 가난한 가문 출신이라고 언급해온 주장을 반박하고 있다. 작센안할트 고고학 발굴 관청은 지금까지 그 종교개혁자가 "가난한 광부"의 아들이 아니라, 부유한 가문의 자식이었음을 확신하고 있다. 값비싼 유리 제품들, 식탁용 나이프들과 의복 장식들이 이런 사실

만스펠트: 한 세트로 된 루터 분수대, 동상과 루터 분수

을 입증해준다. 더구나 건축연구에서 나온 최근의 결과들은 그의 부모 재산이 지금까지 밝혀진 것보다 훨씬 더 광범위하다는 사실을 보여주었다. 아마도 그들이 정사각형 건물 안에 큰 안뜰을 두고 있던 것이 그 증거일 것이다. 고고학자들에 의하면 300점의 은화, 혁대의 버클들과 의복 죔쇠들을 포함한 큰 규모의 발굴품목들은 이 집에서 나온 물건들이 서둘러 처리된 것들이었다는 사실을 지적한다. 1505년에 마르틴 루터의 두 형이 만스펠트에서 페스트를 앓다가 죽었을 때, 가족은 매우 성급하게 두 아들의 "위험한" 모든 소유물을 소각했고 다른 쓰레기와 함께 그것들을 자기들 소유의 땅에 파놓은 구덩이에 묻어 처리했다.

* * * * *

학교(Junghunstraße융후은슈트라세에 위치) 마르틴 루터는 다섯 살에 학교교육을 받기 시작하여 8년 동안 만스펠트 라틴어 학교에 다녔다. 그의 생애 중에 이 시기는 그가 기억하기로 특별히 잘 지나간 때가 아니다. 한편으로 수업은 재능 있는 이 소년에게 때때로 그다지 부담을 주지 못한 것 같았고, 다른 한편으로 남자교사들이 "잔소리하고, 호통치고, 때리는 것"으로 자신의 직무를 실행해서 교사들의 행동은 루터로 하여금 학교에 대해 좋게 판단하지 못하게 했다. "교육자들 중 상당수는 사형집행인같이 몹시 잔인했던 게" 명백했다. "그래서 나는 언젠가 오전에 아무 잘못을 저지르지 않았는데도 … 열다섯 대나 매를 맞았다. 아이들에게 회초리질을 하고 벌을 줄 필요가 있지만, 동시에 아이들을 상냥하게 대해줄 필요도 있다"고 루터는 훗날 어느 탁상담화를 하던 중에 자신의 생각을 표현했다. 1497년 열네 살이 된 루터는 우선 마그데부르크에서 그리고 그다음은 아이제나흐에서 계속해서 학교교육을 받기 위해 만스펠트를 떠났다. 시청 옆에 위치한 멋진 벽감이 있는 문으로 꾸며진 건물은 오랫동안 인정되어오던 것과 달리 마르틴 루터가 다녔던 학교가 아니다. 오히려 이 학교는 현재 도시 정보국 및 "종교개혁 장소Stätten der Reformation"라는 제목이 붙은 유럽관광협회가 주재하고 있는 부지에 위치한 성 게오르크 교회 옆에 있었다. 이 건물에 붙어 있는 표지판이 아래의 사실을 알려준다. "루터 학교. 2000년도에 만스펠트 루터 도시에 의해 재건됨." 이 건물 한쪽 측면 파사드에 있는 큰 글자들은 다음과 같이 선언하고 있다. "조항 96조: 거꾸로 생각하는 것을 결코 포기하지 말라."

* * * * *

성 게오르크 시교회 Stadtkirche St. Georg 루터는 갈라디아서 주해에서 아래와 같이 썼다. "나는 어렸을 때부터 그리스도의 이름을 듣기만 해도 창백해지고 깜짝 놀라고는 했다." 만스펠트에서 가장 큰 건물인 이 교회는 루터 부모의 집에서 걸어서 단 몇 분이면 닿는 거리에 있다. 북쪽 측량 현관에 있는 1493이라는 연도가 새겨져 있는 비문은 마르틴 루터가 현재 형태의 이 교회에 다녔다는 것이 사실임을 나타낸다. 어린 마르틴 루터는 '계곡교회'라고도 불리던 예배당의 정규 출석자였을 뿐만 아니라, 어린이 합창단원이기도 했다. 1545년 10월 4일에 그는 이 교회에서 두 번 설교했다.

* * * * *

성교회가 있는 성 도시 위쪽 둔덕에 세워져 있는 성 복합건물은 950년부터 1780년까지 여러 계통으로 흩어져 있는 만스펠트 백작들이 조상 대대로 사용한 궁전이었다. 16세기 초에 건립된 성교회는 같은 시기에 지어졌지만, 현재 폐허가 된 포더오르트 Vorderort 궁의 일부분이다. 만스펠트 지역에 종교개혁을 처음으로 받아들인 힌터오르트의 알브레히트 백작은 1525년 초에 루터에게 다음과 같은 질문을 던졌다. 그가 구교신자인 귄터 백작, 에른스트 백작 그리고 호이어 백작의 바람을 따르고 있는 것인지, 그리고 "성에 있는 시교회를 개신교 예배를 드리기 위해 공동으로 사용하는 것을 포기하고 아이스레벤, 헤트슈테트와 만스펠트에서 일어나고 있는 종교개혁 움직임을 진압하는 데 동의한다는 것인가?" 그것에 대해 응답한 루터의 "겸손한 의견"은 "하나님의 말씀이 물물교환에 부쳐질 수는 없다"는 것이었다. "다툼은 성곽교회에 관한 것이기 때문에 전하께서는 단지 외부적인 일에 대한 문제일 뿐이라는 듯이 이

207

일을 그냥 내버려두셔도 됩니다. … 그러면 10년 후에는 모든 일이 달라질 것입니다." 알브레히트의 묘비는 모든 백작 가문이 공동으로 사용해온 성채 예배당 안에 있다. 15세기의 이 건축물은 루터가 당시에 보았던 것과 똑같은 가구들로 비치되어 보존되었다(문의한 후에 관람이 가능함). 만스펠트 성은 현재의 기독교 청소년 교육 및 사교활동 센터다.

* * * * *

루터 동상 1913년 슈코파우 출신의 조각가 파울 유크호프가 창작한 예술작품은 한 세트로 된 기념분수와 동상이다. 조개류 석회석을 이용하여 우뚝 세운 돌기둥에는 동판들이 끼워져 있는데, 이 동판들은 루터의 생애에서 발생한 세 가지 사건을 묘사하고 있다. 만스펠트를 떠나는 어린 아기 마르틴 루터(이것에 대해서는 그의 부모의 인물 초상 참고), 비텐베르크의 반박문 게시, 그리고 교황 앞에서 자신의 논제를 취소하라고 강요당한 보름스의 루터.

* * * * *

"추어 구텐 크벨레_Zur Guten Quelle_**" 여인숙** 루터는 천장에 하나의 교차부 볼트가 있고 벽에는 역사적 주제들을 묘사하는 그림들이 장식되어 있는 이 여인숙에서 숙박한 것으로 믿어진다.

마르부르크^{Marburg}

독일에 대기근이 일어나고 있던 중에 "신앙심이 깊은 방백^{方伯} 루트비히 는 이 도시 시민과 협상하면서 마르부르크 성당에 머무르고 있었다. 어느 전령이 방백의 귀부인 엘리자베트가 첫 아이를 출산했다는 소식을 가지 고 그가 있는 곳으로 들어왔다. 그 전령이 방백에게 전령 선물을 요구하자, 신 실한 방백은 즉시 그에게 선물을 하사했다. 분만 소식을 들은 모든 사람은 몹 시 기뻐했고 방백에게 축하의 뜻을 표했다."

라인하르츠브룬 출신의 베르톨트가 1222년에 수도원 연대기에서 훗날 방백이 된 헤르만 2세의 출생을 기록한 것은 방백 가문의 사적인 생활과 관련 한 정말이지 극히 드문 기록들 중의 하나다. 동시에 이 가계의 혈통들은 1140 년경에 튀링겐의 방백들이 성 아래쪽에 건립한 장이 서는 작은 도시 마르부 르크 – "관저"인 바르트부르크 성에서 바라보자면 – 가 영토 경계에 위치해 있 음에도 불구하고 군주 가문에게는 중요한 장소였음을 명백히 증명해준다. 라 인란트의 쾰른에서 시작해서 튀링겐을 경유하여 라이프치히까지 나 있는 원 거리 무역로 같은 도로들이 이곳으로 이어지고 이곳에서 교차했다. 첫 아이를 출산한 지 6년 내지 7년이 지난 후 엘리자베트는 마르부르크로 이사했다. 그 녀는 그 이전에 이 지역에 혼자 와본 적도 없었고 남편하고도 와본 적이 없었 다. 그녀가 남편이 사망한 후에 하필이면 이곳으로 이주했다는 것은 우연이 아니었다. 한편으로 프란체스코회 수도회 방식으로 금욕생활을 하고 있는 엘 리자베트가 당시의 규범을 위반했기 때문에 그녀를 아이제나흐의 왕궁에서 제거해야 한다는 것이 방백 대가족의 시급한 요구사항이었다. 다른 한편으로 그녀가 튀링겐 방백령에서 가장 먼 외곽으로 이사하는 것은 바로 그 남자, 즉 남편 루트비히 4세와 많은 연관이 있었다. 그녀의 남편은 1226년에 콘라트에 게 그녀의 고해신부가 되게 해주겠다고 약속했고, 2년 뒤 교황 그레고리 9세 는 방백 부인의 신변 보호를 담당할 경호인(대리인) 직분을 수여했다. 그는 오

마르부르크: 도시 위에 있는 방백의 성das Landgrafenschloss

늘날까지도 논란을 불러일으키는 인물이다. 그녀는 "정반대의 것으로 반대하는 것을 치유"해야 한다는 사실을 확신하면서 "세상 속의 수녀"로 생활하기로 결심했다. 미망인이 된 여*방백은 성에서 사는 것을 거절했지만, 그 대신에 그녀의 성의 끝자락에 위치한 프란체스코회 구빈원 근처에 각별한 요청으로 지은 허름한 작은 집에서 살았다. 그 구빈원은 당시 이 도시의 관문들 앞에 있는 부지에 자리하고 있었다. 그러나 현재 성 엘리자베트 교회가 마르부르크 시의 중심부를 표시하는 바로 그곳이 옛 구빈원 자리다. 옛 여자 방백의 요절과 뒤이어 공포된 성인 선포는 많은 무리의 순례자를 이 도시로 쇄도하게 했고, 뚜렷하게 이 도시에 경제적 부흥을 안겨주었다. 마르틴 루터가 이곳에 왔을 때, 그는 물론 성인의 삶에 대해 알고 있었다. 그는 이미 아이제나흐에 있을 때도 사람들이 이 성인을 존경하고 있음을 알아챘고, 나중에는 그녀를 모범으로 삼을 만한 전형이라고 언급했다.

마르부르크에서 루터의 흔적을 찾아 나설 때, 여러분은 대학교를 갖고 있는 도시를 방문하는 것이 아니다. 이곳에 살고 있는 사람들이 어디에서나 말하듯이 마르부르크가 도시다. 1920년대부터 독일 최초의 개신교 대학교는 설립자인 방백 필립 관용왕(1504~1567)의 이름을 따라 명명되었다. 성녀 엘리자베트의 후손인 필립은 1526년에 헤센 왕국에 종교개혁을 도입했고, 1529년에는 5일간 지속된 "마르부르크 종교회의"를 개최했다. 이렇게 오래된 대학교 전통 역시 훗날 명성을 떨치게 된 대학생들을 란 강변으로 이끄는 매력을 지니고 있었다는 사실은 자명한 일이다. 러시아 출신의 노벨상 수상자이자 『닥터 지바고』의 작가인 보리스 파스테르나크(1890~1960)는 마르부르크에서 대학공부를 했고 이곳에서 민간동화 수집을 착수할 영감을 얻은 그림 형제들과 똑같이 그렇게 유명해진 사람들 중 한 사람이다. 현재 약 1만 8천 명의 대학생들이 매 학기 이 도시의 일상을 한없이 멋지게 형성하고 있다. 약 8만 명의 주민을 헤아리는 이 도시의 어디를 가든지, 우리는 수많은 젊은이를 만나게 된다. 아래로 돌진하듯 경사지에 세워진 옛 도시 마르부르크를 전적으로 추측하여 비교하는 일, 즉 계곡 아래에 있는 성 엘리자베트 교회와 산 위에 있는 방백의 성 사이의 두 건축물을 비교하는 것은 마치 수백 년에 걸쳐 기록된 역사 책에서 바로 발견한 그것들과 구별하기 힘들 정도다. 성이 있는 언덕 위에 도달하면, 마르부르크에서는 시내의 모든 주택에 있는 계단을 다 모아놓은 것보다 훨씬 더 많은 계단들이 도로와 골목길에 있고, 리프트를 타면 멀리 떨어진 과거로부터 현대로 신속히 도달할 수 있다는 눈에 확 띄는 광고카피 같은 장면이 펼쳐진다. 이 높이에 오르면, 관찰자는 이 도시가 분지 모양으로 생긴 계곡에 펼쳐져 있다는 사실을 알게 된다.

"마르부르크의 유쾌한 술집에 앉아 / 뮤즈의 애인이 와인을 마신다. / 에오바누스 헤수스 경께서. 그분은 반짝이는 와인 잔을 응시하신다 / 순수한 황금색 라인 와인이 넘실대는 것을…" 마르부르크 대학교의 학생들은 이 짤막한 노래로 자신들의 시학 교수에게 감사를 표했다. 이때는 물론 란 강 유역의 중요한 도시 마르부르크가 이미 독일 종교개혁 역사의 중요한 장을 기록했던 시기다. 그 당시에 반항적 인문주의자들이 편찬한 "수상한 남자들의 서신들"의 공동저자였던 에오바누스 헤수스는 이 기록에 들어 있지 않았다. 마르틴 루터는 종교개혁을 도입하기 위해 궁전을 카셀에서부터 마르부르크로 옮겨놓은 방백 필립 관용왕의 초대를 받았다. 루터는 1529년 10월 초에 때마침 전염병("발한병")이 엄습하여 이 도시에서 수행원들과 함께 며칠 동안 체류했다. 방백은 스위스의 종교개혁가 훌트리히 츠빙글리(1484~1531)와 함께 루터와 의견을 달리한 개혁적인 교리의 주역들도 초대했다. 성찬식의 본질 같이 논란의 여지가 있는 문제들을 가장 먼저 해결한 것으로 여겨진다. 그들은 또한 단일한 유럽 개신교를 위한 토대를 세우려고 시도했다. 루터와 그의 동반자들 이전에 이미 다른 전문가들이 이 도시나 성에 도착해 있었는데, 그들 가운데 엘자스, 슈트라스부르크 그리고 스위스의 신학 교수들과 박사들이 포함되어 있었다. 훌트리히 츠빙글리도 이미 그들보다 훨씬 전에 이곳에 왔다. 나중에 남독일 제국도시들에서 온 설교자들과 박사들(그 외에도 슈바비쉬 할에서 온 요하네스 브렌츠, 아우구스부르크 출신의 슈테판 아그리콜라와 뉘른베르크에서 온 안드레아스 오지안더)이 이 도시에 도착했을 때, 주도적인 종교개혁자들이 마르부르크에서 효과적으로 회합했다.

　　루터는 10월 4일 자 어느 편지에서 비텐베르크의 아내에게 다음과 같은 사실을 알려주었다. "… 마르부르크에서 행한 우리의 평화로운 토론이 이제 끝났소. 상대측이 성찬식에서는 오직 빵만 올려놓아야 하고 그리스도께서는 영으로 그곳에 임재하신다고 주장한 것을 제외하고 우리는 거의 모든 항목에 동의했소. 방백께서는 오늘 우리가 합의했는지, 그렇지 않다면 우리가 형제요 서로가 그리스도의 지체들이라고 간주할 수 있는지 알고 싶어 하셨소. 방백께서는 이 목표를 위해 매우 열심히 노력하셨소. 그렇지만 우리는 형제이며 그리스도의 지체이기를 원치 않고 있소. 우리는 평화와 조화를 원하고 있다오." 루터는 "우리"라는 말 이면에 자기를 따라 간 필립 멜란히톤, 유스투스 요나스와 프리드리히 미코니우스 같은 남자들을 포함시키고 있었다.

　　"그대는 내게 다른 곡을 불러주어야 할 것이오"라고 츠빙글리는 종교회의에 참석한 첫날, 맞은편에 앉은 루터에게 요구했다. 이 토론에 대해 재구성한 보고에 따르면 루터는 다음과 같이 반격했다. "당신의 말은 독설에 차 있소!" 쌍방이 날카로운 친선을 유지하면서 실행된 토론 끝부분에 가서 서로의 말투는 유화적이었다. "만약에 우리의 말이 여러분의 의견을 바꿀 수 없다면, 여러분의 설명도 우리에게 와 닿지 못하는 겁니다. 나는 논의를 마치는 데 찬성합니다"라고 츠빙글리 측이 제안했다. "자, 당신들은 아무것도 입증하지 못했습니다. 여러분 자신의 양심이 그것을 증명하고 있습니다"라고 루터 측이 논쟁을 요약했다. "제가 당신께 신랄한 말을 했다면 용서해주십시오. 어쨌든 저는 단지 인간일 뿐입니다"라고 루터는 츠빙글리에게 간청했다. 이에 대해 츠빙글리는 "박사님, 저도 당신께 간청드립니다. 저의 신랄한 어조를 용서해주십시오! 여러분과 친구가 되는 것이 저의 가장 큰 바람이었고 현재도 가장 큰 바람입니다. 이탈리아나 프랑스에는 제가 기꺼이 만나보고 싶은 남자들이 없습니다." 마지막으로 주고받은 말은 다음과 같은 말이었던 것으로 믿어진다. 루터가 마지막으로 한 말은 "여러분의 눈이 열리게 해달라고 하나님께 기도하십시오!"였고, "여러분도 기도하십시오. 여러분도 마찬가지로 그렇게 할 필요가 있습니다!"는 것이 상대측의 말이었다. 그럼에도 불구하고 마르부르크에서 머문 날들은 어떤 의미 있는 결과를 낳지 못했다. "… 양측은 모든 부분에서 서로 친절하게 대하고, 평화를 사랑하고, 분노를 방지하고, 이렇게 하기 위해 혹독하고 심술궂은 글을 쓰는 것을 그만두기로 결의했습니다."

마르틴 루터는 마르부르크로 가는 중에, 그리고 거기로부터 돌아오는 길에 여러 번 설교를 했다. 그 여정에는 무엇보다도 그림마, 알텐부르크, 예나, 바이마르, 에어푸르트 그리고 고타 같은 도시들이 포함되어 있었다.

* * * * *

성채 예배당이 있는 백작의 성　성녀 엘리자베트는 성에서부터 단지 성 내부만 바라볼 수 있었다. 이 구축물의 다양한 특징을 결정하는 다른 모든 건물은 그다음 세대들이 이룬 업적이다. 성녀 엘리자베트의 장녀인 조피 폰 브라반트(1224~1275)는 첫 번째 "건축 붐"을 일으키려고 애썼다. 조피가 1248년에 자신의 네 살 난 아들 하인리히를 위해 튀링겐 유산 가운데 헤센 지역의 상속분을 확보하여 이 아들이 헤센의 첫 번째 백작이 되고 난 다음에 마르부르크는 왕이 상주하는 제국 도시로 발전하기 시작했다. 조피는 자신의 아들과 함께 옛 성을 군주의 대표적인 대저택으로 확장했다. 성 예배당과 군주들의 홀이 이 대저택을 매력적으로 묘사하고 있다. 일시적으로 감옥 또는 국가문서 보관실로도 이용된 성 복합건물에는 대학교 부속 미술사 및 문화사 박물관이 수용되어 있다. 이 박물관의 소장품들은 헤센 지역의 선사시대와 고대사, 종교적 예술품, 군주(비길 데 없이 중요한 방패 수집품. 그중에는 튀링겐의 콘라트 방백의 진짜 방패도 있음)와 시민의 일상생활 분야를 포함하고 있다.

마르틴 루터는 란문[門, Lahntor]을 지나 시내로 들어갔을 때 오늘날 방문객이 볼 수 있는 것 같이 구도시의 스카이라인을 보았다. 란문 앞에는 옛 도미니크회 수도원의 부지에 세워진 옛 대학교 건물이 있다. 마르부르크의 역사를 묘사하고 있는 대형 벽화들이 역사적인 건축물의 대강당을 장식하고 있다. 뒤셀도르프 출신의 화가 페터 얀센이 에어푸르트의 시청에 있는 그의 "루터 갤

러리”의 일곱 장면과 똑같은 스타일로 이 벽화를 그렸다. “마르부르크 종교회의”는 성 안에 있는 백작의 전용실에서 개최되었다. 비공개 대화에 약 50명이 참석했다. 그 도시에서 페스트가 유행했기 때문에 루터는 (바퓌서슈트라세 Barfüsserstraße에 있는 기념명판이 여전히 알리고 있는 것처럼) 마르부르크가 아니라 성에서 숙박했다.

* * * * *

성 마리엔 St. Marien **루터파 교구교회**(루터리셔 키르히호프 1번지Lutherischer Kirchhof 1) 엘리자베트가 1228년에 튀링겐에서 마르부르크로 온 지 1년 후에 이 작은 도시는 마르부르크의 콘라트의 권유로 첫 번째 독자적인 교구교회를 얻게 되었다. 신도석의 남서쪽 모퉁이에 있는 거대한 옛 세례반만이 훗날 고딕 양식의 교회가 된 초기 로마네스크 양식의 이 건물을 기억시킬 뿐이다. 현재 교구교회의 첫 번째 공사구간, 즉 고딕 양식의 성단소는 1297년에 축성되었다. 교구교회의 공사는 1473년에 완공되었다. 수세기에 걸친 마모에 의해 약간 비틀어지고 기울어졌음에도 불구하고 성 마리엔 교회의 탑은 마르부르크 도시경관의 매우 유명한 특징이 되었다. 1527년 마르부르크에서 종교개혁이 개시된 때부터 성 마리엔 교회는 이 도시의 교회생활의 중심이 되었다. 이 교회는 1653년까지 대학교 교회 역할을 맡았다. 1529년 10월 5일에 마르틴 루터는 이 교회에서 설교했다(기념명판).

* * * * *

엘리자베트 교회 Elisabethkirche 마르부르크로 여행하는 사람은 당연히 1235년과 1283년 사이에 성녀 엘리자베트의 무덤 위에 세워진 엘리자베트 교회를 찾아갈 것이다. 이 건축물은 엘리자베트의 시동생이자 독일 기사단의 단장인 튀링겐의 콘라트 백작의 전폭적인 추진에 의해 건축되었다. 바로 이 교회 가까이에 있는 건물들은 1234년에 이곳으로 이주해온 기사단의 활동을 상기시킨다. 열린 벽난로가 있는 순례자의 부엌처럼 이 교회 안에 원형 그대로 전승된 비품들은 대중에게 공개되지 않는다. 특별히 깊은 인상을 주는 홀교회

215

는 예술사적으로 볼 때 라인 강 동쪽에서 가장 오래된 순수한 고딕 양식의 교회로 여겨진다. 천국 문으로 설계된 중앙 출입구, 1250년경에 만든 엘리자베트 창문이 있는 중랑, 성녀의 무덤과 엘리자베트 제단 위에 만들어놓은 왕후의 영묘가 있는 엘리자베트 성단소, 종교개혁 이후 몇 년 동안 성녀 엘리자베트의 유골이 보관된 금빛 찬란한 성유물이 있는 제의실 그리고 돌, 목재, 금속으로 된 지극히 예술적인 수많은 세부작업과 색상은 방문객의 마음을 사로잡아 깊은 명상에 잠기게 한다. 매년 수많은 사람들이 이 교회를 순례하고 있다.

노르트하우젠^{Nordhausen}
슈톨베르크_(하르츠) Stolberg_(Harz)

노르트하우젠 출신의 서정시인이자 작가인 루돌프 하겔슈탕게(1912~ 1984)에게 일찍이 그의 고향 도시에서 일어났던 가장 나쁜 사건을 묘사하는 데는 단 몇 줄이면 충분했다. "그리고 수천 년간이나 이 도시는 비탈에 위치하여 / 성장했고 심지어 더 아름다워지고, 더 풍족해지고, 점점 더 오래되었다 / 그러다가 심판의 날 같은 날이 다가왔다 / 그리고 이 도시는 산산이 파괴되었다." 1945년 4월의 폭격과 일부 파괴적인 대화재, 때때로 허약한 경제에도 불구하고 하르츠 산맥의 양지 바른 곳에 위치한 시청 앞에 실물보다 큰 롤란트의 동상은 옛 제국도시가 되풀이하여 번영하는 것을 목격했다. 유명한 '곡식'으로 만든 화주火酒를 여러 잔 들이킬 수 있는 것은 여러 세대 전부터 이곳에서 양조되고 그 흔적을 노르트하우젠 어디서나 찾아볼 수 있는 경제 호황과 관계가 있을 수 있다. 구시가지 중심부는 성곽 잔해들로 에워싸여 있다. 이 지역은 쾌활하게 생활할 수 있고, 편히 거주하고, 어슬렁어슬렁 거닐며 축제를 거행하기에 매우 이상적이다. 행사 일정표에 들어 있는 "황금 목초지^{Goldene Aue}" 지역에서 가장 큰 민간축제인 롤란트 축제^{Rolandfest}를 즐기기 위해 6월에 이 지역을 방문하는 사람들은 어쩌면 즉각적으로 이 분위기를 경험하게 될 것이다. 조심해서 말하자면, 비록 노르트하우젠 사람인 에두아르트 발처가 독일 최초의 채식주의협회를 설립했을지라도 거대한 궁전들, 화려한 목골주택들과 빌라들로 가득한 구시가지의 카페들과 레스토랑들의 음식이 결코 채식만은 아니다. 노르트하우젠에서 출발하는 하르츠 협궤철도를 타면 역사적인 이 역이 분명히 볼만한 광경이지만, 굽이굽이 삼림지대를 지나 1,142m 높이의 브로켄 산까지 도달하게 된다.

마르틴 루터가 노르트하우젠을 두 번 방문했고, 훗날 종교개혁자의 적대자가 된 토마스 뮌처가 이곳에서 몇 달 동안 설교자로 활약했다는 기록이 있다. 1524년 2월 시의회의 요구에 따라 이곳에 종교개혁이 도입되었다. 1525년 4월에 루터는 이곳의 성 블라지St. Blasii 교회에서 설교하면서 세속권세에 복종할 것을 호소했다. 그는 탁상담화에서 "십자가에 달리신 그리스도의 형상을 가리키면서" 어떻게 폭동을 일으킨 농부들을 재촉하여 참으라고 했는지 회상했다. "그러나 몇몇 사람은 그를 조롱했고 작은 종들을 마구 울려댔다. 만약 누군가 칼을 뽑아들었더라면, 아수라장이 되었을지도 모른다." 그는 이 사건 이후 폭동 때문에 튀링겐 지역의 여행을 중단했고, "도적질하고 살인하는 농민 도당에 반대하여"라는 소논문을 작성했다. 교구 목사인 마르틴 루터는 이미 1516년에 노르트호이저의 아우구스티누스회 수도원을 시찰했다. 오늘날 이 도시에서 루터의 흔적을 찾아 거니는 사람은 마이엔부르크 미술관Kunsthaus Meyenburg과 성 블라지 교구교회에서 잠시 머무르게 된다.

유스투스 요나스는 1493년 6월 5일 노르트하우젠에서 태어났다. 그는 학교교육을 마친 후 에어푸르트와 비텐베르크에서 신학을 전공했다. 그는 마르틴 루터와 필립 멜란히톤의 긴밀한 동료 중의 한 명이었고, 개신교 교회의 가장 중요한 창시자 중 한 사람이 되었다. 그는 보름스와 아우구스부르크 제국의회뿐만 아니라 마르부르크 종교대화에 참석하러 갈 때도 루터와 멜란히톤을 각각 동행했다. 당시에 할레의 감독이었던 요나스는 1546년 1월 할레에서부터 아이스레벤까지 루터와 같이 갔다. 1555년 요나스는 튀링겐 남부의 아이스펠트에서 마지막 안식처를 찾았다.

* * * * *

성 블라지 교구교회 Die Kirche St. Blasii 노르트하우젠의 유일한 개신교 교회이자 시내 중심부에 위치한 개신교 예배처소인 성 블라지 교회는 건물안정규정에 따라 2004년까지 폐쇄되었다. 현재 이 교회가 다시 개방된 것은 비할 데 없이 분발한 덕택이다. 후기 고딕 양식의 삼랑식 홀교회는 아무런 처리를 하지 않고 대충 자른 원석 조각들로 지은 이전 건물의 잔해 위에 세워져 있다. 이 건물은 1234년 처음으로 문헌에 언급되었으나 건물의 상태가 황폐하여 이미

14세기에 철거되어야 했다. 성 블라지우스에게 헌정된 새로운 교구교회를 건축하는 데는 여러 세대에 걸친 공사가 필요했다. 이 건축은 1489년에야 비로소 완공되었다. 이 교회는 아무런 손상도 받지 않고 두 번의 도시 대화재(1612년과 1712년)를 이겨냈다. 하지만 후일에 똑같은 높이의 두 탑은 낙뢰를 맞았다. 이미 그 이전에 지어지기 시작한 두 탑은 건축 부지가 부실했기 때문에 기울기 시작했다. 특별기금과 주민의 기부에 힘입어 이 교회는 500주년까지 맞이했다. 이 교회는 500주년이 된 1989년에 전체적으로 보수되고 개조되었다. 그렇지만 이미 1992년에 문제점들이 새로이 드러났다. 이 도시의 교회 건물 관리국은 이와 관련하여 이 교회가 1945년도에 발생한 걷잡을 수 없이 큰 화재로 큰 피해를 당했고, 1949년까지 매우 좋지 못한 상황 속에서 복구가 실행되어야 했다는 사실을 상기시켰다. 오늘날의 건축지식과 건축 재료에 기대서야 비로소 이 건물은 완전히 새것 같은 상태로 복원될 수 있었다.

이 교회의 내부에는 14세기부터 15세기까지 후기 고딕 양식의 십자가상, 1591~92년에 키리아쿠스 에른스트가 만든 명문에 따라 기부받아 만든 설교단, 크라나흐가 그린 마이엔부르크 시장을 기리는 묘비명 사본, 그리고 성단소 창에 장식된 현대식 스테인드글라스 그림같이 특별한 관심을 끄는 항목들이 있다.

* * * * *

마이엔부르크 미술관 Kunsthaus Meyenburg 이 미술관은 1555년 11월 13일에 64세의 나이로 사망한 노르트하우젠의 시장 미하엘 마이엔부르크의 이름을 따라 명명되었다. 그는 에어푸르트에서 법학을 전공한 후 노르트하우젠 시의 서기가 되었다. 나중에 제국의 업무와 관련한 수많은 협상을 할 때도 대단히 민첩하게 두각을 나타냈다. 노르트하우젠을 위해 멜란히톤과 친분을 맺고 있던 마이엔부르크는 노르트하우젠 종교개혁의 원동력이 되었다. 1907년에 유겐트 양식과 역사주의 형식으로 건축된 미술관은 이 도시의 접경 너머에 있는 관심거리도 포함하는 미술품들을 전시하고 있다. 새로이 개조된 전시공간들은 역사적인 감정평가에 따라 배경을 빨강색, 녹색 그리고 파랑색의 대담하고 전형적인 유겐트 양식으로 장식하고 있다. 그래서 이 공간은 순수예술 작품을 발표하기 위한 독특한 환경을 제공하고 있다. 전시품에는 표현주의자 에른스트 발라흐와 헤름 딘츠의 목판화들, 막스 클링어, 막스 슬레폭트 그리고 리오넬 파이닝어의 동판화와 석판화뿐만 아니라 펜크, 외르크 임멘도르프와 볼프강 마트호이어 같이 유명한 동시대 독일 예술가들의 작품들이 포함되어 있다. 고전적 모더니즘에 속하는 특수한 작품들이 수집품의 중심을 이루고 있다. 또한 루터와 뮌처의 동료 운동가들의 초상화들도 이 미술관의 전시목록에 들어 있다.

슈톨베르크 Stolberg(하르츠Harz)

현재 약 1,300명의 주민을 헤아리는 작은 도시와 주변의 마을들은 "알테 뮌체Alte Münze" 박물관(니더가세Niedergasse 19번지)이 일목요연하게 과거를 회상·환기시키고 있는 수세기 이상 광석채굴을 계속해온 이 도시의 특징을 두드러지게 했다. 이 전통적인 요양 도시는 스스로 "남부 하르츠의 진주"라고 광고한다. 성 맞은편에 솟아 있는 유명한 "루터의 너도밤나무"가 있는 언덕에서 이곳을 바라보면, 이러한 인상이 실제라는 생각이 떠오르게 된다. 이 성의 아랫부분에는 좁은 길들과 골목들이 15세기부터 18세기에 유래한 합각머리들로 가득한 모형 마을처럼 목골구조 주택들과 더불어 복잡하게 들어 차 있다. 루터가 설교한 성 마르티니St. Martini 교회는 목골구조의 시청 위로 우뚝 솟아 있다. 가파른 바위 비탈 위에는 일부만 보이는 성이 왕관 모양으로 군림하듯 솟아 있다. 현재까지 잘 보존되어 있는 슈톨베르크의 지형을 보여주는 지도는 봉건계급을 나타내는 범례로 여겨지고 있다. 니더가세 2번지에 있는 기념명판이 이곳에 루터의 과격한 적대자였던 토마스 뮌처가 태어난 건물이 있었다는 사실을 가리키고 있다. "알테 뮌체" 박물관은 이 도시의 아들에 대해 더 자세한 정보들을 제공하고 있다. 그의 출생년도는 1489~90년경으로 추정되는데, 이것은 뮌처가 1512년에 프랑크푸르트/오데르 대학교에 등록한 사실에

슈톨베르크: 시청 앞의 뮌처 동상

슈톨베르크: 시내 중심부와 시청 광경

근거한다. 이 박물관에는 뮌처가 태어난 집에서 유래한 것으로 믿어지는 성인들의 모습을 조각해놓은 목각기둥들도 소장되어 있다. 이렇게 재사용된 재료들은 클라우스 메서슈미트가 조형하고 1989년부터 시청 앞에 세워져 있는 구리로 만든 뮌처 동상에서 다시 볼 수 있다.

* * * * *

성 마르티니 St. Martini 시교회 검은색 편암으로 덮여 있는 이 교회의 기원은 12세기까지 거슬러 올라간다. 바로크 양식의 반원형 볼트인 터널식 볼트가 있는 현재의 삼랑식 건물은 14세기 전반기에 만들어진 것이다. 특히 설화 석고로 만든 세례반, 조각된 부조들과 성인 마르틴의 승마상은 교회 내부에서 주목해볼 만한 가치가 있다. 스테인드글라스 창 하나는 루터의 초상을 나타낸다. 루터와 멜란히톤을 묘사한 작은 그림들은 요청하면 구경할 수 있다. 하지만 마르틴 루터가 1525년 4월 21일에 폭동을 일으킨 광부들과 농부들에 반대하여 설교한 설교단은 더 이상 존재하지 않는다. 당시에 그것은 현재와 다른 장소에 있었다. 5월 2일에 폭도들이 이 성으로 돌진해왔기 때문에 설교는 아무런 효력이 없었다.

* * * * *

루터의 골방 Die Lutherstube 루터의 너도밤나무는 시내에서 하인펠트-로디스하인 방향으로 가파르게 위로 향하고 있는 도보여행자 길의 가장자리에서 볼 수 있다. 여기서부터 바라보면 절벽 위 맞은편에 있는 성과 함께 눈높이에서 보이는 이 도시가 새를 닮았다고 말했던 루터의 비유적인 문구를 제대로 이해할 수 있다. 루터는 백작의 궁내관이었던 친구 빌헬름 라이펜슈타인과 함께 산책하면서 이 성이 머리를 형성하고, 시장은 몸통을, 두 개의 골목은 날개를, 그리고 맨 아랫부분의 골목은 새의 꼬리를 형성하게 될 것이라고 말했다고 한다. 루터는 마르크트 4번지^{Markt Nr.4}에 위치한 라이펜슈타인의 집에 묵었다.

오를라뮌데 ^{Orlamünde} 노이슈타트 ^{Neustadt} / 오를라 ^{Orla} 잘펠트 ^{Saalfeld}

잘레 강이 회전하는 굴곡부의 북쪽에 위치한 좁은 산등성이에 넓게 퍼져 있고, 874년에 처음으로 문헌상에 언급된 튀링겐의 이 작은 도시는 일찍이 지역을 능가하는 중요성을 얻었다. 오를라뮌데를 제국의 도시로 획득한 바이마르의 백작들은 이곳에 독립 백작령을 세웠다. 잘레 강의 지류인 오를라 강어귀의 이름을 따서 명명한 이 장소는 종교개혁 동안에 루터의 견해와 결별하고 비텐베르크의 후원자들과도 결별하고 난 후 1523년 여름에 오를라뮌데 교구를 인계한 '카를슈타트'라고 알려진 급진적인 종교개혁가 안드레아스 보덴슈타인(1486~1541)의 활약으로 중요성을 얻었다. 루터는 잘레 계곡에서 일어난 일련의 사건들에 불안을 느끼고는 선제후에게 시찰 허가를 얻었다. 이 시찰은 1524년 여름에 시행되었다. 그는 먼저 8월 초에 "광신자" 카를슈타트와의 첫 만남이 주선된 예나를 방문했다. 하지만 루터는 결과적으로 이 만남에 실망했다. 그는 며칠 지난 8월 16일에 오를라뮌데 시의회가 서신으로 보내온 초대에 응답했다. 그가 받은 편지의 내용은 아래와 같았다. "우리는 선생님께 간청합니다. 만약에 선생님이 하나님께서 자기 백성이 너무 갈급하여 더러워지지 않고 더러운 욕을 하지 않게 하시기를 원하신다면, 우리는 선생님께서 길을 잃은 우리에게 오셔서 책망하지 마시고 호의적으로 우리를 가르치시고, 우리를 추방하겠다고 위협하시지 않기를 간청드립니다." 선제후의 지시로 이 도시를 시찰하는 그에게 모임이 약속되어 있었다. 무엇보다도 중요한 것은 그가 잠시 참석한 카를슈타트(루터는 그를 실제로 그 편지를 발송한 사람이라고 의심하게 되었다)에 맞선 논쟁자로서, 그리고 그의 종교개혁 노선이탈에 대항한 논쟁자로서 이 여행에 나섰다는 점이다. 하지만 그들은 거의 의견의 일치를 보지 못했다. 평소에 능변이던 개혁자 루터는 이제 곤경에 빠지고 말았다. 그래서 그는 이에 대해 나중에 다음과 같이 회상했다. 격분한 오를라뮌데 시민이 그가 성급히 도망갈 때 "네가 이 도시 밖으로 나가기 전에 네 목이 부러지지 않도록 수천 악마의 이름으로 명하니 지금 당장 떠나라"고 "축복"으로 붙여준 말이 그에게는 심지어 육체적인 위협이 될 정도였다.

카를슈타트와의 단절은 이제 돌이킬 수 없었다. 같은 해에 작성하기 시작한 "성상들과 성례 문제에 있어서 하늘의 예언자들을 반대하여"라는 제목의 소논문에서 루터는 "누구든 신실한 마음과 형제애로서 … 두 가지 특별한 이유 때문에 카를슈타트 박사와 그의 예언자들을 경계해야 한다. 첫째, 그들이 소명을 받지 않고 돌아다니며 가르치기 때문이다. 둘째, 이 예언가들은 기독교 교리를 기피하고, 멀리하고, 숨기고 있다. 그들은 사람들이 어떻게 해야 죄에서 벗어나고, 선한 양심을 얻어 행복해지는지 그리고 즐거운 하나님의 사랑을 어떻게 얻을 수 있는지를 어디에서도 가르치지 않기 때문이다. 하지만 바로 이것이 중요한 점이다"라고 경고했다. 1524년 9월에 카를슈타트는 최고 위권의 명령으로 오를라뮌데와 작센 제후국을 떠나야 했다. 하지만 루터는 이전의 영적 전쟁의 동료이자 친구를 시야에서 놓치지 않았다. 몇 주 동안 오를라뮌데에서도 머물렀다고 믿어지는 토마스 뮌처와 똑같은 운명을 겪지 않도록 그는 카를슈타트를 보호해주었다.

* * * * *

성 마리엔 시교회 Die Stadtkirche St. Marien 케메나텐 산 앞에 높이 솟아 있는 서쪽 탑을 포함한 단랑單廊식 홀교회는 1194년에 지어진 성모마리아의 성 십자가 교회이자 성인 판크라티우스의 교회임이 입증되었다. 금석에 새겨진 글에 따르면 이 탑은 1504년에 새로 지어진 것이다. 여기서 카를슈타트가 설교한(기념비) 시기에 유래한 물건들은 교회 내부에 아무것도 남아 있지 않다. 그동안에 이뤄진 수많은 개조공사는 작은 예배당의 외관도 바꾸어놓았다. 16세기에 널리 보급된 프로테스탄티즘의 주요 인물들의 초상화에 대한 진귀한 사례는 선제후 요한 프리드리히를 위해 파피에 마셰papier maché로 만든 기념명판이다.

225

* * * * *

시장 앞의 옛 숙소 루터가 오를라뮌테의 시민을 옳은 길로 되돌려 보내려고 설득하느라 힘껏 노력한 시장 앞에 위치한 옛 숙소의 중앙 홀은 현재 더 이상 존재하지 않는다. 나란히 한쪽 벽이 붙어 있는 두 채의 주택(마르크트 44, 46번지)은 다음과 같은 글이 새겨진 기념명판을 달고 있다. "1524년 8월 24일에 이곳에서 마르틴 루터와 오를라뮌데 시민 사이에 논쟁이 벌어졌다."

노이슈타트^{Neustadt}/오를라^{Orla}

1287년 문서에 처음으로 언급된 "노바 시티바스^{nova citivas}"라는 문구가 옛 문화경관을 잘 간직한 채 잘펠트^{Saalfeld}와 게라^{Gera} 사이에 놓여 있는 작은 도시에 이러한 명칭을 부여한 것으로 추측된다. 중세시대에 건설된 도시인 노이슈타트는 일정한 간격을 둔 직각 도로들과 중심부에 시장을 배치한 도시 평면도를 잘 드러내고 있다. 동튀링겐 소도시의 수많은 볼거리 가운데 세 가지는 루터가 아우구스티누스 수도회의 감독으로서, 그리고 "광신자" 카를슈타트와 관련된 튀링겐 지역의 설교자로서 이 도시에 여러 번 체류한 사실과 결부된 것이다.

* * * * *

옛 아우구스티누스회 수도원 마르틴 루터가 1516년에 이 수도원을 시찰했을 때, 그는 여기에서 이미 오래전부터 수도사들과 수도원장 미하엘 드레셀 사이에 발생한 긴장을 중재해야 했다. 마르틴 루터는 비텐베르크로 돌아와서 수도원장에게 보낸 6월 23일 날짜가 적힌 어느 편지에서 다음과 같이 썼다. "이제 원장님은 평화를 찾기 위해 최선의 노력을 기울이고 계시지만, 잘못된 방법으로 행하고 계십니다. 당신은 그리스도께서 주실 수 있는 평화보다 세상이 주는 평화를 찾고 있기 때문입니다. 그렇지 않다면 친애하는 신부님, 당신은 왜 하나님께서 불화가 있는 한가운데에, 다시 말해 끝없는 유혹의 한가운데에 당신의 화평을 세우신 하나님이 왜 그토록 경이로우신 분이신지를 깨닫지 못하고 있습니까?" 드레셀은 자리에서 물러났지만, 1523년에 다시 이 직책에 임명된 결과가 되어 결국 루터의 충고를 따를 만한 능력이 없던 것 같았다.

수도원교회를 대체하여 새로 지어진 성교회는 30년전쟁 중에 파괴된 아우구스티누스 은둔자 수사회 수도원을 보존한 유일한 유물이다. 신도석에 의해 나눠지는 출입구는 작센-차이츠의 공작들에 의해 성이 건축된 때와 같은 시점인 1674년에 수도원 부지의 남쪽 부분에 세워졌다. 현재 시립공원 옆에 위치한 복합건물은 학교로 사용되고 있다.

* * * * *

성 요하니스 시교회 Die Stadtkirche St. Johannis 이 교회는 1470년 이전 예배당 부지에 세워졌고 70년 후에 완공되었다. 마르틴 루터는 1524년 8월에 튀링겐 폭도들의 지역을 여행하는 도중에 뾰족한 예첨 창들이 있고 나중에 설치한 발코니가 있는 이 삼랑식 홀교회에서 설교했다. 이미 그 며칠 전에 예나와 칼라에서, 그리고 나중에는 오를라뮌데에서 그랬던 것과 마찬가지로 비텐베르크 사람, 즉 루터는 무엇보다도 카를슈타트와 광신적인 종교적 견해를 추종하는 사람들을 참되고 비폭력적인 종교개혁 정신의 길로 돌아오라고 설득하는 것을 목표로 삼고 있었다. 하지만 이 목표는 이뤄지지 않았다. 이 교회 실내 설비들 중에 궁극적으로 가장 인상적인 부분은 거의 500년 전부터 같은 자리에 그대로 남아 있는 크라나흐 제단이다. 날개 제단은 1511년에 라이프치히 견본시를 관람하기 위해 체재하는 동안 노이슈타트 시민이 대 크라나흐에게 주문하여 1513년 7월에 설치되었다. 이 날개 제단의 장면들은 각각 성경 문구와 중세시대 전설에서 채택한 내용을 그림으로 묘사하고 있다.

* * * * *

"루터의 집"이 있는 시장광장 예술적으로 뛰어난 후기 고딕 양식의 시청 건물이 가장 두드러지는 특징을 이루는 시장 둘레에는 16세기에 르네상스 양식의 몇몇 시민의 가옥들이 세워졌다. 이 가옥들은 당시 시민의 부유함을 나타내주는 분명한 외적 표시들이다(J. W. 괴테가 이 건물들 중 한 건물에서 여러 번 묵었다). 시장 앞에 세워져 있는 5층짜리 "루터의 집"(기념명판)은 "스위스의 집"으로도 알려져 있다. 시장 쪽을 향한 이 건물의 한 측면은 볼트에까지 다다르는 화려한 돌출 창으로 장식되어 있다. 이 돌출 창은 시청건물과 똑같은 장식 모양을 채택한 것처럼 보인다. 시내에 들어서면 사람들은 루터가 이 건물에서 여러 번 묵었던 게 틀림없다고 추정하게 된다. 하지만 그가 수도원에서 묵었을 가능성이 훨씬 더 높다.

잘펠트 Saalfeld

899년에 처음으로 문헌상에 언급된 잘펠트는 때때로 왕이 거주하는 궁으로서 사람들의 방문이 잦았고, 오랜 기간에 걸쳐 제국의 정치에 중요한 의미가 있는 도시였다. 수세기 동안 이 도시(1208년 이후 "시티바스citivas"라고 불림)에서 이뤄진 건축 활동으로 잘펠트는 "튀링겐의 석조 연대기"라는 별명을 얻게 되었다. 옛날에 다섯 개의 문이 있던 이 도시의 요새화, 삼랑식 성, 장중한 호어슈바름Hoher Schwarm 성터 그리고 그 옆에 있는 키처슈타인Kitzerstein 성城, 성聖 요하네스 시교회, 끝으로 박물관으로 개조하여 사용하는 옛 프란체스코회 수도원은 여러 명소 가운데서 잘펠트의 시민이라면 누구나 이 도시를 방문하는 사람들에게 슬로건을 말할 때처럼 즉각적으로 추천하는 건축물들이다. 그다음에 마음에 떠오르는 볼거리는 1529년과 1537년 사이에 지어진 시청 – 인상적인 3층짜리 모퉁이 건물 – 에 의해 특징이 두드러지는 직사각형 모양의 시장이다. 잘펠트는 탄광

잘펠트: 시교회의 마르틴 루터

에서 생성된 세상에서 가장 화려한 색의 석류굴로 기네스북 세계기록에 화려하게 등재되었다.

　기록에 따르면 마르틴 루터는 그 당시 이 도시에서 세 번 머물렀다. 1518년 4월 하이델베르크로 여행 중에, 같은 해 가을 아우구스부르크로 가던 중에, 그리고 1530년 4월 13일 코부르크로 길을 떠났을 때 여기서 숙박했다. 루터는 코부르크로 계속해서 이동하기 전에 성 요하니스 교회에서 설교했다. 잘펠트에서는 1527년부터 카스파 아쿠빌라가 몇 년 동안 개신교 설교자로서 섬기고 있었다. 그는 1552년부터 1560년에 사망할 때까지 잘펠트의 교구감독이었다. 아쿠빌라는 루터를 비텐베르크에서 사귀었고, 그를 높이 평가했으며, 잘펠트에서 머물고 있는 이 비텐베르크 사람을 초대하여 자기 집에서 머물게 했다. 아우구스부르크 출신의 아쿠빌라는 튀링겐에서 가장 중요한 종교개혁자 중의 한 사람이다. 그래서 시립박물관은 상설전시관의 한 부분을 그에게 헌정하고 있다.

＊ ＊ ＊ ＊ ＊

　성 요하니스 시교회 Die Stadtkirche St. Johannis (Kirchplatz 2번지)　예배당에 들어서면 이 교회는 외부에서 보이는 것처럼 육중하지 않고, 인간의 척도에 맞추어 편안하고 친밀한 느낌이 들게 지어졌다. 바로 왼쪽 출입구 옆의 대좌 위에는 실물 크기의 마르틴 루터를 돌에 조각한 조각품이 놓여 있다. 윤곽선들은 소용돌이 모양이 없고, 시선은 진지하고 약간 험악하기도 하다. 이 조각품은 1905년 10월 31일에 설치되었다.

　문헌들에 따르면 이전 건물이 있던 유적지에 현재의 교회가 건축되기 시작한 것은 1362년과 1425년 사이이다. 명부에는 푀스넥 출신의 명장 크레취마르라는 이름이 교회를 건축한 명장으로 기록되어 있다. 현재 이 예배당은 14세기 후반과 15세기에 총애를 받던 스타일로 지어진 홀교회라는 인상을 준다. 이 교회는 삼랑식 신도석을 갖추고 있다. 동쪽 측랑은 $3\frac{1}{2}$ 형태의 볼트가 있는 단일형 성단소로 이어진다. 이 성단소는 삼면이 하나의 팔각형 모양으로 닫

잘펠트: 성 요하니스 시교회 내부

혀 있다. 성단소와 신도석 사이에 있는 양 구석에는 두 개의 탑이 세워져 있다. 현재의 모습은 약 100년 전에야 확립된 것이다. 거대한 기둥들은 내부공간에서 가장 인상적인 부분이다. 성단소의 볼트는 "천국의 목초지"를 형형색색의 다채로운 그림으로 묘사하여 깊은 인상을 준다. 1970년대에 복원 전문가들이 이 그림을 벗겨냈는데, 이 그림은 중세시대의 80여 종의 꽃들과 식물들에 대한 목록을 만드는 데 기초가 되었다. 1985년에 완전히 복구된 설교단 외부는 이 교회의 독특한 특성이다. 이 설교단은 교회 안의 무덤으로 에워싸여 있던 이전 교회의 남서쪽 구석에 위치해 있다. 이 교회 북서쪽 모퉁이에 있는 어느 콘솔에 얹어놓은 이른바 "청어잡이 난쟁이 어부Heringsmännchen"는 잘펠트 사람들에게 특히 중요한 의미가 있다. 이 인물상은 큰 통 옆에 서 있는 평범한 시민 복장을 하고 있고 한손에는 생선 한 마리를 그리고 다른 손에는 토끼 한 마리를 붙들고 있다. 이 조각은 잘레 강의 어업과 가난한 사람의 사냥활동을 기념하는 것이다.

* * * * *

옛 수도원 안에 있는 시립박물관Stadtmuseum(뮌츠플라츠Münzplatz 5번지) 건물의 체적과 건축술에 있어서 계속해서 원래의 것을 능가하는 옛 수도원은 튀링겐의 탁월한 중세시대 건축물들 중의 하나다. 1300년경에 건축한 수도원교회의 다락층은 특히 중요한 의미를 지닌다. 수도원 복합단지는 종교개혁 이후 오랜 세월 동안 학교로 이용되어왔고, 그다음에는 조폐국으로, 그리고 마지막으로는 주거 목적으로 사용되었다. 전체 복합단지는 1990년과 2003년 사이에 완전히 복원되었다. 복원된 이후부터 이전의 수도원 복합단지는 행사를 위해 다양하게 이용할 수 있는 건물로 제공되고 있다. 이미 1904년에 건립된 시립박물관이 이곳에서 이상적으로 상주하고 있다. 상설전시품들 가운데 수도원 역사, 중세시대 목각 장식품 그리고 튀링겐의 민속과 복식 같은 섹션들이 특히 돋보인다. 시립박물관의 소장품들 가운데는 루터의 회고록들도 있다. 회고록들에는 예를 들어 다음과 같은 내용들을 언급하고 있다. "새로 수정하고 증보한 일정 기록부와 수난기가 포함된 기도서. 마르틴 루터 박사", 비텐베르크 1542년(한스 루프트 출판사). 루터가 1544년에 직접 자필로 기록한 필사본(친필): "교황과 주교들이 잘못 규정한 영적 상태에 반대하여. 비텐베르크의 성직자 마르틴 루터 박사", 비텐베르크 1522년(니켈 쉬를렌츠 출판사). 교회 종교서적은 다음과 같다. "주일과 주요 축일에 드리는 서신서들과 복음서 강해. 마르틴 루터 박사. 새로운 수정 및 증보판", 비텐베르크 1547년(한스 루프트 출판사). "마르틴 루터 박사의 작품들," 비텐베르크 1539~1558년(여러 출판사에서 발행); 1564년도에 발간한 "교황 피우스 4세에 의해 소집된 트렌트 공의회에 참석하

지 않고 작성한 아우구스부르크 신앙고백과 관련하여 선제후들과 군주들 그
리고 또한 다른 신분들에 의해 선한 양심으로 채택한 결정에 대한 이유들을
상세히 언급한 설명…"

로마^{Rom}

우구스티누스회 수도사 마르틴 루터는 1510~1511년 겨울에 뉘른베르크의 수사 한 명을 동반하고서 에어푸르트에서부터 로마까지 걸어갔다가 돌아오는 여행을 감행했다. 이것은 그와 같은 수도사에게 지극히 당연한 일이었다. 이렇게 방문한 공식적인 이유는 그가 속한 수도원에 관련 업무를 해명해야 했기 때문이다. 그가 1537년 2월에 자신의 여행을 회고하면서 탁상담화에 참석한 청중에게 들려준 것과 같이 "하지만 내가 로마로 여행한 이유는 비록 에어푸르트에서 이미 두 번 총고해總告解를 했음에도 진정으로 독실해지기 위해 청소년 때부터 총고해를 하기 원했기 때문입니다." 젊은 아우구스티누스회 수도사가 티버 강변에 위치한 당시 인구 5만여 명의 이 도시를 처음 보았을 때, 그는 땅바닥에 엎드려 이렇게 외쳤다. "안녕, 오 거룩한 로마여! 정말 이 도시는 참으로 성스러운 순교자들로 인해 거룩하고, 그들의 거룩한 피에 젖어 있도다!" 마르틴 루터는 피아차 델 포폴로에 있는 아우구스티누스회 수도원에서 묵었다. 이 지역은 북쪽에서 온 두 여행자가 당시에 처음으로 들어선 이 도시에서 가장 웅장하게 가꿔진 시구다. 미켈란젤로가 설계한 대로 세워진 시의 성문 옆에는 피아차 광장에 위치한 성모마리아에게 봉헌된 세 교회 중에서 가장 오래된 교회가 있다. 산타 마리아 데 포폴로 교회는 조그만 예배당에서 발전하기 시작했다. 마르틴 루터도 미사를 드렸던 이 교회는 1524년까지 아우구스티누스회 수도원 소속이었다. 이러한 맥락에서 이 교회가 비아 델 코르소에 있는 그의 로마 아파트 바로 가까이에 위치해 있었는데도 "개신교인"이었던 요한 볼프강 폰 괴테가 이 교회에 대해 어디서도 언급하지 않은 것은 이상해 보인다.

마르틴 루터는 당시 로마에 체류하고 있던 동안에는 아직 종교개혁에 대한 사상을 갖고 있지 않았다. 하지만 분명히 그곳에서의 체험이 훗날 로마에 대한 그의 비판적 견해를 만들어낸 발원지라고 추정하는 것이 타당하다. 이것은 다음과 같은 루터의 탁상담화에서 나온 몇몇 주장에 의해 확인된다. "나는 많은 돈을 벌기 위해 로마에 간 것이 아닙니다. 만약 내가 내 눈으로 그것을 보지 않았더라면, 그것을 믿지 않을 것입니다. 그곳에는 하나님을 믿지 않는 사악함과 악의가 너무도 크고, 부끄러움을 몰라서 하나님과 인간은 안중에도 없고, 죄나 수치에 대해 주의를 기울이지도 않습니다." 이는 그곳에 있던 신앙이 깊은 모든 사람들에 의해 그리고 이 도시를 이전보다도 더 나쁜 상태에 빠지게 한 하나님을 믿지 않는 모든 사람에 의해 확인된다. 그다지 길지 않게 로마에 머문 동안에 마르틴 루터는 물론 여러 번 미사에도 참석했고 자기가 직접 미사를 집도하기도 했다. 하지만 그는 그러한 경험을 기억하는 것이 두려울 뿐이었다. 실제로 그것은 마치 세속적인 성직자들이 요술을 부리듯이 매우 잽싸게 미사를 드리는 것 같이 그에게는 몹시 "역겨운 일이었다." 왜냐하면 내가 복음서를 읽기도 전에 내 옆에 서 있던 성직자가 이미 미사를 끝내고 나를 향해서 "파사, 파사, 서둘러, 이제 마칠 시간이야"라고 소리쳤기 때문이다.

마르틴 루터는 이미 언급한 총고해의 조건을 충족시키기 위해 로마의 핵심적인 일곱 교회의 이른바 "위대한 순례"를 완수했다. 그는 당시 아직 건축 중에 있었던 성 베드로 대성당에서 예술가 미켈란젤로가 작업하고 있는 것을 보았을 것이다. 그는 당연히 '성스러운 계단'이 입구까지 이어진 유명한 산크타 산크토룸 예배당도 방문했을 것이다. 이것은 예수님이 본디오 빌라도의 궁에서 나와 재판받으러 갈 때 오르셨던 것과 똑같은 계단이라고들 한다. 이 계단은 원래 라테란 궁 입구로 연결되는 계단이었다. 이 계단은 오랫동안 방치되어 있다가 16세기 말에 현재의 상부구조가 추가되었다. 그리스도의 고난을 기리며 무릎을 꿇고 계단을 올라가는 모든 순례자들에게 이 교회는 일 년에 한 번 또는 특정한 축일에 전면적인 면죄 선언을 공식적으로 승낙했다.

1510년 11월에 시작된 아우구스티누스회 수도사 두 명의 여정은 뉘른베르크, 울름, 쿠어, 코모, 밀라노, 플로렌스 그리고 시에나를 경유했다. 돌아오는 여정은 베로나, 브레너 협로, 인스부르크와 아우구스부르크를 통과했는데, 그들은 1511년 3월에 함께 이곳에 도착했다. 루터는 4주 후에 에어푸르트에 있는 그의 수도원으로 돌아왔다. 비록 그들이 27세의 한창 나이였을지라도 사람들은 현재까지도 루터와 그의 동반자가 몸으로 이뤄낸 위업에 대해 감탄하는 마음이 가득하다. 어쨌든 일은 그렇게 진행되었고, 그들은 오직 수도사복을 입고 샌들만 신은 채로 한겨울에 눈 덮인 알프스를 넘었다. 비록 16세기에 "에어푸르트에서부터 로마까지 가는 여정"이라는 제목의 순례 안내서가 그러한 여행의 실제적인 고초를 묘사하지는 않았더라도, 예를 들어 기회가 있을 때마다 "당신이 온수욕을 할 수 있는 곳"이라고 표시하는 식으로 유용한 암시를 주어 순례자들이 도보를 견뎌내도록 용기를 북돋워줄 수 있었다. 이 소박한 역사적 안내서는 1992년도에 네 명의 순례자(그중에서도 이 책의 저자)에게 루터의 발자취를 따라가는 사람을 위한 일종의 내비게이션이 되었다. 그들이 에어푸르트에서부터 인구 275만 명의 주민이 있는 "영원한 도시"까지 여행하는 데 59일(쉬는 날 포함)이 걸렸다. 2017년까지 진행되는 개신교 교회의 '루터 10년' 행사는 '독일에서부터 로마까지 루터의 발자취를 찾아서'라는 순례여행 참가자의 수를 현재까지 엄청나게 증가시켰다.

로마: 산크타 산크토룸 예배당의 "성스러운 계단"

"기독교인은 …
모든 일을 기쁘고 자유롭게 행한다 …"

그것은 태도 문제다. 개인의 업적, 행위 그리고 공로가 아니다. 루터는 "하나님의 의"를 개인의 신앙심이나 사회적 책임으로 얻는 게 아니라, 오직 은사로서 받을 수 있는 것이라고 묘사한 사도 바울을 언급한다. 이러한 태도를 나타내고 요구하는 핵심 텍스트들은 루터의 경우에 신약성경, 예를 들어 사도 바울의 로마서나 갈라디아서에서 찾아볼 수 있었다. (로마서 1:17 "왜냐하면 복음에는 오직 의가 나타나니 오직 믿음으로 믿음에 이르게 하나니"와 갈라디아서 3:11 "의인은 믿음으로 살리라")

"성도는 하나님을 신뢰하며 살고, 모든 일을 알며, 모든 일을 할 수 있고, 마땅히 행해야 할 모든 일을 담대하게 시도하며, 모든 일을 즐겁고 자유롭게 행하며, 많은 선한 공로와 행위를 쌓기 위해서가 아니라, 하나님을 기쁘시게 하는 것이 자기에게 기쁨이기 때문이다. 그래서 성도는 순수하게 그리고 아무런 사욕 없이 하나님을 섬긴다."

"하나님의 의가 나타나는" 믿음이란 무엇인가? "믿음"은 종종 종교적 호기심이나 외계의 현상을 참된 것으로 파악하는 것이라고 오해되고 있다. 루터는 "믿음"을 특별한 태도, 즉 세상에 대한 대담하고 명랑한 태도를 얻게 되는 내적인 분위기이자 면밀함이라고 묘사하는 서양 경건신학의 다양한 경향을 받아들인다.

"왜냐하면 믿음은 약간의 인간적인 미망과 몽상을 믿음이라고 간주하는 그런 것이 아니기 때문이다. 믿음은 하나님의 은총에 대한 살아있는 대담한 신뢰다."

개신교 교회에서는 이러한 태도를 종종 "정당화 신조"라는 어설픈 개념과 연결시켜 파악하려고 시도한다. 루터가 그의 소논문 "선한 행위에 대하여"(1520년)에서 열거한 이러한 "신조"에 관해 특별히 저 "선한 행위"는 아무 소용이 없는 것이라고 비난 받았다.

"[…] 오르간 연주, 미사 드리기, 새벽 미사, 저녁 기도와 낮 시간에 기도하기, 교회, 제단, 수도원을 세우고 종들, 보석들, 미사복들, 금은세공 장신구들로 꾸미기, 그리고 수익금 모으기, 로마 또는 성인들에게 달려가기."

1510~11년에 로마 순례여행을 다녀온 것을 포함하여 자기 스스로 이러한 "행위"를 많이 실천한 루터는 물론 이러한 "경건 실천", 이러한 "경건 연습"의 완전한 폐지를 옹호하지 않았다. 그는 이러한 행동의 근거가 된 태도, 즉 동기를 중시했다.

"만약 우리가 실제로 하나님이 기뻐하실 것이라고 간주하는 그러한 믿음 안에서 이러한 일이 일어난다면, 그것은 특별한 가치가 있어서가 아니라 모든 행위를 똑같이 대단하다고 여기는 이러한 믿음 때문에 칭찬받을 만한 것이다."

그것은 태도의 문제다. 우리는 "한 사람의 기독교인이… 모든 일을 즐겁고 자유롭게" 행하는 "정당성"을 오늘날 실존적 안전이나 기초적인 기본 신뢰라는 느낌을 갖고 묘사할 수 있을 것이다. 그러한 기본 신뢰는 현재의 우리가 우리 자신에게 힘입은 것이 아니라는 관점을 분명하게 내포한다. 그리고 우리가 평생 동안 "우리의 이성을 능가하는" 근본적이며, 고유한 힘에 의지하고 있다는 이 용감하고 겸허한 관점은 그러한 보호라는 폭넓은 갑옷이라는 점을 고려하여 인간의 자유를 "불공정"하거나 심지어 악의적으로 구속한다는 의미는 아니다.

극단적으로 교회에 비판적이었으나, 동시에 믿음의 동지였던 괴테의 경우, 믿음은 하나님의 은총으로 충만한 안전으로 연결되는 '믿음의 다리', 즉 인간의 실존과 상상력 안에서 발견할 수 있는 신학적 상상력이다.

"만약에 눈이 태양과 같지 않다면, 눈은 결단코 태양을 볼 수 없을 것이다. 하나님의 힘이 우리 안에 놓여 있지 않다면, 어떻게 하나님의 뜻이 우리를 유혹할 수 있겠는가?"

슈말칼덴 ^{Schmalkalden}

튀링겐 숲의 양지 바른 곳에 위치해 있고, 874년에 처음으로 문헌상에 언급된 목골구조 주택이 즐비한 이 작은 도시는 자연 애호가들과 동상 애호가들의 목적지일 뿐만 아니라 예술 애호가들과 역사에 관심이 있는 사람들에게 특히 중요한 의미를 지니는 장소이기도 하다. 슈말칼덴 동맹의 설립과 마르틴 루터의 슈말칼덴 신앙조항은 이 도시가 유럽 정치의 중심이었던 종교개혁시대를 상기시킨다. 하지만 튀링겐의 성녀 엘리자베트의 자취를 찾는 여행자들에게도 슈말칼덴은 방문해볼 만한 가치가 있는 곳이다. 이 도시를 탐색할 때는 예전에 발타프 성 Burg Waltaff(발라프Wallraff 또는 발랍Wallrab 성으로 알려짐)이 윗부분을 장식하고 있고 현재 화려한 빌헬름스부르크 성 Schloss Wilhelmsburg으로 대체된 저 언덕에서부터 시작하는 것이 가장 좋다. 여기에 서면 원래 튀링겐 숲을 지나는 험준한 산악로라는 위치 때문에, 그리고 지하자원(철)과 풍부한 수자원 때문에 중요해진 이 도시가 잘 보인다. 또한 여기에서는 아름답게 반짝이는 붉은색 지붕풍경이 저 멀리 보이는 베라 계곡으로 이어지는 광경을 곧바로 볼 수 있다.

슈말칼덴은 오랜 세월 헤센과 헤네베르크 군주의 분할 통치를 받아왔다. 1583년에 헤네베르크의 게오르크 에른스트 백작이 직계비속 없이 사망하자, 헤네베르크의 영토는 예술에 대한 이해가 풍부하고 건축을 잘 아는 방백 헤센-카셀의 빌헬름 4세 소유가 되었다. 이 사람은 슈말칼덴에서 낡은 성과 주임사제 관할 성당을 철거하고 그 자리에 자신의 이름을 따서 명명한 두 번째 궁전 – 빌헬름스부르크 성 – 을 짓게 했다.

그사이에 대학도시라는 이름을 사용하는 이 지자체는 중심부에 있는 역사적 건물들의 90%가 목골구조로 이뤄져 있다. 게다가 석조로 된 "작은 방들 Kemenaten"이 시내 중심부의 독특한 특징인데, 이 방들은 시청이나 1509년 완공된 후기 고딕 양식의 홀교회인 성 게오르크 교회와 마찬가지로 화려하다. 성 게오르크 교회는 항구적으로 쿠어헤센-발데크의 개신교 교회 소속이기 때문에 현재까지 튀링겐의 슈말칼덴과 헤센 사이에 확고한 유대를 유지하고 있다.

종교개혁 당시 이 도시는 유럽 정치의 중심에 있었다. 헤센의 필립 군주는 최초의 개신교 군주들 중의 한 사람이자 황제 카를 5세의 적대자였다. 그는 마르틴 루터를 통한 교회와 신앙의 개혁을 제국의 역사적 사건으로 관찰했을 뿐만 아니라, 이러한 변화가 유럽 전체에 영향을 줄 것이라는 사실도 깨달았다. 필립은 1530년 아우구스부르크 제국의회가 끝나고 보름스의 칙령이 혁신된 후에 모든 개신교 후원자들이 연합하여 동맹을 맺는 것만이 황제에 맞서서 개신교도들을 보호할 수 있다고 확신한 군주들 중의 한 사람이었다. 그렇게 해서 실현된 슈말칼덴 동맹은 1530년 12월 마지막 주에 결성되었다. 이 동맹의 회의가 총체적으로 여덟 번 – 다른 도시들보다 더 많이 – 슈말칼덴에서 개최되었다. 가장 중요하고 가장 화려한 회의는 1537년 춥고 눅눅한 겨울에 개최되었음에도 불구하고 역사에는 "가장 화려한 군주들의 회의"라고 기록되었다. 16명의 군주, 여섯 명의 백작, 황제와 교황의 전권대사들, 프랑스 왕과 덴마크 왕의 전권대사들, 28개 제국 및 한자도시의 대표자들 그리고 24명의 개신교 신학자들이 출석했다. 작센의 선제후 요한 프리드리히의 명령에 따라 마르틴 루터가 개신교 신앙의 기본 교리를 발표했다. 이 교리는 1580년부터 개신교 교회의 신앙신조서에 '슈말칼덴 신앙조항'이라고 기입되었다. 열과 성을 다해 작성한 이 논제들은 루터의 개인 신앙고백이라고도 알려졌다.

1537년 2월 7일, 그 당시 가장 중요하고 가장 인기 있는 신학자 중의 한 사람인 마르틴 루터 박사가 작센의 선제후를 동반하고서 동맹의회에 참석하기 위해 이 도시에 왔다. 그들은 비텐베르크에서 시작된 여행 중에 토르가우, 그림마, 알텐부르크, 예나, 바이마르 그리고 아른슈타트에서 숙박했다. 신학자들인 멜란히톤, 슈팔라틴 그리고 부겐하겐 또한 선제후의 대사들이었다. 의사들이 이미 병약해진 54세의 루터가 힘겨운 여행을 삼가기를 원했는데도 그는 거절했다. 그는 짐 속에 "신앙조항들"을 갖고 있었다. "신앙조항들. 나는 반드시 이것을 지켜야 하며 지키기를 원합니다. 그것이 하나님이 바라시는 일이라면 죽는 날까지 난 그렇게 할 것이며, 그 안에는 변경하거나 추가할 것이 아무것도 없음을 알고 있습니다." 이것이 그가 훗날 어느 편지에서 서술한 당시의 상황이었다. 당시 헤센에서 두 번째로 큰 도시였던 슈말칼덴의 시민에게는 그 겨울 4주 동안에 해야 할 일들이 많이 있었고 돈을 벌 일도 많았다. 하지만 갖가지 볼만한 것도 많았고, 경악하고 속삭일 일도 상당히 많이 있었다. 슈말칼덴의 구시가지를 둘러보면 현재도 종교개혁의 흔적들을 발견할 수 있고, 루터 기념 장소들도 방문할 수 있다.

* * * * *

시청(알트마르크트 1번지) 석조로 만든 작은 방들 위에 지은 3층으로 된 시청은 이 도시에서 가장 오래된 중심 주거지에 위치해 있다. 그 앞에 있는 광장은 옛날의 법정이었다. 기념명판은 베리 계곡의 농민 봉기에 참여했던 수많은 시민이 1525년 7월 2일 이곳에서 처형되었다는 사실을 언급하고 있다. 시청은 슈말칼덴 동맹의 결성 장소였고, 1530년과 1543년 사이에는 이 동맹의 가장 중요한 회합장소였다. 시청 현관에 있는 동맹에 가입한 도시들의 문장紋章들, 1996년에 베를린의 예술가 빌란트 푀르스터가 제작한 루터 반신상, 16세기의 도시를 묘사한 벽화는 16세기에 일어난 그 사건을 가리킨다. 1472년 맨 위층에 평천장과 수평 아치창으로 꾸며놓은 "시의회 대회의실Große Ratsstube"은 현재도 회의실로 사용되고 있다.

* * * * *

성 게오르크 시교회 1437년과 1509년 사이에 세워진 후기 고딕 양식의 이 건물은 튀링겐에서 가장 아름다운 홀교회 중 하나다. 헤센의 필립 방백은 이미 1525년 이곳에 최초의 개신교 목사를 임명했다. 1537년 2월과 3월에 이 교회에서 그 시대의 명망 있는 개신교 신학자들이 설교했는데, 그들 가운데 마르틴 루터는 두 번 설교했다. 대부분의 교회 비품들처럼 그가 섰던 설교단은 1608년에 단행된 강경한 성상파괴 정책으로 인해 훼손되었다. 루터 시대의 원래의 설교단은 중앙 신도석의 첫 번째 기둥에 있었다. 여기에 새겨진 종교개혁자의 부조를 현재도 볼 수 있다. 성단소 공간의 북쪽 측랑 앞에는 성구보관실 위에 옛날의 제의실이 있다. "루터의 방"으로 지칭된 이 공간은 현재 소형의 교회박물관이다. 라인하르트 나우만 목사는 자살로 삶을 마감할 때까지 이 공간을 연구실과 작업실로 사용했다. 그는 1989년 정치 변혁기 때 슈말칼덴 사람들에게 존경받았으나, 슈타지(동독 국가보안부)에 연루되었다는 비난에 직면하기도 했다.

＊ ＊ ＊ ＊ ＊

개신교 교구(키르히호프 3번지)　성 게오르크 교회 뒤에 있는 위엄 있는 목골구조 건물은 1549년 첫 번째 개신교 목사관(기념명판)으로서 옛 시립 묘지 가장자리에 2층 건물로 지어졌다. 1669년에는 3층이 증축되었다.

＊ ＊ ＊ ＊ ＊

루터의 집(루터플라츠 7번지)　마르틴 루터는 슈말칼덴에 체류하는 동안 헤센의 시종 발타자르 빌헬름의 집에서 살았다. 슈말칼덴 동맹의 회의를 열기로 결정했을 때, 목골구조의 이 집은 20년간 존재해왔다. 반면에 루터의 집 뒤로 연결된 바로 옆의 기둥과 기둥구조는 이미 150년이나 된 것이었다. 마르틴 루터가 자신의 집에서 살게 될 것이라는 사실이 확실해졌을 때, 집주인 빌헬름은 이 집을 대대적으로 새로 단장했다. 건물 전체는 19세기에 로제 가문의 소유가 되었다. 1990년대 초에 부지 전체가 이 가문의 8대 손에게 넘어갔다. 무엇보다도 큰 현관홀은 이 집에서 가장 인상적이며 원형 그대로의 "루터" 구역이다. 이 종교개혁자가 자신의 질병 때문에 중요한 인물들을 이곳에서 영접하고 설교했다는 사실을 충분히 상상할 수 있다. 현관홀을 지나서 다른 방들로 연결되는 문들은 아직 벗겨지지 않은 채 보존된 르네상스 양식의 천장과 마찬가지로 원형 그대로다. 천장은 아직 손상되지 않았지만, 바로크 양식의 치장벽토는 아직까지 벗겨진 채로 남아 있다. 벽감은 원형대로 보존돼 있고 그 당시 이 개혁자의 "침실" 여건이 얼마나 소박했는지를 추측케 한다. 2ℓ를 담을 수 있는 이른바 "루터의 항아리"는 대물림되었다. 발타자르 빌헬름이

슈말칼덴: 루터의 집(사진 가운데)

루터의 방문을 기념하기 위해 만들어 합각머리를 낸 창들에 설치하게 한 여덟 개의 스테인드글라스 중에서 다섯 개가 남아 있다(이 집 관람하기 그리고 "믿음으로 나라를 다스리다 – 헤센의 방백, 용맹왕 필립 1504~1567년"이라는 전시회를 제공하는 루터의 아파트는 시티투어 테두리 안에서 가능하다). 원형대로 복원된 빨간색과 하얀색의 파사드에 걸려 있는 1687년의 기념명판은 그 시대의 사건들과 손님들을 기념하는 명문을 지니고 있다. 게다가 이 기념명판에는 종교개혁자의 상징인 백조 그림, 루터와 멜란히톤의 인장 그림이 들어 있다.

　루터의 집 앞에서 탐바흐-디트하르츠로 이어지는 마르틴 루터 산책로(17㎞)가 시작된다. 이것은 종교개혁자가 1537년에 걸어간 여행로를 따라가는 길이다. 루터는 "3일 이상 계속해서 건강한" 적이 없었기 때문에 계획한 것보다도 더 일찍, 요컨대 2월 26일에 이 도시를 떠나야 했다. 그는 아내 카타리나에게 다음과 같이 편지를 썼다. "솔직히 말해서, 나는 죽었다가 살아났소." 그가 훗날 탁상담화에서 회상하듯이 그의 완쾌는 기적과 같았다. "만약 내가 죽었더라면, 내 죽음은 가톨릭 신자들에게 치명타가 되었을 것이오. 내가 죽을 때에만 비로소 그들이 나에게 무슨 일을 했는지 깨닫게 될 것이오. 왜냐하면 다른 설교자들은 내가 하는 것과 똑같은 절제를 보여주지 못하기 때문이오…."

"장미약국"(슈타인가세 11번지) 이 도시의 모든 석조 침실들처럼 16세기 중엽에 개조한 이 전체 건물 역시 가파른 계단식 박공을 통해 그 특징이 두드러진다. 이 건물은 수십 년 이상 파발꾼들의 우편사업용으로 사용되다가 1664년부터 약국으로 이용되었고, 필립 멜란히톤이 1540년 봄에 이 집에서 거주했다(기념명판). 1537년의 슈말칼덴 회의 기간 동안에 뉘른베르크 대사들이 이곳에서 숙박했다.

* * * * *

헤센호프Der Hessenhof(노이마르크트Neumarkt 5번지) 광장의 가장 두드러진 특징인 이 건물은 바르트부르크 성의 로마네스크 양식으로 지은 대연회장과 거의 같은 시기에 건립되었다. 그래서 헤센호프(헤센 저택)는 바르트부르크 성과 같이 알프스 북쪽에서 단편적으로만 보존된 중세 전성기 군주들의 극히 드문 세속 건축물들 가운데 하나라는 점을 고려할 때 대단히 중요하다. 이 건물은 1241년까지 튀링겐 방백들의 행정관청으로 사용되었고, 1360년부터는 헤센 방백들의 관리들이 사용했으며, 1551년부터는 헤센의 필립 방백의 누이인 엘리자베트 폰 로흘리츠가 미망인 저택으로 사용했다. "헤센호프"는 1537년에 슈말칼덴 동맹의 회의 개최 기간 중에 개신교 신학자들의 회합장소였다. 지하층에서 발견할 수 있는 1225~30년의 이바인Iwein 전설을 그려놓은 벽화는 중세 유럽에서 가장 오래된 세속 벽화들 중의 하나다. 하지만 보존 문제 때문에 이 벽화를 구경할 수 없다(다음 단락의 빌헬름스부르크 성 참조).

* * * * *

빌헬름스부르크 성 Schloss Wilhelmsburg(슐로스베르크Schlossberg 9번지) 방문객은 빌헬름스부르크가 한 개의 불룩한 종탑, 안뜰 네 모퉁이에 세워진 네 개의 계단식 탑과 르네상스 양식의 훌륭한 통로를 갖추고 있는 보존 상태가 양호한 흰색 회칠이 된 4랑식 궁성宮城이라는 것을 알게 된다. 1585년과 1590년 사이에 헤센 방백들의 별궁으로 지어진 이 성은 거의 완벽하게 보존된 건물 외부와 원형대로 보존된 내부 공간 구조 때문에, 그리고 이 성의 화려한 벽화와 벽토 세공 때문에 독일 르네상스 성들 중의 보석으로 여겨진다. 연회장들, 군주의 주방들, 그러나 무엇보다도 인상적인 3층 구조의 성城예배당이 눈요깃거리다. 1590년 5월 23일에 처음으로 연주된 르네상스 양식 오르간은 유럽에서 가장 오래되고 아직도 연주할 수 있는 목제 오르간이다. 빌헬름스부르크 성 박물관의 상설전시는 마르틴 루터와 슈말칼덴 동맹의 종교개혁시대를 보여줄 뿐만 아니라, 16세기와 17세기의 궁중생활의 면면을 재현하기도 한다.

이 도시의 "헤센호프"에 있는 중세의 기사 이바인을 묘사한 벽화장면들은 무조건 보아야 하는 작품이며, 대략 800년 정도 된 중세 유럽에서 가장 오래된 비종교적인 벽화들 중의 하나다. 그곳에 있는 이 벽화는 보존상의 문제로 대중에게 공개될 수 없기 때문에 빌헬름스부르크 성 예배당 아래층의 지하묘실에 벽화와 똑같은 복제품을 장치해놓았다. 2007년도에 튀링겐의 성녀 엘리자베트 800주년을 맞이하여 이 영상 전시물이 시대에 맞게 현대화되었다. 아르투스 왕의 원탁의 기사들 이야기에서 채택한 이바인 기사의 모험이 소생했다. 중세 기사의 사랑, 명예와 궁중생활에 관한 아름다운 이야기들을 각각 25분 분량의 상영 시간 안에 3D 형식으로 구경할 수 있다.

슈말칼덴: 유럽에서 가장 오래되고 아직 연주가 가능한 르네상스 목제 오르간이 있는 성 예배당

토르가우 ^{Torgau}

1485년 6월 17일에 라이프치히 의회에서 에른스트와 알브레히트 형제 사이에 약속되었고, 몇 개월 뒤에 베틴 왕가가 에르네스틴계와 알베르틴계로 분열됨으로써 독일제국의 지도에 두 개의 새로운 제후국이 표시되어야 했다. 영토분할과 함께 사회 발달 과정에 지속적으로 영향을 끼치는 새로운 상황이 발생했다. 1485년에 생성된 에르네스틴계의 작센 선제후국은 토르가우 또는 비텐베르크를 수도로, 그리고 알베르틴계의 작센 공작령은 드레스덴을 수도로 두고 62년간 존속했다. 베틴 왕가의 에르네스틴계 작센 선제후국의 수도였던 토르가우는 정치적, 경제적 그리고 문화적 전성기를 누렸다. 이 도시는 개신교 운동에 있어서 가장 중요한 정치의 중심이 되었다. 1547년 4월에 (토르가우 근교) 엘베 강 연안의 뮐베르크 전투로 종식된 슈말칼덴 전쟁은 제국 내의 세력 균형에 근본적인 새로운 변화를 가져왔다. 그 후 한 달 동안에 황제의 명령으로 체포된 요한 프리드리히가 선제후령과 제후직위를 이 전투에서 황제의 군대와 동맹을 맺은 그의 사촌 모리츠 폰 작센에게 양도해야 한다는 비텐베르크 항복조약이 날인되었다. 그래서 알베르틴계의 작센이 막강한 강대국으로 발전한 반면에, 실질적으로 축소된 바이마르를 수도로 정한 에르네스틴계의 공작령은 점점 더 정치적 중요성을 상실했다.

엘베 강을 가로지르는 교차 지점을 확보하기 위해 세워진 정착지 토르가우는 973년 처음으로 문헌에 언급되었다. 이곳은 라이프치히에서부터 오데르 강 연안의 프랑크푸르트로 이어지는 도로변에 위치한 성 근처의 원거리 교역 집산지로 시작하여 12세기 중에 도시가 발생했고, 1267년에 시의 권리를 획득했다. 이 도시와 성은 1482년에 대화재를 겪은 후 작센의 선제후 현명왕 프리드리히(1486년부터 1525년까지 통치)를 통해 르네상스 양식으로 완전히 재건되었다. 선제후는 신앙심이 깊었다. 그가 몇 차례 성지순례를 다닌 것만으로도 그 사실을 입증한다. 그중 한 번은 팔레스티나까지 다녀왔다. 교회들과 수도원들에 대한 그의 배려는 각별했다. 그가 수집한 성유물들을 속죄와 결부시켜 공개 전시했던 것도 마찬가지로 선제후의 깊은 신앙심을 말해준다. 그의 비호하에 종교개혁이 작센에서 전개될 수 있었다. 그는 심지어 바르트부르크 성에 루터의 "강제체류"를 "주선했다." 현재 드레스덴에 보관되어 있는 1524년 알브레히트 뒤러가 제작한 동판은 루터가 개인적으로 단 한 번 만났던 현명왕 프리드리히를 고귀하고 신중하게 보이는 군주로 묘사하고 있다.

토르가우가 많은 사람들이 특히 좋아하는 수도로 등극한 것은 구시가지에 대규모로 현재까지 거의 완전하게 보존되어온 르네상스 양식의 건물들에 반영되어 있다. 500여 개의 개별적인 기념물들은 1025년 이상 된 토르가우에 전형적인 도시풍경을 제공하고 있다. 이 도시에서 가장 흥미로운 광경은 엘베 강 건너편 북쪽의 좋은 위치에 서 있어야 잘 보인다. 이곳에서부터 관찰할 수 있는 스카이라인은 16세기 사람들이 보았던 것과 똑같다. 마치 진주가 목걸이 끈에 꿰어 있듯이 눈길을 끄는 수많은 건물이 마리엔 교회와 성城 사이에 나란히 정렬되어 있다. 구시가지 방향의 엘베 강변에 위치한 성의 입구에 있는 동상 하나는 근래의 역사적 회합을 상기시킨다. 독일이 조건 없이 항복하기 2주 전인 1945년 4월 25일 오후에 여기서 우크라이나 제1 전선 소속의 소련 보병 58사단의 선발대와 미국의 제1군 보병 69사단 정찰대가 만났다. 그들은 실바슈코 소위와 로버트슨 소위의 통솔을 받았다. 병사들이 악수하는 사진은 하루가 지난 뒤에 미국 기자 한 사람이 연출한 것이었는데, 나중에 평화의 상징이 되었다.

뒤베너, 말레너 그리고 안나부르거 황무지에 의해 경계지어진 토르가우에서 루터 가족은 이 도시에 살았거나 이 도시를 방문했던 유명한 사람들과 자주 만났다. 과거에 수녀였고 나중에 루터의 아내가 된 카타리나 폰 보라의 속세생활은 토르가우에서 시작되었고 토르가우에서 끝났다. 마르틴 루터 자신은 순전히 공적인 업무만으로 종종 토르가우 법정에 출석해야 했고, 이곳에 40번 방문한 것으로 알려졌다. 하지만 최근 이 도시의 사료편찬에는 60번 방문했다고 기록되어 있다. "토르가우 조항"(1530년)과 그가 1544년에 축성한 성채 예배당의 설계에 대한 루터의 영향은 지역적인 범위를 넘어 이 도시의 중요성을 멀리까지 퍼지게 했다. 또한 이 도시의 맥주 때문에(퍼셔슈트라세 11번지 양조 박물관) 마르틴 루터가 높이 평가한 토르가우는 현재까지 한 가지 격언을 전해준다. "비텐베르크는 종교개혁의 어머니였고, 토르가우는 산파였다."

* * * * *

성채 예배당이 있는 하르텐펠스 성Schloss Hartenfels 이 성은 황제 오토 2세가 마그데부르크의 추기경에게 "투르구아Turgua"라는 곳에서 나오는 꿀과 교역의 십일조 권한을 승인했을 때인 974년에 문헌에 처음으로 언급되었다. 황제 카를 5세는 1547년에 한 번 방문했을 때 이 구축물을 "진짜 제국의 성"이라고 명명했다. 엘베 강 위로 10m 높이에 달하는 바위에 우뚝 솟아 있는 거대한 르네상스 양식의 성은 1470년부터 불규칙한 4랑식 건물로 형성되기 시작했다. 1536년에 만든 "거대한 나선형 계단"이 있는, 특히 1533년부터 1538년까지 건축된 요한 프리드리히 건물과 1544년에 설치한 "아름다운 퇴창"이 있는 예배당 익랑翼廊은 독일의 초기 르네상스 양식의 주요 업적이다. 대 루카스 크라나흐의 공방이 주도적으로 장식한 성의 익랑들은 안뜰에 있는 대형의 나선형 석조 계단만큼이나 마음을 사로잡는다. 이 계단은 완벽한 기술의 걸작이며 예술적인 걸작이라고 칭찬받을 수 있다. 건축의 호화로움 측면에서 마이센의 알텐부르크 성에 뒤지지 않는 이 성은 비텐베르크 성보다 건축비용이 훨씬 더 많이 들었다. 성의 외부에 있는 예술작품들처럼 내부의 광범위한 예술작품들에는 루터, 멜란히톤 그리고 종교개혁과 관련 있는 동시대 여러 인물들의 초상화도 포함되어 있다. 루터가 보름스 제국의회에서 신앙을 고백한 지 1년이 지난 1522년 겨울에 그 시대 사람들은 궁정에서 오른쪽 소매 윗부분에 'VDMIAE'라는 철자를 넣은 옷을 입고 있었다. 이 라틴어 두자어는 문장紋章에서도 읽을 수 있는 단어를 나타내는데, 번역하면 "하나님의 말씀은 영원하시다"라는 뜻이다. 작센 사람들은 이 성경구절로 자신들의 신앙을 고백했다. 헤센의 필립 방백의 종교개혁적인 사안에 열광하여 그와 연합한 작센의 요한 선제후는 1526년 2월에 고타에서 필립 방백과 방어동맹을 결성했다. 이 동맹으로 양측은 하나님의 말씀 때문에 공격을 받을 경우 상호 협력해야 할 의무가 생겼다. 이 동맹 조약서는 1526년 5월에 하르텐펠스 성에서 교환되었다. 같은 해 여름에 슈파이어 제국의회가 열릴 때까지 더 많은 나라들이 이 동맹을 체결했다.

　　성채 예배당은 1544년에 토르가우 궁의 마지막 건축공기 중에 지어졌다. 마르틴 루터에게 영향을 받아 건축된 이 예배당은 독일에서 개신교 교회건축이 시작되었음을 나타냈다. 마르틴 루터 자신이 1544년 10월 5일에 이 교회 건축기념 봉헌예배를 드렸다. 그는 누가복음 14장 1~11절을 낭독한 후에 주일 말씀 선포를 하는 기념설교에서 개신교 예배의 본질과 의미를 설명했다. "이 집은 주께서 거룩하신 말씀으로 우리에게 말씀하시고, 우리는 다시금 기도와 찬미로 주님과 대화한다는 것 이외에 그 어떤 것도 이 집에서 일어나서는 안 된다는 방식이 정해져야 한다." 요한 발터(성 마리엔 시교회 참조)의 지휘 하에 성가대는 이 축제만을 위해 시편 119편을 기초로 하여 작곡한 7성부 모

토르가우: 엘베 강 가까이 있는 성

테트를 불렀다.

건축 명장인 니켈 그로만은 특별히 설교를 강조하는 새로운 개신교 예배의 필요를 충족시키기 위해 높은 직사각형 공간을 깨끗하게 구축한 2층석 형식으로 만들었다. 루터는 어느 탁상담화에서 이 성채 예배당에 대해 언급하면서 "솔로몬은 그 어느 곳에도 이처럼 아름다운 성전을 지어놓지는 않았다"고 말했다. 설교단은 예배의 중심지점으로서 엘베 강 쪽을 향한 긴 벽의 중간에 튀어나와 있다. 바구니 모양의 설교단 바깥 부분은 종교개혁의 동기에 대해 중요한 의미를 지니는 세 가지 성경 이야기로 장식되어 있다. 루터의 진술에 따르면 이 제단(전쟁으로 손실된 후 복제품으로 대체됨)은 받침대 없이 4명의 천사가 떠받치고 있는 탁자다. 교인들은 성찬을 받기 위해 이 제단 주위에 모인다. 1994년에 프리젠하임의 마르틴 피어 오르간 제작 공방이 만든 파이프오르간이 제단 위쪽에 설치되었다. 이 오르간의 기술 설계와 소리는 르네상스 양식과 일치한다.

1545년 작센 선제후국의 프라이베르크에서 주도된 성 예배당의 헌정 명판이 상세하게 요약된 라틴어 구문으로 이 교회 건축의 진가를 평가하고 있다. 이것은 또한 "진리를 가르치는" 루터에게 경의를 표하고, "하나님께서 자기 아들에 대해 알려주는 참된 그리스도의 가르침이 다시 한 번 작센에서부터 멀리까지 분명하게 나타나야 한다는 사실을 헤아리시는 때에, 자신의 고향 도시에 교회를 건축한 저 고귀한 작센 가계의 귀족", 요한 프레데릭 선제후에게 경의를 표하고 있다.

하인리히 슈츠의 오페라 "다프네Daphne"가 1627년 4월 13일에 초연된 것을 기념하는 하르텐펠스 성에는 "토르가우 – 르네상스 군주의 왕궁"이라는 상설 전시회가 열리고 있고, 역사적인 성 궁륭부는 보석세공품들을 전시하고 있다.

✳ ✳ ✳ ✳ ✳

성 마리엔 시교회 성으로 가는 길에 위치한 현재의 시교회는 1390년부터 옛날의 로마네스크 양식의 교회를 철거하고 난 다음에 지어졌다. 이 교회는 로마네스크 양식의 서쪽 탑, 삼랑식 대형 신도석 그리고 16세기 초기에 덧붙여진 2층 구조의 성유물실이 있는 웅장한 건물이다. 이 교회는 1525년 토르가우에 최종적으로 종교개혁이 도입될 때까지 훗날 루터의 아내가 된 카타리나 폰 보라가 수녀로 소속된 님프센 수도원의 후원을 받고 있었다. 이 교회에는 중세시대 후기 비품 중 극히 몇몇 작품만이 남아 있을 뿐이다. 종교개혁이 소개되던 때는 최소 16개의 제단, 교회 소유의 몇몇 호화로운 보물과 수많은 제의복이 있었다. "교회의 금은보석"은 종교개혁 시대에 "하나님의 궤"라는 사회공동단체를 위해 예외 없이 거의 다 팔렸고, 제단들은 점차 해체되었다. 1582년에 제작된 목제 설교단은 뒷면에 있는 루터 초상화와 더불어 이 종교개혁자가 여러 차례 성 마리엔 교회에서 설교했고, 이 교회도 시찰했다는 사실을 상기시킨다. 또한 매장된 루터의 아내, 카타리나 폰 보라(임종한 집 참조)

토르가우: 루터 설교단이 있는 성채 예배당

의 묘지 대리석 판도 볼 수 있다. 그녀가 사망하고 하루가 지난 1552년 12월 21일에 그녀의 무덤까지 긴 장례행렬이 유족을 따라갔다. 자녀들이 세운 묘지석 위에 있는 주름이 늘어진 큰 겨울 외투를 입고 있는 자부심 강한 여자 모습을 담은 그림이 방문객 쪽을 바라보고 있다. 이 여인은 양손에 성경을 들고 있다. 비문으로 테두리를 장식한 묘지 대리석 판의 상단부의 양쪽 구석에는 보라의 가문 문장과 루터의 장미가 있다.

설교단과 오르간 가까이 있는 남쪽 출입구 위에 보이는 2층석은 마르틴 루터의 친한 친구인 작곡가 요한 발터(1496~1570)에게 헌정된 것이다. 예나 근교의 칼라에서 태어난 그는 토르가우 성채교회 성가대의 베이스였다. 그는 1524년에 비텐베르크에서 처음으로 자신의 작품 "Geystliche gesangk Buchleyn"(종교 성가집)을 출판했다. 루터의 음악 조언자로서 그는 1525년에 "독일 미사"를 구성할 때 결정적으로 기여했다. 요한 발터는 1526년부터 1548년까지 최초의 개신교 성가대인 토르가우 시립 성가대를 통솔했다. 그는 루터가 세운 개신교의 "원조 지휘자"로서 개신교 교회음악과 개신교 예배 전례의 토대를 만들었다. 발터는 루터가 작사한 "내 주는 강한 성이요"도 작곡했다.

* * * * *

옛 교구감독 관저(빈터그뤼네Wintergrüne 2번지) 건물과 대지는 도시계획상 중요한 위치, 즉 마리엔 교회 맞은편과 성 바로 근처에 우뚝 솟아 있다. 이 건물과 대지는 빈터그뤼네 앞에 있는 16세기 르네상스 양식의 건물과 파르슈트라세Pfarrstraße (목사의 길)를 따라 이어지는 고전주의 양식으로 지어진 건물로 이루어져 있다. 이 건물을 복원하는 동안 30겹 이상의 칠을 제거하자 이 건물 전체의 거주자들과 지어진 건물을 사용했던 흔적을 포함한 역사의 흔적들이 드러났다. 그림으로 치장한 목제 평천장들, 덩굴무늬와 형판 그림들을 포함한 벽토천장이 그런 흔적들의 일부다. 마르틴 루터가 토르가우에 체류하던 중에 1529년부터 개신교 교구감독의 관저였던 빈터그뤼네 2번지에 얼마나 자주 머물렀는지는 누구도 정확히 알지 못한다. 그가 1530년 3월에 이곳에 왔던 것은 확실하다(기념명판). 선제후는 아우구스부르크 제국의회를 고려하여 마르틴 루터 이외에도 신학자들인 멜란히톤, 부겐하겐 그리고 요나스를 토르가우로 오라고 명령했다. 그들에게는 "토르가우 조항들"이라는 역사를 이루게 될 하나의 텍스트를 작성할 책임이 있었다. 이 조항들은 개신교 신앙교조의 첫 번째 개요로 여겨졌고, 아우구스부르크 신앙고백서에 대한 토대를 형성했다.

전체 건물에는 "빈터그뤼네 개신교 청소년 교육프로젝트"의 회의 장소와 전시 센터가 적절하게 소재해 있다. 이 센터는 "뿌리와 날개 – 가치의 세계로"라는 멀티미디어 인터랙티브 전시와 여러 가지 다른 행사들과 함께 종교개혁을 현실적으로 구체적으로 보여주려고 시도하고 있다.

＊ ＊ ＊ ＊ ＊

옛 관청(빈터그뤼네 5번지) 1532년부터 하르텐펠스 성이 근본적으로 개축되기 시작하여 옛 관청은 성에서부터 빈터그뤼네 5번지 지역에 있는 그 목적에 적합한 독립 건물로 이전되었다. 그때까지 이 지역의 일부가 님프센 수도원의 소유였던 부지는 에르네스틴계 중앙행정청으로서 나중에는 청사 단지의 중심이 되었다. 이 건물은 오늘날의 용어로 "정부청사단지"라고 일컬어도 될 것이다. 지난 몇 년간 철저하게 복원된 후에 이미 이 건물단지는 볼만한 가치가 있는 상징물이 되었다. 이 건물의 내부는 토르가우 시의 역사 및 문화사 박물관이 되었다. 귀중한 전시품들을 소장하고 있는 이 박물관의 여러 섹션들은 당연히 종교개혁 시기에 행사했던 옛 제국 수도의 특별한 위상에 주의를 돌리게 한다.

＊ ＊ ＊ ＊ ＊

카타리나 폰 보라가 임종한 집(카타리니엔슈트라세 11번지) 파문과 국외 추방을 당한 후에 안전하게 보호받기 위해 아이제나흐 인근의 바르트부르크 성에서 살고 있던 루터는 1521년 8월 6일에 게오르크 슈팔라틴에게 다음과 같은 내용의 편지를 썼다. "나의 하나님, 우리 비텐베르크의 선한 사람들도 그 도시의 여자들이 수도사들과 결혼하는 것을 원하겠습니까? 하지만 그들은 저를 남편으로 삼기를 원치 않을 것입니다!" 루터가 아는 한 2년도 채 지나지 않은 1523년 부활절 때 님프센 수도원에서 탈출한 아홉 명의 수녀가 비텐베르크의 몇몇 시민이 마련해준 은신처에 머물고 있었다. 그중에는 카타리나 폰 보라도 있었다. 그사이에 거의 모든 수도사들이 떠난 비텐베르크 수도원에서 계속 살고 있었던 루터는 큰 관심을 갖고서 가족들에게 거절당한 이 여자들과 행운을 같이했고, 현재나 과거의 어떤 수녀가 결혼하기로 결정하면 기뻐했다. 하지만 상상할 수 없는 일이 일어났다. 바트 프랑켄하우젠 근교에서 발발한 농민전쟁의 참혹한 전투가 끝난 지 4주도 되지 않은 1525년 6월 13일, 마르틴 루터는 몰락한 작센의 귀족 출신인 26세 카타리나 폰 보라와 결혼을 했다. 그는 "하나님께서는 내가 사탄에게 거역하여 … 버림받은 여인을 받아들이기 원하셨네"라고 말하면서 이 결혼을 정당화했다. 세상이 놀랐고 그를 비웃었으며, 심지어 루터의 여러 친구들도 – 누구보다 필립 멜란히톤이 – 깜짝 놀랐다. 토르가우 시가 결혼 축하 선물로 맥주 한 통을 보냈는데, 결혼식이 끝

토르가우: 카타리나 폰 보라가 임종한 집의 내부

난 지 며칠 후 슈팔라틴은 루터의 편지에서 다음과 같은 내용을 알게 되었다. "나는 천사들이 웃고 모든 사탄이 울기를 바랐던 이 결혼 때문에 너무 초라해졌고 괄시를 받았네. 세상과 현명한 사람은 이것이 하나님의 거룩하신 일이라는 것을 아직 깨닫지 못하고 있고, 이것을 하나님을 믿지 않는 악마적인 것이라고 여기고 있네." 루터는 15년 후에 "하나님의 은혜로 받게 된 극도로 행복한 결혼"을 되돌아보면서 탁상담화에서 이 단계를 다음과 같이 회고했다. "결혼하지 않고 사는 것은 상당히 좋을 수도 있고, 그 나름대로 장점이 있습니다. 하지만 결혼에 반대하는 것은 사탄입니다!" 남편이 사망하고 나서 두 달 후 미망인은 자신의 올케에게 "그러한 소중한 남편"을 상실한 자신의 마음 상태를 알려주는 편지를 썼다. "그분은 전 세계에 위대한 공헌을 했어요. […] 난 먹을 수도 없고 마실 수도 없어요. 게다가 잠도 잘 수 없어요."

카타리나 폰 보라가 미망인이 된 지 6년이 지난 1552년 비텐베르크에 페스트가 발생했다. "루터의 아내"가 자녀인 파울과 마가레테를 데리고 토르가우로 피신하기 전에 대학교는 이미 그 소재지를 토르가우로 옮겼다. 토르가우 시의 기록보관서에 보관된 자필로 기록한 연대기가 명시하고 있는 것처럼 마차를 끌던 말들이 "성미가 사나워졌기" 때문에 "그녀는 마차에서 내리다가 심하게 넘어져 웅덩이에 빠지게 되었고, 낙상과 쇼크로 병이 들었다. 그래서 결국 몸이 쇠약해졌고, 슐로스가세에서 사망할 때까지 3개월을 침상에 누워 있었다. 필립 멜란히톤은 자기 친구의 아내에 대한 애도사에서 그녀가 미망인으로서 지독하게 고통을 "겪었음"에도 불구하고 "그녀는 추방당한 자처럼 매우 큰 위험에 처해 헤매야 했습니다. 그녀는 비열한 배은망덕을 당했고, 남편이 교회에 바친 어마어마한 헌신 때문에 자신이 도움을 받을 것이라고 바랐던 사람들에게 종종 몹시 실망했습니다"라고 슬퍼했다.

그 당시에 그녀가 은신처로 삼았던 3층 집은 토르가우에 있는 르네상스 건축양식의 특징이다. 현재 박물관으로 사용되고 있는 1층에서는 현관홀, 계단, 주거공간들과 함께 16세기의 전형적인 방 배치를 추측해볼 수 있다. 카타리나 폰 보라에게 헌정된 전시회는 당시의 진귀한 초판들과 동전들, 일상적인 용도의 물품들과 마르틴 루터의 편을 들었던 이 여인의 삶을 보여주는 공예품들을 진열하고 있다.

방문객은 구시가지를 둘러볼 때 종교개혁시대의 사건들을 기념하는 명판에 담긴 다음과 같은 내용을 상기시키는 다른 건물들과 마주치게 된다. 슈팔라틴이 1522년에 거주한 카타리넨슈트라세 8번지, 루터의 부조가 새겨진 명판이 달려 있는 이른바 "루터의 집"이라고 불리는 비텐베르거슈트라세 모퉁이의 프리드리히플라츠(프리드리히 광장), 라이프치거슈트라세 1번지의 집(이곳에서 토르가우 김나지움의 교장 마르쿠스 크로델이 거주했다), 그리고 같은 지번에 있는 22호 집. 이 집에 걸려 있는 명판은 이곳에서 거주한 마티아스 보이트를 기념하는데, 그는 1525년에 발생한 아우구스티누스회 수도원 돌격을 준비하는 데 도움을 준 사람이다. 이른바 '알탁스키르헤^{Alltagskirche}'로 불리는 수도원 교회가 존속된 옛 수도원의 부지에는 요한 발터 김나지움이 있다. 1522년 페스트가 창궐한 해에 옮겨온 비텐베르크 대학교가 바로 이곳에 일시적으로 소재했다.

바이마르 ^{Weimar}

"**바**이마르는 선제후의 행정관에게는 가장 적합한 장소다. 선제후는 이곳에서 가장 쾌적하고 편안하게 살 수 있고, 분수에 맞는 생활을 할 수 있다. 그도 다른 사람들 앞에서 종종 이러한 환경을 칭찬했다. 왜냐하면 그가 하루 수입으로만 여기서 300두의 말이 있는 궁궐 살림을 일 년 동안 유지할 수 있었기 때문인데, 토르가우에서는 그렇게 할 수 없었다." 루터는 탁상담화들 중 한 담화에서 그가 활동했을 당시에 거주민 수가 2천 명이 된 적이 없는 일름^{Ilm} 강변의 뚜렷한 시골 풍경을 그렇게 묘사했다. 사망하기 5년 전인 1540년, 57세의 루터는 중요한 교역로에서 떨어져 있는 바로 이곳 바이마르에서 그의 "사랑하는 카타리나 루터 박사"에게 다음과 같은 내용의 편지를 써 보냈다. "나는 이곳에서 잘 지내고 있음을 가장 겸손한 말로 알려드리오. 나는 보헤미안 사람처럼 먹고, 독일인처럼 마시고 있소. 하나님께 감사드립니다. 아멘." 한 사환이 사흘 정도 지나서 비텐베르크의 "조이마르크트^{Säumarkt}"에 위치한 루터의 집에 가져온 편지는 매우 다른 내용들이었을지도 모른다. 사실 루터는 자신의 종교개혁 문제에 긴밀히 연루된 자, 그의 여행 동반자이자 친구인 필립 멜란히톤(1497~1560)이 종교대화에 가기 위해 길을 나섰다가 바이마르에서 심한 질병에 걸려 여행을 중단해야 했기 때문에 바이마르로 와달라는 요청을 받았다. 바이마르에서 걸어서 4시간 거리에 있는 에어푸르트에서 호출받고 온 의사 카스파르 슈투르츠도 어찌할 바를 모르는 것처럼 보였다. 그는 이전에 그곳에서 루터를 성공적으로 치료한 바 있었다. 하지만 "기적"이 일어났다. 루터가 자신의 두 눈으로 보기에 "정말 죽었던" 석학 필립이 "마치 나사로처럼 죽음에서 다시 살아났다. 우리의 아버지 하나님이 우리의 기도에 응답해주셨다는 사실이 분명해졌다." 멜란히톤을 방문한 지 열흘째 되는 날 그의 건강이 눈에 띄게 회복되자, 루터는 군주의 도시를 떠나 아이제나흐로 향했다. 루터가 그해 여름에 머물렀던 것이 바이마르에 여러 번 체류한 일 중에서 마지막이었다. 첫 번째 체류는 1518년으로 기록되어 있었으나, 추측건대 젊은 아우구스티누스회 수도사 루터는 기사단이 탁발수도사 숙소를 유지하고 있던 바이마르에서 보냈을 것이다. 황제의 적대자인 카예탄에게 심문을 받기 위해 반드시 출두해야만 하는 아우구스부르크로 가는 도중에, 그는 1518년 9월 28일부터 29일까지 바이마르에서 머물렀다. 그는 이곳에서 친구이자 선제후의 보좌관인 게오르크 슈팔라틴(1484~1545)과 만났다. 이 사람은 처음으로 로마와 직접적인 대결을 준비 중이던 루터와 함께 이 문제의 실질적인 전개방법에 대해 분명히 논의했을 것이고, 그에게 여러 가지 정보를 직접 전달해주었을 것이다. 루터는 계속해서 여행길에 나서기 전에 성교회에서 설교했다. 슈팔라틴은 이 설교의 사본을 받고 싶다고 요청했지만, 루터로부터 설교문 가운데 "한 장 정도를 제외하고 모두" 까먹었다는 응답을 받았다. 그렇지만 그는 "기억을 더듬어 그것을 재구성하려고" 시도했다. 한 번만이 아니라 그런 일은 종종 일어났다.

루터가 수많은 여행을 다니던 중에 바이마르는 몇 번이나 하룻 밤을 묵기 위해 지리적으로 편리한 장소에 불과했지만, 예를 들어 여러 곳으로 널리 퍼지고 있던 종교개혁 사상을 둘러싸고 일부 격렬하게 벌어졌던 논쟁에 의해 그는 1522년 가을에 바이마르와 그 주변에 마음이 끌렸다. 바이마르의 궁정 설교자인 볼프강 슈타인은 현지 프란체스코회 수도사들과 미사의 특징을 둘러싸고 실랑이를 벌였다. 공작 요한이 서류와 비공개로만 이 다툼을 해결하라고 명령했음에도 불구하고 수도사들은 그의 명령을 무시했다. 슈타인은 루터에게서 "논쟁에 대한 도움"을 받았다. 슈타인이 루터의 충고를 받고 행한 것을 에어푸르트의 화가 마테스는 즉시 인쇄하였다. 루터가 이 작품을 일컬은 것처럼 "슈타인의 랩소디"가 그의 "마음에 안 드는 것은 아니었다." 설교자인 마르틴 루터가 그해 가을에 튀링겐에서 행했던 그 많은 설교에서 종교개혁 문제와 관련한 전반적인 상황이 얼마나 절박했는지를 추론해볼 수 있다. 바르트부르크 성에서 이전에 번역했던 성경이 출판된 지 한 달 만인 1522년 10월 18일, 그는 여러 명의 개혁적인 생각을 품은 남자들을 대동하고 바이마르에 도

바이마르: 시교회에 소장된 루카스 크라나흐의 제단 중앙 패널

착했다. 그는 이미 다음 날 성교회에서 두 번 설교했다. 그다음 날 그는 계속해서 에어푸르트로 갔다. 21일에 그곳의 미하엘리스키르헤(성 미하엘 교회)에서 설교했고, 이튿날 카우프만스키르헤(상인의 교회)에서 두 번 설교했다. 24일과 26일 사이에 그는 매일 바이마르에 있는 교회들에서 여러 번 설교했다. 그것들 중에는 교구교회인 헤르더키르헤도 있었다. 이 설교들은 1523년 봄에 출판된 "세속권세에 대해, 어느 정도까지 그 권세에게 복종해야 할 의무가 있는 것인가"라는 그의 소논문의 근간을 이뤘다. "두 왕국설"로도 짧게 요약된 정

260

치적인 작품에 대한 촉매제는 루터가 바르트부르크 성에서 번역하고 곧바로 3천 부가 출판된 신약성경, 이른바 '9월 성경'을 판매해서도 안 되고 구매해서도 안 된다고 여러 공작령 국가들에 포고된 금지령이었다. 루터는 1537년 2월에 슈말칼덴 동맹 회의에 참석하러 가는 중이었다. 바르트부르크 성에서부터 그림마, 알텐부르크, 아이젠베르크, 예나, 아른슈타트 그리고 발터스하우젠을 경유하여 슈말칼덴으로 가던 중에 그는 바이마르에서도 머물러 2월 4일에 그곳에서 설교했다. 선제후는 이 여행 중에 "그러한 조항들"(루터와 멜란히톤에 의해 작성된 슈말칼덴 조항들)이 이 도시와 주변 도시들의 설교자들에게 "건네져 낭독"되기를 바랐고, 그들이 이 조항에 "그러고 나서 서명하기"를 바랐다.

베틴 가문이 1485년에 영토분할을 단행한 이후 바이마르는 에르네스틴계의 영토에 속해 있었다. 이곳에서 현명왕 프리드리히의 동생인 강건왕 요한 공작의 통솔하에 종교개혁이 신속하게 시행되었다. 뮐베르크 전투(1547년) 중에 발생한 패배와 선제후 요한 프리드리히 관대왕(1503~1554)의 체포는 수도 토르가우의 상실과 대학도시 비텐베르크가 손실되는 결과를 초래했을 뿐만 아니라, 그의 사촌 모리츠 폰 작센에게 선제후 직위를 양도하는 모욕을 당하기도 했다.

선제후의 부인 지빌레 폰 클레베와 신하들은 바이마르를 피난처로 삼았다. 요한 프리드리히는 종신형을 선고받고 감금되었으나, 1552년에 5년간의 형기만 채우고 석방된 후 에르네스틴계의 새로운 도읍지로 바이마르를 선택했고 시교회를 묘지로 택했다. 루카스 크라나흐도 요한 프리드리히와 함께 왔다. 수세기 이상 바이마르를 세상의 지성, 문학, 음악 그리고 미술의 중요한 고향이 되게 한 모든 것은 16세기 중엽에 일름 강변에서 새로 생겨난 에르네스틴계 왕궁이 있는 곳에 그 뿌리를 두고 있다.

전쟁의 결과로 선제후의 거주지가 된 바이마르를 벗어나 현재 약 6만 명의 주민과 매년 수백만 명의 방문객을 헤아리는 저 바이마르로 들어가 보자. 공작부인 안나 아말리아(1739~1807)는 문학의 고전주의 시대에 대한 중요한 기틀을 마련하여 현재까지도 바이마르의 명성을 특징짓고 있다. 그녀는 1758

년 남편이 사망한 뒤 1757년에 낳은 아들 카를 아우구스트를 위한 후견 통치를 떠맡음으로써 섭정이 되었다. 그녀는 아들의 교육을 위해 1772년에 크리스토프 마르틴 비일란트를 궁으로 청빙했다. 3년 후에는 요한 볼프강 괴테가 바이마르로 왔고, 1776년 10월에 요한 고트프리트 헤르더가 공국의 교회 총감독으로서 자신의 직무에 취임했다. 1787년부터는 프리드리히 실러가 바이마르와 예나에서 살았다. 이 사람들의 업적은 결정적으로 독일의 정신적 수도로서 바이마르의 명성을 촉진했다. 그렇게 확립된 전통은 러시아 차르의 딸이자 바이마르 대공녀인 마리아 파블로브나(1786~1859)에 의해 계속 진행되었고, 프리드리히 실러가 바이마르를 위한 "대단히 귀중한 획득"이라는 소견을 피력하여 그녀를 인정하는 방법으로 계속 이어졌다. 하지만 그 이후 시대에도 그랬던 것처럼 바이마르는 화려한 18세기 이전에 이미 독일과 유럽의 정신사와 문화사에 부여된 자극을 통해 두각을 나타냈다. 마르틴 루터, 대 루카스 크라나흐 그리고 요한 제바스티안 바흐는 다른 많은 사람들 중에서 고전주의 이전의 바이마르를 대표하는 사람들이다. 네포무크 후멜, 프란츠 리스트, 페터 코르넬리우스 그리고 리하르트 슈트라우스, 다른 한편으로 프리드리히 니체, 발터 그로피우스와 리오넬 파이닝거는 1910년대까지 바이마르의 문화사를 대표한다. 1919년의 "바이마르 공화국" 선언과 함께 "독일 미학의 수도"는 독일에서 처음으로 민주주의가 시작되기에 적합한 장소임이 입증되었다. 또한 바이마르라는 이름은 언제나 이전의 부헨발트 정치범수용소와 고통스럽게 연결되는데, 이 수용소는 나중에 소련의 강제수용소가 되었다.

방문객은 1999년에 "유럽의 문화수도"라고 칭송받은 일름 강변의 도시를 통해 루터의 발자취를 따라 걸으면서 도처에서 유네스코(UNESCO) 세계문화유산 목록에 등재된 장소들과 맞닥뜨리게 된다. 괴테의 집과 실러의 집, 공작부인 안나 아말리아 도서관, 헤르더의 집(옛 김나지움 옆), 군주들의 지하묘실과 역사적 묘지Historischer Friedhof, '로마의 집'이 있는 일름 강변 공원, 괴테의 정자와 정원, 성곽(바이마르 성), 오랑제리Orangerie 궁전과 벨베데레Belvedere 궁전 공원, 티푸르트Tiefurt 성과 공원뿐만 아니라 에터스부르크Ettersburg 성과 공원. 헤르더

교회, 미망인 궁^{Wittumspalais}을 에워싸고 있는 지역과 바이마르 궁의 가장 오래된
부분 등 루터가 체류한 곳을 기념하는 장소들이 세계문화유산 목록에 속한다.

* * * * *

성 베드로와 바울 시교회^{Die Stadtkirche St. Peter & Paul} 세기 전환기 이후, 즉 바이
마르의 성 베드로와 바울 시교회의 봉헌식 거행 500주년 이후 가장 유명한 목
사의 이름을 따서 '헤르더 교회'라고도 불리는 이 교회는 밝은 회색 벽들을 지
니고 있고 외부의 벽들은 흰색을 띠고 있다. 현재 이 교회의 회색과 아이보리
색 색채조합은 가장 최근의 컬러 표현양식을 따른 것이다. 1945년 2월 9일의
바이마르 폭격 흔적을 상기시키는 것은 더 이상 아무것도 없다. 당시 이 교회
는 폭격으로 심각한 피해를 입었다. 천장 전체가 붕괴되었고, 그 후 모든 것이
비바람에 쉽게 노출되었다. 재건축은 1949년도에 시작되었다. 그해에 바이마
르에서 괴테상을 받은 토마스 만은 상금을 그 건설사업에 기부했다. 헤르더
교회는 1953년에 다시 축성될 수 있었다. 내부는 1972년과 1976년 사이에 18
세기의 모습으로 복원되었다. 1498년부터 건축되기 시작하고 오각형 성단소
가 있는 후기 고딕 양식의 삼랑식 홀교회의 내부는 여러 번 수리되고 개조되
었다. 무엇보다도 버트레스들이 있는 외부 표면은 이곳에서 마르틴 루터가 설
교했던 시대를 상기시킨다. 단일블록을 깎아 조각한 듯한 웅장한 설교단은 그
후 시기에 유래한 것이다. 세례반과 몇몇 성배^{聖杯}는 루터 시대의 비품이다. 또
한 묘비명들과 묘판석들은 그 시대의 군주들을 상징적으로 표현한다. 우리는
여기서 대 루카스 크라나흐(1472~1553)의 원래 묘판석도 보게 된다. 1505년
부터 비텐베르크에서 현명왕 프리드리히의 궁정화가로 활동한 대가는 1552
년부터 1553년 10월 16일 사망할 때까지 바이마르에서 살았다. 시장광장 앞
에 위치한 호화로운 크라나흐의 집에 걸려 있는 기념명판이 이것을 상기시킨
다. 그는 '야콥스프리트호프'(야콥묘지)에 안장되었는데, 방문객은 현재 이곳에
서 이 명판의 복제본만을 볼 수 있을 뿐이다. 루카스 크라나흐에 의해 시작되
어 그의 아들이 1555년에 완성한 '날개 달린 제단'의 성경 묘사는 루터 신학의

구원사상을 나타낸다. 세 부분으로 나뉘어 있는 이 불후의 명작은 성경을 펼쳐들고 있는 마르틴 루터를 보여줄 뿐만 아니라, 그의 옆에 서 있는 크라나흐에게 그리스도의 핏줄기가 흘러내리는 장면도 보여준다. 1562년 바이마르의 예술가 바이트 팀이 창작한 세 폭짜리 루터 그림이 제단 앞 한쪽 벽에 걸려 있다. 평범한 말로 성경을 설명해주는 모습이 담긴 그림에는 아우구스티누스회 수도사 루터, 석학 루터 그리고 융커 외르크로 변장한 루터가 묘사되어 있다.

＊ ＊ ＊ ＊ ＊

바이마르 도시궁전^{Stadtschloss} 제국 도시 바이마르는 무엇보다도 독일 고전주의 문학의 생성과 보존에 대한 중요성 때문에 유네스코 세계문화유산 목록에 등재되었다. 다시금 정사각형 익랑 건물 구조의 건축역사가 크게 주의를 끌게 된 것은 의심할 것도 없이 1913년부터다. 여러 군주의 건축의지, 작센-바이마르 공국의 확장과 더불어 증가하게 된 바이마르의 모습을 높이고자 하는 욕망과 끔찍한 화재들이 현재의 건물 이전에 있었던 건물을 건축하게 된 원인이었다.

일찍이 900년경 일름 강 왼쪽 늪지대의 완만한 언덕에 바이마르의 백작을 위해 해자를 두른 궁이 건축되었다. 이 궁전은 수세기 이상에 걸쳐 완전한 모습을 지니게 되었다. 하지만 이 궁전도 1424년 바이마르 시의 절반을 잿더미로 만든 대화재에 희생되고 말았다. 그 후 "호른슈타인 성^{Burg Hornstein}"이라고 일컬어진 이 복합건축물을 옛 토대 위에 재건하기로 결정하여 즉시 복원이 개시되었다. 하지만 재건 과정은 매우 느리게 진행되었다. 그래서 1439년의 어떤 문장^{紋章}은 출입구 건물 공사를 완공한 사실을 기록하고 있다. 나중에 여기서 거주하던 시녀들은 우롱하듯 이 출입구 건물을 "바스틸레^{Bastille(바스티유 감옥)}"라고 불렀는데, 이 출입구 건물은 궁전 탑과 함께 바이마르의 상징물이 되었다. 하지만 또다시 화재가 발생했다. 이 화재로 호른슈타인 성은 1618년 여름에 심각한 피해를 입었다. 루터도 보았던 이 성의 바로 그 부분, 즉 "바스틸레"는 화재를 견뎌냈다. 전시^{戰時}에 돌입하자 복구공사는 매우 느린 속도로 진행되었다. 여하간 역사에 "힘멜스부르크Himmelsburg(천국의 거성)"로 기록되고 이 건물의 옛 교회에서 루터가 설교한 슐로스키르헤Schlosskirche, 성채교회는 1630년에야 헌당될 수 있었다. 나중에 요한 제바스티안 바흐가 여기서 오르간 연주자로 봉사했다. 이 건물단지는 그때까지 미완성 상태로 남아 있다가 1774년에 또다시 거의 모든 것을 완전히 파괴한 거대한 화재 피해를 당했다. 새로운 삼랑식 건축물인 "바이마르 왕궁Residenzschloss Weimar" 기획과 건축을 위한 "주요 사업"은 1789년부터 1803년까지 '공작령 궁 건축위원회'의 수중에 달려 있었다. 요한 볼프강 괴테도 이 위원회에서 적잖이 중요한 역할을 수행했다. 그는 나중에 조수 에커만과의 대화에서 이 시기를 다음과 같이 회상했다. "바이마르 궁전 건축은 무엇보다도 내게 많은 것을 요구했네. 나도 같이 도움을 주어야 했고, 심지어 박공 위에 돌림띠를 쳐야 하는 경우도 있었지. 내가 그들보다 일반적인 개념을 더 잘 알고 있었기 때문에 어떤 의미에서 나는 전문가들보다 더 뛰어났어." 건축가들인 요한 모리츠 리히터, 클레멘스 벤첼스라우스 코우드라이 그리고 하인리히 헤스는 이 건물에 형태를 만들어주었다(건축가 하일만과 리트만은 1911~1913년에 남쪽 익랑을 만들었다). 실내장식을 완성하기 위해 괴테는 이전에도 옛 프로이센의 고전주의 대가인 쉰켈에 앞서서 베를린에서 확고히 자리 잡고 있던 건축가 하인리히 겐츠(1766~1811)에게 바이마르로 와줄 것을 요청했다.

60명 이상이 입장해서 걸어 다닐 수 있는 큰 방들을 갖춘 궁전의 일부는 대중에게 공개되었고 크라나흐 갤러리도 수용하고 있다. 1553년 바이마르에서 사망한 루카스 크라나흐와 그의 공방 조수들은 마르틴 루터와 그의 아내 카타리나 폰 보라의 수많은 초상화들, 회화들과 소묘들을 완성했다. 그것들 중 일부는 다양한 형태로 대량 생산되었다. 이 작품들은 현재까지도 그의 특징에 대해 가장 많이 이야기하는 루터의 모습과 이미지다. 그 외에도 바이마르에서 전시 중인 작품들 중에는 추측건대 1522년 비텐베르크에서 창작되었을 "융커 외르크로 변장한 마르틴 루터" 초상화도 있다.

옛 프란체스코회 수도원(암 팔라이스 Nr. 4) 실러슈트라세의 극장광장 Theaterplatz 모퉁이에서 가장 두드러진 이른바 미망인궁전Wittumspalais은 1453년 공작의 결단력으로 개원한 프란체스코회 수도원의 부지 위에 있다. 루터가 설교한 궁전 뒤에 세워진 수도원교회는 1553년부터 세속화된 후에 곡물저장고로 사용되고 있다. 다양한 개조를 마치고 난 후 1872년에 당시의 오케스트라 학교가 원래 건물 중 극히 일부만 남아 있을 뿐인 이 건물로(기념명판) 이전했다. 담쟁이덩굴로 감겨 있는 파사드 뒤에서는 현재도 음악을 들을 수 있다. 왜냐하면 프란츠 리스트 음악대학이 여기에 부속건물을 두고 있기 때문이다.

바이마르: 옛 프란체스코회 수도원

1522년에 루터의 비텐베르크 논제에 대항한 프란체스코회의 반박논제가 붙어 있던 성 마리엔 예배당은 허물어져서 1569년부터는 더 이상 존재하지 않는다.

* * * * *

이른바 루터호프(루터 안뜰) 시내 중심부의 현대식 주택지가 된 루터호프는 1492년부터 언급된 것으로 확인되었다. 기념명판은 마르틴 루터의 "세례 입회인들" 중의 한 사람뿐만 아니라 루터 자신과 크리스토프 마르틴 비일란트가 여기서 살았다는 사실을 가리키고 있다. 이 지역에서 멀지 않은 곳에 루터가세(루터의 골목)가 있는데, 괴테의 부인 크리스티아네가 이 골목길 5번지에서 유년기를 보냈다(기념명판).

* * * * *

공작부인 안나 아말리아 도서관 2007년도에 도서관이 재개장된 이후, 2004년 9월에 이곳에서 발생한 충격적인 화재가 소동을 일으킨 사실을 외적으로 상기시키는 것은 더 이상 아무것도 없다. 세계문화유산 목록에 등재된 이 건물의 가장 후미진 구석에서조차 더 이상 대화재로 인한 매캐한 연기 냄새가 나지 않는다. 무시무시했던 9월의 어느 밤에 발생한 불을 끄기 위해 3만 5천 ℓ가량의 물이 건물 내부로 쏟아져들었다는 사실을 누구도 알아채지 못할 것이다. 예전에는 철제 대들보들이 건물의 안정성을 보장해주기 위해, 그다음에는 가능한 한 구조안전을 지속적으로 유지하도록 로코코 양식의 홀을 떠받치고 있던 대들보는 하나도 남아 있지 않다. 대략 높이 4.5m, 길이 9m, 폭 5m에 달하는 한 개의 유리 큐브가 새까맣게 탄 난간기둥들을 보여줄 뿐이다. 이 기둥들은 일종의 고고학적인 창으로서 디스플레이 된다. 아직 불이 타오르고 있던 중에도 급히 달려온 재단 구성원들은 이 지역의 시민과 함께 도서관의 핵심인 로로코 홀을 청소하기 시작했다. 수백 명의 자원봉사자들이 인간띠를 형성하여 위층에서부터 바로 인접한 지하서고로 수천 권의 책을 손에서 손으로 전달하여 날랐다. 도서관의 중세시대 소장품이 더 큰 손실을 입지 않은 것은 분명히 사람들이 이렇게 신속하게 전력투구한 덕분이다. 분실한 책들을 복원하기 위해 많은 노력을 기울였음에도 불구하고 돌이킬 수 없는 상태가 된 책들이 많다. 하지만 매우 가치 있는 여러 작품을 구할 수 있었다는 것도 틀림없는 사실이다. 예를 들어 이 작품들 중에는 세상에서 유일무이한 성경 모음집이 있는데, 미국에서 인쇄된 최초의 독일어 성경도 그 모음집의 일부다. 이 모음집 중에서 가장 주목할 만한 작품은 특히 1534년도에 출판된 화려한 루터 성경이다. 이 성경을 화재에서 구해내기 위해 도서관장인 미하엘 크노헤가 개인적으로 전력투구했다. 그 외에도 마르틴 루터와 니콜라우스 폰 암스도르프의 사인이 들어 있는 밝은 색 돼지가죽으로 제본된 하인리히 콜한스의 족보도 귀중한 책이다.

"그렇기 때문에 두 왕국을 조심해서 각각 구분해야 한다…"

우리는 마르틴 루터에게 분별 기술을 배울 수 있다. 이러한 문화적 기교는 오늘날 많은 수요가 있는 것은 아니다. 이것은 특히 정치 분야에 적용되고, 이따금 중부 독일 땅에 적용된다. 국가사회주의(나치)와 구동독의 사회통일당(SED)의 독재통치 결과로 이런 기교는 더 이상 적용되지 않고 무시되었다. 하지만 서쪽의 독일연방공화국에서조차 1968 세대 대학생들의 혁명적인 과도한 도취감의 근저에는 사회적 꿈과 정치적 현실 사이의 경계에 특이하게도 명확하지 않은 것이 있었다.

이러한 막연함은 여론조사에 반영되는 이중 딜레마를 야기하는 불평의 바탕을 형성한다. 한편으로는 정치가들의 강력한 비판과 다른 한편으로는 "조국"에 대한 과도한 동경. 한편에서는 많은 사람들이 "이런 정치인들"을 무능하고 부패했다고 간주한다. 반면에 같은 사람들이 정치와 국가에 대해 큰 희망을 품고 있다. "국가가 모든 일을 잘 되게 해야 한다고 말하는 것은 말할 나위도 없다."

"그렇기 때문에 우리는 두 왕국을 조심해서 구별해야 하고 그런 다음 그대로 놔두어야 한다. 한 왕국은 경건하게 해주고, 다른 왕국은 외적인 평화를 만들어주고 사악한 행위를 막아준다."

위대한 신학자이자 교부인 성 아우구스티누스의 사상에 기초를 두고 있는 루터의 "두 왕국설"(잘못된 방법으로 "두 제국설"이라고 일컬음)은 종종 잘못 이해되어왔다. 이 개념은 마치 교회라는 세계와 정치라는 세계가 가능한 한 서로 방해가 되어서는 안 되는 완전히 분리된 영역인 것처럼 좁혀졌다. 물론 루터에게 두 제도의 경계를 엄격하게 설정하는 것은 그다지 중요한 문제가 아니다. 그는 다음과 같이 문제를 제기하기 때문이다. "국가와 정치의 과제란 무엇인가? 그리고 신앙과 교회의 특유한 공헌은 무엇인가?"

루터의 분별 기술에 대한 가르침의 핵심에는 "내적인" 인간과 "외적인" 인간 사이에 만들어진 차이라는 관념이 있다. 루터는 자신의 훌륭한 소논문 "그리스도인의 자유에 대하여"(1520년)에서 신앙이라는 영적인 경로와 신학적인 깊은 인식을 따름으로써 얻은 "내적인" 평화가 "외적인" 속세의 생활에 나타나는 평화에 대해 필수적이며, 매우 중요한 전제조건을 형성한다고 강조한다. 이 두 가지 유형의 자유가 불평하는 국민을 성숙한 시민으로 변화시키기 위한 토대를 형성한다. 그리고 이러한 종류의 분별 능력은 정치인들을 변화시킬 수 있다. 자신들의 능력이 과소평가되거나 지나친 부담을 안고 있는 정치인들을 능숙하고 훌륭한 국정운영기술의 달인으로 변화시킬 수 있다.

비텐베르크^{Wittenberg}
켐베르크^{Kemberg}
뢰브니츠^{Löbnitz}
체릅스트^{Zerbst}

"이 세상에서 명성이 높아진 것은 무엇인가, / 예전에는 거의 작은 도성이 아니었는데 / 예루살렘, 오 성스러운 도성이여, / 시편이 알려준 것처럼, / 그 무렵엔 매우 작은 산이었다는 것을, / 이제 세상이 충분히 이해했네. / … 비텐베르크, 매우 작고 아주 가난한 도성이, / 위대한 이름을 얻었네 / 이제 하나님의 말씀을 받아 매우 밝게 빛나고 있네 / 그리고 많은 영혼을 하늘나라로 이끌고 있네. / 예루살렘 도성으로 향한 / 그들이 천국 백성이 되게 하려고 / 하나님께서 이 도성에 은혜를 베푸셨네 / 그래서 예루살렘이 영원히 빛나고 있네, / 극히 영광스런 이름이여, / 이 도성에 복이 넘칠지어다, 아멘."

마르틴 루터가 사망하기 1년 전인 1545년에 현재까지도 가장 유명한 이 도시의 주민 루터가 쓴 이 넘치는 찬사는 비텐베르크 시의 모습을 담아 출판되었다. 거의 40여 년 전에 수도사이자 신학도였던 마르틴 루터는 "명령을 따라, 하지만 하나님 뜻으로" 갑자기 에어푸르트에서 엘베 강변의 이 도시로 옮겨갔다. 1485년에 작센 선제후국이 분리된 후 비텐베르크는 제국의 수도가 되었다. 아우구스티누스회 수도회는 "로이코레아^{Leucorea}" 대학교에 윤리철학 강좌를 맡을 적절한 후보자를 찾고 있었다. 주민과 첨탑이 많은 "가장 좋은 장소에" 위치한 에어푸르트에서부터 평원지대에 있는 작은 도시로 옮겨가는 것은 갑자기 가슴이 철렁거리는 일이었다. 그는 나중에 이 도시의 첫인상에 대해 "비텐베르크 사람들은 문명의 가장자리에 있다. 만약 그들이 좀 더 앞으로 나아간다면, 야만에 빠지는 데서 멀어질 텐데"라고 회고했다. 1293년에 아스카니어 가문의 공작 알브레히트 2세에 의해 도시다운 지위에 올라선 비텐베르크는 실제로 라이프치히나 할레, 마이센, 프라이부르크, 브란덴부르크 같은 도시들과도 견줄 수 없었다. 켐베르크라는 작은 도시를 방문하는 것은 16세기 초에 에르네스틴계의 수도 비텐베르크 – 당시 이 도시에는 납세의무가 있는 주택 소유주 356명이 있었는데, 그들 중 절반 정도는 양조허가권도 소지하고 있었다 – 를 어느 정도 입체적으로 상상하기 위해서는 루터가 당시에 종종 즐겨 실천한 것 같이 비텐베르크에서 족히 12㎞쯤 떨어진 거리에 있는 작은 도시 켐베르크를 방문하는 것이 적절할 것이다. 이 도시는 적어도 세 가지 이유에서 방문해볼 가치가 있다. 이 도시를 일정에도 없이 들를 만한 이유는 크기와 내부 장식들이 매우 특이한 그곳의 교회, 매우 큰 집들로 둘러싸인 시장, 그리고 중세시대부터 전해 내려온 역사적인 구시가지의 구조가 있기 때문이다.

1502년 현명왕 프리드리히 3세(1463~1525)에 의해 비텐베르크에 독일 최초로 세속 군주가 세운 대학교가 설립된 것은 주변 대학교들과의 경쟁(라이프치히, 오더 강변의 프랑크푸르트)을 고려한 총명하고 전적으로 용감한 조치였다. 1517년에 "로이코레아"가 종교개혁과 함께 세계사적으로 중요한 의미가 있는 사건의 출발점이 될 것이라고는 사실 아무도 예측할 수 없었다. 프리드리히는 일찍이 그때까지 이목을 끌지 못하던 도시를 왕이 거주하는 수도의 지위로 향상시키기 위해 많은 자금을 투자했다. 이미 몇 년 전에 시작된 성과 성교회의 건축이 첫 번째 건축 붐을 일으키고 나자, 각처에서 밀려오는 교수진들과 대학생들을 위한 숙소가 필요해졌기 때문에 뒤이어 두 번째 건축 붐이 일어났다. 프리드리히는 인문주의자들에 의해 개시된 교양운동에 대해 열린 마음을 갖고 있었고, 요하네스 로이힐린이나 로테르담의 에라스무스 같은 사람들의 사상과 의견에 귀를 기울였다. 그는 예술 애호가로서 이 분야 최고의 예술가들에게 많은 의뢰를 했고, 1504년에는 대 루카스 크라나흐를 궁정화가로 임명했다. 그는 또한 비텐베르크의 알마 마터가 자기 영토를 관장할 적합한 인사들을 발탁해주기를 기대했다. 그 어떤 사람들보다 법률가들을 기대했다. 세속권력이 설립한 이 대학교의 신학부는 중세시대의 관례에 따라 법학부와 의학부에 앞서 그리고 심지어 예비과정에 필수적인 인문학부에 앞선 최고 학부였다. 아우구스티누스회 은둔자 수도원에 신학부 교수직 두 자리와 인문학부 교수직(윤리철학) 한 자리가 배정되었다. 새로 개설된 그리스어 교수직을 1518년부터 루터의 긴밀한 협력자이자 동반자, 친구가 된 필립 멜란히톤(1497~1560)이 맡았다. 대학교의 발전과 더불어 교육자료와 다른 인쇄물들에 대한 수요가 헤아릴 수 없을 정도로 늘어났다. 결과적으로 인쇄업자 길드, 지물상 길드, 염료업자 길드들이 번영했다. 따라서 비텐베르크의 교역이 번창했고, 도시는 급격히 변화되었다.

작센 귀족가문 출신인 요한 폰 슈타우피츠(1468~1524)는 이 대학교의 공동 설립자였다. 그는 아우구스티누스회 수도회의 상임 교구 목사였고, 비텐베르크 아우구스티누스회 수도원 부원장이었으며, 수년간 신학부 학장이었다. 그는 루터의 후원자가 되었다. 루터는 에어푸르트에서 두 번의 휴식기를 보내고 난 뒤 - 그중 첫 번째 휴식 기간은 1년간 지속되었다 - 비텐베르크에서 1년간 머물렀으나, 그러고 난 다음 그는 에어푸르트로 부름을 받았다. 1511년에 그는 비텐베르크로 돌아왔다. 이곳에서 그는 자기 생애에서 가장 긴 기간을 보냈다. 젊은 수도사는 슈타우피츠를 현명한 조언자, 고해성사를 들어주는 사제, 그리고 수도원의 영적인 방향을 이끌어주는 대가라고 평가했다. 루터는 자주 그에게 "여자에 관한 것이 아니라 해결하지 못한 문제"에 대해 고해했다. 나중에 루터는 자신의 탁상담화에서 "슈타우피츠 박사님에 관련한 전체 문제"를 다음과 같이 한마디로 요약했다. "그분은 제가 그것을 얻도록 도와주셨습니다." 슈타우피츠는 루터에게 당시 대학 학위 중 가장 높은 칭호인 박사학위를 취득하라고 촉구했던 사람이기도 했다. 루터가 힘이 소진되어 그 제안에 소극적으로 임하자 슈타우피츠는 다음과 같은 말로 그에게 반박했다. "우리 하나님께서는 이행되어야 할 많은 일들을 반드시 하신다는 것을 모릅니까? 그분께서는 이 과업을 위해 현명한 충고를 도와줄 영리하고 현명한 사람들을 많이 필요로 하십니다. 하지만 슈타우피츠는 나중에 베네딕트회로 소속을 바꿨고, 자기 제자의 사상을 거절했으며, 사후에 출판된 "성스럽고 참된 그리스도인의 신앙에 대하여"라는 소논문에서 이렇게 전향한 것을 정당화했다. 루터는 이에 대해 "배반"이라고 여겼음에도 불구하고 고해성사를 받아준 사제이자 신학 스승에게 평생토록 감사함을 느꼈다. 루터는 1523년 9월 17일 잘츠부르크에 있는 성 베드로 베네딕트회 수도원의 슈타우피츠에게 한 통의 편지를 보냈다. 그사이에 슈타우피츠는 그곳에서 궁전 설교자로 활동하고 있었다. "… 우리가 스승님과 더 이상 쾌적하고 유쾌하게 지내지 못하고 있을지라도 스승님께서 복음의 빛을 통해 처음으로 어둠속에서 높이 솟아올라 우리 마음속에 복음이 빛나게 해주신 은혜에 대해 감사를 잊는다는 것은 온당치 못한 일입니다."

대학교수와 시교회 공동체의 설교자로서 마르틴 루터가 비텐베르크에서 실행한 것은 막대했다. 에어푸르트에 머물던 시절부터 루터의 친구가 된 요한 랑(1487년경~1548)은 1516년 10월에 루터로부터 사실 서기나 관청서기로 일할 두 사람이 꼭 필요하다는 것을 알려주는 편지 한 통을 받았다. "저는 수도원 설교자이며 탁상 설교자이기도 합니다. 그리고 사람들은 저에게 날마다 교구교회에서 설교사역을 해달라고 요구합니다. 그 외에도 저는 우리 수도회의 연구협회 소장이기도 합니다. 저는 수도회 목사이며 수도원 부원장 열한 명의 업무를 처리하고 있습니다. 저는 라이츠카우에서는 낚시허가를 규제해야 하고, 토르가우에서는 헤르츠베르크 수도사들의 일들을 대표해야 합니다. 저는 사도바울에 대한 책을 읽고 있는 중이며, 시편 강의를 위한 자료들을 수집하고 있는 중입니다. 이뿐만 아니라 저의 편지교환은 시간이 걸리는 일입니다. 저는 성무일과를 낭송하고 미사를 올릴 만한 충분한 시간을 거의 갖지 못하고 있습니다. 저는 심지어 육체, 세상과 악마에 대적하는 말을 전혀 하지 못할 지경입니다. 이러니 제가 얼마나 게으름뱅이인지 선생님께서 아실 겁니다!" 그는 마그데부르크에서 이미 페스트가 창궐하고 당시 비텐베르크에서도 "갑자기 그 비참한 일, 특히 청소년들을 강타한 치명적인 피해"가 나타나기 시작하던 때에 이 편지를 썼다. 이미 10월 8일에 전임자 슈타우피츠가 그에게 페스트를 피해서 도망가라고 한 명령을 거부했다. "마르틴 형제가 쓰러져도 세상은 붕괴하지 않을 것이다." 루터는 점점 더 내용이 뚜렷해지고 있는 자기가 내세운 신학의 혁신과 급진화를 둘러싸고 벌어진 논쟁의 한가운데에 서게 되었다. 그는 생애의 마지막에 자신의 이른바 "탑 체험"에서 이것을 기록했다. 이 기록에 따르면 도화선은 루터가 시편 31편 2절을 읽었을 때 유발되었다. 루터의 탁상담화를 공동으로 적어두었던 대학생들이 그때를 회상하면서 다음의 내용을 기록했다. "내가 처음에 시편 '주의 공의로 나를 구원하소서'를 읽고 노래했을 때, 그때 나는 갑자기 놀랐고 그 말씀에 대적했습니다. '하나님의 공의', '하나님의 심판', '하나님의 공적'. 왜냐하면 나는 '하나님의 공의'란 바로 그분의 엄격하신 심판을 의미한다는 것을 알았기 때문입니다. 이제 그분께서 나를 그분의 엄한 심판에서 구해내신다고 추정한다면 어떻게 되겠습니까? 그 법정에서 나는 정말 영원히 가망 없을지도 모릅니다! 그러나 나는 '하나님의 자비', '하나님의 도우심'이라는 이 말씀을 더 좋아했습니다. 내가 이 문제를 이해하고, '하나님의 공의'는 그분이 우리에게 선물로 주신 예수 그리스도의 의를 통해 우리를 의롭다고 인정하시는 그 의를 의미한다는 사실을 알았을 때, 나는 하나님을 찬미했습니다. 내가 구원의 문법을 이해했을 때, 그때야 비로소 나는 시편의 맛을 느끼기 시작했습니다." 루터는 맨 먼저 그리고 나중에는 인문주의자들도 함께 서양 기독교의 스승으로 여겨진 아리스토텔레스의 권위에 의심을 품었다. 하지만 그 후에 곧 루터는 에라스무스의 낙관적 인문주의에 반대하여 등을 돌렸다. 왜냐하면 이 인문주의자에게는 인간적인 것이 신적인 것보다 훨씬 더 중요했기 때문이다. 루터는 아우렐리우스 아우구스틴(354~430)을 좋아했다. 그는 세속제국 로마가 멸망할 무렵에 22권으로 구성된 작품인 "하나님의 나라"에서 교회의 진리와 현실을 참된 겸손의 보호자로, 그리고 도래할 하나님 나라에 대한 증거로서 새로이 규정했다. 1517년 5월 18일에 요하네스 랑은 다음과 같은 내용을 알게 되었다. "우리의 신학과 성 아우구스틴의 신학은 확고한 진척을 보이고 있고, 하나님의 섭리 때문에 우리 대학교를 능가하고 있습니다. … 아리스토텔레스는 이제 거의 임박해 있는 최종적인 몰락으로 다가가고 있습니다." 점점 더 커져가는 루터의 날카로운 비난은 복음의 재발견, 성경말씀의 새로운 이해와 면죄부 판매에 대항하여 설교하는 교회의 신실한 아들 마르틴 루터가 거의 예견할 수 없었던 것을 야기했다. 즉, 구교회의 기초가 해체된 것이다. "빛으로 인도하는 진리를 향한 사랑과 확고한 의지가 비텐베르크에서 인문학과 성스러운 신학의 석학이며 신학 정교수인 존경하는 마르틴 루터 신부의 주재하에 다음과 같은 논제들을 논의해야 한다는 주장을 야기한 동기입니다. 그렇기 때문에 그는 개인적으로 출석할 수 없고 우리와 함께 직접 구두로 이 문제를 논의할 수 있는 모든 사람들에게 부재중에도 자기 의견을 글로 써서 밝혀줄 것을 요청하고 있습니다." 루터는 1517년 10월 31일, 면죄부에 대한 총 95개 논제를 다룰 인쇄된 이 논쟁 초대장을 마그데부르크와 마인츠의 추기경과 알브레히트 폰 브란덴부르크, 그리고 비텐베르크 지역 담당 신부에게 보냈다. 전승에 따르면 그는 그 외에도 이 논제들을 비텐베르크 성교회와 대학교회의 목재로 된 정문, 일종의 "로이코레아"의 검은 문에 못으로 박아놓았다고 한다. 이에 대한 학문 세계의 반응은 주의하는 태도에서부터 분노하는 태도까지 다양했다. 권력자들은 침묵했고, 로마는 분명히 무관심했다. 마그데부르크 내부와 그 주위를 돌아다니는 면죄부 설교자인 요한 테첼(1465년경~1519), 그와 함께 루터를 공격한 도미니크회 수도회의 형제들만이 즉시 반응했고, 이 이교도를 즉각적으로 화형시키지 않을 것이라면 교황이 그를 이교행위로 심판해야 한다고 격렬하게 요구했다. 그는 그 후 "내 뒤에 숨겨진 것이 무엇인지 내가 미리 알았더라면, 나는 결코 맨 먼저 내몰리지 않았을 것이다. 하지만 하나님의 지혜는 인간의 그것보다 훨씬 더 위대하다"라고 이 대학교와 비텐베르크 시 밖으로 멀리까지 작용한 자신의 영향이 시작되었음을 회상했다. 14일 만에 루터의 95개 논제가 독일 전역으로 퍼져 격렬한 논쟁의 대상이 되었고 강력한 지지를 받았다. 곧바로 수많은 귀족들과 증가하고 있는 시민계급도 학자인 루터가 대학교 강당에서 교회가 추구할 공익을 위해 학자들과 함께 자세히 논의하고자 한 것을 즉시 수용했다. 그는 화려한 장신구에 완전히 빠지고, 세속화되고, 죄를 이용해서 거래하는 교회는 더 이상 자신이 소속된 교회가 아니라고 느꼈다. 루터가 1517~18년에 독일어로 작성한 소논문 "면죄부와 은혜에 관한 설교"에서 글을 읽고 쓸 줄 아는 계급과 교육을 못 받은 사람들도 느낌으로 중요성을 확인하고 점점 더 이 상황과 관련하여 뭔가 행동해야겠다는 도전을 받았다고 주장했다. 할레 출신의 유스투스 요나스(1493~1555) 신부와 비텐베르크 시교회의 요하네스 부겐하겐(1485~1558) 신부는 루터의 종교개혁을 지지했고, 그의 인생의 긴밀한 동반자이자 친구가 되었다. 하이델베르크 대학교 신학부의 박사들에 의해 "매우 총명하고 탁월하게" 진행된 루터와의 논쟁은 그를 즉시 아우구스부르크 제국의회로 소환하는 결과를 가져왔다. 제국의회에 와서 그의 논제들을 철회하라는 것이었다. 하지만 그가 철회를 거부했기 때문에 교황의 이름으로 열린 재판을 통해 위협을 받았고, 로마로 범죄인을 인도하라는 요청을 받았다. 하지만 선제후의 조언자이자 루터의 친구인 게오르크 슈팔라틴(1484~1545)의 온화한 보호하에 선제후는 이 종교개혁자를 위한 방어적 조처를 취했다. 하지만 루터의 격렬한 적대자인 잉골슈타트의 신학자 요한 에크(1486~1543)와 1519년에 라이프치히 종교논쟁을 벌이고 난 다음 해에 루터에 대한 소송이 새로이 전개되었다. 루터는 파문당할 위협에 처했다. 그는 1520년 12월에 비텐베르크 엘스터 문 앞에 있는 그의 집 가까이에 위치한 광장에서 가톨릭 교회법을 포함하고 있는 교황의 책들과 저작물들을 해당 칙서와 함께 수많은 대중 앞에서 불태워버렸다. 그는 1521년 보름스 제국의회에서 한번 더 철회를 강요당했다. 루터는 다음과 같은 논제들로 자신의 방어를 끝냈다. "양심을 거슬러 행동하는 것은 안전하지도 않고 유익하지도 않기 때문에 나는 아무것도 철회할 수 없고 철회할 의향도 없습니다. 하나님이여 저를 도우소서, 아멘." 그가 황제의 보호 아래 비텐베르크로 가기 위해 이 도시를 떠나는 동안 이 소송 사건과 관련된 사람들에게 사형선고가 내려졌다. 하지만 그를 지지하는 사람들이 조심스럽게 매복해 있다가 알텐슈타인과 아이제나흐 사이를 지나던 루터의 마차를 위장 습격했다. 마르틴 루터는 납치된 다음 바르트부르크 성으로 이송되어 외르크 경으로 변장했고, 그곳에서 안전하게 지내다가 독일 문학 사상 가장 성공적인 책을 쓰게 되었다. 즉, 원전 성경을 누구나 쉽게 이해할 수 있는 독일 민중언어로 번역한 것이다. 1552년 봄에 그는

비텐베르크: 성교회 설교단 옆의 루터 무덤

비텐베르크로 돌아왔다. 2년 뒤에 그는 수도사복을 벗었고, 그 후 1년이 지나서 그림마 근교의 수도원에서 도망친 수녀 카타리나 폰 보라와 결혼했으며, 수도사 신분을 완전히 깨고 시민 학자로 변모했다. 루터가 종종 농담으로, 하지만 존경하는 마음을 담아 아내에게 불러주던 "케테 군$^{Herr\ Käthe}$"이 비텐베르크의 이른바 "검은 수도원"에서 살고 있는 자기 가족과 그 많은 손님들을 선한 영혼으로 이끌어주었고, 아들 셋과 딸 셋을 낳은 반면에, 그녀의 남편은 거의 쉴 줄을 몰랐다. 루터는 농민전쟁(1524~25)과 그 결과들, 슈파이어 제국의회(1526년, 1529년), 마르부르크에서 진행한 츠빙글리와의 종교대화, 그가 멀리 코부르크 요새에서부터 따라갈 수 있었던 아우구스부르크 제국의회(1530년)뿐만 아니라 슈말칼덴이라는 도시의 이름을 딴 동맹(1531~43)의 회의들에 완전히 주의를 기울였다. 그리고 그는 대부분 해당 지역에 출석할 것을 요구받았다. 그러나 마르틴 루터는 비텐베르크에서, 또한 수많은 여행 중에 유명한 종교개혁 저서들을 작성했다. 특히 1520년에는 다음 세 편의 "자유 소논문들"도 썼는데, 이 작품들은 베스트셀러가 되었다. "독일 민족의 기독교 귀족들에게", "교회의 바빌론 유수에 대하여", 그리고 그의 가장 유명한 작품이 된 "그리스도인의 자유에 대하여". 1546년 2월 18일에 아이스레벤에서 사망할 때까지 비텐베르크 시에서 활약한 마르틴 루터의 삶의 특징은 종교개혁을 실행하고 계속해서 개혁신학의 모습을 정교하게 만들기 위해 헌신한 데서 드러난다.

중세적인 비텐베르크의 전성기는 슈말칼덴 전쟁이 발발한 직후에 끝났다. 하지만 베틴 가문 중 알베르틴계의 새로운 군주인 작센의 모리츠 선제후는 제국도시 드레스덴에서만 머물렀고, 비텐베르크를 작센의 강력한 성채라고 여겼다. 7년전쟁과 비텐베르크가 프랑스의 요새였을 때(1813~14) 도시가 포위됨으로써 대부분의 건물들이 파괴되었다. 이미 이 도시가 반세기 동안 프로이센의 영토가 된 1874년에야 비로소 성채의 시설들이 복원되었다. 비텐베르크와 주변 지역에서는 산업화가 이뤄졌다. 비텐베르크는 프로이센 군주 가문으로부터 격려와 후원을 받아 "루터 도시"가 되었는데, 이런 제호가 붙여진 것은 공식적으로 1938년부터다. 비텐베르크와 아이스레벤의 루터 명소들은

1990년대 말 유네스코 세계문화유산 목록에 등재되었다. 특히 루터 도시 비텐베르크와 아이스레벤에서 종교개혁사 기념명소들에 대한 보호와 유지 및 종교개혁 유산의 보존과 제시는 루터 도시 비텐베르크에 소재하는 1997년에 설립된 작센안할트 주의 루터 기념명소 재단의 책임이다.

방문객은 역사적인 구시가지에서 루터의 흔적을 따라가는 도중에 특별한 자연박물관으로 이동하게 된다. 공식적으로 '콜레기엔슈트라세'라고 불리는 이 구간은 지역사람들에 의해 "화려한 마일레^{Prachtmeile}"라고 불린다. 하지만 방문객은 이 구간에서 몇 걸음 떨어진 곳 도처에서 루터 시대의 확고한 증거들과 마주치게 된다. 그것들 중 몇 가지는 녹색 바탕에 흰색 글자 "L"이 "비텐베르크 루터의 길^{Luthersweg Wittenberg}"을 표시하는 것임을 알게 된다(루터 도시 아이스레벤과 비텐베르크를 연결하는 길의 일부임).

* * * * *

엘스터 문^{Das Elstertor}과 루터의 오크나무^{Luthereiche} 마르틴 루터가 강력하게 요새화된 엘베 강변의 도시를 처음으로 보았을 때, 이 도시 중심부로 접근할 수 있는 세 개의 거대한 문이 있었다. 코스비거 문^{Coswiger Tor}이라고도 불리는 성문^{Schlosstor}, 엘베 문^{Elbtor} 그리고 엘스터 문^{Elstertor}. 루터의 집 가까이에 위치한 엘스터 문은 1873~74년에 철거되었다(이전 건물 부지에 있던 명판). 아이스레벤에서 사망한 마르틴 루터의 관이 이 문 앞에서 1546년 2월 22일 그의 부인과 자녀들, 이곳 대학교의 교수들, 시의회와 시민에 의해 엄숙히 인계되었다. 교회 종소리들이 울려 퍼지는 가운데 시신은 이곳에서부터 엄숙한 장례행렬을 따라 성교회로 운구되어 매장되었다. 1711년에 러시아의 차르인 표트르 1세도 이 문을 통해 시내로 들어왔다. 그는 루터의 집을 방문한 것을 표시하기 위해 루터의 집 방 문 위에 흰색 분필로 자신의 이름 약자를 써서 남겼다.

옛 엘스터 문에서 시내 외곽 방향으로 몇 걸음 떨어진, 루터슈트라세와 드레스트더슈트라세 모퉁이의 우물, 반원형 돌 벤치, 안내명판이 있는 작은 공원에는 루터의 오크나무^{Luthereiche}가 있다. 현재의 나무는 1830년에 이전의 나무를 대체하여 심어졌다. 이전처럼 현재도 이 오크나무는 마르틴 루터의 책들을 공개적으로 불태워버림으로써 로마의 종교재판소에 대항하여 그가 야기했던 격렬한 도전을 기념한다. 오크나무가 있는 주변 구역은 페스트와 전염병으로 사망한 사람들의 옷을 소각하는 장소로 이용되었다. 1516년 10월에 요하네스 랑에게 보낸 루터의 편지에 의하면, 그때까지 페스트는 많아야 두세 명의 목숨만 앗아갔다고 한다. "어제까지만 해도 건강했던 우리 이웃 바로 맞은편에 있는 대장장이의 아들을 오늘 매장했습니다. 다른 사람도 전염되어 그의 바로 옆에 누워 있습니다. 페스트가 곧 우리에게 엄습할 것입니다. 그런데 갑자기 이 질병의 잔혹한 소행이 시작되고 있습니다." 하지만 1520년 12월 10일 9시경 엘스터 문 위 하늘로 불길이 활활 타올랐는데, 그 원인은 페스트가 아니었다. 같은 날 루터가 쓴 편지에서 게오르크 슈팔라틴은 다음과 같은 내용을 알게 되었다. (루터에 대한 파문 위협과 함께) "교황이 쓴 모든 책과 … 레오Leo 10세의 최근 칙서"가 불탔다. 사람들은 요한 에크, 히에로니무스 엠세르Hieronymus Emser(교황의 일을 시중드는 인문주의자)의 소논문들도 태웠을 뿐만 아니라, "교황의 지시를 받은 방화범으로 하여금 그들이 논박할 수 없는 책들을 태우는 것이 대단한 위업이 아니라는 것을 깨닫도록 하기 위해 다른 사람들이 첨가하여 써놓은 다른 자료들도 불태웠다."

* * * * *

루터의 집 Lutherhaus 성벽 북쪽의 콜레기엔슈트라세 끝부분에 위치한 루터의 집은 1504년부터 아우구스티누스 수도회의 수도원으로 지어진 복합건물의 일부다. 수도사들이 검은 옷을 입었기 때문에 이 집은 즉시 "검은 집"이라고 불렸다. 요한 슈타우피츠는 새로운 대학교를 설립한 것과 연관지어 이 수도원을 세웠다. 수도원은 40명까지 수용할 수 있었으나, 이 건물은 완성되지 못하고 남아 있었다. 마르틴 루터도 처음 비텐베르크에 머무를 때 이곳으로 숙소를 옮겨왔다. 하지만 이 수도원은 1522년에 문을 닫게 되었다. 루터는 1525년 유일하게 남아 있던 수사와 함께 사실 거의 황폐화된 이 수도원을 나

비텐베르크: 루터 안뜰

누어 쓰고 있었다. 1525년 6월 13일 저녁에 루터는 카타리나 폰 보라와 결혼했다(옛 수녀의 실물 크기 동상이 루터의 집 마당으로 들어오는 방문객을 "환영하고 있다"). 그녀는 학식이 많은 박사인 남편과 가족을 위해 집과 안뜰을 산뜻하게 꾸몄다. 각지에서 온 당대의 저명한 인사들과 마찬가지로 "로이코레아"의 대학생들과 교수들도 이곳에서 묵으며 대접받았을 뿐만 아니라 때때로 숙식을 제공받기도 했다. 식사 중이나 식사 후에 이 집 2층에 있는 식당이나 (진짜) 루터의 방에서 오간 대화는 유명해졌다. 대학생들이 이 대화를 기초로 기록을 해놓았기 때문이다. 그들이 기록한 "탁상담화"는 전 세계의 연구자들, 전기 작가들과 루터의 열렬한 지지자들에게 중요한 문헌이었고 현재도 그렇다. "탑 체험"이라는 종교개혁사에 등장한 발견 또한 유명해졌는데, 루터가 1513년 봄에 "검은 수도원"의 탑에 있는 방에서 시편 강의를 준비하고 있을 때 그를 감동시킨 발견 – "복음에는 하나님의 의가 나타나서 믿음으로 믿음에 이르게 하며 오직 의인은 믿음으로 살리라"는 깨달음 – 도 유명해졌다. 엘베 강을 향하고 있는 탑 방의 토대들이 최근 고고학 발굴 작업 때 발견되어 그 이후부터 대중에게 공개되고 있다.

이 집의 유일한 장식물은 카타리나 정문이다. 여러 용도로 이용됨으로써 중복 확장되거나 개축된 수도원 건물단지 중에서 아무 영향도 받지 않고 아직도 원형 그대로 남아 있는 이 정문은 여주인의 이름을 따서 명명되었다. 그녀는 자기 남편을 위한 선물로 후기 고딕 양식의 특징이 두드러진 입구를 만들어달라고 주문했다. 이 집은 1883년부터 박물관으로 개조되었다. 현재 거의 1,800㎡에 달하는 전시공간은 루터의 생애와 작품들 그리고 영향을 부분적으로 실감나게 배치하여 공개하고 있다. 연대기적으로 중요한 이 집을 걸어다니며 관람하는 동안에 대략 1천 점에 달하는 거의 완전한 원형 그대로의 전시품들을 구경할 수 있다. 다른 것들도 있지만 그 가운데 중요한 작품들은 수도원의 수사들이 입었던 원래의 수도복 한 점, 루터가 시교회에서 설교한 설교단, 중세시대의 "보물금고"로서 1522년에 서로 독자적으로 기능하는 세 개의 자물쇠를 달아 보안장치를 한 "비텐베르크 지역공동체 상자", 루터가 1520년에 수도원 바로 근처에서 불태웠던 책들의 사본들, 그가 사용한 맥주 조끼, 대 루카스 크라나흐의 걸출한 유화작품들이다. 특별히 매력적인 공간들은 이전에 대 루카스 크라나흐가 시청을 위해 제작한 대형판 "십계명"이 걸려 있는 식당, 루터가 강의한 대형 강의실 그리고 끝으로 이 집 2층에 있는 루터의 방

비텐베르크: 루터의 방

이다. 1524년이라는 연도가 기록되어 있는 한 장의 청구서는 당시로서는 상대적으로 부유한 장식품들로 꾸며진 이 방을 루터의 가족이 사용했던 집의 일부로 간주할 수 있다는 증거다. 순회관람은 특별한 주제에 집중되어 있다. 이 주제들은 종교개혁을 미디어 혁명으로 소개하고 그래픽과 그림, 공예품으로 종교개혁 활동의 역사적 전개를 기록하고 있다. 지하실은 전적으로 일상생활사를 전시하고 있다. 그곳에 전시된 견본들은 루터 가족의 일상생활 장면들을 묘사하고 있다. 전시에는 9세기 이상을 아우르는 귀중품들이 있는 보물의 방 - 귀중품 중 11세기에 유래한 성경 단편 한 점과 알브레히트 뒤러의 그래픽들 - 이 포함되어 있다.

* * * * *

아우구스테움^{Augusteum}(대학교)　루터의 집 안뜰을 가로지르면 "아우구스테움"에 다다를 수 있다. 콜레기엔슈트라세에 위치한 본채는 1564년부터 1586년까지 작센의 선제후 아우구스트 1세의 지시로 건축되었다. 대학건물은 다양한 목적으로 사용되었지만, 대학교가 늘 이 건물을 이용해왔다. 이탈리아의 철학자이자 만능학자였던 지오다르노 브루노(1548~1600)는 당시에 등록한 대학생 수를 고려한다면, 독일 대학교들 중에 선두였던 "로이코레아"에 대해 "그러므로 지혜가 이곳에 집을 지었다. 여기는 지혜가 일곱 개의 기둥을 조각한 곳이다"라고 썼다. 프로이센 내각의 명령으로 이 대학교가 폐쇄되고, 19세기 초에 할레 대학교와 통합됨으로써 개신교 설교자 세미나리가 이곳으로 옮겨왔다. 이곳은 목사 양성소였다. 1983년 루터의 해에 개최된 교회의 날 기념대회 기간에 이 건물단지의 안뜰에서 당시로서는 믿을 수 없는 일이 일어났다. 특히 구동독정부 시절에 극도로 비판적이라고 간주되어 국가보안부의 추적을 받고 있던 평화운동을 옹호하는 수많은 젊은 지지자들이 보는 앞에서 대장장이 한 사람이 미가서의 선지자에게서 발견할 수 있는 것처럼 칼 한 자루를 보습하고 있었다. 소련이 1959년에 뉴욕의 유엔에 기증했던 공산주의자 조각상과 "연계된" 이러한 행동은 유감스럽게도 평화 운동가들에게 아무런 도움이 되지 못했다.

＊ ＊ ＊ ＊ ＊

성 마리엔 시교회 Stadtkirche St. Marien 비텐베르크는 종교개혁의 중요한 도시이고, 종교개혁의 가장 중요한 모교회가 성 마리엔 교회다. 구시가지 안에서 가장 오래되었고 가장 탁월한 건축물은 마르틴 루터가 설교한 이 교회다. 독일어로 진행한 최초의 미사를 여기에서 드렸고, 양종 성찬식이 최초로 거행되어 모인 신도들에게 빵과 포도주를 나눠주었다. 이 교회(처음에는 목제 건물이었음)는 1180년 문헌에 처음 언급되었다. 신도석은 1412년과 1439년 사이에 현존하고 있는 삼랑식 홀로 대체되었다. 두 개의 4각형 탑이 방어탑 위에 높이 덧붙여졌고, 1556년부터는 그 위에 8각형 상부구조가 덧씌워졌다. 마르틴 루터가 1522년에 "바르트부르크 망명" 중일 때, 성스러운 제단 뒤의 그림들과 조각상들을 이 교회에서 제거하라는 카를슈타트의 요구에 따라 성상 파괴자들이 이 교회의 내부 장식물 중 일부분을 파괴했다. 1522년 3월 9일 인보카비트 Invocavit('하나님께 드리는 기원'이라는 사순절 설교) 주일에 바르트부르크 성에서 돌아온 루터는 이 교회에서 자신의 첫 번째 설교를 했다. 그는 비텐베르크 사람들의 이름을 직접 호명했고, 그들의 결함과 특히 이 불안한 시기에도 전혀 부족하지 않았던 그들의 강점을 열거했다. 루터는 그들을 야단치고, 경고하고, 가르쳤다. 그는 또한 그들에게 평범한 말로 해석된 원문을 들려주었다. "여러분은 이 일(수도원 서약과 미사)에 있어서 저에게 물어볼 수 있었을 겁니다. 저는 정말 그렇게 멀리 있었던 게 아닙니다. 여러분은 편지로 저에게 연락할 수 있었을 것입니다. … 만약 여러분이 뭔가를 시작하고, 그러고 나서 그것에 대해 제가 책임지기를 원한다면, 그것은 저에게 어려운 일일 것입니다. 저는 그렇게 하지 않을 겁니다. 그러므로 여러분이 성경말씀을 잘 이해하고 있더라도 여러분은 올바른 영을 갖고 있지 않은 것이 분명합니다." 그 외에도 현재 루터의 집에서 볼 수 있는 설교단과 1457년도에 청동 주물로 만든 세례반은 어느 정도 성상파괴를 견뎌냈다. 슈말칼덴 전쟁(1546~47) 동안에도 교인 공동체는 하나의 제단을 봉헌했다. 이 제단의 그림은 대 루카스 크라나흐의 공방에서 완성한 것이다. 현재까지도 같은 위치에 있는 이 작품은 가톨릭의 칠성사와 대조적으로 현재 남아 있는 개신교 신앙의 단 세 가지 기본 성사-복음에 대한 루터의 설교에 근거하고 있는 세례, 성찬 그리고 고해-를 포함한 종교개혁의 신학강령을 완전히 회화적인 방법으로 분명하게 보여주고 있다. 크라나흐는 루터를 설교단에 서서 십자가를 지고 있는 그리스도를 가리키는 천부적 재능이 있는 설교자로 묘사한다. 예배에 모인 회중 가운데는 화가와 그의 아들, 필립 멜란히톤, "융커 외르크"로 변장한 루터, 아들 중 한 아들과 함께 있는 루터의 아내 카타리나 그리고 끝으로 시교회 목사 요하네스 부겐하겐이 확인된다.

이 교회 성단(앱스)의 남쪽 외부 벽에는 1305년경부터 "Judensau^{유덴자우(유태인 돼지)}"라고 불리던 조롱과 오명의 흔적이 있다. 1988년 11월 11일, 50년 전에 있었던 이른바 제3제국의 크리스탈나흐트^{Kristallnacht} 사건을 추모하여 아랫부분 바닥에 경고 표시와 함께 참회의 표시로서 돌 명판 한 개가 설치되었다. 명판의 텍스트는 홀로코스트가 자행되는 동안에 목숨을 빼앗긴 600만 명의 유태인을 추모하고 있다.

시교회 둘레에는 예전에 묘지가 퍼져 있었다. 15세기 중엽에 시교회의 남쪽 측면 바로 앞에 붉은 벽돌로 지어진 성체축일예배당은 1772년까지 장례식 예배를 위해 사용되었지만, 지금은 기도실로 이용되고 있고, 여름에는 영어 예배를 위해 사용된다. 예배당 뒤 키르히플라츠 14번지 있는 집에 붙은 명판은 1628년부터 1642년까지 독일 교회 찬송가 작사가였던 파울 게르하르트가 이 주소지에서 살았다는 사실을 기념하고 있다.

* * * * *

부겐하겐의 집^{Bugenhagen Haus} 요하네스 부겐하겐(1485년 포머른의 볼린에서 출생, 1558년 비텐베르크에서 사망)은 그의 출생지 때문에 포머나우스 또는 포머른 박사라고 불렸다. 그는 루터 다음으로 가장 중요한 종교개혁자로 간주되었고,

그의 친밀한 동료이자 친구가 되었다. 무엇보다도 그는 북독일과 스칸디나비아에 개신교 교회를 설립하는 데 지대한 영향을 끼쳤다. 그는 구약성경을 번역하는 루터 팀의 일원이 되었다(그는 1533년에 성경을 저지독일어Plattdeutsch로 번역했다). 루터가 신학적 수준에서 발전시켰던 많은 것을 부겐하겐이 실행에 옮겼다. 부겐하겐은 루터보다 앞서서 이미 결혼한 상태였다. 그래서 그는 1525년 6월 13일 저녁에 마르틴 루터와 카타리나 폰 보라의 약혼식 주례를 섰다. 교회에서의 결혼식과 공개적인 연회는 그달 27일에 거행되었다. 부겐하겐은 성교회에서 마르틴 루터의 매장식을 진행하는 동안에도 추도사를 낭독했다. 그가 목사로 시무하던 시교회에 있는 묘석과 교회 마당에 있는 반신상 하나가 그를 기념하고 있다.

시교회의 목사가 되겠다고 약속한 후 부겐하겐은 자신의 이름을 따서 명명된 현재 키르히플라츠 9번지로 이사했다. 그 이후 몇 번 개조되었음에도 불구하고 이 인상적인 집은 현재까지 그 기본구조를 전반적으로 잘 유지해왔다. 여러 해 동안 건축학적인 조사와 보수를 마친 후 독일에서 가장 오래된 개신교 목사관은 그사이에 다른 종교개혁 현장들에 필적할 만한 모습을 드러냈고, 방문객에게 공개되었다.

* * * * *

성채교회Schlosskirche**를 포함한 성**Schloss 예전의 웅장한 작센 선제후의 성은 구시가지 서쪽 끝에 위치해 있다. 루터는 종종 이 성의 손님이었다. 현명왕 프리드리히의 의뢰로 1489년에 건축이 시작되었다. 하지만 예전의 장관은 물론 더 이상 거의 아무것도 찾아볼 수 없다. 프로이센의 성채로 전환되었을 때인 1819년부터 이 성은 대단한 장관을 잃었다. 현재 수세기 이상 된 수집품을 갖춘 시 역사박물관이 성으로 들어오는 방문객을 기다리고 있다. 2017년 500주년 종교개혁 기념일까지 완성되어야 할 박물관 전시 내용을 계획에 따라 새로이 전환하고 재조정 중이다.

성채교회의 건축은 1496년에 시작되었다. 이 교회는 1503년에 축성되

비텐베르크: 성채교회

었다. 그 후 수년 동안 이 성은 대학교의 일부가 되었고, 이후 대학교회와 강
당으로 사용되었다. 작센 선제후는 자신이 수집한, 당시로서도 상당히 많은
성유물을 이 교회에 유증했다. 이 보물을 방문하여 보는 것만으로도 이미 면
죄 은혜를 보장받았다. 그뿐만 아니라, 심지어 이 교회에서 행해지는 만성절
에 참석하기만 해도 면죄를 받을 수 있었다. 그렇게 함으로써 비텐베르크는
은총의 성지뿐만 아니라 순례의 성지가 되었다. 루터는 95개 논제를 게시하
기 전에도 종종 "성채교회에서 면죄에 반대하는 설교를 했다." 그리고 "조심

스럽게" 그리스도인은 "더 나은 일을 행"할 수 있고, 그렇게 행하는 것이 "면죄를 얻는 것보다 더 확실한 일이다"라는 사실을 넌지시 암시했다. 1524년부터 이 교회에서 개신교 예배가 거행되었다. 7년전쟁 중이던 1760년에 이 교회는 내부가 완전히 전소되었다. 루터가 반박문 논제를 못으로 박아 '논제의 문Thesentür'으로 유명해진 목재로 된 정문도 소실되었다. 이 교회는 10년 후 평범한 형태로 복구되었다. 1885년부터 1892년까지 이 교회는 종교개혁 기념교회로 바뀌었다. 프로이센의 황태자는 건축가들에게 건축을 의뢰하기 전에 "복구는 … 가능한 한 이 건물의 원래 옛 구조를 그대로 유지하고, 그렇다고 … 시대착오적인 현학적 규칙에 기초하거나 옛 건물을 맹목적으로 모방한 모습이 되지 않도록 노력해야 한다"고 요구했다. 매우 근대적이라는 느낌을 불러일으키는 기념물 보호관리 차원의 목표와 동시에 도전적인 업무를 지시했던 것이다. 이 지시에 따라 프리드리히 아들러가 창출해낸 것은 기본적으로 관찰자가 현재 관찰할 수 있는 그대로다. 왕관 모양을 한 둥근 지붕이 있는 88m에 달하는 교회 탑이자 동시에 성곽 탑이 당연히 이 건물에서 즉각적으로 가장 먼저 눈에 띈다. 이것은 옛 건물에 비해 상당히 확대된 탑이다. 이 원형 돔 바로 아래에 있는 선명한 색의 모자이크가 루터의 유명한 찬송가의 첫 구절인 "내 주는 강한 성이요…"를 멀리서도 읽을 수 있게 드러나 있다. 왕 프리드리히 빌헬름 4세가 1858년에 제작을 지시한 구리로 된 양날개식 "논제의 문"이 교회 외부 장식물 중에서 당연히 가장 매력적이다.

유네스코 세계문화유산 목록에 등재된 이 교회에 들어갈 때 간소한 목판에 마르틴 루터가 쓴 글을 읽을 수 있다. "이 교회에서 우리 주님께서 친히 당신의 거룩하신 말씀으로 우리와 함께 대화하시고, 교대로 우리는 기도와 찬양을 통해 그분과 함께 이야기해야 하는 일이 일어나야 한다." 팔각형 기둥들이 떠받치고 있는 교회 내부는 아직도 활발한 교회로서 경건하게 머물며 기도하는 데 도움이 되고, 게다가 경외심을 불러일으키는 기념공간의 독특한 분위기를 내뿜고 있다. 입구에서부터 제단에 다가갈 때까지 루터와 중요한 동시대인들의 조각들, 문장紋章들과 메달 모양의 보석들이 방문객을 안내한다. 특히 인상적으로 칠해진 현명왕 프리드리히 선제후와 불변왕 요한 선제후의 조각상들이 깊은 인상을 준다. 두 왕은 종교개혁의 후원자들로서 열광적인 역할을 했으며 성교회에 매장되었다. 예술적으로 대단한 가치가 있는 벽에 걸려 있는 청동으로 만든 두 개의 묘비명(한 개는 뉘른베르크의 페터 비셔의 공방에서 제작함)은 선제후들을 기념한다. 교회 한가운데 약 30cm 높이의 받침돌 위에 마르틴 루터와 필립 멜란히톤의 작은 청동 묘지석판 두 개가 놓여 있다. 선제후가 루터의 무덤을 위해 청동 전신상을 주문했음에도 불구하고 슈말칼덴 전쟁으로 끝내 이 도시에 도달하지 못했다. 예나의 시교회에서는 원래의 전신상을 볼 수 있는 반면에, 이곳의 성채교회에는 복제품만 전시되어 있을 뿐이다. 루터의 문장을 들고 있는 부조 한 점과 소 루카스 크라나흐가 1562년에 그린 루터의 초상화 한 점도 그를 기념하는 항목에 속한다.

* * * * *

멜란히톤의 집 Melanchthonhaus 1497년 2월 16일 브레텐에서 태어난 멜란히톤은 유명한 인문주의자 요하네스 로이힐린의 조카의 아들이었다. 그는 하이델베르크와 튀빙겐에서 대학 학업을 마친 뒤 1518년에 비텐베르크로 부름을 받았다. 그의 "대학교 수업의 개편에 대하여"라는 제목이 붙은 첫 강의에서 – 당시 멜란히톤은 21세였다 – 왜 사람들이 훗날 그를 "독일의 스승"이라고 부르게 되었는지를 알 수 있었다. 사망할 때까지 거의 중단 없이 대학생들에게 대단히 인기가 많았던 그는 그리스어 교수로서 활약했다. 루터는 어느 편지에서 그에 대해 "… 모든 분야에서 초인적인 자질을 지니고 있고, 그럼에도 불구하고 저의 가장 절친한 친구이며, 가장 진심어린 감탄스러운 남자"라고 썼다. 이른바 비텐베르크 폭동이 맹위를 떨치던 중인 1522년 1월 루터가 바르트부르크 성에 있었을 때, 멜란히톤은 양어깨에 무거운 책임감을 지고 있었다. 루터는 바르트부르크 성에서 쓴 어느 편지에서 소요에 직면한 멜란히톤의 마음에 퍼져 있는 두려움에 대해 다음과 같이 진술하면서 반박했다. "자네는 나보다 더 큰 판단력을 갖고 있고 나보다도 훨씬 더 많이 배웠네."

필립 멜란히톤이 즐겨 사용한 격언은 멜란히톤의 집(콜레기엔슈트라세 60번지)에서 거행된 전시에서 모토로 채택된 "근본으로 돌아가라!"(Ad Fontes)는 내용이었다. 방문객이 작은 정원이 딸린 르네상스식 건물의 (아마도 진품인 듯한) 오크나무 반쪽 문을 통해 들어가면, 이 집의 3개 층에서 멜란히톤의 생애와 활동을 알 수 있게 해주는 400여 점에 달하는 인쇄물, 그래픽 그리고 유화들을 볼 수 있다. 이 전시물들이 역사적인 것을 묘사하면서 잘 정돈되어 있더라도 멜란히톤의 연구실과 임종한 방 또한 예전에 이곳에 초대된 학생들이 그려놓은 몇 가지 벽화 때문에 이 집에서 특히 강조하는 것 중의 하나에 속한다. 하지만 이 집은 가능한 한 증축하고 전시물들도 내용적으로 재편성될 예정이다.

* * * * *

크라나흐 안뜰들 Cranachhöfe 비텐베르크는 독일 남부 프랑켄의 크로나흐 Kronach 출신인 루카스 크라나흐(1472~1553)에게 예술 활동의 주무대가 되었다. 크라나흐는 현명왕 프리드리히 선제후와 그의 두 후계자의 궁정화가로서 순수예술의 몇몇 걸작과 나란히 일상 업무를 포함하여 대단히 광범위한 작품들을 창작했다. 루카스 크라나흐와 그의 아들들인 루카스(1515~1586)와 한스(1513~1537)는 개신교 도상학圖像學을 형성하는 데 있어서 대단히 중대한 의의를 지니고 있었다. 현재 우리가 갖고 있는 마르틴 루터와 그의 시대가 주는 이미지는 크라나흐의 공방에서 창작한 그의 근본적인 특징을 통해 알고 있는 것이다. 박사 모자를 쓰고 있는 루터, 바르트부르크 성의 "융커 외르크"로 변장한 루터, 설교단 위에 선 루터, 성찬식을 거행하는 루터, 가장으로서의 루터 등 이러한 그의 이미지는 비할 데 없는 의상을 입고 있는 모습으로 묘사되었다. 그 당시의 핵심 권력자들을 제외하고 16세기 초 반세기 동안 다른 어떤 사람들보다 마르틴 루터의 그림이 훨씬 더 많았다고 주장할 수도 있다. 세 번이나 비텐베르크의 시장으로 뽑힌 대 크라나흐가 루터와 그의 가족하고도 친한 친구가 되었다는 사실은 두 사람의 협력에 근거하고 있다. 크라나흐는 루터의 저작물들에 삽화를 넣었을 뿐만 아니라, 이 작품들을 일부 인쇄하기도 했다. 총 21페이지 전면을 목판화들로 삽화를 장식한 크라나흐의 "9월 성경"은 가장 유명한 작품 중의 하나다.

대 루카스 크라나흐는 즉시 이 도시에서 가장 부유한 시민 중 한 사람이 되었다. 그것은 많은 집들이 그의 그림을 소장하게 됨으로써 표현되었다. 옛 시청 바로 맞은편 마르크트 4번지의 집은 그 시대에 이 도시에서 가장 화려한 건물 중 하나였다. 크라나흐는 (양조허가권으로) 1512년에 많은 돈을 벌었다. 1515년 10월 4일에 여기에서 소 루카스 크라나흐가 태어났다. 1522년에 출판업자 멜히오르 로터가 그의 가옥을 매수했다. 이전의 집주인은 이미 1518년 성 방향에 좀 더 가까이에 있는 집으로 이사했다. 현재 "크라나흐의 안뜰"로 알려진 소유지에서 그는 자신의 유명한 공방을 열기 위한 적절한 자리를 발견했다. 르네상스 시대에서 유래한 폐쇄된 안뜰은 구동독 시기에는 비극적인 모습이 되었다. 1989년 11월 7일, 도시의 교회들에서 두 채의 크라나흐 가옥을 구하기 위한 계획이 선포되었다. 어느 한 시민단체와 이 도시가 1991년에 두 개의 복합건물을 개인 소유로부터 취득한 덕분에 이 건물들은 지금도 인상적인 건물로 보이고, 공공시설들이 들어서 있어 사람들도 많이 드나들고 있다. 슐로스슈트라세 1번지에 위치한 크라나흐 호프(안뜰)에도 루터의 집처럼 수도관 우물이 있다. 현재도 작동하는 이 설비는 루카스 크라나흐의 발의와 자금으로 1556년에 만들어진 것이다. 안뜰에서 간과할 수 없는 것은 2005년에 제작된 조각상이다. 이것은 500년 전에 루카스 크라나흐가 비텐베르크에 도착한 것을 기념하고 있다.

* * * * *

시장광장^{Marktplatz} 1523년과 1535년 사이에 건축되고 나중에 개조된 시청이 시장광장을 두드러지게 한다. 정의의 여신^{Justitia}상이 있는 현관 돌출부는 1573년에 추가 건축되었다. 대 루카스 크라나흐가 시장관저로도 사용한 이 건물은 현재 "20세기의 기독교 예술"이라는 상설전시회에 장소를 제공하고 있다. 시장광장에 있는 두 개의 큰 청동 기념상은 마르틴 루터(고트프리트 샤도프가 제작함)와 필립 멜란히톤(프리드리히 드라케가 창작함)을 기념한다. 마르틴 루터는 종종 예전의 "골데너 아들러" 여관(마르크트 7번지)의 손님이었다고 한다.

"…그렇더라도 나는 교회로부터 매우 작은 고해를 잃기보다 모든 것을 잃어버리고 싶다"

비텐베르크 시교회의 크라나흐 제단은 종교개혁 도상학의 걸작으로 여겨진다. 이것은 루터의 신학강령과 성례강령 두 가지를 비유로 나타낸 것이다. 물론 이 세 폭짜리 그림이 오늘날 개신교 신학과 교회 공동체 생활의 심각한 차이를 동시에 암시한다는 사실이 종종 간과되고 있다.

(유아) 세례(제단의 왼쪽 날개)와 성찬식(중앙 판)이 아직까지도 성례로 통용되고 있는 반면에, 고해(제단의 오른쪽 날개)는 계몽주의 시대 이래로 개신교인 사이에서 폐지되었다. 성경에 근거를 둔 이 "핵심 직무"는 그사이에 심리치료 또는 정신상담으로 대체되었다. 신학자들 사이에 이 세 가지 성례가 복음 선포(제단의 대^臺에 위치)에 기초하고 있다는 사실은 (적어도) 신학자들 사이에 분명히 의심의 여지가 없다. 그렇다면 많은 개신교 교회 공동체에서 아직도 매우 드물게 행해지는 성찬식 집례와 상당히 낮은 예배 출석률이 회개와 고해가 더 이상 실행되지 않게 되었다는 것과 다소 관계가 있다는 것이 사실일까? 하지만 루터가 세례와 성찬식 이외에 고해를 성례라고 명확하게 지정하지 않았기 때문에 이 문제가 야기되었을 가능성이 있다. 그럼에도 불구하고 그는 고해가 치유력을 갖고 있다고 확신했다.

"내가 수천 또는 무수히 많은 은혜를 입고 있다면, 나는 교회로부터 매우 작은 고해라도 잃어버리기보다는 차라리 모든 것을 잃어버리고 싶다. 기독교인에게 있어서 이런 고해는 그들이 하나님의 말씀과 자신들의 믿음을 이해하는 것을 배울 뿐만 아니라, 그것을 실천하는 것을 배우는 첫 번째 학교이자 가장 필요하고, 가장 유용한 학교다."

그러므로 고해는 사람들이 성경 메시지를 받아들이는 법을 배울 수 있고, 극히 개인적으로 필요에 따라 믿음을 받아들이고 일상 업무 속에서 그 효과를 탐색하는 필수적인 "영적 훈련의 장소"다. 설교는 다른 무엇보다도 독백이며 항상 독백일 것이다. 고해는 대화를 요청한다. 그리고 고해는 문제와 대답, 희망과 의심, 기쁨과 고뇌, 허물과 용서를 알게 하고 이런 것들을 생생하게 하는 대화가 된다. 이유는 아래와 같다.

"설교단에 선 설교자가 율법과 복음을 가르친다 하더라도 그는 사람들이 그것을 이해했는지 아니면 이해하지 못했는지를 파악하려는 듯이 사람들을 시험하고, 질문하고, 조사하는 정도로까지 행동하지는 않는다. 그러므로 그는 이해하는 데 차이가 있는 부분이 어디인지 또는 자기가 훈련시키고 싶어 하는 어떤 특별한 사람을 자기 눈앞에 두고 있지 않기 때문에 자기가 계속해서 회중을 위로하거나 그들을 징벌해야 하는 것인지 알 수도 없다."

루터의 경우 고해가 무엇인지 이해하는 것이 어떤 경우든 미래를 위한 흥미롭고

비텐베르크: 시장 앞에서 본 비텐베르크 시교회

조마조마하며 보람 있는 개신교의 영성이다. 이러한 의미에서 고해는 성직의 오래되거나 새로운 우위적 형식 또는 사기를 북돋워주는 의무행위로 보이는 게 아니라 신뢰, 보장 그리고 화해가 과감히 행해지는 개인 육성의 영역으로, 강제가 아닌 교회법에 의한 고백 장소와 성례식에 참여할 수 있는 기회를 주는 장소로 보일 수 있다.

마르틴 루터는 고해를 기도의 학교로, 그리고 하나님과 인간 사이 그리고 인간 사이의 친밀한 화해의 행위로 서로 이해하고 실제에 적용하도록 고무시켰다. 이러한 과정을 '종교적 심리위생학' 또는 '정화'라고 부를 수도 있을 것이다. 어쩌면 거기에서부터 종종 형언하기 힘든 것을 표현하기 위해 말씀을 찾고, 또 말씀을 놓고 씨름하게 되는 매우 독특하고 조심성 있는 기독교적인 명상학교가 생길 수도 있다.

만약 비텐베르크 제단의 우측 날개가 더 이상 고통스럽기 짝이 없는 정신적이며 지적인 차이를 표시하지 않는다면, 그때는 아마도 개혁적인 신앙의 자극이 다시 탄력과 도약을 얻게 되는 시점이 될 것이다.

켐베르크 Kemberg

　　1346년에 시티바스Citiavas로 언급된 작은 도시 켐베르크는 엘베 강의 빙하 계곡과 뒤베너 황야 사이의 전이 지대 안에 위치하고 있다. 이 작은 도시의 흥미 있는 구경거리로는 상당히 광범위하게 보존된 성곽과 1859년에 완성된 위풍당당한 탑을 포함하고 있는 성 마리엔 후기 고딕식 홀교회와 시장 앞의 시청이다. 그 옛날에 중요한 교역로이자 군사도로가 대략 현재의 연방도로인 B2를 따라 이어지는 촌락들을 가로지르고 있었다. 시장 앞에 있는 역사적인 기둥식 우편함은 거리를 나타낸다. 켐베르크에서 토르가우까지는 9시간, 나움부르크까지는 23시간, 할레까지는 13시간 그리고 비텐베르크까지는 5/8시간, 약 40분. 뒤베너 황야 쪽으로 확장되고 있는 도시의 중심부를 돌아다니면, 루터 시대에 비텐베르크의 크기와 배치 모습이 대략 떠오른다. 루터는 비텐베르크에서 켐베르크까지 오는 데 5/8시간, 그러니까 약 40분이 걸렸는데, 이것은 르네상스 시대에 중요한 역할을 했다. 루터는 여기서 최소한 14회 머물렀던 것으로 알려져 있다. 그는 교회 옆에 있는 교구교회 정원의 보리수나무 아래 앉아서 95개 논제를 수정했다고 한다. 그의 시대에 여기에 거주하던 수석신부 치겔하임은 그 논제들을 완성하는 데 기여했다고 한다. 마르틴 루터는 이 교회에서 여러 번 설교했다. 아이제나흐에서 비텐베르크로 운구되는 동안 마르틴 루터의 시신은 1546년 2월 21일에서 22일로 넘어가는 밤사이에 성 마리엔 교회의 남쪽 홀에 안치되었다(기념명판과 루터 흉상). 1565년에 소 루카스 크라나흐가 완성한 이 교회의 날개제단은 1994년도에 누군가 불만을 품고 저지른 방화로 인해 거의 완전히 소실되었다. 보존되어 있는 이 작품의 조각들은 성물실에 전시되어 있다. 또한 아담과 이브, 노아의 대홍수 그리고 비텐베르크와 켐베르크의 종교개혁자들이 입회한 가운데 세례받는 예수님의 그림들도 볼 수 있다.

　　비텐베르크와 바트뒤벤 사이의 2번 연방도로를 따라 여행하는 중에 켐베르크 남쪽으로 *4km* 정도 지나면 시골여관 "Alter Wachtmeister(늙은 치안관)" 근처에 있는 "루터의 돌Lutherstein"에 다다르게 된다. 표석에 새겨져 있는 심하게

켐베르크: 성 마리엔 교회가 있는 시장

풍화된 비명은 "내 주는 강한 성이요"로 시작되는 찬송가에서 나온 구절을 인용하고 있다. 1519년에 비텐베르크의 대학생들이 옛날 방대한 목초지가 있던 이곳에서 라이프치히에서 에크와 논쟁하고 돌아오는 스승 루터를 마중 나가 맞이했다.

뢰브니츠 Löbnitz

이 도시는 2002년도에 이른바 "세기의 홍수"에 피해를 당한 물데 계곡에 위치하고 있다. 순례자가 란츠베르크-브레나에서 루터의 흔적을 따라가다 보면, 뢰브니츠로 가는 길이 옛 고이체 노천광산 주위를 돌아가는 것임을 알게 된다. 이곳은 침수된 이후부터 매력적인 휴양지와 자연보호지역이 되었다. 당시에 이미 물데 계곡 위로 다리가 하나 있었기 때문에 마르틴 루터 시대에 비텐베르크에서 뢰브니츠를 경유하여 라이프치히로 여행하는 것이 가능했다. 루터는 종종 이 도시를 통과했을 뿐만 아니라, 이곳에서 여러 날 머물기도 했다. 루터의 친구인 기사령의 영주이자 최초의 개신교 교회감독인 에른스트 폰 쉰펠트가 여기에서 살고 있었다. 또한 루터의 도움으로 그림마 근교의 님프센 수도원에서 탈출한 수녀들 중에는 쉰펠트의 두 조카가 있었다.

이 도시에서 두드러진 장소 중 하나는 벽돌로 지어진 교회다. 이 교회는 1591년에 붙여진 우물반자 모양의 천장으로 인해 매우 매력적인 인상을 준다. 250개에 달하는 네모난 우물반자에는 꽃무늬 양식 외에도 특히 신구약성경의 장면들, 즉 모세, 예언가들, 예수님과 사도들의 그림들이 있다. 안드레아스 실링은 이른바 "뢰브니츠 그림성경"을 통해 마르틴 루터와 필립 멜란히톤 같은 세속 인물들에게도 불멸성을 부여했다.

체릅스트 Zerbst

엘베 강에서 그리 멀지 않은 곳에 펼쳐져 있는 안할트 주의 도시 체릅스트는 1050년 이상 된 도시역사를 되돌아보게 한다. 먼저 슬라브인이 비옥한

체릅스트: 시의 성문

하천 평야에 정착했고, 그 후에 차츰 플랑드르인이 이 지역으로 왔다. 중세시대에 6천 명의 인구를 지니고 있던 체릅스트는 안할트의 다른 도시들과 달리 이 시기에 가장 번영한 도시였다. 마르틴 루터가 활동했을 때 여기에는 세 개의 수도원과 여러 교회들이 있었다. 가까운 비텐베르크에서 활동하고 생활하던 루터는 자주 체릅스트로 왔다. 그는 시민 앞에서뿐만 아니라, 아우구스티누스회 수도원에서 수도회 형제들 앞에서도 설교를 했다. 체릅스트는 안할트에서 처음으로 종교개혁을 단행한 도시가 되었다. 당시 가톨릭 교회의 어느 고위직 인사는 루터의 여러 차례의 설교에 대해 "체릅스트에게 비극의 시기"였다고 말했다. 마르틴 루터가 직접 체릅스트에서 특이하게 활발했던 이유는 면죄부 설교자 요한 테첼이 1516~17년에 경제적으로 부강한 도시에서 활동했기 때문이다. 1541년에 출판된 소논문 "한스 보르스트(우스꽝스러운 짓)에 반대하여"에서 루터는 이 시기를 다음과 같이 회상했다. "요한 테첼이라는 설교하는 수도사, 허풍쟁이가 유명해졌다. […] 그는 면죄부를 가지고 이집 저집 팔러 다녔는데, 1517년에 할 수 있는 한 비싸거나 저렴하게 전력을 다하여

체릅스트: 폐허가 된 시교회

돈을 받고 은혜를 파는 일이 발생했다. 그때 비텐베르크의 많은 사람들(작센 선제후국은 테첼에게 닫혀 있었음)이 면죄부를 사기 위해 위터보크와 체릅스트 등의 도시로 따라다니고 있었기 때문에 […] 나는 어쩌면 사람들이 면죄부를 사는 것보다 선한 일을 하는 것이 훨씬 더 확실한 일일 수 있다고 조심스럽게 설교하기 시작했다." 오늘날 안할트와 관계있는 한 가지 분명한 것은 종교개혁이 거의 필연적으로 체릅스트의 가장 비옥한 땅에 떨어진 것이 틀림없다는 사실이다.

* * * * *

성 바르톨로메이 교회 Schlossfreiheit 1150년경에 지어진 궁정성당이자 참사회성당은 제2차 세계대전의 막바지에 구시가지 전체와 함께 심각하게 파괴되었다. 그 이후 이 개신교 교회는 다시 재건축되었고 안전해졌다. 교회 내부에서는 여러 가지 항목 가운데 선제후 가족의 묘비들, 프레스코화들 그리고 소

루카스 크라나흐가 1568년에 만든 유화 "예수님의 세례"를 관찰할 수 있다. 크라나흐는 마르틴 루터와 종교개혁가 멜란히톤, 부겐하겐도 세례 장면에 포함시켰다.

* * * * *

성 니콜라이 시교회의 폐허(시장) 이 교회도 1945년에 심하게 파괴되었다가 그사이에 복원되어 다시 사용되었다. 마르틴 루터 또한 체릅스트에 체류하는 동안 이 교회에서 설교한 것으로 믿어진다. 과거에 안할트에서 가장 큰 홀교회의 세 개의 탑 중에서 두 개만이 남아 있다. 바로 인접해 있는 성 트리니타시스 교회는 1683년부터 1696년까지 루터교도들을 위해 건축되었다. 이 교회는 제2차 세계대전 때 마찬가지로 심하게 손상되었다가 1954년에 재건축되었고, 몇 년 전에 새로 보수되었다.

* * * * *

옛 시토 수도회 수녀원(암 프라우엔토어Am Frauentor/브라이테Breite) 프라우엔토어(성모의 문) 앞에 있는 명판은 이곳이 성 마리엔 수도원의 집단 단지였다는 사실을 알려준다. 이 수도원에서 1525년 10월 3일에 멜란히톤과 부겐하겐이 수녀들 앞에서 개신교 신앙으로 개종하도록 설교했다. 세속화 이후 수녀원의 가치 있는 귀중품들이 루터의 권유로 왕가와 체릅스트 시 사이에 분배되었다.

* * * * *

옛 프란체스코회 수도원[프란치스체움 암 바인베르크Francisceum am Weinberg(포도원 앞)] 1246년에 세워진 수도원은 체릅스트에서 가장 오래된 수도원 중 하나다. 세속화 이후 1532년 여기에 칼빈주의의 성향으로 유명해진 안할트 군주 대학교가 설립되었다. 하지만 1836년에 이 학교는 '프란치스체움'이라고 개명되었다. 현재 학교, 시립박물관 그리고 역사도서관에 자리를 내주고 있는 이 시설의 안뜰로 들어서면 하나의 명판에 적혀 있는 다음과 같은 내용을 읽을 수 있다. "체릅스트의 행복을 위한 나의 소망이 이뤄질지어다. 프란츠^{FRANZ}." 이 사람은 1798년 프란체스코회 수도원을 독일에서 가장 근대적인 학교 중의 하나로 바꾸어놓은 안할트-데사우 공국의 레오폴트 3세 프리드리히 프란츠(1740~1817)였다. 시립박물관은 체릅스트에서 발생한 종교개혁의 사건들을 전시 공간들 안에 존속시키고 있다.

* * * * *

옛 아우구스티누스회 수도원[암 플란Am Plan(평지 앞)]　옛 아우구스티누스회 수도원의 남아 있는 벽에 붙어 있는 사암 명판은 체릅스트에서 종교개혁자가 수차례 체류한 것과 설교한 것에 대해 알려주고 있다. 수도원에 남아 있는 부분은 크로스 볼트들이 있는 두 개의 공간뿐이다. 이 공간은 크로스 볼트가 있는 정사각형 예배당과 회랑의 나머지 부분을 유지하고 있다.

"유태인에게는 … 이 있었다"

방대하고 인상적인 마르틴 루터의 전 작품을 전해주는 텍스트들이 거의 없다는 것은 그의 "마지막 분노", 특히 1543년에 쓴 루터의 "유태인들과 그들의 거짓말에 대하여"라는 소논문에 들어 있는 유태인에 대한 그의 언어적 맹비난만큼이나 놀랍고 20세기에도 끔찍했다. 그의 이 텍스트는 노쇠해진 루터가 1545년에 출판한 "악마에 의해 세워진 로마의 교황권에 반대하여"라는 팸플릿에 의해 공격성을 추월당하게 되었다. 이러한 비판적인 소논문들에는 루터가 이미 봉기를 일으킨 농민들 그리고 "우글거리는 떼"들과 논쟁하던 기간 중에 공격했던 예의 무자비한 음조가 돌연 나타난다. 중세시대에 오랜 기간에 걸쳐 그 법적 상태가 상당히 무너지기 쉬웠던 소수집단에 대해 가했던 루터의 반유태인 공격의 배경은 무엇인가?

이 종교개혁자는 상대적으로 이른 시기인 1523년에 이미 유태인과 유태인 신앙에 몰두했다. 그의 소논문 "예수 그리스도가 태생적으로 유태인이었다는 사실"은 비교적 적절한 말이다. 루터는 그 이전이나 이후의 신학자들과 유사하게 "이스라엘 민족에게", 동시에 독일 민족에게 그리고 모든 다른 민족들에게 메시아의 약속이 예수 그리스도 안에서 이뤄졌고 그들, 즉 유태인이 받아들이기만 하면 되는 반박할 수 없는 사실을 밝혀주려고 노력했다. 그때 그가 염두에 두고 있던 명백한 목표는 독일 영토를 철저하게 기독교화시키는 것이었다. 하지만 이 목표가 유태인의 자유의지에 따른 개종 과정에서 성취되지 않을 것이라는 사실을 알게 되었을 때, 그에게 이것은 분명히 받아들일 수 없는 "유태인의 외고집"의 표현에 지나지 않을 뿐이었다.

루터가 사망하기 직전에 제기한 이 잔혹한 요구는 사실상 유태인의 공민권 박탈과 그들의 자유로운 종교행사를 폭력적으로 제한하기에 이르렀다. 유태교 회당들은 불태워져야 했고, 그들의 성스러운 책들은 압수되어야 했다. 19세기와 20세기의 인종주의적인 유태인 배척주의, 국가사회주의-독재정부 시절에 자행된 유태인 대량학살 경험과 더불어 오늘날의 관점에서 회상하면 독일 기독교인이 이러한 종족학살을 정당화하기 위해 루터의 이름을 들먹였다는 사실은 아직도 계속해서 화가 나는 일이고, 걸림돌이고, 심각하게 고려할 일이다.

유태인을 루터가 의도한 기독교국의 적대자로서 그리스도의 수난사 식으로 범주

화하는 것은 "루터식 맹위와 더불어" 반드시 거부해야 한다. 이것은 그 명성을 얻을 만한 가치가 있는 기독교 신학에 심각한 부담이 되었다. 반대로 전체 성경을 여러 가지 형식으로 재발견하는 것, 현재 "구약"을 "첫 번째" 성경으로 그리고 "신약"을 "두 번째" 성경으로 다시 이름을 바꾸는 것, 유태인-기독교인과의 집중적인 대화, 그리고 단절과 지속성에 대해 경의를 표하는 호기심, 고대 그리스와 로마의 맥락에서 유태교 전통과 기독교 전통의 차이와 공통성을 살피는 것은 새로운 실천실학이라는 결과를 낳았고, 화해에 훨씬 더 많이 개방된 기독교적인 관례가 생겨나도록 했다.

루터의 이미지 중 하나는 화해에 이르는 이 길에 대한 자극일 수도 있다. 루터는 "독일 모든 도시의 시의회 의원들에게, 시의회들이 기독교학교를 설립하고 유지해야 한다는 사실"(1524년)을 밝히는 "학교정책" 소논문에서, 복음의 효과와 복음 선포의 힘은 재생될 수 없다는 사실을 지적했다.

"복음을 전하는 것은 영원히 지속되고 머물러 있는 교리가 아니라, 이리저리 흘러가는 끊임없이 이동하는 호우와 같다. 비가 내리는 한 비는 오고, 비가 그냥 지나가는 한 비는 오지 않는 상태 그대로가 된다. 비는 다시 오지 않을 것이지만, 그 상태대로 있지 않을 것이다. 하지만 그 대신에 햇빛과 열이 그다음에 올 것이고 비를 말려버릴 것이다."

하나님의 말씀은 그에게 자연현상처럼 갑자기, 놀랍게 그리고 절대적으로 제어할 수 없는 것처럼 보인다. 말씀의 효과적인 단계 또는 비효과적인 단계는 하나님의 의지에 잠복되어 있지만, 때가 지남에 따라 이해할 수 있다. 그렇기 때문에 은혜의 때가 찬 순간에, 즉 "때가 찬" 저 역사적인 순간에 대단히 특별한 주의와 결단이 필요하다. 루터는 자기 나라 사람들이 이렇게 주의를 기울이기를 권장했다. 그는 "종교개혁 계획"과 그 자신의 생애를 분명히 "종말", 즉 결단의 때라고 분명하게 파악했고 선언했다.

마르틴 루터에 의해 야기된 사명감의 긍정적 영향과 부정적 영향 그리고 사회적 격변을 불러일으킨 종말에 대해 그가 영적으로 잔뜩 고조시킨 선언은 이제 상대적으로 쉽게 밝혀내고 깨달을 수 있다. 중세시대 말에 살았던 이 사람에 대해 그만큼 더 정확하고 정통한 관점은 그의 업적을 독자적으로 평가할 때 잘못된 관용을 베풀고 도덕적 오만에 빠지지 않도록 우리를 보호해줄 수 있다.

"하나님의 은혜와 말씀이 지금 여기 있으니 그것을 이용하십시오. 이것은 유태인에게 있었습니다. 하지만 이것은 지나갔고 그들에게는 아무것도 없습니다. 바울은 이것을 그리스로 가지고 갔습니다. 하지만 이것은 지나갔고, 이제 터키인이 이것을 갖고 있습니다. 로마와 이탈리아도 그것을 갖고 있었습니다. 하지만 그것은 이제 지나갔고 교황이 그것을 갖고 있습니다. 그리고 독일인 여러분은 여러분이 항상 그것을 갖고 있을 것이라고 생각해서는 안 됩니다. 왜냐하면 배은망덕과 멸시는 하나님의 은혜와 말씀이 언제나 여러분에게 머물러 있도록 내버려두지 않을 것이기 때문입니다."

보름스 ^{Worms}
하이델베르크 ^{Heidelberg}
슈파이어 ^{Spyer}

현재 8만 명의 주민을 헤아리는 라인 강변의 도시 보름스가 처음으로 여기에 정주한 것은 약 6천 년 전으로 거슬러 올라간다. 켈트어 어원상 '물이 풍부한 지역에 정착했음'을 의미하는 명칭이 로마인에 의해 "Citivas vangionum"으로 변경되었다. 이 지역의 풍부한 포도와 곡물이 결과적으로 이 지역에서 여전히 통용되는 개념인 "본네가우^{Wonnegau(기분 좋은 지역)}"라는 명칭이 나오게 했다. 무명의 작가가 1200년경에 작성한 독일 문학의 최초이자 가장 중요한 영웅서사시, 즉 "니벨룽겐의 노래"는 대부분 보름스와 그 주변을 배경으로 한다. 여행자는 시의회가 제의하는 대로 이른바 "걸어서 둘러보는 2천 년"이라는 가이드가 안내하는 여행을 할 때, 도로들과 교량들뿐 아니라 기념물들, 명판들 그리고 하나의 분수에 대한 명칭들이 하겐의 영광과 불행, 크림힐트 그리고 악룡을 퇴치한 지크프리트를 살려두고 복수, 질투와 살인이라는 특징이 두드러진 니벨룽겐의 이야기를 만나게 된다. 하지만 셰익스피어가 『햄릿』에서 "보름스 의회"라는 말장난으로 활기를 불러일으켰고, 안나 제거스가 자신의 세계적인 베스트셀러 『제7의 십자가』의 배경을 이 도시 안과 그 주변에 설정하고 있는 옛날의 자유 제국도시 보름스는 관광할 만한 매력이 있는 니벨룽겐의 도시일 뿐만 아니라, 대성당 도시이자 루터 도시다. 마르틴 루터가 1월부터 소집된 제국의회 앞에서 자신의 신학을 변론하기 위해 보름스로 왔을 때, 보름스는 부유하고 황제에게 충성스러운 약 6천 명의 주민이 살고 있는 도시였다. 많은 교회들과 자그마치 12개의 수도회 수도원들이 60개의 탑들, 문들과 두껍고 높은 성벽들로 구성된 요새 위로 우뚝 솟아 있었다. 이 도시의 상징물인 대성당과 훗날 추기경 관저가 된 황제 궁전은 마르틴 루터가 1521년 봄에 머물렀던, 그리고 세계사에 기록된 저 10일간의 나날들 이전에 이미 오랫동안 중요한 사건들이 일어난 장소였다. 카를 대제가 보름스를 좋아하는 궁전 중의 하나로 선택한 이후 이곳에서 제국의회와 제국회합이 개최되었다. 그러한 회합에 즈음하여 이 도시에 많은 주민이 있었던 만큼 언제나 많은 사람들이 매번 이 도시로 왔다. 사람들을 보호하기 위해 투입된 병사들은 라인 강변의 잔디밭에 있는 막사에서 캠핑을 했다. 하지만 이 도시는 1689년과 1945년에 전쟁으로 상당히 심각한 손상을 입었다. 마지막으로 전쟁이 진행되던 1945년에 단행된 두 번의 끔찍한 폭격은 도심 지역의 80%를 파괴했다. 예를 들어 루터가 제국의회 앞에서 해명했음에 틀림없는 홀이 있는 건물 (기념명판 "홀계단") 같은 여러 채의 진품 건물들이 만회할 수 없을 정도로 손실되었음에도 불구하고 방문객은 현재의 보름스를 돌아다니면서 다양한 방법으로 이 도시의 중요한 과거를 경험할 수 있다.

"그쪽으로 갈 때마다 항상 대성당으로 먼저 간다. 그것은 기본 요소들의 조화이며, 어떤 부분도 완전상태에서 흔들리지 않는 전체다. 나는 순전히 즐거운 마음으로 대성당을 보면서 돌아다닌다. 그런 다음 유태인 묘지 쪽으로 간다. … 나는 거기에 서 있다. 그리고 미로처럼 뒤엉킨 이 묘지에서 저 위의 웅장한 조화를 쳐다본다. 그러면 마치 내가 이스라엘에서 교회를 올려다보는 것 같은 느낌이 든다." 이것은 유태인 종교철학가이자 (독일서적상협회의 평화상을 수상한) 번역가인 마르틴 부버(1878~1965)가 수많은 보름스 방문 중 특히 어떤 방문을 마친 후에 느낀 소회를 기록한 것이다. 비록 그것이 마르틴 루터의 방문을 직접적으로 언급하지 않는다 해도 어느 정도 간접적으로 연관된다. 마르틴 루터가 들어가지 않았을 것으로 추정되는 전형적인 로마네스크 양식의 대성당에서 제국의회가 매번 격식에 따라 개최되었고 폐회되었다. 방문객은 유태인 묘지 – 약 2천 개의 비석이 있는 유럽에서 가장 오래된 묘지 – 를 방문하게 되면 루터가 보름스에서 성경번역 문제에 대한 조언을 구하기 위해 히브리어를 할 줄 아는 유태인도 찾아갔다는 사실을 알게 될 것이다. 1521년 1월 3일자 교황 칙서에 따라 이미 공식적인 이단자 목록에 기재된 마르틴 루터가 보름스로 소환되었고, 그래서 명백한 호출 – 즉, 로마로 불려가는 소환 – 을 피할 수 있었던 것은 작센 선제후 프리드리히의 외교적 수완 덕분이었다. 안전한 수행을 동반한 초대, 즉 황제 카를 5세가 서명한 체포를 막기 위해 보호를 수반한 채 소환하는 근거는 그의 책들과 소논문들 중 몇 가지에 대한 심문이라는 것이었다. 4월 17일에 이곳에서 실제로 그에게 책들에 대한 죄를 자백하거나 그 내용을 취소하라고 제안한 간단한 요구에 대해 그는 충분히 준비하지 않았다. 뒤이어 생각할 시간을 달라고 말한 그의 요청은 분명히 놀라움을 야기했지만, 마침내 허락받았다. 황제와 제국의회 앞에서 행한 "두 번째 심문"은 그 다음날 오후 6시로 정해졌다. 이 심문은 현재까지도 생생하게 남아 있는 마르틴 루터의 세계사적인 등장으로 기록되었다. 전래된 기록에 따르면 그는 다음과 같은 말로 항변을 마쳤다. "그렇기 때문에 저는 아무것도 취소하고 싶지 않고 취소하지 않을 것입니다. 양심을 거슬러 행동하는 것은 짐스럽고, 옳지도 않고, 안전하지도 않습니다. 하나님 저를 도와주소서, 아멘." 여러 세대를 거쳐 현재까지 사용되고 있는 "제가 여기 서 있습니다. 저는 다른 말을 할 수 없습니다"라는 문장은 그사이에 루터의 친구 필립 멜란히톤의 펜에서 나온 문학적 파격이라고 여겨진다. 종교개혁 문제에 대해 루터가 자신의 입장을 표현한 직후에도 협상가들은 이 완강한 사람을 그의 단호한 개혁 방향에서 떼어 놓으려고 시도했다. 하지만 우리가 아는 것처럼 헛수고였다.

　루터와 그를 지지하는 군주들은 4월 26일에 보름스를 떠났다. 사람들이 돌아가는 여정에 안전을 보장하기 위해 그를 "감금"하게 될 것이라는 사실을 명심하면서 가는 길이었다. 루터가 개선행렬을 닮은 비텐베르크로 향한 귀로 여행을 바르트부르크 성의 "강제체류"로 인해 필히 중단하기 전, 역사에 "보름스 칙령"으로 남아 있는 제국의회가 열리는 현장에서 이미 저 문서가 작성되었다. 이 칙령은 그때까지 보름스에 참석하고 있던, 대부분 루터에게 적대적인 군주들에 의해 승인되었다. 마침내 그 칙령은 교황에 의해 1521년 5월 8일에 서명되었다. 칙령은 루터의 저작물들을 유포하는 것을 금지했고, 그것들을 소각하라고 명령했다. 누구든 루터를 체포하는 사람은 로마로 넘겨야 했다. 칙령은 불법자로 언명된 이단자 루터에게 숙소를 제공하는 사람은 당연히 공범이 된다는 내용도 시사했다. 칙령을 이행하는 것은 전적으로 독일 군주들의 동의에 달려 있었다. 수많은 군주들과 도시들은 그 칙령을 전혀 공표하지 않거나 공고하는 것을 지연시켰다. 루터는 "내가 지금까지 겪었던 것보다 훨씬 더 기진맥진해진 채" 보름스에 도착했고, 아무도 모르게 다시 신속하게 떠났다. 보름스는 종교개혁 과정에서 전환점이 되었다. 칙령으로 증대된 갈등 가능성은 필연적으로 종교개혁 과정을 촉진시켰다. 교황을 대신하여 출석한 눈티우스 알레안더는 보름스의 길거리에서 경험한 것을 다음과 같은 말로 요약했다. "그들은 더 이상 이전과 똑같은 독일의 가톨릭 국민이 아닙니다! 하나님, 이들이 더 악화되지 않도록 막아주소서!"

* * * * *

하르트가세 2번지(루터의 집) 비텐베르크 시로부터 마차를 이용해도 좋다는 허가를 받고 대학교에서 제공한 여비를 받은 마르틴 루터는 오펜하임 방향에서부터 수행원들과 함께 당시의 마인츠 문과 마르틴 문을 지나 보름스 시내로 들어왔다. 교황의 대사는 "시내로 미친 듯이 달려드는 사람들에게서 이단자 괴수가 들어오고 있다는 것을 추측했습니다. … 그는 세 명의 동료와 함께 마차에 앉아 있었고, 말을 탄 여덟 명의 기사의 호위를 받으면서 들어왔습니다"라고 로마로 편지를 보냈다. 다른 연대기 작가는 많은 사람들이 마르티누스 박사를 보기 위해 지붕들과 집들 위로 올라갔다고 기록했다. 이 도시에서 그의 첫 번째 목적지는 요하니터 궁Johanniterhof(예루살렘 성 요한의 기사들의 궁)이었다. 그 주변에는 작센 선제후가 거처한 숙소도 있었다. 이 궁은 현재의 하르트가세 지역에 있다. 이곳 2번지 집에 붙어 있는 기념명판은 다음과 같은 사실을 알려준다. "여기에 옛날 요하니터호프와 바이스크로이처카펠레(백십자가 예배당)가 있었다. 마르틴 루터가 1521년 대제국의회가 개회되던 때에 여기서 묵었다."

* * * * *

옛 황제궁 겸 주교 관사 Kaiser-und Bischofspfalz 현재 완전히 사라진 옛 궁전은 대성당 북쪽 앞뜰에 있는 건물들에 연결되어 있었다. 이곳에는 예전에 말굽 모양으로 정렬된 삼랑식 건물들이 있었다. 대성당의 한쪽 측랑에 잘 보존되어온 가늘고 긴 아치형 출입구는 원래 황제궁에서 대성당으로 이어져 있었다. 현재의 공원 지역에서 이곳으로 이어진 성벽의 아치들에는 제국 역사와 이 도시 역사에서 발생한 사건들과 거기에 일조한 사람들이 그림으로 묘사되어 있고, 황제와 루터의 그림도 있다. 공원으로 만들어진 옛 궁전 부지에는 동판이 박혀 있다. 이 동판은 "마르틴 루터가 1521년에 여기서 황제와 제국 앞에 서 있었다."

보름스: **카이저돔**Kaiserdom (황제의 대성당)

보름스: 세계에서 가장 큰 종교개혁 기념비

HIER STEHE ICH,
ICH KANN NICHT ANDERS.
GOTT HELF MIR. AMEN.

"내 이름을 입 밖에 내지 않기를…"

종교의 창시자나 개혁자들이 스스로에게서 거리를 두고 일관적으로 자기들 신앙이나 교리의 핵심에 주의를 기울인다고 할지라도 아직도 그 때문에 (유사) 종교적 숭배의 피해를 면하지 못하는 것은 분명히 반복적인 역사적 현상이다. 심지어 마르틴 루터에게도 이러한 운명이 주어졌다. 루카스 크라나흐는 루터 자신의 태도와 그리스도 중심의 순종적인 역할을 대단히 인상적인 그림으로 묘사했다. 비텐베르크 시교회의 제단장식대에 표현된 그림에는 설교가 루터가 설교단에 서서 한 손을 쭉 뻗어 십자가에 못 박힌 그리스도를 가리키고 있다. 예수는 루터와 그림 왼쪽에 보이는 청중 사이의 십자가에 매달려 세워져 있다.

보름스에 있는 "세계에서 가장 큰 루터 기념비"와 이 종교개혁자의 여러 다른 기념비들, 흉상들과 그림들은 다른 말을 한다. 이런 작품들 안에는 개신교도의 민족적 자신감이 들리거나 으르렁거리는 소리가 들린다. 특히 19세기의 프로테스탄티즘은 루터를 매우 강대하고 음울한 "독일인"으로 만들어냈다. 즉 낯선 것 그리고 아마도 악한 것에 맞서서, 모든 "낯선 것", "가톨릭적인 것", "유태적인 것"에 맞서서 힘차고 무자비하게 자신의 윤곽을 드러내려고 하는 생각이 드는 사람을 만들어낸 것이다. 이 강령은 그리스도를 따르는 대신에 (여러 가지 루터 이미지와 루터 조각상을 예술사에서 분류하거나 미학적으로 그 가치를 평가하더라도) 유사 게르만 영웅숭배라고 일컬어질 수도 있을 것이다.

오늘날 우리에게 전해진, 루터가 직접 펜으로 쓴 저작물들 중 여러 텍스트에서 분명하게 추론할 수 있는 것은 그가 당시에 신학적으로 그리고 교회 정치적으로 "슈퍼스타"라는 자신의 중요성을 완전히 알고 있었다는 사실이다. 그럼에도 불구하고 루터가 자신의 관철능력과 인상적인 용기를 자신을 거만하지 않게 하는 강력하고 부드러운 겸손으로 얻었다는 사실은 간과할 수 없는 일이다.

그렇기 때문에 우리는 "루터 개인숭배"에 대한 대가의 경고를 오늘도(또는 다시) 진지하게 진심으로 받아들이고 있는 것이 분명하다. 그리고 그리스도인이 "루터교도"라는 말을 사용하는 곳에서는 언제나 그들은 자신을 멀리하고 "참된 인간이자 참된 하나님"이신 그리스도를 증거하는 그리스도인의 태도와 습관을 명심해야 한다는 것도 분명하다.

　　"나는 내 이름을 입 밖에 내지 않기를 그리고 여러분이 자신을 루터파가 아니라 그리스도인이라고 불리기를 요청합니다. 루터란 무엇입니까? 하지만 교리는 저의 것이 아닙니다. 그러므로 저는 누군가를 위해 십자가에 못 박히지도 않았습니다. 바울은 그리스도인이 '바울파' 또는 '베드로파'라고 불리는 것을 허용한 게 아니라, 단지 그리스도인이라 불리는 것만 허용했습니다. 사람들이 구제할 길이 없는 내 이름으로 그리스도의 자녀들의 이름을 지으려고 했다는 것을 가련하고 냄새나는 구더기 자루인 내가 어떻게 알아차리겠습니까? 하지만 만약에 여러분이 루터의 교리가 바로 복음의 교리라고 생각한다면, 여러분은 그냥 루터를 내던져버려서는 안 됩니다. 그렇게 하면, 여러분은 그의 가르침을 던져버리는 것이 될 뿐 아니라 여러분이 깨달은 그리스도의 가르침도 던져버리는 것입니다. 만약에 디모데가 '나는 그리스도 외에는 바울이나 베드로를 받아들일 수 없다'고 말했다면, 그리고 만약에 그가 바울과 베드로가 그리스도를 전파하고 있다는 것을 알았더라면, 그는 이렇게 말함으로써 그리스도 자신을 부인한 것이 되었을 것입니다."

* * * * *

성 베드로와 성 바울의 황제의 대성당Kaiserdom St. Peter und St. Paul 이 도시의 원주
민은 제2차 세계대전 때 거의 손상을 입지 않고 견뎌낸 대성당을 '도시의 왕
관'이라고 불렀다. 예전의 초기 로마네스크 양식의 건물들은 12세기 중반부터
세워진 건물로 대체되었는데, 현재도 이 건물은 경이롭게 눈을 크게 뜨고 봐
야 할 정도다. 1181년에 대성당이 축성됨으로써 이 교회는 거의 완성되었다.
대성당에서는 항상 제국의회와 다른 큰 행사들이 엄숙하게 개회되고 폐회되
었다. 교황으로부터 이단자로 선포된 루터가 이 교회에 들어오도록 허가받은
것은 있음직하지 않은 일이다. 남쪽 트랜셉트에 있는 하나의 모델은 보름스와
이 궁전이 루터 시대에 어떤 모습으로 보였는지를 나타낸다. 대성당을 위해
예나 출신의 예술가 하인츠 힌도르프(1909~1990)가 창작한 "역사의 창들"은
보름스 역사에서 중요한 20명과 역사적인 장면들을 묘사한다. 다채로운 색으
로 묘사된 초상화 중에는 황제 카를 5세와 마르틴 루터도 있다.

* * * * *

루터 기념비Lutherdenkmal 이미 18세기에 세우기로 의도했던 기념비 건립을
1856년에 설립된 루터기념비건립협회가 마침내 실현했다. 유럽, 북아메리카,
남아메리카에서 보내온 재정적 기부가 에른스트 리첼이 1859년에 설계한 작
품을 가능케 해주었다. 리첼이 첫 번째 모습들을 만드는 데 도움을 주었지만,
그는 1861년에 사망했다. 그래서 그 후 그의 제자들인 돈도르프, 키츠, 쉴링과
건축가 니콜라이가 이 작업을 완성했다. 개신교인은 1868년 6월에 세계에서
가장 큰 루터 기념비의 제막식을 축제로 거행했고, 이 행사에 2천 명 이상이
참석했다.
　　드레스덴 출신의 조각가는 이 설계의 이면에 있는 예술적 개념에 대해
다음과 같이 말했다. "이것은 더 이상 개별적인 기념물이 아니라 서로 연관되
어 있고, 사상처럼 긴밀히 외적인 형태에 따라 하나의 기념비로 합쳐지는 다
수의 기념물들이다." 사방 측면이 12m 50cm에 달하는 정사각형의 건축학적

인 틀 위에 우뚝 솟아 있는 이 예술작품은 마르틴 루터라는 개인 그 이상을 기념한다. 세계 역사상 한 편의 드라마에 필적하는 이 종교개혁 기념비는 이미 그 구조가 만들어지는 동안에 민족 기념비의 지위로 등극했다.

리첼의 설계는 루터의 찬송가 "내 주는 강한 성이요"에 영감을 받은 것이다. 기반은 성벽의 세 면에 에워싸여 있다. 성벽의 톱니 모양같이 들쭉날쭉한 부분들 아래에는 종교개혁을 지지한 여러 도시의 문장들이 표시되어 있다. 높이 솟은 받침대들 위에는 루터와 연관된 16세기의 제국 정치인들과 인문주의자들이 서 있다. 그들 사이에 앉아 있는 유적인 여성상들은 종교개혁의 사건들과 영향들을 상징한다. 기념비의 한가운데에는 중앙 받침대가 우뚝 솟아 있는데, 그 위에는 실제 사람 키보다 더 큰 성직자복을 입고서 성경책을 들고 있는 루터의 형상이 묘사되어 있다. 그는 옛 주교 관사 방향을 바라보고 있다. 그곳은 그가 1521년 대성당의 그늘에 서서 황제와 제국 앞에 자신의 신학을 의연하게 변론했던 곳이다. 그의 발치 부분에 있는 동상 받침대 네 기둥에는 얀 후스 같은 선구자들이 앉아 있다. 받침대들의 측면에 장식된 문장들, 큰 메달 모양 보석들과 부조들은 종교개혁 사건들을 묘사한다. 이 기념비들에 표현된 개개 인물들의 복제물들이 세계 도처에 있다. 그런 복제물들 가운데 마르틴 루터의 동상은 워싱턴과 드레스덴의 프라우엔키르헤 앞에서 볼 수 있다.

루터의 동상을 관찰할 때는 그 위치가 고려되어야 한다. 유태인 묘지와 대성당 사이에 놓여 있으면, 그 동상에는 압도적 승리를 거둔 신교를 쫓아내려는 정신적 긴장감이 내재해 있는 것이다.

* * * * *

시립박물관Das Städtische Museum 시립박물관은 로마네스크 양식의 교회와 12세기와 13세기에 유래한 회랑을 수용하고 있는 안드레아스 수도원에 위치해 있다. 이 박물관은 "루터의 방"이 있는 "중세시대부터 오늘까지"라는 섹션에서 마르틴 루터가 체류한 것을 기념하고 있다. 전시된 항목들 중에서 특히 번역자의 자필 헌정사가 적혀 있는 1541년에 비텐베르크에서 인쇄된 성경 한

권이 있다.

* * * * *

마그누스 교회 Die Magnuskirche 박물관에 인접해 있는 마그누스 교회는 원래 8세기와 9세기부터 알려지기 시작했다. 이 교회는 독일 남서부 지역에서 가장 오래된 루터파 교회다. 초기의 개신교 설교자 교회는 보름스 제국의회가 열리던 1521년경에 종교개혁을 위한 출발점 중의 한 가지였다. 이 개혁은 마침내 보름스에서 1527년에 결실을 맺게 되었다.

하이델베르크 Heidelberg

여류 소설가 게르트루트 폰 르 포르트(1876~1971)는 다음과 같이 썼다. "휠덜린은 이 독특한 도시를 사랑하는 사람들을 움직이는 모든 것에 대해 이야기했다." 누구나 오늘도 무조건 이러한 판단에 동의할 수 있을까? 분명하다. 네카 강변의 이 도시에 대한 휠덜린의 송가는 다음의 예처럼 그녀가 의미한 것을 알려주고 있다.

"하지만 저 깊은 계곡에 거대하고 / 운명을 알아채는 성이 아래로 지면까지 걸려 있었네, / 풍우에 찢기었네; / 하지만 영원한 태양이 / 쇠약해지는 거대한 그림 위로 / 원기를 회복시키는 빛이 쏟아졌네, 그러면 싱그러운 담쟁이덩굴들이 / 사방팔방으로 푸릇푸릇해졌네; / 유쾌한 숲들은 / 성 위로 새 가지를 내려뜨렸네 …"

하지만 휠덜린 바로 다음으로 다수의 문인들, 철학가들과 화가들이 직접 참여했을 뿐 아니라 자신들의 텍스트와 그림들을 가지고 이 도시가 명백히 불멸의 신화를 달성하는 데 기여했다. 하이델베르크의 아름다운 모든 것과 이 도시를 둘러싸고 있는 풍경 중에서 네카 강 위쪽 대략 70m 정도에 위치한 쾨닉스슈툴 언덕에 있는 선제후 성의 유적이 단연 돋보인다. 이 성은 먼 옛날에 대한 낭만적 동경의 출발점이며 상징이다. 예술사학자이자 근대 역사 기념물 보존단체의 발기인인 게오르크 데히오(1850~1932)는 18세기에야 비로소 발견된 이 건물단지가 고유의 방법으로 이 신화를 확고하게 굳히고 있다는 사실을 냉정하고 객관적으로 확인했다. 그의 눈으로 보기에 "파괴로 말미암아 상징물이 된 이 성은 미학적 가치를 획득한 주목할 만한 경우"였다. 강 맞은편 언덕에 있는 세계적인 명성을 얻은 "철학가의 길"에서처럼 다양한 박물관으로 바뀐 성 발코니에서 바라보면 라인 상류 계곡의 동쪽 가장자리에 펼쳐진 하이델베르크 시의 풍부한 명소들을 잘 살펴볼 수 있다. 현재의 도시경관 가운데 간과할 수 없는 시내 중심부를 돋보이게 하는 것은 1386년 6월에 팔츠의 선제후 루프레히트가 설립한 대학교다. 이 대학교는 독일 민족의 신성로마제국에서 빈 대학교와 프라하 대학교 다음으로 세 번째로 설립되었다. 필립 멜란히톤―훗날 루터의 친구이자 협력자―은 1509년부터 1512년까지 여기서 대학에 다녔다. 몇 년 후 이 대학교는 그를 초빙했는데, 이때는 대학개혁을 위한 감독관으로 그를 임명했다.

1517년 10월에 비텐베르크에서 루터의 면죄부 논제가 게시된 후 하이델베르크는 이듬해 4월 이 문제에 대한 첫 번째 공개 논쟁의 무대가 되었다. 마르틴 루터는 1518년 봄에 이미 테첼 같은 도미니크회 사람들이나 잉골슈타트의 신학자 에크와 함께 그의 논제에 대한 논쟁에 몰두하고 있었다. 동시에 다방면의 사람들은 그가 화형대에 매달려 화형당하거나, 최소한 로마로 소환될 것이라고 예견하고 있었다. 그렇지만 그의 선제후가 로마로 인도하는 것을 승낙하지 않을 것이라고 확약해줌으로써 루터는 교황의 총대리인 슈타우피츠에 의해 하이델베르크에서 소집된 아우구스티누스회 은둔자 수도단 회의에 아무런 방해를 받지 않고 참석할 수 있었다. 루터는 수도회 회의가 끝난 후 통례적으로 행해지는 토론을 위해 대부분 날카로운 말로 쓰인 28개의 신학적 역설과 25개의 철학적 논제를 준비했다. 기록 문서를 통해 입증된 바로는 이 토론은 루터 신조의 정당성에 중점을 두었다. 반면에 아리스토텔레스 철학의 우월성을 공격할 시간은 남아 있지 않았다. 그는 뉘른베르크, 뷔르츠부르크, 에어푸르트와 아이제나흐를 경유하여 다시 안전하게 집에 도착하고 나서 1518년 5월 18일에 슈팔라틴에게 하이델베르크에서 경험한 일에 대해 매우 상세한 편지를 썼다. 그는 이 편지에서 "훌륭한 환대"와 "고상한 군주와 나눈 친절하고 유쾌한 대화"에 관해 설명했고, 마침내 사람들이 "팔츠 군주의 궁전 예배당(성 교회)의 보석들"을 보았다는 사실을 보고했다. 향응을 베푸는 사람들 중 팔츠 군주의 수행원 역할을 하는 시종관 야콥은 루터가 지참하고 온 작센 선제후의 추천장을 칭송했다. 루터의 말에 따르면 야콥은 멋진 네카 지방의 방언으로 다음과 같이 크게 외쳤다. "당신은 하나님께 훌륭한 신임을 받으셨습니다!" 슈팔라틴은 문제 자체에 대해 알게 되었다. "하이델베르크 대학교 신학부의 박사들이 기꺼이 나의 논쟁을 반대하지 않았고, 매우 겸손한 태도로 나와 토론했다. 그런 식으로 그들은 내게 정중하게 작별인사도 했다. 그들에게는 나의 신학이 낯설게 보였을 텐데도 약삭빠르고 능숙하게 그것에 반대하는 계책을 부리지 않았다." 마르틴 루터는 자신의 입장과 자신의 신학을 다루는 논쟁에서 몇몇 참석자를 이길 수 있었다. 1518년 4월 26일, 이 대학교의 교수들과 대학생들이 많이 참석한 가운데 진행된 이 논쟁은 팔츠 백작령에 개혁적인 교리를 전파하기 위한 출발점이 되었다. 청중 가운데는 나중에 독일 남서부 도시들의 종교개혁자가 된 수많은 유망한 신학자들이 있었다. 마르틴 부처(슈트라스부르크) 외에 테오발트 빌리칸(뇌르트링겐), 요하네스 브렌츠(슈바비쉬 할과 슈투트가르트), 마르틴 프레히트(울름) 그리고 벤첼 슈트라우스(하이델베르크, 나중에 우라흐) 등이 유망한 신학자들의 일부였다. 이 논쟁은 아우구스티너가세(아우구스티너 골목)의 동쪽 부지에 있는 예술가들의 강당에서 개최되었을 개연성이 매우 크다. 1983년 –"루터의 해"에 조성된 학교 광장에 1693년까지 아우구스티누스 수도원이 있던 – 설치된 헌사가 새겨진 명판만이 이 논쟁을 상기시킬 뿐이다.

슈파이어 Speyer

마르틴 루터는 종교개혁 이전과 이후에도 위대한 정치무대였던 라인 강변의 대성당 도시이며 황제의 도시 슈파이어에 한 번도 가본 적이 없었다. 그렇지만 1526년과 1529년에 개회된 제국의회 기간 중에 "루터 사건"과 관련한 중요한 결정들이 여기서 내려졌다. 루터가 비텐베르크에서 자신의 논제를 공포하고 게재한 이후 1521년에 보름스 칙령이 공포된 때부터 신앙과 종교 개혁은 제국 안에서 지배적인 정치적 쟁점이 되었다. 1524~25년의 농민폭동 은 한편에서는 종교개혁적인 혁신 과정을 위협했고, 그와 동시에 전통적인 구 교도들을 강화시켰다. 다른 한편으로 그것은 종교개혁 운동의 제도화를 가속 화했다. 1524년에 울름 시의회는 신교에 따라 하나님의 말씀을 신봉함을 고 백했다. 이듬해 4월부터 프로이센에 첫 번째로 종교개혁적 특징이 두드러진 영토가 생겼다. 동시에 외교정책적 압박과 황제의 개입은 매번 보름스 칙령 이 엄격하게 실행되는 것을 방해했다. 이러한 배경에 직면하여 1526년에 슈 파이어에서 제국의회가 소집되었다. 수천 명에 달하는 손님들의 숙소와 급식 만 해도 – 작센의 선제후 혼자 700명의 사람과 400마리의 말을 대동하고 도착 했다 – 이 시의회와 주민 그리고 여관주인들에게 중대한 시험대였다. 의회는 1526년 6월 25일에 대성당을 향한 행진과 엄숙한 장엄미사를 포함하는 웅장 한 장관을 이루며 개회되었다. 의회는 지속적인 협의와 논쟁으로 2개월간 계 속되었고, 결과적으로 제국도시 슈파이어의 중요성을 도출했다. 그래서 황제 다음으로 국가 권력의 첫 번째 대표기관인 제국 군대와 제국고등법원이 1527 년에 슈파이어로 이전되었다. 의회는 신앙문제에 관해서는 불명확하게 남겨 뒀고, 공의회가 열릴 때까지 종교문제에 대해서는 각 도시들이 고유의 책임사 항을 발표하기로 한다는 한 가지 타협에 대해서만 합의할 수 있었다. 이 해결 책은 구교도의 시각에서는 관대한 것으로 여겨졌다. 이 해결책에 따르면 모든 군주는 마치 자신이 하나님과 황제 앞에서 응답할 수 있다는 듯이 마음대로 행동하는 것을 허용한다는 것이었다. 그것은 루터의 교리들이 더 쉽게 계속 전파되도록 해주었다. 제국의회가 1529년에 슈파이어에서 다시 열렸다. 종교 개혁 반대자들은 두드러지게 강력해졌고, 그들은 제국 내부나 제국 밖에서 전 개되는 일반적인 정치적 사건들 때문에 교회사의 바퀴를 중단시킬 때가 왔다 고 주장했다. 신앙, 양심 그리고 복종을 둘러싼 불꽃 튀는 논쟁이 제국신분들 을 서로 반목하게 만들었다. 다수가 1526년 의회에서 통과된 결의안을 철회

슈파이어: 삼랑식 교회의 내부

하고 1521년의 보름스 칙령의 법적 효력을 확정하기로 동의했다. 의회에 참석한 작센 선제후령, 헤센, 뤼네베르크, 브란덴부르크-안스바흐 그리고 안할트의 개신교 군주들은 이 결정에 반대했다. 그들은 1529년 4월 20일에 페르디난트^Fedinand^ 왕에게 자신들의 항변서를 제출했다. 슈트라스부르크, 뉘른베르크, 울름, 콘스탄츠, 린다우, 메밍겐, 켐프텐, 뇌르트링겐, 하일브론, 로이트링겐, 이스뉘, 바에센부르크와 빈츠하임 및 장크트갈렌 같은 자유 제국도시들이 이 항의에 합류했다. 하지만 1529년 4월 22일의 제국의회 결의안은 그 항의를 묵살했다. 그 후에 구교도와 개신교도의 분열은 더 이상 극복되지 못했다. 1529년의 개회된 슈파이어 제국의회는 종교적 교파 탄생의 전조였다.

슈파이어는 현재 약 5만 명의 인구가 거주하는 잘리어의 도시다. 작가 카를 코른(1908~1991)은 이 도시에 대해 다음과 같이 썼다. "매우 넓은 중앙로는 도시 자체를 위해서가 아니라 바로 대성당과 묘지로 향하는 거대한 장례행렬을 위해 건설된 것처럼 보인다. 왼쪽과 오른쪽으로 몸을 숙인다. 1689년의 무시무시한 화재를 당한 이후 허름한 환경에서 거주하고 있는 겁이 많은 평범한 사람들은 마치 자신들이 황제, 대성당, 제국의회, 제국고등법원 그리고 자유 제국도시의 현실, 간략히 말해 그들에게 매우 큰 불행을 가져다준 역사를 더 이상 사실로 인정하지 않으려는 듯 그들의 초라한 작은 집들은 왼쪽과 오른쪽으로 쪼그려져 있다.”

대성당은 이 도시의 상징물이 되었고, 의심할 바 없이 여러 관점에서 볼 때 슈파이어에서도 매우 탁월한 명소다. 종교개혁과 저항의 흔적을 찾아 여행하기 위해 팔츠의 도시를 방문하는 사람에게는 무엇보다도 한 가지가 요구된다. 바로 환상이다. 1689년에 선제후국 팔츠의 왕위계승전에서 프랑스 군대들에 의해 거의 완전히 파괴되었기 때문에 이 도시에는 그 시대에서 유래된 것이 거의 남아 있지 않다. 종교개혁과 관련된 다소 확실한 기념 장소들을 볼 수 있는 곳은 다른 여러 곳 중에서도 다음과 같은 명소들이다. 프레디거가세에 있는 도미니크회 교회의 잔해들, 제국의회가 열린 동안 군주들의 설교자들이 야외에서 8천 명에 달하는 사람들 앞에서 설교한 “마울브로너 호프”, 멜란히톤이 살았던 헤르트가세, 선제후국 헤센의 군주 필립이 1529년에 통과해 들어간 문 옆의 벽돌성벽에서 아직도 화재 흔적이 남아 있는 요하네스슈트라세 19번지에 위치한 옛 여관 “추어 슈타트 뉘른베르크”, 그리고 중세시대에 시의회의 부지였고 제국고등법원이 위치해 있던 그로세힘멜가세 지역. 현대식 호텔 한 채가 마지막에 언급한 부지에 새로 지어졌다. 최근에 이 호텔의 지하주차장을 짓기 위해 땅을 파다가 성벽의 하부구조를 발견했다. 그 당시 제국의회는 제국고등법원 홀에서 소집되었다. 이 도시 관광안내센터에서 제공하는 가이드 투어 중 한 가지는 종교개혁과 프로테스탄티즘의 흔적을 따라간다. 이 투어는 “이 모든 것이 루터의 책임이었는가…?”(De Ludda isch an allem schuld…?)라는 제목이 붙어 있다. 이 투어는 방문객에게 위에서 언급한 도로들과 광장들뿐만 아니라 1980년에 유네스코 세계문화유산 목록에 등재된 대성당도 안내한다. 그리고 물론 “개신교 대성당^{protestantischer Dom}”이라는 이름이 붙은 기념교회로 기꺼이 안내한다.

성 마리아와 성 슈테판 대성당 이를테면 프리드리히 실러, 프리드리히 횔덜린, 요제프 폰 아이헨도르프 또는 빅토르 위고처럼 요한 볼프강 괴테도 라인 강 상류유역의 이 도시를 방문했다. 괴테는 신뢰하는 친구이자 연인인 샬로테 폰 슈타인 부인에게 쓴 편지에서 "대성당, 즉 절반은 새 건물이고 절반은 화재 이후 남아 있는 건물"을 방문했고, "그 첫 번째 구조는 옛 교회들처럼 진짜 숭배한다는 생각으로 고안되었습니다"라고 알려주었다. 몇 문장 더 가서 그는 다음과 같이 불평했다. "그들은 최근에 이 교회를 푸른색으로 칠했고, 사람들이 거리낌없이 다시 밖으로 나갈 정도로 이 교회를 조각과 낙서로 장난스럽게 꾸며놓았습니다."

이 구조물은 설계에 따라 라틴 십자형 집터에 높이 지어졌고 12세기 초에 완성되었다. 이 건물의 엄청난 크기와 역사적 중요성은 독일의 다른 모든 로마네스크 양식의 교회들을 능가한다. 이 건축물은 지금까지도 독일 황제들, 왕들과 황후들의 묘지로서 제국과 기독교국의 상징을 나타낸다. 1689년에 이 도시에서 발생한 화재로 신도석 대부분이 파괴되었다. 이 부분들은 1758년부터 원래의 형태로 복원되었다. 교회 내부는 바이에른의 국왕 루트비히 1세의 위임으로 1846년부터 1853년까지 요하네스 슈라우돌프와 요제프 슈바르츠만 학파의 화가들을 통해 후기 나사렛 화풍으로 채색되었다. 하인리히 휘브쉬는 1854년부터 건물의 서쪽 면을 르네상스 양식으로 다시 세우기 시작했다. 대부분 19세기의 채색이 1950년대의 복원 조처로 제거되었고, 인상적인 건축물이 드러나게 되었다. 현재까지 변함없이 보존되어온 지하묘실은 이미 언급한 황실과 왕가의 묘다.

* * * * *

기념교회 Die Gedächtniskirche 기념교회는 오랜 준비 끝에 1893년부터 1904년 사이에 개신교의 중심교회로 지어졌다. 이 교회는 율리우스 플뤼게와 카를 노르트만의 설계에 따라 1529년의 프로테스탄티즘을 기념하기 위해 건축되었다. 이 도시의 다른 끝부분에 위치한 가톨릭 대성당과 경쟁하여 막대한 비용을 들여 하나의 탑을 포함한 신고딕 양식의 대성당 스타일로 지어졌다. 100m에 달하는 이 탑은 슈파이어에서 가장 높은 탑이며, 도시의 특색을 두드러지게 드러내고 있다. 모든 부분을 원래의 고품질 장식으로 꾸민 이 건물은 그 당시의 걸출한 예술적 업적 중 하나이며, 개신교 건축술과 조각술의 절정으로 간주될 수 있다. 이 건축을 실현시키기 위해 전체 개신교 세계가 기부 요청을 받았고, 개신교를 신봉하는 황실이 현저하게 기여했다.

　　이 건물은 완전히 밝은 색 사암으로 만들어져 있고, 여러 도로들이 교차하는 지점에 위치해 있으며, 제2차 세계대전에도 피해를 입지 않고 살아남았다. 이 건물은 트랜셉트가 있는 삼랑식 홀교회인데, 이 교회에는 트레이서리 부분이 멋지게 장식된 하나의 탑이 추가되어 있다. 탑의 1층, 즉 출입구들이 달린 6각형 공간은 본당 신도석으로 이어지며 종교개혁 기념홀로 만들어졌다. 이미 전체 건물이 완성되기 1년 전에 헤르만 한이 만든 루터 동상이 현관통로에 세워졌다. 종교개혁자를 에워싸고 있는 1529년에 저항한 군주 여섯 명의 조각상들은 1914년에 추가되었다. 36개 창문의 유리에 새겨진 그림들은 기념교회의 귀중한 보물을 형성하고 있다. 보름스의 루터 동상의 경우와 비슷하게, 신학적 중요성과 교회사적인 중요한 의미가 있는 대단히 큰 둥근 천장이 여기 현관에서도 역사주의 스타일로 형성되어 있다. 마르틴 루터의 모습은 여기서도 현관의 창문들에서부터 시작하여 여러 번 영원한 생명을 부여받고 있다.

"기독교인은 만물의 자유인이다. …"

그리고 아무에게도 예속되지 않는다." 이것은 1520년에 발표한 루터의 유명한 "자유 소논문"에서 나오는 제1 논제의 내용이다. 루터가 즉각적으로 인정하듯이 제2 논제는 "제1 논제에 엄격히 모순되며", 정반대 내용을 표현한다.

"그리스도 교도는 만물의 자발적인 종이며, 누구에게든 예속되어 있다."

이 텍스트를 해석하는 전통에 있어 때때로 즉시 "자유와 책임"으로서의 윤리적 결과에 역점이 놓여 있었고 현재도 그렇다. 그것이 옳다고 하더라도 어떻게 해야 자유와 책임을 얻게 되느냐는 질문에 대해서는 아직도 대답하지 못한다.

자유의 뿌리를 규명하기 위해 루터가 이 두 가지 모순적인 논제를 적용한 그의 신학적 사유과정을 따르는 것이 중요하다. 흔히 있듯이 이 시점에서 그는 분명한 신학적인 차이, 다시 말해 종교적인 인간을 특징짓는 "두 가지 본성"의 차이를 내적 경향과 외적 경향으로 구분한다.

"자유와 맹종에 대한 두 가지 모순되는 견해를 이해하기 위해 우리는 모든 그리스도 교도가 정신적 본성과 육체적 본성 두 가지를 가지고 있는 이중적인 존재라는 사실을 알아야 한다. 영혼의 관점에서 그리스도 교도는 정신적이고, 새로운, 내면적인 인간이라고 일컬어지고, 살과 피라는 관점에서 그는 육신적이며, 낡고 외적인 인간으로 규정될 수 있다."

루터는 이 소논문에서 늘어놓은 30가지 논증과 개요의 첫 부분에서 "아무리 늘 그렇게 규정될지 모른다 하더라도 어떤 외적인 것도 인간을 자유롭고 경건하게 할 수 없다"는 기본적 통찰에서 유래하는 인간의 핵심적인 특성, 성장조건 그리고 "내적인 인간"의 보호에 대해 설명한다.

그리스도인의 "유일한 행위와 실천"은 "그들이 그러한 믿음을 견고하게 실천하고 굳건히 하기 위해 말씀과 그리스도를 자신들 안에서 구체화한다"는 것을 허용하는 데 있어야 한다.

그리스도인의 상상력을 강화하기 위해, 그리고 저 내적인 육성을 가능케 하기 위해 성경 또한 "두 가지 말씀"으로 나뉘어 있다. 그래서 우리는 한편으로는 율법과 명령, 다른 한편으로는 약속과 격려의 말을 발견한다. 율법과 명령으로부터 우리가 해야 할 것이 무엇인지에 대해 매우 명백히 무엇을 해야 하는지에 대한 관념을 얻게 되더라도 "[…] 이것을 실행하는 힘을 주지 못한다."

인간이 이러한 성경적인 행동 방침과 관련한 본질적인 일은 선을 행하기에는 (인류학적으로 이미 결정되어) 무능력하다는 것을 깨닫는 데 있다. 이러한 인식의 결과에서 나온 혼란과 실망은 반항과 우울함으로 이어지는 것이 아니라, 유익한 방향감각 상실로 이어져야 한다. 이렇게 상상함으로써 비유적으로 말해 성경적인 행동요령의 "첫 번째 말씀"은 내적인 인간이 근거를 두고 있는 딱딱한 땅을 부드럽게 해주고, 믿음의 약속과 자유의 씨가 심어질 수 있는 "두 번째 말씀"이 그 땅 안으로 들어가게 된다.

이 시점이 되어서야 비로소 루터는 영적인 성장을 위한 전제조건들을 매우 구체적으로 명확히 설명하려고 시도한다. "그리스도 교도의 자유"는 어떻게 성장하고 발전하는가? 이렇게 하기 위해 그는 숫자들과 내적인 발전을 위한 신비한 상상연습을 한다.

믿음으로 향한 영적인 길에서 성경의 '영원한' 말씀이 인간의 영혼에 들어가 꼭 "내면화"되는 것처럼 비유적으로 말하자면, "[…] 신부가 자기 신랑과 함께 있듯이 영혼은 그리스도와" 하나가 된다.

이러한 "마음속"의 "천국 혼인"에서 신앙의 즐겁고 걱정 없는 평안과 "외면"에는 한없는 자유가 생긴다. 이 자유가 우리 인간을 "만물을 지배하는 왕과 제사장"으로 만들어준다. 하지만 이것은 에고ego를 확장한다는 의미가 아니다. 다른 여러 종교적 또는 비밀리에 전해져 내려오는 훈련강령과 대조적으로 루터가 따라가는 길은 지금의 보디빌딩이라는 육체 숭배에 해당하는 "심리개발"과 아무 상관이 없다. 반대로, 자신의 에고를 억제하는 것이 목표이며, 동시에 인간을 온전한 인간으로 변화시키기 위한 전제조건이다.

영이 진심으로 기다리고, 애원하고, 애타게 그리워하는 은총받은 사람은 이름이 없거나 정체불명의 사람이 아니라 기질과 용모를 갖추고 있다. 그리스도인다운 마음을 형성하는 것은 이름이 나타내듯이 모든 상상력(영이 깃들어 있다는 상상)이 목표로 삼는 모범이다.

> "이렇게 그리스도께서 듣고 계시는 마음은 전적으로 즐거워야 하고, 위안을 받아야 하며, 그리스도를 향한 사랑이어야 한다."

이 "애정과 즐거움", 이 깊은 신앙심, 이 '내적인' 자유는 모든 '외적인' 자유에 앞선다. 이 자유 안에서 인지되고 실행된 세상에 대한 책임과 "선행"은 좋은 나무에 맺힌 과실들과 같다. 결정적인 요점은 순차적인 순서이며, 진심으로 느낀 사랑과 연관된 내적이며 심리적인 운동방향이다. 그 이유는 아래와 같다.

> "선한 행실은 결코 선하고 신앙이 깊은 사람을 만드는 것이 아니라 선한 사람이 선하고 신앙이 깊은 행실을 한다. […] 왜냐하면 행위가 사람을 경건하게 만드는 게 아니라, 인간이 행위를 하기 전에 먼저 신앙이 깊어야 하기 때문이다. 그러므로 믿음만이 그리스도와 그분의 말씀을 통한 순전한 은혜로써 인간을 충분히 경건하게 하고 복을 받게 한다는 것이 분명하고, 그리스도인은 구원을 얻기 위해 어떤 행위나 계명도 필요하지 않다는 것이 분명하다."

그러므로 영적인 무한한 기쁨의 독특한 형식이 그리스도인의 자유의 토대가 된다. 그것은 단지 그리스도인이 태연하게 자유의 몸이 되는 것을 예상할 수 있게 하는 것이 아니다. 왜냐하면 이 자유는 (필요하다면) 신앙과 양심을 억압하는 일에 대해, 불의와 비인각적인 사정들에 대해 저항하고 항변하는 힘도 주기 때문이다.

이 자유는 '다르고' 훨씬 더 근원적인 자아에 관여하기 위해 자신을 버리는 매우 특별한 기회를 열어준다. 결과적으로 멋진 변화, '즐거운 교환'이 일어난다.

> "[…] 그리스도인이 자기 자신 안에서 살지 않고, 그리스도 안에서 그리고 자기 이웃 안에서 사는 것. 믿음을 통해 그리스도 안에 거하고, 사랑을 통해

이웃 안에 거하는 것. 믿음을 통해 그는 자신을 넘어 하나님께 들어가며, 하나님에게서 출발하여 사랑을 통해 다시 자신에게로 내려온다. 그리고 항상 하나님 안에 그리고 하나님의 사랑 안에 남아 있는다."

슈파이어: 기념교회 안에 있는 역사적인 스테인드글라스 창

츠비카우 Zwickau

직물 제조 도시, 석탄 채광의 도시, 자동차 도시, 로베르트 슈만의 도시 츠비카우는 현재 약 10만 명의 인구가 살고 있고, 보여줄 특색들을 많이 지니고 있다. 방문객은 역사적인 구시가지를 관광할 때, 그리고 더 나아가 여러 장소에서 과거에 지어진 건축물들을 보면 이 도시가 번영했다는 것을 알아낼 수 있다. 이 도시는 에르츠 산맥 기슭의 물데 강 연안에 위치해 있고, 강을 따라 넓은 공간을 차지하고 있다. 이 도시는 1118년 5월 1일 자 수도원 문서에 처음 언급되었다. 종교개혁시대는 이 도시의 거의 900년에 달하는 역사 속에 그 독자적인 위치를 두고 있다. 이 서부 작센 지역 도시에서 성벽이 있는 곳과 없는 곳에 산재한 열 개의 수도원 시설, 여덟 개의 교회, 적어도 열 개에 달하는 예배당, 한 개의 유대교 회당 그리고 네 개의 구빈원은 활기찬 종교 생활을 증언한다. 필립 멜란히톤은 1547년에 "감탄할 만한 도시 츠비카우"의 시의회에 보낸 어느 편지에서 자신은 그 당시 약 7천 명의 주민을 지닌 "이 도시가 게으른 도시가 아니기 때문에 항상 각별하게 좋아했습니다. 이 도시는 또한 숙련된 손재주라는 위대한 전통을 지니고 있고, 상당히 합리적인 법규를 지키고 있으며, 교육을 장려하고 있습니다"라고 썼다. 멜란히톤이 그 편지를 쓰기 전 20여 년 이상 이 도시에 종교개혁을 도입하는 것은 많은 갈등을 야기했다. 이 갈등은 1530년경에 단계적으로 확대되었고, 마침내 루터와 이 도시 사이에 불화를 초래했다. 논쟁의 배경에는 무엇보다도 "츠비카우 예언자들"이 있었다. 그것은 루터가 직물 제조공 니콜라우스 스토르흐, 토마스 드레히슬러 집단과 비텐베르크 출신의 옛 대학생 마르쿠스 토마에겐에게 붙여준 명칭이었다. 다른 여러 사람 중에서 카를슈타트와 긴밀히 협력한 자들은 특별한 계시를 자랑했고, 유아세례를 격렬히 반대했으며, 성상파괴에 참여했다. 아이제나흐 근처의 바르트부르크 성에서의 일시적 "망명"에서 돌아온 루터는 1522년에 암스도르프에게 처음으로 츠비카우의 예언자들이 비텐베르크 사람들을 "불안하게 하지 말았어야 했다"고 말했다. 그는 며칠 후 멜란히톤에 대해 "그리스도의 종이자 그분의 듬직한 집사"라고 좀 더 구체화했다. "우선, 만약 에 그들이 완전히 자신을 위해 행동한다면, 사람들은 즉시 그들의 말에 귀를 기울일 필요는 없지만, 성 요한이 요한1서에서 충고한 것처럼 영을 다 시험해 보아야 하네. […] 내 견해로 자네는 그들이 소명을 갖고 있다는 것을 입증할 수 있는지 알아내야 하네." 루터는 자발적으로 유아세례를 받는 것에 대한 교리적인 논쟁이 생기는 것을 분명히 보았다.

"나는 사탄이 이 농양을 쑤셔대기를 항상 기대했네. 하지만 그는 가톨릭 신자들을 통해 그렇게 하는 것을 원치 않았네. 사탄은 이 가장 심각한 분열을 우리 중에 그리고 우리 편들 사이에 야기하고 싶어 했네." 하지만 루터는 "그리스도께서 그를 즉시 짓밟으실 것이네"라고 멜란히톤에게 확실히 말했다. 토마스 뮌처(바트 프랑켄하우젠/알슈테트 장 참고)가 루터의 추천으로 1520년에 츠비카우로 왔다. 물론 "츠비카우 예언자들"의 영이 그에게 알려지지 않은 것은 아니었다. 그래서 뮌처의 독자적인 신학적 견해가 츠비카우 주변에 뿌리를 박게 되었을지라도 급진적 관점으로 방향을 전환한 일은 다른 곳에서 일어났다. 1522년 3월에 츠비카우의 농민들은 수도사들에게 붙잡힌 농부 한 사람을 구출하기 위해 그뤼하인 수도원을 습격했다. 4월 말에 마르틴 루터는 츠비카우 시의회의 요청으로 이 도시에 와서 여러 번 설교했다. 루터의 참된 친구이자 최초의 츠비카우 개신교 목사인 니콜라우스 하우스만은 1523년에 종교개혁을 소개했다. 1524년에 폭동이 진압된 후 체포되었던 츠비카우와 그 주변 출신의 80명이 사면된 것은 하우스만의 중재 덕분이었다.

* * * * *

시청^{Rathaus} (중앙시장^{Hauptmarkt}) 길이 54m, 1866~67년에 지어진 신고딕 양식의 파사드가 있는 삼랑식 시청은 중앙시장의 남쪽 부분에서 가장 높이 솟아 있다. 중세시대의 이전 건물의 평면도가 이 광장의 포장된 표면에 표시되어 있다. 증거서류에 따르면, 마르틴 루터가 1522년 5월 1일 시청 창문에 서서 설

교했을 때, 수천 명의 츠비카우 시민이 이 광장에 서 있었던 게 틀림없다. 시의
회는 이층에 있는 세속화된 야콥의 예배당Jakobskapelle에서 비텐베르크에서 온 손
님을 대접했다.

* * * * *

밀포르첸 하우스 앞Am Mühlpfortschen Haus(알터슈타인베크Altersteinweg 5번지)　마르
틴 루터는 1520년에 발행된 그의 소논문 "그리스도 교도의 자유에 대하여"를
"나의 특별히 좋은 친구이며 후원자, 신중하고 현명한 츠비카우의 헤르만 밀
포르트 씨"에게 헌정했다. 당시의 시장이던 밀포르트의 관사를 대체한 현대적
인 건물에 걸려 있는 기념명판은 마르틴 루터가 츠비카우에서 체류하는 동안
이 집에서 묵었다는 것을 기념하고 있다.

* * * * *

성 마리엔 대성당Dom St. Marien(중앙시장 앞Am Hauptmarkt)　중앙시장 서쪽, 사제
들의 사택 맞은편에는 1935년 "성 마리엔 대성당"으로 우뚝 솟은 마리엔 교회
가 있다. 이 교회의 기원은 1180년경으로 거슬러 올라간다. 이 교회는 1453년
과 1565년 사이에 현재의 모습을 얻기 전에 여러 번 개축되었다. 무엇보다도
뉘른베르크에서 완성된 높은 제단은 토마스 뮌처가 여기서 반년 동안 재직했
고, 추측건대 마르틴 루터가 두 번 설교했던 당시 이 교회의 내부 장식 중에서
유일하게 살아남은 것이다. 1884년과 1891년 사이에 실물 크기의 프랑스 석
회석으로 만든 조각상들의 상단부 돌림띠가 대성당의 외부에 덧붙여졌다. 성
경의 역사와 개신교 교회사에서 묘사된 인물 중에서 루터, 멜란히톤, 부겐하
겐, 밀포르트 그리고 니콜라우스 하우스만도 발견할 수 있다.

* * * * *

성 카타리나 교회St. Katharinenkirche(카타리넨슈트라세Katharinenstraße)　대부분 1403
년의 도시 화재 이후에 지어져 현재도 볼 수 있는 이 교회는 다양한 볼트들에
의해서도 그 흔적을 파악할 수 있다. 이 도시의 가장 낮은 곳에 세워진 이 교

츠비카우: 대성당

회는 종종 홍수로 침수됐고, 그로 인해 반복해서 복구를 필요로 했다. 이 교회는 종교개혁이 도입된 다음에 개신교 설교자 교회로 장식되었다. 그때까지 열개 또는 열한 개의 제단 대신에 이 교회에는 1534년 대 루카스 크라나흐의 공방에서 만든 한 개의 제단이 설치되었다. 마르틴 루터는 그 당시 이 도시에서 똑같이 평가받고 멸시당했던 토마스 뮌처가 여기서 여러 달 동안 안전한 지위를 얻은 것에 대해 염려했다. 츠비카우 시 문헌보관실은 "나는 츠비카우 시 의회로부터 25굴덴을 받았습니다. 그것을 내 손으로 확인합니다"라고 기록된 1521년 4월 16일에 발급된 영수증을 보관하고 있다. 또한 수취인은 다음과 같은 내용을 추가했다. "세상에서 진리를 위해 투쟁하는 토마스 뮌처." 교회 앞에 붙어 있는 기념명판과 그 앞에 있는 실물보다 더 큰 구리로 만든 동상은 뮌처의 활동을 기념하고 있다.

* * * * *

사제들의 집^{Die Pristerhäuser} (돔호프Domhof 5~8번지) 사제들이 거주하던 집들의 기원은 이 건물을 복원하는 도중 몇몇 벽화를 발굴한 후에 수정되었다. 지금까지 추정된 1500년경 대신에 동부독일에서 독특한 이 건물 앙상블의 역사는 13세기까지 거슬러 올라간다. 돔호프 7번지에 위치한 이 집을 연륜연대학적으로 조사한 결과 1층 천장의 경우 건축연대는 1264년으로 추정되었다. 사제들의 집은 13세기부터 17세기에 이르는 건물과 일상생활과 관련된 고판본을 전시하고 있다. 알브레히트 뒤러가 동판에 새겨놓은 "서재에서 연구 중인 성 히에로니무스"를 묘사한 것 같이 그 시대의 분위기가 분명히 깃들어 있다. 이 집들은 이 도시의 종들 또는 이 도시의 후원을 받고 있던 교회들을 위해 거주 공간을 제공한다. 필립 멜란히톤 또한 잠시 여기에서 살았을 수 있다는 추측을 뒷받침할 만한 증거는 없다. 복원된 이후에 "사제들의 집 박물관"은 이 건물 복합체 안에 자리 잡고 있다. 이 박물관은 이 도시의 역사 및 문화사와 관련된 소장품들을 보유하고 있다. 마르틴 루터와 종교개혁의 흔적을 따라가는 여행객은 여기에서 매우 광범위하고 깊은 인상을 주는 체험거리를 발견하게

츠비카우: 대성당 앞의 사제들의 집

될 것이다.

* * * * *

시의회학교 도서관 Ratsschulbibliothek(레싱슈트라세Lessingstraße 1번지) 프란체스코파 수도원과 라틴어 학교의 도서관들이 이미 1537년 대중에게 개방된 도서관의 토대를 형성했다. 현재 약 16만 권의 책 중에 1,200권의 고판본이 있다. 1523년에 시립학교 교장 레온하르트 나터가 쓰고 츠비카우에서 인쇄된 새로운 학칙은 16세기와 17세기에 학자들 사이에 주고받은 편지들처럼 여기에 보관된 보물 중 하나다. 오토 클레멘(1871~1946)은 30년 이상 이 도서관의 관장이었다. 게다가 그는 루터 연구가이자 멜란히톤 연구가로도 공헌했고, 바이마르판 루터전집의 공동 편집자이기도 했다.

* * * * *

오스터슈타인 성 Das Schloss Osterstein(슐로스그라벤벡Schlossgrabenweg 1번지) 성채 복합건축물은 2005년부터 2008년까지 복원되었다. 마르틴 루터가 여기서 설교한 시기에서 유래된 유일한 부분은 1481년에 지어진 현저히 가파르게 경사진 박공지붕이 있는 곡물창고 겸 무기고다. 복합건축물에 있는 다른 모든 건물은 16세기 말에 건축된 것이다.

감사의 글

이 여행서를 조사하고 최종 텍스트를 검토할 때 늘 도움이 되는 지지와 고마운 도움을 받았다. 이와 관련해서 각별히 다음 분들께 감사드린다. 여성들 중에 코르넬리아 브라이트 슈프레허, 아스트리트 부흐비저, 이름트루트 도르바일러, 잉그리트 클뢰르스, 에바 리스트만, 클라우디아 나르, 베아테 젠프틀레벤과 레기나 티메 그리고 남성들 중에 디르크 헤닝, 볼프강 홀러, 디트하르트 캄, 크리스토프 켈러, 안드레아스 린트너, 미하엘 뢰플러, 울리히 핑스텐, 요제프 필보우제크, 귄터 슈하르트와 클라우스 베쉔펠더.

하인츠 슈타데[Heinz Stade]

바르트부르크 출판사는 우리가 사진을 제작하는 과정에 친절한 후원을 해준 것에 대해 모든 '루터 기념 장소들'에 감사드린다. 우리는 인쇄를 허용해준 데 대해 다음 기관들에게 특별히 감사를 드리고 싶다.

비텐베르크 루터기념장소 재단, 비텐베르크 개신교 설교자세미나, 비텐베르크 개신교 시 교회공동체, 바이마르 개신교-루터파 교회공동체, 토르가우 시행정청, 노르트작센 지방 관구청, 토르가우 개신교 교회공동체, 팔츠 개신교 교회, 슈파이어 삼위일체 개신교 목사관, 슈말칼덴 빌헬름스부르크 성관리청, 잘펠트 개신교-루터파 교회공동체, 라이프치히 성 토마스 교회공동체, 란츠베르크 시, 고타 교회총무국, 에어푸르트 개신교 아우구스티누스회 수도원, 아이제나흐 바르트부르크 재단, 코부르크 요새 미술관, 바트 프랑켄하우젠 파노라마 박물관, 아우구스부르크 성 안나 개신교-루터파 목사관, 아른슈타트 시교회 총무국, 그리고 작센 주 도서관, 드레스덴 국립 및 대학도서관.

참고문헌

D. Martin Luthers Werke, Kritische Gesamtausgabe; H. Böhlaus Nachf. Weimar 1921

RÖSSLING/AMBROS: *Reisen zu Luther*; Verlag Berlin 1983

BADSTÜBNER-GRÖGER/FINDEISEN: *Martin Luther -Städte, Stätten, Stationen*;
Verlag Koehler & Amelang Leipzig 1983

ISNARD W. FRANK OP: *Lexikon des Mönchtums und der Orden*; Philipp Reclam jun.
Stuttgart 2005

HANS PATZE/PETER AUFGEBAUER: *Handbuch der historischen Stätten
Deutschlands - Thüringen*; Kröner Verlag Stuttgart 1989

GEORG DEHIO: *Handbuch der Deutschen Kunstdenkmäler - Thüringen*; Deutscher
Kunstverlag München 2003

주요용어

개신교도, 신교도^{Protestanten}

독일어권에서 16세기의 종교개혁에 따라 기독교 신앙고백을 한 신자들

고백^{Konfession}

라틴어: confessio; 자백, 고백; 오늘날의 언어 사용에서 종교 안에 있는 하위 범주

교리문답^{Katechismus}

가르침; 기독교 신앙의 기본 문제에 대한 안내서

교황특사^{Kardinallegaten}

로마교황청의 교황업무를 대신하고 정치적 책무에 대해 영향을 행사하는 교황의 전권대사. 루터 사건에 대해 교황특사를 맡은 사람으로는 추기경이자 걸출한 신학자인 카예탄과 알레안더가 있었다.

독일 그리스도인^{Deutsche Christen}

독일 개신교의 민족주의적, 유태인 배척주의적 사조; 1932년 설립된 히틀러 총통주의를 추종함

디트리히 본회퍼

1906년 2월 4일 출생, 1945년 4월 9일에 플로센부르크 강제수용소에서 사형당함; 루터 신학자, 고백교회의 대표, 국가사회주의에 항거한 독일 저항운동가

루터 시대의 여행

루터는 1520년까지 걸어서 여행을 다녔다. 1510~11년에는 가장 멀리 로마로 여행을 갔다. 1400년경부터 통용되던 불편한 "바퀴 달린 마차" 대신에 사람들은 오랫동안 말을 타는 것을 더 선호했다. 루터가 1521년 보름스 제국의회에 참가하기 위해 여행길에 올랐을 때, 비텐베르크 시는 그에게 세 마리의 말이 끄는 마차를 사용할 수

있게 배려했다. 맨 앞에는 황제의 "의장병"과 그의 "시종들"이 말을 타고 갔다.

메타노이아^{Metanoia}

회심, 회개; 인간이 하나님께 방향을 돌리는 것

면죄

베드로는 땅과 하늘에서 "매고 풀" 권세를 받았다는 예수님 말씀에 근거하여 교회는 교황이 신자들에게 형벌 중 일부를 면해줄 수 있다고 가르쳤다. 죄로 인해 연옥에 빠진 그들을 속죄해줄 수 있다고. 그러기 위한 전제조건은 "사실적인 참회", 예를 들어 성지참배, 고행, 자선이다. 중세 후기에 면죄부 판매는 거리낌없이 상업화되었다("만약에 돈이 헌금통 속에서 쨍그랑 소리를 내면, 영혼이 불속에서 밖으로 튀어나온다"). 이것은 백성과 신학자들에게 거친 비판을 불러일으켰다.

미사; 독일 미사

성만찬 잔치를 포함한 종교개혁시대의 예배 규칙

베네딕트파

라틴어: ordo sancti benedicti, OSB; 교회 안의 수도단 소속 수도사들; 서양에서 가장 오래된 수도단으로 여겨진다.

부르스펠데 수도원회의^{Bursfelder Kongregation}

클루스^{Clus} 수도원에 근거를 두고 있는 베네딕트파 수도원들의 연합. 클로스 수도원 원장 요하네스 데레로트가 1433년 베저 강 연안에 위치한 부르스펠데 수도원을 인수했다. 그 후에 본질적인 종교 중심 중 한 파가 부르스펠데 수도원 이외에 에어푸르트 페터스 수도원^{Erfurter Peterskloster}을 만들었다.

사회적 신망^{Sozialprestige}

사회적 지위, 평판, 명성

삭발^{Tonsur}

수도사들이 여러 가지 형식으로 실행한 두발의 면도질을 일컫는 말이다. 지금은 폐지된 털깎기는 회개의 행동으로 이해되었고, 자유에 대한 포기를 기호로 나타낸 것이다.

상상^{Imagination}

라틴어: imago는 그림을 의미함, 독일어에서는 '상상력'이라고 쓰임

생활공동체^{Kommunität}

사람들에 의해 종교적으로 거행된 생활공동체

선제후국

16세기 코부르크에서 비텐베르크까지 이르던 나라; 군주들은 현명왕 프리드리히, 강건왕 요한, 용맹왕 요한 프리드리히

성무일과

라틴어: brevis; 요약하면 평신도용 기도서/찬송기도서 텍스트를 포함하는 책

소박함^{Naivität}

순박함; '소박해지는 인간'을 나타낸다. 제한된 한계 이상을 다룰 줄 아는 사람들이 소박해지는 인간이라고 표현된다.

수도생활^{Monastisch}

수도사의 생활방식에 일치하는 종교적 생활

순교자

그리스어 '증인'에서 유래; 자신들의 신앙 때문에 강제로 죽음을 당한 사람들

시토교단 수도사^{Zisterzienser}

베네딕트파의 개혁으로 생긴 시토교단의 수도사들; 그 기원은 프랑스의 시토^{Citeaux} 수도원 설립 당시까지 거슬러 올라간다.

신비주의자

그리스어 '신비적'에서 유래함; 최고도의 계시를 얻으려고 노력하고 자신들의 경험을 전해주는 사람들

신앙고백^{Credo}

라틴어: 나는 믿는다; 신앙고백

앙겔루스 실레시우스

라틴어: 슐레지엔의 전령/사자^{使者}, 실제 이름: 요하네스 셰플러^{Johannes Scheffler}, 1624년 12월 25일 브레슬라우에서 세례받음, 1677년 7월 6일 브레슬라우에서 사망; 독일 신학자이자 서정시인; 신앙심이 깊은 그의 경구들은 바로크 시대의 가장 중요한 작품들에 속한다.

양면성

라틴어: ambro; 둘의 그리고 가치 있다, 통용되다; 독일어에서는 분열, 다의성, 이중 가치를 의미한다.

에버하르트 베트게

1909년 8월 28일 바르샤바에서 출생, 2000년 3월 18일 바르트베르크에서 사망; 개신교 신학자, 친구 디트리히 본회퍼 신학 저술물들을 널리 공개하는 데 전력투구함으로써 유명해짐

엑스타제[Ekstase]**/엑스터시**(황홀감)

그리스어: 건강해지다; 고도의 몰입과 감수력으로 의식 상태가 변화함

엘리트[Eliten]

라틴어: 선택된 자; 독일 언어 사용에서 평균 이상의 능력으로 분류된 사람들의 집단

자율

그리스어; 자발, 독립, 결정의 자유를 의미한다.

제국의회[Reichstag]

황제가 소환한 "제국신분들"의 집회. 이른바 중요한 문제들을 조언하고 결정하기 위해 직접 황제의 지배를 받는(제국 직속의) 종교적 · 세속적 군주들과 왕들, 제국기사단과 제국신분들의 집회

종말

기독교적인 확신에 따르면, 종말은 재판관이자 구원자인 예수 그리스도의 재림보다 앞서서 일어난다.

초월성[Transzendenz]

라틴어 transcendere는 '능가하다'라는 뜻; 태도, 경험과 의식의 한계를 넘어섬을 의미한다.

카이로스[Kairos]

결정의 정확한 시점에 대한 그리스어에서 나온 개념

콘페시오 아우구스타나[Confessio Augustana]

아우구스부르크 신앙고백; 1530년 6월 25일 아우구스부르크 제국의회에서 제국신분들이 루터의 종교개혁 내용을 황제 카를 5세에게 제출함; 루터파 교회들의 구속력 있는 신앙고백서들 중 하나

탁발수도사의 집[Terminierhaus]

에어푸르트의 프란체스코파 수도사들도 한 개의 탁발수도사의 집을 소유했다. 탁발[Termin]은 라틴어 teminus에서 유래한 것으로 '구역', '지역'을 뜻함. 원래 수도원의 활동

구역을 의미한다. 자선을 간청하는 것도 사목활동과 결부되어 있었고, 눈에 잘 띄는 위치로 밀려나 있었기 때문에 탁발은 수도사 한 명의 구걸 지역을 의미했다. 이에 상응하는 활동을 '희사를 구하러 다니다^{terminieren}'라고도 일컬었다.

파이네 베스트$^{Payne\ Best}$
지기스문트, 1885년 4월 14일 켈텐하임에서 출생; 1978년 9월 21일 사망; 영국 정보국의 장교

프레델라^{Predella}
라틴어: 발판, 계단; 조형예술에서 제단화 밑에 있는 유화 또는 조각품

필립 야콥 스펜서
1635년 1월 13일 라폴츠바일러에서 출생; 1705년 2월 5일 베를린에서 사망; 루터 신학자이자 가장 유명한 경건주의의 대표자

하기아 조피아$^{Hagia\ Sophia}$
그리스어: 거룩한 지혜; 옛 비잔틴 교회, 나중의 회교사원, 현재 이스탄불의 박물관

루터 명소들의 지도

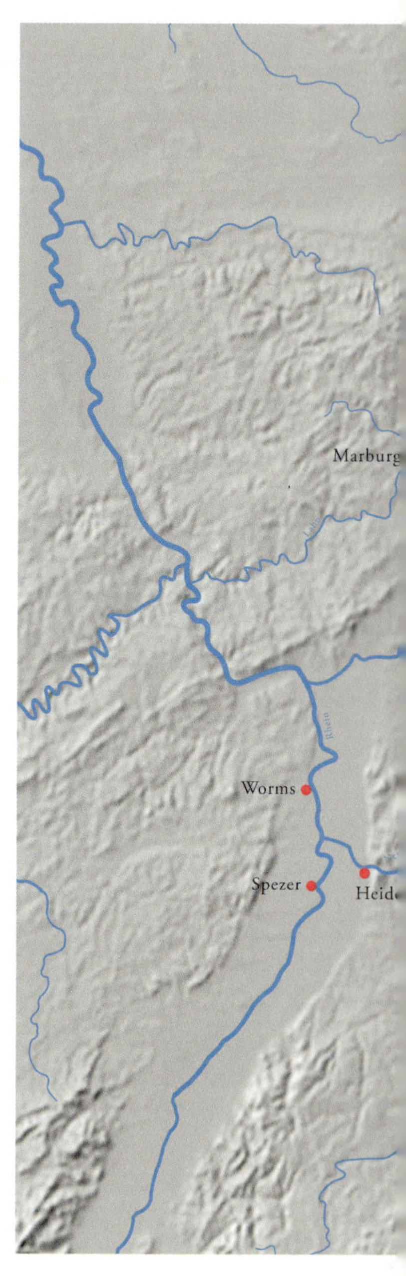

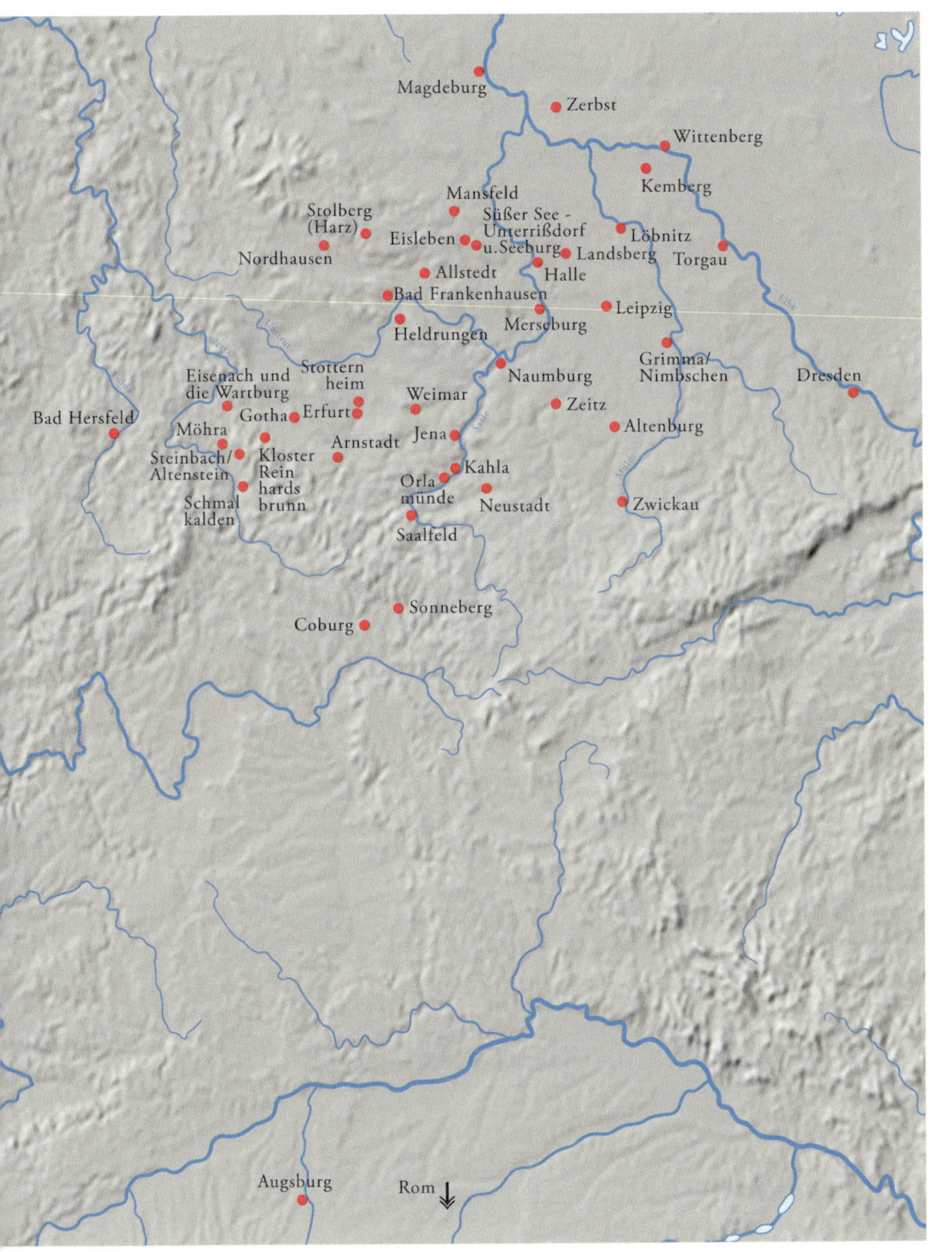

Magdeburg
Zerbst
Wittenberg
Kemberg
Mansfeld
Stolberg (Harz)
Süßer See - Unterrißdorf u. Seeburg
Eisleben
Löbnitz
Landsberg
Torgau
Nordhausen
Allstedt
Halle
Bad Frankenhausen
Leipzig
Merseburg
Heldrungen
Stottern heim
Naumburg
Grimma/Nimbschen
Dresden
Eisenach und die Wartburg
Weimar
Zeitz
Bad Hersfeld
Gotha
Erfurt
Altenburg
Möhra
Arnstadt
Jena
Steinbach/Altenstein
Kloster Rein hards brunn
Kahla
Orla münde
Neustadt
Zwickau
Schmal kalden
Saalfeld
Sonneberg
Coburg
Augsburg
Rom

마르틴 루터 연대표

이 력

1483	11월 10일 아이스레벤에서 출생했다.
1484	루터의 가족은 아이스레벤 근교의 뫼라에서 하르츠 산맥 기슭의 만스펠트로 이사했다.
1486~1525	작센 선제후, 현명왕 프리드리히
1493~1519	황제 막시밀리안 1세
1496~1501	마그데부르크와 아이제나흐에서 학교에 다님
1503~1513	교황 율리안 2세
1501~1505	에어푸르트 대학교 인문학부 수학 슈토테른하임 근교에서 빈번한 뇌우 경험을 하는 동안에 수도원 서원(1505년 7월 2일), 마침내 에어푸르트 아우구스티누스회 은둔자 수도단에 입학
1507	에어푸르트에서 신학 학업 시작, 사제에 서품됨(4월 2일), 신임신부 첫 미사(5월 2일)
1509	에어푸르트에서 성경 학사학위 및 sententarius
1510~1511	수도단 업무 차 로마 여행
1510	비텐베르크로 전근
1511	비텐베르크에서 신학 박사학위 취득
1512	신학 교수
1513~1521	교황 레오 10세
1517	면죄부 판매에 반대한 논제 게재(10월 31일)
1519~1556	황제 카를 5세
1518	아우구스부르크에서 추기경 카예탄에게 심문 받음
1519	라이프치히에서 요한 에크와 논쟁

1520	종교개혁 주요 소논문들("교회의 바빌론 포로에 관하여", "독일 민족의 기독교 귀족들에게", "그리스도교도의 자유에 대하여" 등)을 출판한 루터에 대한 파문 위협 칙서
1521	루터에 대한 파문칙서, 보름스 제국의회 앞에서 심문, 루터와 그의 친구들에 대한 제국 국외추방 포고(1월 3일)
1522	바르트부르크 성에서 보호 체류(5월 4일), 신약성경 번역 시작
1523	비텐베르크로 돌아감, 첫 번째 독일어 신약성경 출판
1525	농민전쟁, 카타리나 폰 보라와 결혼(6월 13일)
1525~1532	작센 선제후 강건왕 요한
1529	소교리문답과 대교리문답 출판
1530	아우구스부르크 제국의회, 제국추방령 때문에 루터는 코부르크 요새로부터의 과정을 관찰함, 멜란히톤이 개신교 신분들, 콘페시오 아우구스타나, 루터파 기본 신앙고백을 위해 기초 작성
1531	슈말칼덴 동맹 결성
1532~1547	작센 선제후 용맹왕 요한 프리드리히
1534	루터의 첫 번째 완역 성경번역본 출판
1544	교황 파울 3세를 통해 티렌트 종교개혁 공의회 소집
1546	출생도시 아이스레벤에서 2월 18일 사망, 비텐베르크 성교회에 매장(2월 22일)

국제 마르틴 루터 재단

국제 마르틴 루터 재단은

- 종교개혁의 기본 자극을 교회, 경제, 학문, 정치에 대한 주제와 관련되고 결과에 근거한 대화로 옮길 것이고,
- 종교개혁 전통의 의미에서 특유의 능력과 성과를 얻으려고 전력을 기울이는 사람들과 단체들을 지원할 것이며,
- 아이디어들, 프로젝트들, 발의체들을 장려하고, 실행 용기와 창의력, 기독교 가치에 기반을 둔 경제 에토스와 루터식 직업 에토스를 보호하고 강화할 것입니다.

더 나아가 이 목표들을 달성하기 위해 재단은 적합한 조처를 취할 뿐 아니라, "종교개혁 핵심 주들"인 튀링겐, 작센안할트 그리고 작센, 독일 그리고 국제무대에서 마르틴 루터의 삶과 공로를 위한 의식을 강화하기 위해 의사소통 형식들을 이용하고 발전시킬 것입니다.

자세한 정보는 아래 주소에서 얻을 수 있습니다.

www.luther-stiftung.org

저 · 역자 소개

저자 Thomas A. Seidel

구동독 출신의 개신교 신학자, 목사 및 역사학자이며, 2005년 튀링겐 주의회 및 주정부가 그를 교회감독자로 임명하였다. 그는 2010년부터 독일 튀링겐 주정부의 교회고등법원 판사이며 2007년부터 국제 마르틴 루터 재단 대표이사와 튀링겐 주의 〈2017년 마르틴 루터 종교개혁 500주년 기념대회〉 준비위원장도 겸하고 있다. 주요 저서로는 『독재정부의 과도기 속에서: 1945-1951 튀링겐 주 교회의 새로운 규정 연구』(2003), 공저로는 『루터란트 튀링겐』(2013), 편저로는 『에터스부르크 성: 유럽 문화의 실험실』(2006), 『루터의 매일기도서』(2007), 『종교개혁 장소들』(2012), 『개신교 목사관: 신화와 현실』(2013) 등이 있다.

저자 Heinz Stade

저널리스트이자 독일 튀링겐 주에 대한 20여 권의 여행서를 저술한 작가이다. 그는 『튀링게너 알게마이네』 신문에 튀링겐의 기념물들을 시리즈로 연재하고 기념물들에 얽힌 사람들의 생애와 업적들에 대한 책을 발간한 공로로 2003년 독일 기념물상(賞)을 수상했고 같은 해 튀링겐 주 언론인상도 함께 받았다.

역자 박진권

한국외국어대학교 독일어과를 졸업, 동 대학원에서 석사학위를 취득, 독일 보훔 루어-대학교Ruhr-Universität Bochum에서 독문학 박사학위를 취득하였다. 현재 모교에서 문학, 언어학, 수사학을 통섭하는 연구와 후학 양성을 하고 있다. 번역서로는 『독재자를 비판한다』, 헤르만 헤세의 『싯다르타』, 『헤르만 헤세 단편선』, 논문으로는 『바켄로더의 예술 문제: "예술을 사랑하는 어느 수도승의 심정토로"를 중심으로』, 『오스카 코코슈카의 드라마에 나타난 여성 혐오에 대하여』, 『표현주의 서정시의 특징』 외 다수가 있다.

루터의 발자취를 따라가는 여행

2017년 9월 10일 초판 인쇄
2017년 9월 15일 초판 발행

지은이 | 하인츠 슈타데 · 토마스 A. 자이델
옮긴이 | 박진권
교정교열 | 정난진
펴낸이 | 이찬규
펴낸곳 | 북코리아
등록번호 | 제03-01240호
주소 | 13209 경기도 성남시 중원구 사기막골로 45번길 14
       우림2차 A동 1007호
전화 | 02-704-7840
팩스 | 02-704-7848
이메일 | sunhaksa@korea.com
홈페이지 | www.북코리아.kr
ISBN | 978-89-6324-553-9(03230)

값 22,000원

* 본서의 무단복제를 금하며, 잘못된 책은 바꾸어 드립니다.